대구, 6월의 함성과 미래의 목소리

■ 일러두기

* '6월의 함성-미래의 목소리' 프로젝트는 '2017 변화의 시나리오 프로젝트 B'에 선정되어 2017년 2월
  부터 5월까지 인터뷰를 진행하였습니다. 박근혜 탄핵 등 정국의 흐름에 따라 인터뷰의 내용이 조금
  다르게 진행되었으며 구체적인 시간은 다음과 같습니다.
  2017-02-28 박형룡
  2017-03-12 김용락
  2017-03-16 이윤갑
  2017-03-29 한유미, 정은정
  2017-03-30 이송금, 김주태
  2017-04-25 김충환
  2017-05-23 최호선
  2017-05-31 남태우, 이용석
* 수록된 1987년 당시의 사진은 민주화운동기념사업회에서 후원해주었으며,
  저작권은 대구매일신문에 있습니다.
* 제작비는 (재)아름다운재단에서 지원해주었습니다.

대구, 6월의 함성과 미래의 목소리

대구참여연대 엮음

삶창

몇 년 전부터 자주 오른쪽 목과 어깨가 아프기 시작했습니다. 일상적인 근육통이겠지, 조금 지나면 괜찮아지겠지 외면했더니 이젠 그 고통이 등과 허리, 골반까지 타고 내려와 오른쪽 전체가 아프기 시작했습니다. 그 고통이 도저히 참지 못하겠는 지경에 도달해서야 저는 병원에 갔습니다. 치료를 받기 시작하니 왜 진작 받지 않았나 하는 후회가 들더군요. 근육통의 원인은 올바르지 않은 자세 때문이었습니다. 사실 짐작은 하고 있었습니다. 바른 자세로 앉아보려고 여러 차례 시도했지만 잘못된 자세로 살아온 지난날이 익숙해서 그런지 여간 힘든 게 아니었습니다. 정신을 차려보면 구부정하게 앉아 있는 나 자신을 발견하기 일쑤였고 나중에는 그마저도 인지하지 못했습니다. 내 자세가 올바르지 않다는 것을 알았을 때 진작 고쳤더라면, 진작 병원에 갔더라면 지금보다는 덜 고통스러웠겠죠. 이처럼 우리는 아프면 병원에 가 병의 원인과 해결책을 찾아 치료를 합니다. 그리고 다시는 같은 원인으로 같은 곳이 아프지 않도록 관리를 합니다. 사회문제도 마찬가지입니다. 각종 문제들로 사회가 병들고 있으면 그 문제의 원인이 무엇인지, 어떻게 해결해야 하는지를 찾고 똑같은 일이 반복되지 않도록 끊임없는 관심과 관리가 필요합니다.

지금으로부터 30년 전, 대한민국의 민주주의 쟁취를 위해 독재정권에 맞섰던 사람들이 있습니다. 그리고 그 선두에는 청년들이 있었습니다. 전두환 독재정권의 간선제 호헌에 반대하고 대통령 직선제를 얻어내기 위해 전국에서 일어난 6월민주항쟁. 그 과정에서 이한열 열사는 최루탄을 머리에 맞고 사망하였으며 박종철 열사는 모진 고문을 견뎌내지 못하고 사망하였습니다. 그들의 나이 고작 스물한 살, 스물두 살이었습니다. 6월항쟁을 통해 그들이 이루려 했던 민주주의의 가치는 무엇이었을까요.

그로부터 30년이 지난 2017년. 대한민국은 민주주의를 위해 또 다시 긴 싸움을 시작하였고 승리를 거머쥐었습니다. 전국의 많은 국민들이 추위에도 아랑곳하지 않고 촛불을 들고 매주 광장으로 모였고, 청년들 또한 시국 선언 등으로 자신의 목소리를 내기 시작했습니다.

사실 우리 사회의 청년들에겐 강요되는 것들이 있습니다. '아프니까 청춘이다', '고생 끝에 낙이 온다' 등의 말이 대표적인 예입니다. 젊다는 이유로 아프고 고생하는 것이 당연한 것이 되어버렸고 평범하게 사는 것이 힘든 세상이 되었습니다. 참고 견디면 낙이 올 줄 알았는데 이 나라는 '헬조선'이 되었고 우리는 '흙수저'가 되었습니다. 연애, 결혼, 출산을 포기한다는 '3포세대'를 넘어 이제는 포기해야 할 것들을 셀 수 없다는 'N포세대'라 불리기도 합니다. 거듭 탄생하는 신조어는 우리들의 삶이 얼마나 힘든지 보여주는 징표입니다.

일부 '꼰대'들은 말합니다. 좋은 세상에서 사는 줄 알라고, 우리 때는 더 힘들었다고. 그래서 청년들은 고통스럽다 말하지 않습니다. 젊다는 이유로 참고 견뎌야 되는 존재니까요. 일부 '꼰대'들은 말합니다. 요즘 젊은 것들은 과거에 비해 패기도 없고 정치에 관심도 없다고요. 그래서 청년들은 더욱더 정치에서 멀어졌습니다. 당장 갚아야 할 학자금 대출 빚이, 온갖 스펙을 쌓아도 되지 않는 취업이, 삼각김밥과 컵라면으로 끼니를 때우는 내 삶이 너무나 팍팍하고 갑갑하여 멀어 보이는 정치보단 눈앞의 내 자신만을 바라보고 살았습니다.

그러나 이번엔 달랐습니다. 불붙듯 일어나는 청년들의 시국 선언과 대자보 행렬. 청년들은 하나같이 입을 모아 말했습니다. "지금 이 사태는 굉장히 잘못되었다고. 바로잡아야 한다고. 정치에 무관심했던 지난날의 나를 반성한다고. 그리고 다시는 이러한 사태를 만들지 않도록 끊임없는 관심을 가지겠다고." 청년들은 조금씩 바뀌고 있습니다. 모든 것이 자신의 탓이라고 말했던 청년들이 나의 잘못이 아니라 사회의 시스템이 잘못되었다 이야기하고, 문제의 원인을 해결하기 위해 정치에 관심을 가지고 목소리를 내고 있습니다.

결국 모든 것은 올바른 민주주의 확립에서부터 옵니다. 헌법 제1조에서 말하고 있듯 "대한민국은 민주공화국이다. 대한민국의 주권은 국민에게 있고, 모든 권력은 국민으로부터 나온다." 현재를 살아가는 우리에겐 너무 당연한 이야기이지만 불과 30년 전만 하여도 당연한 것이 아니었습니다. 호헌철폐, 대통령직선제를 외치며 민주주의를 위해 희생했던 수많은 사람들이 있었고, 87년의 경험이 30년이 지난 지금, 촛불이 승리할 수 있었던 원동력이었는지도 모릅니다. 우리는 우리의 지난 역사를 되돌아봐야 할 필요가 있습니다. 역사는 반복되고 그 안에서 살아가는 우리는 조금 더 나은 역사를 위해 끊임없이 생각하고 공부하고 행동하여야 하니까요.

대구는 4·19혁명의 도화선이 된 2·28학생운동, 10월항쟁, 6월항쟁 등 누구보다 민주주의를 열망하고 소망하며 활발하게 활동을 해왔던 도시였습니다. 그러나 현재 대구의 이미지는 어떠한가요. 군사독재 시절을 그리워한다는 오명을 뒤집어쓴 채 수구꼴통, 고담 대구(고담 시티Gotham City 는 미국 DC코믹스사의 배트맨 시리즈에 나오는 가상의 도시이다. 성경에 나오는 지명인 고모라Gomorrah의 '고'와 소돔Sodom의 '돔'이 합쳐진 조어이다. 빅애플을 애칭으로 갖는 뉴욕의 별칭이기도 한데, 사고가 많이 나고 변화가 힘든 도시로 영화 배트맨 시리즈를 통해 회자되게 되었다―편집자 주, 위키피디아 참조) 등의 수식어는 대구를 부정적인 이미지로 도배하고 있습니다. 그러나 대구 또한 변하고 있습니다. 지난 촛불항쟁 때 추위에 떨며 광장에서 촛불을 밝힌 많은 대구시민들이 있었습니다. 청년들은 데이트 대신에 촛불을 선택했고, 30년 전의 청년들은 자녀와 함께 촛불을 들었습니다. 그리고 그들은 같은 말을 합니다. '민주주의 역사 속에 내가 있었다.'

6월항쟁과 이번 촛불항쟁은 비슷한 점이 참 많습니다. 그래서 더 궁금했습니다. 교과서나 백과사전 등에 나오는 사전적인 정의로는 궁금증이 해결되지 않았습니다. 그때를 생생하게 경험해보고 싶었습니다. 30년 전의 청년들은 어떤 마음으로, 어떤 방법으로 승리를 이루었는지, 내가 살고 있는 이 나라가 어떻게 만들어졌는지 알고 싶었습니다. 지금과는 다른 평가를 받은 대구의 모습이 궁금했습니다. 하지만 어떤 책을 찾아봐도 타 지역에 비해 대구의 6월민주항쟁 기록은 부족했고, 우리는 급기야 대구의 6월항쟁에 대해 생생하게 증언해주실 분을 찾아다녔습니다. 우리의 궁금증을 해결하기 위해 30년 전의 청년들에게 많은 질문을 던졌습니다.

이 책은 1987년 대구의 6월민주항쟁을 경험한 당시의 청년들을, 2017년의 청년이 직접 인터뷰하고 채록한 책입니다. 그들이 기억하는 87년 대구의 6월을 생생하게 담았습니다. 그리고 2017년 우리의 이야기도 담았습니다. 6월항쟁 30주년이자 민주주의가 무너졌다는 슬픔을, 민주주의를 지켰다는 기쁨으로 변화시켰던 2017년. 이 책을 통해 진정한 민주주의에 대해 고민하는 계기가 되었으면 합니다.

1부   '광주'에서 6월까지

대구중앙로에서 명덕로타리까지 평화대행진을 벌인 시민들이
2·28기념탑 앞에서 집회를 갖고 있다. (1987. 6. 26.)

현, 명덕로터리

역사적
관점에서 본
6월항쟁

■ 간단한 자기소개 부탁드립니다.

이윤갑(이하 '이') : 계명대학교 사학과 교수로 재직하고 있는 이윤갑입니다.

■ 저희 '6월의 함성' 프로젝트에 대해서 어떻게 생각하시는지요?

이 : 6월항쟁은 우리 현대사에서 굉장히 중요한 사건입니다. 민주주의가 한 단계 획기적으로 발전하는 계기가 되었기 때문이지요. 그만큼 아주 중요한 역사적 의미가 있는데 아직 연구가 그렇게 많이 이루어지지는 않았어요. 그에 관한 기록들을 충분히 잘 확보하고 그에 따른 연구 역시 진행해야 합니다. 6월항쟁에 대한 충분한 연구가 있어야, 현 단계에서 한국의 민주주의가 어느 방향으로 나아가야 하는가에 대한 전망도 확보할 수 있다고 봅니다. 그렇기 때문에 의미 있는 작업이라고 생각합니다.

국정교과서라는 퇴행

■ 교수님께서는 사학이 전공인데, 역사에 대해서 남다른 견해를 가지고 계실 것으로 생각됩니다. 최근 이슈가 되고 있는 국

정교과서에 대한 교수님의 의견을 들어보고 싶은데요.

이 : 제 직업이 역사 지식을 가르치는 건데, 역사 지식이라는 것은 학문 공동체에서 연구와 논쟁을 통해서 형성됩니다. 그래서 꾸준히 진보하고 발전합니다. 그렇기 때문에, 역사 지식을 국가가 독점해서 교육을 단절한다는 것은 그것의 생산과정을 보더라도 결코 바람직하지 않습니다. 선진국들은 역사 지식이라는 것이 진보한다는 것을 전제로 최대한 빨리 발전하고 있는, 심화된 지식을 학생들에게 가르치기 위해 아예 교과서 제도를 두지 않는 경우가 많습니다. 또 하나 중요한 점은, 학생들은 역사 지식만 배우는 게 아니라 그것이 생산되는 과정과 방법을 비록 초보적인 수준에서나마 배우고 익혀야 합니다. 거기에 적합한 역사교육 방식으로도 교과서 국정화라는 것은 바람직하지 않습니다. 우리가 교과서를 국정화하는 중요한 이유 중에 하나가 국가가 치르는 수능시험에서 단일한 평가 기준을 얻기 위해서 편법적으로 실시하는 동기가 큽니다. 하지만 학생들의 학업 성취 능력을 평가하는 것보다는 제대로 된 역사 학습 능력을 익히는 게 당연히 더 중요하지요. 제대로 된 역사 학습 능력을 익히는 데는 교과서 국정화 같은 것은 굉장히 치명적인 해악이 될 수 있습니다.

■ 교수님께서 작년 역사 국정교과서를 즉각 폐기하라는 성명에도 참여하셨다고 들었는데요, 아직까지 국정화 교과서의 문제점이 정확히 무엇인지 모르는 분들도 꽤 있습니다. 그분들을 위해서 역사교과서의 국정화가 왜 문제가 되는 것인지 쉽게 설명해주실 수 있을까요?

이 : 주변을 보더라도 정치든 경제든 문화든 학문이든 과학이든, 자유롭게 경쟁할 때 가장 빠르게 발달합니다. 그런 면에서 자라나는 학생들에게는, 자유로운 경쟁하에 서로에게 학습하고 영향을 주면서 같이 힘을 합쳐 지식을 융합하고 진보시키는 훈련이 가장 바람직한 교육 방법이라

고 생각합니다. 4차산업혁명 시대라는 이야기들을 하는데, 그런 시대에 뒤처지지 않고 앞으로 나아갈 수 있는 교육 방법을 우리가 꾸준히 찾아야 되고 개발해야 되는 거죠. 그런 점에서 역사 국정교과서는 오히려 시대 퇴행적인, 시대를 거꾸로 되돌려놓으려고 하는, 미래 세대의 지적 능력을 후퇴시키려는 시도인 겁니다. 대다수 국민도 그렇게 생각하기 때문에 결국은 지금 폐기 수순을 밟고 있는 것이라고 봅니다. 제가 생각하기에는 지금 검인증제도로 쓰고 있는 교과서조차도 자유발행제로 가는 것이 맞다고 봅니다. 미국을 비롯한 유럽의 선진국들은 다 그렇게 하고 있어요. 그게 결국은 미래 세대를 살아갈, 또 그것을 주도할 학생들의 지적 능력을 개발하는 가장 좋은 방법이기 때문인 거죠.

■ 국정화 교과서는 시대 퇴보적인 의도를 다분히 가지고 있으며, 교과서의 발행은 자유로운 제도 아래 진행이 되어야 한다는 말씀이시죠?
이 : 예, 맞습니다. 교육 자치단체별로 역사교육 전문가들을 초빙해서 자문위원회를 구성해 지역 학생들에게 가장 적합한 역사교과서가 뭔지 고민하고 결정해 가르치도록 하는 것이 자유발행제입니다.

■ 말씀 감사합니다. 이제 본론인 6월항쟁 이야기를 듣고 싶은데요, 1987년 6월을 기억하시나요?
이 : 그렇죠. 아주 생생하게 기억하죠.

대통령 직선제 개헌 서명운동

■ 6월항쟁 당시 선생님은 개인적으로 어떤 상황이셨나요?

"30년 후, 바로 이곳에
대구시민들은 다시 모이고."
_구, 대구은행 본점 앞

현, 대구은행 남일동 지점

이 : 그때를 되짚어보면 개인적으로 조금 아쉬움이 있어요. 한창 6월항쟁이 진행되던 시기에 장모님이 돌아가셨거든요. 장례를 치르느라 직접적으로 현장에 참여하지는 못했죠. 하지만 주변 지인들이 다 그 현장에 참여했고, 그래서 이야기는 실시간으로 들었습니다.

■ 실시간으로 진행 상황을 들으셨다고 하셨는데 6월항쟁의 시작은 어땠나요?

이 : 6월항쟁을 시간적으로 정의할 때 대부분 6월 20일부터 6·29선언이 나오기까지로 말하죠. 근데 그건 전국적인 상황이고 대구는 좀 다른 것 같습니다. 6월 20일에 이르기까지 대구에서는 여러 차례 격렬한 시위가 있었거든요. 그래서 대구의 시작은 6월 10일 정도로 볼 수 있을 거 같아요. 6월 10일 대구에서 처음 있었던 시위는 박종철 군 사건이었죠. 박종철 군은 그해 1월에 고문받다가 목숨을 잃었죠. 그런데 전두환 정권에서 그걸 은폐하려고 여러 차례 시도하다가 폭로되면서 사회적으로 굉장한 반발과 저항을 불러일으켰죠. 그다음에 또 하나가, 그전부터 시작된 건데, 민주적인 개헌에 대한 국민적 요구였죠. 그 핵심은 대통령 직선제 개헌이에요. 야당이 중심이 돼서 천만 명 서명운동을 전개했다고 해요. 그게 어떻게 보면 6월항쟁이 일어난 중요한 계기죠.

■ 대통령 직선제 개헌 서명운동이 6월항쟁의 중요한 계기가 되었다고 하셨는데요, 구체적으로 말씀 부탁드립니다.

이 : 박정희가 1972년에 유신헌법을 통해 대통령 선출을 간선제로 바꿨죠. 그게 전두환까지 내려온 건데요. 대통령 직선제에 대한 국민의 열망이 굉장했죠. 전두환 전 대통령이 마치 개헌을 검토할 것처럼 하다가, 1987년 4월 13일에 더 이상 개헌을 하지 않겠다고 발표했죠. 기존의 헌

법대로 다음번 대통령 선거를 치르고 권력을 위양하겠다는 내용인데 이걸 4·13호헌조치라고 말합니다. 국민들이 오랫동안 바라왔던 민주화의 희망이 그 호헌조치로 굉장한 타격을 입었어요. 당연히 국민 모두가 무척 실망했고 강하게 저항하게 된 거죠. 4·13호헌조치를 발표하고 민정당 대통령 후보 선출을 위한 일정을 강행하기 시작했어요. 결국 6월 10일에 장충체육관에서 민정당 대통령 후보로 노태우를 선출했죠.

■ 국민들의 분노가 이루 말할 수 없었겠네요.

이 : 예, 그렇죠. 거기에 호헌조치 발표가 있고 한 달 뒤 5월 18일, 천주교정의구현사제단이 박종철 고문치사 사건을 은폐했다는 내용을 폭로했죠. 이 두 가지가 맞물리면서 민주헌법쟁취국민운동본부를 만들었어요. 이게 중심이 돼서 직선제 개헌을 요구하고 전두환 정권의 만행이나 비민주적인 폭거 등을 규탄하는 집회가 시작된 거죠. 6월항쟁의 핵심은 민주헌법을 국민의 힘으로 쟁취하겠다는 의지의 행동이었던 겁니다. 노태우가 민정당 대통령 후보로 선출된 6월 10일을 기해서 민주헌법쟁취국민운동본부가 항쟁을 시작한 거죠. 사후에 집계된 거지만, 대구에서도 그날 2만 명 정도가 시위에 참여한 걸로 되어 있어요. 학생들이 많았죠. 초창기에 참여했던 사람은 일반 시민보다는 주로 학생, 야당 의원하고 야당 쪽 인사들, 그다음에 1970년대 학생운동을 통해서 배출된 재야운동가들이었죠. 이들이 중심이 돼서 시위를 했는데 가장 큰 세력이 되었던 것은 학생들이었죠.

■ 선생님께서 말씀하신 대구 6월항쟁의 시작이었네요. 대구에서도 학생들이 많이 참여했다고 들었습니다.

이 : 예, 그렇죠. 조금 전에 말씀드린 대로, 대구에서 6월 10일에 2만 명

정도가 시위에 참여했어요. 주로 대구 도심에서 했죠. 그리고 난 뒤에 5일 정도는 소강 상태였다가 6월 15일부터 다시 시작이 됐어요. 그 당시에 경북대학, 계명대학, 대구대학, 그다음에 영남대학, 영남대학은 당시 경산에 있었지만 대명동에도 캠퍼스가 있었어요. 이 학생들이 중심이 되고 수는 많지 않았지만 대구교육대학 학생들, 대구한의대 학생들도 함께했었죠. 또, 지금은 대구가톨릭대학이 됐지만, 그 당시 효성여대라고 했었는데, 효성여대 학생들까지 참여하면서 6월 15일에 한 차례 대규모 시위가 있었어요. 그다음에 17일부터 26일까지는 쉬지 않고 시위를 벌였죠. 시위 규모는 많을 때는 1만 명도 되고 8000명도 모이고… 그랬었죠.

시민들의 변화

■ 당시에는 시위를 무력으로 폭압적인 진압을 했다고 들었습니다.

이 : 그 당시 시위는 무조건 불법이에요. 경찰이 학생 시위는 다 불법으로 규정했기 때문에 시작과 동시에 제압하려고 최루탄 쏘고, 공격적으로 진압하고 그랬어요. 박정희 정권 때하고는 달리 학교 안까지 진입하지는 않았어요. 학교 안에서 시위하는 건 별로 문제를 안 삼다가 시위대가 교문을 벗어나서 시내로 들어가면 바로 제압한 후 해산시켰죠. 그러니 시위대가 해산당하지 않고 민주화 주장을 계속하려면 경찰하고 격렬하게 충돌할 수밖에 없는 거죠. 빨리 진압해서 강제 해산시키려는 경찰과 어떻게든 시위를 지키고 민주화 요구를 계속 외치려는 학생들이 시내에서 숨바꼭질하듯 시위를 했습니다. 시위가 벌어지면 경찰이 출현하고, 시위대는 경찰을 피해 다른 데로 도망가서 또 투쟁하고….

그런데 경찰 진압이라는 게 단순 해산이 아니었어요. 그 당시에 백골단이라는 것이 있었는데, 청바지하고 청재킷을 많이 입었었죠. 활동하기 편하라고…. 정식 복장은 아니고요. 그걸 입고 머리에 흰 헬멧을 쓰고 손에는 경찰봉 들고. 시위대를 체포하거나 진압하는 특공대 같은 조직이죠. 학생들이 대열을 짜고 시위를 꾸리면 그걸 해산시키고 핵심 분자를 잡는 게 임무였는데, 그 백골단이 굉장히 공격적이었어요. 학생들은 시위를 계속해서 이어가려고 화염병도 만들어 던지고 보도블록도 깨서 던지고, 일종의 시가전처럼 전개가 된 거죠. 그러니까 70년대 후반부터 그런 현상이 나타나게 됐는데, 시위를 평화적으로 해산한다는 건 생각도 못했죠. 아예 일어나지 못하게 하려고 굉장히 폭력적으로 진압을 했거든요. 경찰의 명분은 현행범 체포였는데, 당시 시위는 다 불법이기 때문에 불법집회를 허용할 수 없다는 얘기죠. 그 당시 경찰을 포함해 집권층의 주장대로라면 우리나라에서는 절대로 민주화운동이 일어날 수 없는 상황이었죠. 그러니 최대한 해산당하지 않고 대오를 유지하기 위해 이런저런 방법들을 찾을 수밖에 없었던 거죠. 그렇게 자기주장을 되풀이해야 시민들에게 알려지고, 알려지면 거기에 동조하는 시민들이 함께 참여하게 되는 거고….

시민의 힘으로 불법적인, 정통성이 없는 권력을 굴복시키려고 하는 이런 시위문화가 그 당시엔 유행을 한 거죠. 학생들 시위대가 절대 먼저 공격적이지 않아요, 다만 방어를 위한 공격이었던 거죠. 뒤로 갈수록 경찰이 더욱 폭력적이고 공격적이기 되면서 거기에 맞서서 오래 시위를 하기 위해 시위대 역시 점점 더 과격해진 겁니다.

■ 거의 매일 과격한 시위한 시위가 이어졌으면 시위대가 많이 지쳤을 것 같은데요

이 : 처음에는 2만 명, 1만 명 하던 시위대 규모가 점차 줄기는 했어요. 학생들이 매일 시위에 참여하면서 체포되기도 하고 연행되기도 하고 뭐

그런 일이 꽤 많았죠. 불법이었으니까요. 거기다 지치기도 하고…. 이번 촛불집회를 생각하면 상상도 안 되는 상황이죠. 보통 시위를 한두 시간 하는 게 아니고 여덟 시간, 열 시간 동안 계속 시내에서 경찰하고 숨바꼭질했죠. 그 시간 동안 경찰이 막 최루탄 쏴대니 시내는 최루탄으로 범벅이 됐죠. 숨쉬기도 어렵고 눈뜨고 있으면 눈물이 줄줄 흐르고, 재채기하고. 그러면서도 시위대는 계속 주장하면서 시위를 하는 거예요. 6월 20일이 지나면서 시위대 수가 좀 줄었어요. 수는 줄었는데 대신에 그때부터는 정예부대들이 주로 나가서 끈질기게 했죠.

6월 20일에는 서문시장을 중심으로 열 시간 가까이 했어요. 주로 오후에 시작해서 밤 시간을 이용해 숨바꼭질을 한 거죠. 그때가 시위를 오래하기 훨씬 좋으니깐. 그날 시위는 계명대 학생들이 주체가 됐어요, 영남대 학생들하고. 이렇게 되니까 가령 이런 시위가 한 번 일어나면 또 시위가 일어났는갑다 하는데, 지속적으로 계속되니까 사회적 관심이 달라지죠. 대구서만 일어나는 게 아니라 전국에서 계속 이어졌었죠. 경찰도 몇 날 며칠을 못 자고 진압을 하니까 진압이 점점 더 공격적이 돼서 다치는 사람도 많이 나왔습니다. 서울에는 시민들이 최루탄 추방의 날이라고 해서 폭력시위 안 할 테니까 경찰도 최루탄 쏘지 말라고 주장하기도 했었죠.

■ 시위가 지속적으로 이어지니까 사회적 관심이 달라졌다고 하셨는데 시민들 반응은 어땠나요?

이 : 대구에서 결정적으로 큰 시위가 있었던 날이 6월 26일이에요. 이날이 전국적으로 디데이가 돼서 시위를 했는데 이땐 시민들이 대거 참여했어요. 사후에 발표된 기록을 보면 이때 4만 명 정도가 모였다고 하더라고요. 이번에 탄핵집회 때 여러분도 시내 가봐서 알겠지만 중앙로 거기

다 가득 차도 오천 명 정도잖아요. 그런데 4만 명이 시내에 다 모였다고 생각해봐요. 발 디딜 틈 없이 차 있었다고 봐야죠. 여기서만 그런 게 아니고 서울도 갈수록 시위가 강렬해지니까 결국은 전두환 정권이 굴복을 한 겁니다. 물론 그렇게 된 거는 미국 개입도 있고 여러 가지 상황이 있는데 대구에서 6월항쟁은 그런 형태로 진행이 된 거예요.

■ 학생들이 중심이 된 건 알았는데 그 후에 시민들도 많이 나왔단 사실은 저희가 잘 몰랐거든요. 무척 인상 깊네요.

이 : 이번 탄핵집회에서도 봤지만 일반 시민이 많이 참여하잖아요. 지금은 사전에 허가를 받으면 집회를 할 수 있지만 그 당시엔 합법적 집회가 정말 어려웠어요. 대부분이 불법집회였기 때문에 집회에 참여하는 사람은 누구나 연행, 체포, 구속…, 뭐 그런 대상이 될 수 있었죠. 이러니까 학생들은 젊은 혈기에 겁도 안 내고 동료들과 의리도 있고 하니 적극 참여하지만, 일반 시민들 같은 경우엔 쉽지가 않았죠. 그런데 전두환 정권이 민주적인 정권으로 교체돼야 한다는 욕구가 굉장히 강했어요. 여러 가지 권력 비리도 많았고 또 집권 자체가 폭력적이고 비민주적으로 이루어졌고 집권 이후에도 일상생활을 불편하게 할 정도로 아주 폭력정치를 했기 때문에 거기에 대한 국민의 불만이 컸죠.

그런데 학생들이 주도적으로 시위를 앞서서 하니까 시민들이 나와 적극적으로 동참해서 같이 개헌을 요구한 거죠. 핵심은 전두환 정권은 어쨌든 퇴진하게 돼 있었는데, 전두환과 같은 형태의 권력을 노태우가 이어간다는 것을 국민들이 받아들일 수 없었고 그래서 직선제 개헌을 요구하게 된 거죠. 대통령을 국민이 직접 뽑을 수 있도록 개헌을 하자는 게 시위에 핵심이었어요. 당시에는 유신헌법 자체를 조금 수정해서 전두환 정권이 헌법으로 썼기 때문에 대통령 선출이 간선제였습니다. 그래서 국민들의 요구가 전혀 반영될 수 없는 구조 속에서 대통령이 선택됐거든요. 그래서 는 우리 사회가 발전할 수 없고 민주주의가 이루어질 수 없다 하는, 이런 의식이 학생은 물론이고 시민 일반도 가지게 된 거고 그게 결국은 6월항 쟁으로 발전하게 됐다, 이렇게 보시면 됩니다.

6월항쟁 이전

■ 앞에서 드린 질문에 답변 중 1987년 6월 26일 대구에서 일어난 시위 에 4만 명이 모였다고 하셨는데, 이전부터 대구 지역에서 민주화운동에 대한 관심이 높았었나요?

이 : 지금은 대구가 보수 세력, 심지어 수구 보수의 중심이라고 하지만 1970년대도 그렇고 그전에 1960년대부터 민주화운동이 상당히 발달했 던 곳이에요. 1950년대에는 전국에서 가장 진보적인 지역이었죠. 한국전 쟁이 일어났을 때 다른 지역은 인민군에 점령됐다가 수복됐었죠. 그 과정 에서 진보적인 정치적 입장을 가졌던 이들이 거의 다 지역을 떠났어요. 제 거된 경우도 있었고요. 그런데 대구는 미점령 지역이었잖아요? 그래서 진 보적 생각을 가진 분들이 많이 남아 있었던 대도시였죠. 부산하고 같이. 그래서 4월혁명 때도 도시별 진보운동으로 보면 대구가 거의 톱클래스였 어요.

4월혁명 당시 통일운동이나 노동운동 중에서 교원노조운동 같은 경우 는 대구가 시발점이었죠. 70년대까지만 해도 대구는 여전히 서울과 버금 갈 정도로 한국의 민주화운동을 주도했고 학생운동도 굉장히 선진적으 로 발달해 있었죠. 1974년에 민청학련 사건이라는 게 있었어요. 유신체 제에 반대하는 전국 대학생들이 연합해 시위를 계획한 사건인데 박정희 정권 때 그 배후로 조작된 게 인혁당 재건위원회 사건이었죠. 그 사건에서 9명이 사형을 당했는데 그중에 대구 출신이 많아요. 이런 역사에서도 드러나지만 이 지역이 70년대까지는 민주화운동을 굉장히 선도하는 진보적인 지역이었어요.

■ 대구 지역의 오랜 민주화운동 분위기가 지역 학생들에게도 많은 영향을 미쳤을 것 같네요.

이 : 그렇죠. 학생운동도 굉장히 활발하게 일어났었죠. 전두환이 쿠데타를 일으키고 권리를 탈취한 시기, 그러니까 10·26사태(1979년 10월 26일) 이후부터 5·17 비상계엄 전국 확대조치가 있기 전까지를 '서울의 봄'이라고 부르는데, 전국적으로 민주화운동이 굉장히 거세게 일어났죠. 대구에서도 그때 민주화운동이 대학교를 중심으로 아주 활발하게 일어났어요. 5·17 직후 전두환이 학생운동을 하던 사람들을 대거 체포해서 삼청교육대로 보내고 감옥도 보내고, 고문도 하고 그랬거든요. 그러고 광주 민주화운동도 있었지만, 광주를 무력으로 진압하면서 굉장히 많은 사람이 희생이 되고…. 이렇게 해서 권력을 잡았는데 이게 전 세계적으로 비난의 대상이 됐잖아요? 미국 입장에선 전두환이 불법적이고 폭력적으로 야만스럽게 권력을 탈취하고 유지하는 게, 한국의 후견인인데 국제외교상 부담스러웠겠죠. 그래서 전두환 정권에게 압력을 가해서 폭압 통치 자체를 완화하라고 요구하게 되고, 그러면서 83년 겨울을 맞았죠.

83년 12월 무렵에 어떤 일이 일어났느냐면 소위 유화 국면을 조성해요. 80년 이후에 구속되었던 학생들이나 제적됐던 학생들, 그 당시에 대학에 있던 비판적인 교수들도 많이 해직을 당했어요. 그분들을 전부 복귀시켜요. 물론 일부는 자기가 있었던 대학에 갔지만 다른 대학에 복직을 시켜주기도 하고, 그래서 해직됐던 교수들이 복직을 하고 제적된 학생들이 학교로 돌아가게 되죠. 그 학생들이 84년에 들어와 학생회를 재건하기 위한 활동을 먼저 활발히 시작했죠. 그때는 대학마다 학도호국단이라고 있었어요. 그걸 해체하고 총학생회를 만든 거죠. 우리 사회 전반에 민주화운동은 84년에 재건되기 시작했다고 봐요. 80년 5월 이후에 83년까지 완전히 억압되어 있던 상태에서 84년 이후에 급격히 해방되면서 대학이 다시 활성화되죠. 민주화운동을 하고 사회로 진출한 분들이 85년, 86년 이때쯤 되면 다시 여러 조직들을 만들어 결집합니다. 70년대 말에 우리 사회의 민주화운동, 학생운동이 84년, 85년을 거치면서 다시 복원이 된 거죠.

■ 85년, 86년에 재건된 조직을 기반으로 아까 말씀하셨던 직선제 개헌운동이 86년에 시작된 거군요.

이 : 예. 그런 거죠. 86년 2월에 국회의원 선거가 있었는데 그때 신민당이 대거 진출해요. 신민당은 김대중, 김영삼 이 두 분을 따르는 정치인들이 만든 당이었죠. 당시 민정당이 여당인데 하수인 역할 비슷한 걸 한 어용 야당이 있었어요. 그게 민한당인데, 신민당이 민한당을 깨고 제1야당으로 약진한 거죠. 여소야대까진 안 갔는데 정도의 충격을 줄 만한 총선 결과가 나온 거예요. 거기에 힘을 얻어서 개헌운동이 시작됩니다. 민주제 직선제 개헌운동. 이게 1986년이에요. 이 직선제 개헌운동을 매개로 해서 84년 이후에 다시 재조직화한 모든 민주화운동 세력들이 결집하게 됩니다. 개헌운동의 시작은 야당, 즉 신민당을 중심으로 한 천만 서명운동이었어요. 신민당이 각 지역을 돌면서 천만 명 개헌 서명운동을 했는데 개헌 현판식 집회를 벌인 거죠. 이게 말하자면 합법적 방식으론 개헌이 어려우니까 국민 여론의 힘을 결집해서 압박을 가해 결국 집권 여당이 항복하고 개헌을 받아들이도록 하겠다는 전술이에요.

시위 학생이 모여 호헌철폐 등 구호를 외치며 도로 위에는
'동장에서 대통령까지 우리 손으로'라는 페인트 글이 쓰여 있다. __구, 동아백화점 앞

현, 동아백화점 앞

그래서 제일 먼저 개헌 서명운동 본부가 3월 12일에 서울서 집회를 하고, 그다음으로 부산, 광주에서 현판식을 했습니다. 그 열기를 모아갖고 86년 4월 5일 날 대구 아세아극장에서 대구 현판식을 하기로 했어요. 해마다 4월 5일은, 지금은 없어졌는데, 대구 시내에서 각 대학 사학과 학생들이 모여 연합체육대회를 하는 날이었어요. 86년 4월 5일에는 계명대 대명동 캠퍼스 운동장에 모여서 연합체육대회를 했는데 씨름도 하고 그랬죠. 근데 대명동 캠퍼스가 아세아극장에서 멀지 않아요. 체육대회에 참여했다가 오후에 현판식으로 갔죠. 그때 사람들이 굉장히 많이 모였고 열기가 대단했어요. 원래는 신민당하고 김대중을 따르던 정치인들이 만든 민추협(민주화추진협의회)라는 단체가 추진했었죠. 그 두 단체가 중심이 되어 하는 건데 대구는 대구 민통련(민주통일민중운동연합)이라는 단체에서 4월 5일 대구 지역 개헌운동 현판식 집회를 주도한 거죠.

대통령 직선제 개헌운동

■ 대구 민통련에 대해 들어본 것 같은데요, 어떤 단체인지 구체적으로 말씀 부탁드립니다.

이 : 1986년에 만들어졌어요. 1984년부터 유화 국면으로 들어서면서 그전에 감옥에 들어갔던 민주화운동 재야인사들이 석방돼 나와서 여러 단체를 만들었어요. 그러다 통일한 게 민주통일민중운동연합이었죠. 이걸 줄여서 민통련이라고 했어요. 기득권 야당 의원이나 제도권 정치인 말고 민주화운동을 했던 재야인사들, 재야 민주화운동가들의 결집체가 민통련이에요.

■ 다시 직선제 개헌운동에 대해서 여쭤보겠습니다. 이 운동이 6월항쟁으로 이어졌다고 하셨는데 구체적인 과정이 어떻게 되나요?

이 : 예. 다시 천만 개헌 서명운동 이야기를 할게요. 조금 전 말씀드렸다시피 이 운동이 부산, 광주서 할 때는 야당하고 민추협이 중심이 됐고 거기에 시민이 참여한 식이었죠. 그런데 대구로 오면서 국면이 바뀌어서 민주화운동을 추진하던 재야 민주화운동권이 학생운동과 결합해서 대회를 주도하게 된 거죠. 대구서 한 다음, 대전서하고 청주서하고, 5월 3일에 인천대회로 이어졌지요. 인천은 노동운동이 발전했던 곳이잖아요. 인천대회 할 땐 폭동을 방불케 할 정도의 규모로 진행이 됐어요. 그 뒤에 마산, 전주 이렇게 이어졌는데 경찰이 집회를 못하게 막았죠. 그전까진 합법집회로 허가받고 했었거든요. 그런데 84년과는 다르게 이미 민주화운동 조직들이 꽤 정비가 된 상태였죠. 학생운동도 상당히 조직을 재건했고, 학생운동 출신으로 만들어진 재야 민주화운동가들도 이미 하나의 조직을 만들고 있었고, 야당도 개헌에 적극적으로 앞장서던 상황이었죠. 그 당시에 김대중, 김영삼 두 지도자가 이끌고 있었는데 한뜻으로 합의가 된 게 대통령 직선제 개헌입니다.

대통령 직선제 개헌에 모든 정치 세력이 합의해서 힘을 모아가던 과정이었는데 그전 83년 이후부터 민주화운동이 눈에 띄게 성장하니까 전두환 정권이 이대로 됐다간 너무 커져서 결국 양보할 수밖엔 없겠단 위기의식이 든 거죠. 86년 하반기로 들어서면서부터 민주화운동을 파괴하고 탄압하는 공작을 대대적으로 전개했고, 그런 과정에서 서울대학교 언어학과에 다니던 박종철 군이 불법 구금 상태로 고문을 받다가 목숨을 잃고, 그걸 은폐하려고 했던 거죠.

인천집회를 계기로 민통련 지도부를 다 검거하고 각종 운동 조직을 파괴하기 시작했어요, 86년 하반기부터 학생운동도 탄압하고…. 87년 6월항쟁이 일어난 그 봄에만 해도 공포 분위기가 대단했어요. 많은 운동가들은 다시 구속돼서 연금 상태가 되고 감시당하는 등 운동이 일어나기가 힘든 그런 상황이었죠. 그러다가 4월 13일에 전두환이 국민담화를 통해서 호헌조치를 발표했어요. 직선제 개헌을 하지 않고 현행 헌법으로 다음 대통령을 뽑겠다는 거였죠. 사람들이 느끼는 분노가 대단했어요. 그런데 박종철 군 사건을 축소, 은폐하려 했단 폭로가 있었어요. 이 일이 알려지면서 정권이 도덕성에 치명적인 타격을 입었죠. 호헌조치 자체가 굉장한 국민들의 저항을 불러온 데다 정권의 정당성을 결정적으로 훼손하는, 고문 자체도 그랬지만 그걸 조직적으로 은폐 시도했다는 것까지 폭로되면서 6월항쟁으로 간 거죠.

■ 80년대는 권위적이고 억압적인 분위기였기 때문에 시인이나 많은 문화예술인들에 대한 검열도 심했고 학생들도 제적을 많이 당했다고 들었습니다. 정부 검열이 교단에까지 뻗쳤을 것으로 생각되는데, 당시 교수님께서 강의하실 때 학생들에게 함부로 하지 못했던 말이나 혹시 비하인드 스토리가 있으시면 말씀해주세요.

이 : 그런 분위기는 박정희 정권 때부터 있었죠. 대표적인 게 언론 탄압인데, 5·17쿠데타 직후에 언론 통폐합을 하고 이걸 명분으로 언론들을 완전히 장악했죠. 보도지침이란 걸 만들어주고 그대로 보도하라는 거였어요. 기사를 아예 다 만들어서 언론사에 전달하고 그대로 보도만 하게 했으니 모든 신문 기사 내용이 다 똑같았죠. 그리고 뭐, 문화예술계 쪽은 상상도 할 수 없었죠. 대학에서는 강의를 하다가 내용이 문제가 돼서 해직되고 이런 경우는 박정희 정권 때 많았어요. 그래서 그 시기에 해직교수들이 많이 나오게 된 거거든. 전두환 정권 때는 84년 이후부턴 크게 압박하진 않았어. 비교적 자유로운 분위기였죠.

■ 6월항쟁 당시 영남대생 5명이 물고문이나 구타 같은 폭력적인 고문을 당했다는 기록을 발견했는데. 그때 당시에 대구 경북 고문저지공동대책위원회라는 것이 있었다는 기록을 찾았어요.

이 : 그 당시에 고문은 거의 일상화되어 있었어요. 특별한 사건도 아니었죠. 시위 현장에서 잡힌 학생들은 더 말할 것도 없고요, 경찰들이 학생을 탐문해서 연행하고 구속하는 일도 많았는데 그런 경우도 엄청난 고문을 당했죠. 특히 경찰이 학내에서 요주의 인물이라고 지목하고 틀림없이 지하 서클에 가입해서 활동할 것이라 의심했던 사람은 다 붙잡혀가 고문받았어요. 때리고 물고문도 하고 심한 경우, 지금은 돌아가셨지만 김근태 의원 같은 경우 전기 고문까지 여러 차례 당했죠. 지금은 경찰에 끌려가서 고문당한다는 건 상상도 못할 일이지만 그때는 일반화된 일이었죠. 고문저지공동대책위원회라는 조직이 있었던 건 저도 정확한 모르겠지만, 당시 박종철 군 고문치사 사건 때문에 그 문제를 좀 더 사회적으로 부각시키고 근절할 수 있는 방법을 만들자는 이야기는 많았죠.

민교협의 시초

■ 87년 당시 교수님께서 '민주화를 위한 전국교수협의회'(민교협)라는 곳에서 활동하셨다고 들었습니다. 정확히 어떤 활동을 하셨는지 궁금합니다.

이 : 민주화교수협의회가 만들어진 것은 87년 7월 21일이에요. 6·29선언이 있고 난 뒤죠. 6·29선언 전인 6월 26일에 약식으로 창립 대회가 있었고, 7월 21일에 성균관대에서 정식으로 진행했어요. 줄여서 민교협이라고 부르죠. 85년 이후에 대학별로 시국 선언을 굉장히 많이 했어요. 주요

한 사건 있을 때마다 다 했다고 보면 돼요. 특히 86년에 많이 했죠. 그때 제일 먼저 시국 선언을 발표한 게 고려대인데, 중요한 정치적 현안이나 인권 문제에 등에 대해서 교수들이 성명서를 쓰고 연명해서 입장을 발표했죠. 사회 여론을 환기하려는 노력 중 한 가지였죠. 박종철 군 사건이 있었을 때도 여러 대학에서 했고, 6월항쟁이 시작될 무렵인 6월 2일도 교수 연합 시국 선언을 했어요. 당시 시국 선언의 주요한 내용은 아무래도 박종철 군 사건이 있고 나서라 고문한 책임자 처벌, 고문 철폐 등의 내용하고 직선제 개헌 요구였죠. 그전부터 시국 선언이 많기는 했었는데 개별로 해서는 역량이 약하니까 모아서 해보자, 이렇게 해서 6월 2일에 각 대학별로 동참할 사람을 모아서 발표를 했어요. 그 뒤로 6월항쟁이 전개됐고 여기에 힘을 실어주기 위해 교수들이 한번 모여서 연합시위를 해보자 했던 거죠. 그러면서 교수 조직을 출범시켜 보자는 생각으로 6월 21일로 날을 잡았었죠. 그날 서울서 장소를 정하고 모이는데 경찰이 먼저 알고 집회를 못하도록 방해를 했습니다. 그래서 정식으로 민교협을 만들진 못했어요. 그 자리에서 약식으로 진행했는데 얼마 안 있어서 노태우가 6·29 선언을 발표하고 이후엔 이런 활동이 자유롭게 된 거죠. 그래서 그해 7월 21일에 성균관대학에서 정식으로 창립 대회를 했는데, 그때 664명이 가입 선언서를 냈어요. 모인 사람은 그것보단 적었는데 한 80명 정도였어요. 전국 28개 대학에서 80명이 대표로 모여 정식으로 결성했죠. 우리 대학에선 나하고 법과대학에 있던 선생님하고 대표로 결성식에 참여했었죠. 민교협의 목표는 대학 민주화였어요. 그 당시에 대학이 권력의 감시·통제 아래에서 자율성을 잃었었거든요. 민교협에서는 대학 민주화의 중요한 과제로 대학 총장 직선제를 주장했죠. 자율 조직으로 교수협의회를 만들고, 직선한 총장을 대학 총장으로 임명하는 거죠. 이런 대학과 관련한 개혁하고 사회 민주화, 이 두 가지가 주된 목표인데 지금까지도 그런 기조 위에서 꾸준하게 활동하고 있죠.

■ 교수님께서 대구 지역 대표로 참석하셨다면 당시 대구 지역 상황에 대해서 잘 아셨을 것 같습니다. 대구 지역 분위기는 어땠나요?

이 : 민교협이 출범하게 된 데는 대구 지역 교수들 노력이 컸어요. 그중 대표적인 게 85년에, 6월항쟁 있기 두 해 전이죠. 그해 11월에 대구·경북 지역 교수들이 지방사회연구회를 만들었어요. 학술적으로 한국 사회의 민주적 발전이나 지역사회 발전을 위해 기여하자는 취지로 만든 단첸데, 대구·경북 지역에선 대학교수들이 당시에 정치문제나 사회문제에 대해서 발언하는 시국 선언의 베이스캠프 같은 역할을 했죠. 대구 시내에 있는 모든 대학에 회원들이 있었는데, 회원들이 각 대학 시국 선언의 중심이 됐었죠. 지방사회연구회가 하나의 모델이 돼서, 부산, 광주, 전주, 이런 지역에서도 만들었죠. 호남에서는 호남사회연구회라는 조직을 만들고 또 부산도 그런 조직을 만들어 활동하고…. 각 지역 대학교수들이 모여서 학문적으로 정치적 활동을 할 수 있는 조직이었죠. 여러 지역 대표들끼리 서로 연결을 주고받았는데, 이게 모태가 돼서 민교협이 만들어지게 된 거죠.

■ 대구지방사회연구회가 민교협의 시초가 된 거네요.

이 : 그렇죠. 그래서 민교협이 성균관대에서 창립총회를 할 때 중요한 준비를 대구지방사회연구회에서 했어요.

■ 교수님들도 민주화운동에 관심이 많으셨나 봅니다. 대학생들도 시위에 많이 참여했다고 하셨는데, 계명대학교 학생들의 의식이나 학교 모습이 지금과 많이 달랐나 보네요.

이 : 그때에 비하면 지금은 사회 현안 문제에 대해 학생들의 관심이 옛

날처럼 그렇게 강하지가 않죠, 치열하지도 않고. 아마 이런 차이가 있을 거예요. 그때는 민주주의란 거 자체가 근본적으로 부정되고 파괴되는 상황이었고, 그 상황들이 피부로 체감되던 시기였죠. 그랬기 때문에 사회문제에 대해 학생들이 치열하게 고민하고 해결하려 적극적으로 노력했죠. 그런 선배들의 노력으로 6월항쟁이 있었고 민주화운동이 있었고 그와 함께 우리 사회의 민주화가 심화될 수 있었죠. 또 그때는 우리 사회에 문제가 있을 때 그것을 정치적으로 해결할 수 있는 힘을 가진 집단이 없었어요, 학생들 말고는.

대학은 학문의 자유를 어느 정도 보장했기 때문에 학생들이 자유롭게 토론하고 서클도 만들어서 힘을 모으고 그걸 바탕으로 사회적인 주장을 할 수도 있었어요. 그러니 학생들의 참여가 많을 수밖에 없었죠. 그런데 민주화가 어느 정도 이루어진 이후에는, 노동자의 요구는 노동자 자신들이 내놓고, 시민은 시민대로 요구를 하게 되고, 이렇게 각 영역에서 스스로가 중심이 되어 운동을 하게 되었죠. 우리 사회 자체가 민주화된 거예요. 주장할 수 있는 집단이 많이 생겨나니까 대학이 전처럼 사회의 모든 문제에 다 관심을 가지고 관여하고 애쓰지 않아도 그 문제가 해결되기 때문에 그럴 필요가 줄어든 거죠. 그래서 대학이 어떻게 보면 사회문제에 관심을 가지는 학생도 있지만, 그렇지 않은 학생은 자기 공부를 열심히 하죠. 그렇다고 이 학생들이 사회문제에 대해 영 관심이 없고 나 몰라라 하는 건 아닌 것 같아요. 환경이 달라서 그런 거지.

대구는 어떻게 보수화되었나

■ 제 주변에 사학과에 재학 중인 학생이 있는데 교수님을 가장 존경한

다고 하더라고요. 다년간 역사를 연구하셨고, 또 학생들을 가르치신 만큼 역사에 대한 마음도 남다르실 것 같은데요. 교수님께 역사란 무엇인가요?

이 : 저는 역사 중에서도 특히 사람들의 삶의 방식이나 철학을 관심 있게 봅니다. 저 역시 사회 속에서 살아야하기 때문에, 내가 지금 어떻게 하면 자유롭게 또 행복하게 살 수 있을까라는 생각을 합니다. 그리고 이것은 개인적인 존재의 고민이라기보다 사회적인 존재로서의 고민이죠. 그런데 공부를 하다 보니 앞선 시대에 저와 같은 고민을 했던 사람들이 많더라고요. 그런 고민들을 살피면서 나는 좀 더 지금 이 시대에 맞게끔 더 잘할 수는 없을까 이런 거죠 뭐. 그래서 연구 분야도 사회적인 존재로서의 고민이 많고 강의도 그렇습니다.

■ 다시 6월항쟁과 관련해서 여쭙겠습니다. 교수님이 앞서 말씀하신 것처럼 50~60년대에는 대구가 가장 진보적인 지역이었고 70~80년대에는 독재정권에 저항한 곳입니다. 그런데 왜 현재에는 정치 성향이 바뀌었는지 그리고 다른 지역과는 달리 대구 지역에는 민주항쟁에 대한 기록이 미비한 실정인데 그 이유는 무엇이라고 생각하십니까?

이 : 그건 대구 지역이 다른 지역에 비해 진보적이어서 보수 정권에 의해 집중적인 견제 대상이 되었기 때문이죠. 그러다 보니 탄압도 많이 받았고요. 그리고 또 하나는 박정희, 전두환 때부터 시작해서 최근 이명박, 박근혜 정권에 이르기까지 대구 출신들이 권력 요직에 있었지요. 그러면서 실제로 이 지역사회에서 기득권층이나 여론을 움직일 수 있는 세력들이 권력과 상당히 깊게 결합이 됐고, 권력의 논리를 지역사회에 끊임없이 전파하고 주입시키려고 노력했습니다. 한쪽에서는 탄압하고 다른 한쪽에서는 여러 가지 특혜를 미끼로 유인하면서 의식을 보수화시키고 그게 장

범어네거리 방향(봉산육거리 부근)

시간 축적되면서 지역사회가 보수로 바뀌었다고 봐야죠.

　■ 과거 6월항쟁과 오늘날의 촛불집회를 비교했을 때 공통점과 차이점
은 무엇이라고 생각하십니까?
　이 : 가장 큰 공통점은 국민주권을 실현하려고 했다는 거고, 다른 점이
있었다면 87년 당시에는 합법적인 방식으로는 국민주권을 실행할 수 없
었다는 거죠. 그런 사정으로 지금에서 보면 6월항쟁은 어쩔 수 없이 폭력
시위, 불법시위였다는 겁니다. 그것을 통해서 독재 권력을 굴복시키고 민
주화의 길을 열 수 있었습니다. 그렇게 민주주의를 확장하고 신장할 수
있는 길이 만들어졌기 때문에 촛불집회는 평화적이고 합법적인 방식으로
국민주권을 구현할 수 있었죠. 그 당시에는 대통령 탄핵 이런 게 없었어

요. 헌법이 바뀌고 나서야 가능해진 거죠.

■ 6월항쟁과 촛불집회는 정권의 부정부패에 분노한 국민들이 목소리를 냈다는 점에서 크게 다르지 않습니다. 80년대와 다르게 이번 촛불시위는 교수진을 비롯한 지식인의 참여는 다소 적어 보이는 반면, 일반 시민의 참여가 더 높아 보이는데요, 그 이유가 무엇이라고 생각하시는지요?

이 : 그렇진 않아요. 당시에도 지식인이 민주화운동에 참여하는 수는 극소수였어요. 다만 지금은 여러 분야에서 다양한 사회운동이 진행되지만 그 당시는 상대적으로 다른 운동들이 어려웠던 시절이었죠. 또 하나는 교수들은 사회적 지위가 있었기 때문에 함부로 처벌하고 구속하기 어려워서 그런 점을 이용해 좀 더 적극적으로 의견을 개진한 것이고, 그게 더 두드러져 보였던 것 같아요. 이번 탄핵 국면에서 오히려 더 많은 교수들이 참여를 했어요. 그때는 사회적으로 두드러질 수 있는 게 교수들뿐이었고, 지금은 여러 다양한 시민단체와 집단들이 목소리를 내는데 그 속에 한 목소리로 나오니 덜 활발하게 보이는 것이겠죠. 객관적으로 그때보다 지금이 더 활발해요. 그 당시에는 시국 선언을 하면 교수직도 잘리고 감옥 간다는 각오로 했죠. 지금은 그럴 필요가 없으니까 자유로운 거죠.

6월항쟁과 촛불혁명

■ 작년 국정농단 사태에 이어 대통령 탄핵이 있었습니다. 이런 혼란스러운 시국에서 가장 큰 난관은 무엇이라고 생각하십니까?

이 : 역시 이제 개헌이 필요하겠죠. 개헌 타이밍이 지금 대통령 선거하고 맞물려 있는데 지금 야3당이 개헌을 주장하는 것은 그렇게 순수하지

가 않죠. 그런 면에서는 지금은 일단 기존의 법체계 내에서 대선을 원만하게 치러야 하고 그런 다음에 국민적 합의를 모아서 헌법 개정이 필요하죠. 현재 헌법 체제를 87년 체제라고 하는데, 이게 딱 30년 됐고 이제 우리 사회의 발전을 위해서 새로운 가치와 제도를 담아 재구성할 필요가 있죠. 그게 중요한 과제입니다. 87년 체제의 내실을 30년 동안 우리 국민들이 채워왔다고 할 수 있고 그걸 넘어서 이제 새로운 사회와 국가 운영의 틀을 고민하고 만들어서 더 한 단계 도약하는 것이 중요한 과제입니다. 원래 민주주의라는 것은 순탄하게 진전되는 것이 아니라 많은 우여곡절을 겪으면서 발전하는 거죠. 세계 어느 나라를 봐도 그렇습니다. 다행히 이번에는 유혈 사태와 희생 없이 한 고비를 넘어서 감사하죠. 그만큼 우리 사회가 성숙했다고 봐야죠.

■ 교수님께서도 아시다시피, 지난 11월 계명대에서는 학생들이 자발적으로 모여 시국 선언을 진행했었는데요, 반면에 정치에 관심을 전혀 두지 않는 학생들도 많았습니다. 교수님께서 보시기에 현재 계명대학교 재학생들은 어떤가요? 그들에게 하고 싶은 말씀이 있으시다면?

이 : 비교적 사회적 논쟁에 대해서 관심도는 많이 약한 것 같아요. 그건 또 환경에 따라서 그럴 수도 있는데 계속 바뀌니까 앞으로 지켜볼 필요가 있습니다.

■ 이 시대를 살아가는 청년들을 위해 한 말씀 부탁드립니다.

이 : 우리 청년들은 굉장히 개인주의적인 환경에서 자라왔어요. 하지만 실제 개인의 활동은 사회라고 하는 바탕 위에서 가능한 거거든요. 이제 조금은 개인이 자유롭게 원하는 바를 이루면서 할 수 있는 사회적 관계에 대해 돌아보았으면 합니다. 나 하나만이 아니라 내가 원하는 삶을 가능

하게 해주는 사회 환경을 만드는 일과 내가 내 뜻을 펼치는 일을 통일적으로 해갈 수 있는 훈련과 각성이 필요하다고 말하고 싶네요.

■ 마지막 질문입니다. 무엇보다 저희가 겪은 현실이 또 다른 역사로 기록될 것이라는 사실이 뜻깊습니다. 현 시국 그리고 촛불시위에 대한 역사의 평가는 어떨 것이라 예상하십니까?

이 : 대한민국은 민주공화국이라고 처음 선언한 것이 1919년 대한민국 임시정부가 만들어지면서 발표한 임시헌장, 일종의 헌법 같은 건데 거기에 명시된 것입니다. 말은 그렇게 선언했지만 해방 후에 독립정부가 만들어지고, 또 87년에 민주적 개헌이 이루어지고 지금까지 왔지만 국민들이 진짜 주권자로서 명실상부한 국가의 주인이 되지는 못했어요. 그런 점에서 대통령 탄핵을 이끌어낸 촛불시위는 획기적인 사건이라 할 수 있죠. 촛불시위는 국민 스스로가 이러한 과정을 통해서 공화주의를 체득하게 되고 그것을 더욱더 확대하고 심화시켜가는 결정적 계기가 되었다고 봐요. 우리 사회가 형식적인 민주공화국에서 실질적인 민주공화국으로 이행하고, 이것이 민주주의의 질적 성장이 되고, 사회적으로 시행착오를 줄이면서 보다 합리적으로 진보한 사회를 만들 수 있는 계기가 된 거죠. 그렇기 때문에 우리 근대사에서 3·1운동이나 6월항쟁 이야기를 하는 것보다도 더 의미 있는 현재적 사건이 될 겁니다. 촛불시위와 대통령 탄핵은 국민의 힘으로 실질적인 민주공화국을 확립했잖아요. 이걸 이끌어낸 촛불항쟁은 우리나라 민주주의 발달사에서 정말 의미 있는 사건으로 기록될 겁니다.

울 아들이
뭘 잘못하드노?

■ 간단한 자기소개 부탁드리겠습니다.

이송금(이하 '이') : 우리 아들 일로 보자 했으니 아들 이름 대고 엄마라 칼까?(웃음) 그때 6월항쟁 때 계명대학교 다녔던 김영진이가 우리 아들이었거든. 2학년이었나? 생각도 안 했는데 갑자기 데모했다고 붙들려가고 했을 때 그때 심정은 말로 못하제. 지금은 웃음이 나지만 그땐 눈물밖에 안 났고…. 옆에 이이(김주태)는 내 남편이라.

■ 30년 전 일로 인터뷰 요청 드렸는데 너무 오래전 일이라 괜찮으신지요?

이 : 오래되긴…. 하매 보자…, 30년 전

왼쪽부터 이송금, 김주태

인데…. 얘기 듣고 아직 정신이 있으니깐 말할 수 있다 이런 생각이 들더라고.

■ 요즘 어떻게 지내시나요?

이 : 민가협(민주화실천가족운동협의회) 활동을 했었는데 같이 있던 엄마들이 지금은 건강이 안 좋아져가지고…, 많이들 쓰러졌제. 어떤 사람은 아들 죽고 나서 고마 병원에 있고, 어떤 사람은 시골로 가고 서울도 가고 그캤제. 건강이 많이 안 좋거든. 민가협도 사람이 없어서 깨진 거고. 저번 달까지 계 모임으로 했는데 이제 그것도 깨졌제.

자식 넣어놓고 맘 편한 사람 없지

■ 민가협 활동을 하셨다고 말씀하셨는데 어떤 단체인지요?

김주태(이하 '김') : 1986년에 대구에서, 민주화운동을 하던 학생 다섯 명이 한미은행 옥상을 점거하고 농성하다가 검거됐지. 중부서에서 전화가 왔더라고. 가보니 애들은 두드려 맞아서 기진맥진해가지고…. 이래 해선 안 되겠다 싶어서 애들 가족들이 만든 모임이제. 그 당시엔 민가협이라는 이름도 없었어. 구가협이라, 구가협. 구속자가족협의회. 내가 초대 회장이었어, 남자들은 생업이 바빠서 적극적으로 활동하지 못했으니까. 대구에선 활동이 미미했어. 처음에는 협조하는 사람이 별로 없었다고, 그땐. 학생들이 그렇게 되고서 국회의원도 때를 지어 내려왔고, 문익한 목사하고 민청련(민주화운동청년연합) 학생들도 왔는데 우리하고 같이 교도소에서 활동했었지. 구속자가족협의회 아들들 가혹 행위를 막겠다고 데모도 많이 했고…. 최루탄 피해 내빼다가 팔에 상처를 입었는데 지금도 튀어나왔어. 애들 그리 되기 전에는 민가협을 몰랐지. 애들 데모하다 교도소에 잡혀가면 모이잖아. 우리 애만 한 게 아니고 선배도 있고 뒤에도 또 붙들려 오고…, 그땐 데모를 많이 했어. 애들 따라 엄마들도 교도소에 모이고. 엄마들이, 그땐 한 삼십여 명 되더라고, 첨엔. 모여노면 퍼뜩 안 가요. 거기서 서성거리다 면회 함 하면 그때서야 집에 가고…. 자식 넣어놓고 맘 편한 사람 없지. 그래서 그 모임이 자꾸 만나다 보니까 굉장히 친해져버렸어. 아이들 그래 되니 서울 민가협에 자꾸 연락을 하게 되데. 서울 민가협에서 거기 모임도 있고 하니 같이 모임하자고, 그래야 우리가 서로 연락도 하고 알 수 안 있냐, 그래서 그래 모임이 됐어.

■ 민가협 활동 중 기억에 남는 일이 있으신지요?

김 : 큰아들이 영대 법대 단대회장이라. 그때 시골에 농민들 돕기 운동하러 간다 카데. 일해주고 오는데 성주경찰서 놈이 그리 생각 안 한 거야. 촌에 와서 농민들을 선동하는 나쁜 짓 했는 거로 몰아붙여서 야들이 억울하다고 하는데도 경찰은 빽 돌아서고(둘러싸고)…. 거서 애들이 전부 드러누웠다 카데. 연락이 왔어, 대구 엄마들한테. 그땐 갑자기라도 연락이 오면 착 잘 모였어. 자식들이 있고 하니까…. 가보니 아직 드러누웠더라고 그때까지. 드러누워 있는 사람들이 억시로(무척) 많더라. 애들이 그래 누웠는 거(누워 있는 짓) 보고 경찰들하고 사람들이 빽 둘러싸 있대. 경찰들이 이런 짓을 하니 성주경찰서…, 무슨 경찰서더라 하여튼 거길 엄마들이 드갔어. 울 아들이 뭘 잘못하드노? 뭘 잘못했길래 저래 포위해서 난리고? 엄마들이 막 가물 질렀지(소리 질렀지). 분밖에 안 나니까 소리도 크게 지르고 책상도 막 들이때려 업고…. 엄마들이 성나면 겁이 없다 카이. (웃음) 경찰들이 도망을 막 가는 거야. 나중에 들리는 말이 우리가 경찰서 다 때려엎고 그러니께 경찰서에서 누가 왔는가봐. 엄마들이 여기 와서 난동을 치

니께 개네 가게 돼라 그래 말했다 하대. 경찰서에 경찰이 암도 없으니 우리도 더 할 일 없고 해서 애들한테 가보니 다 서 있대. 경찰들은 드가고 없고. 그래갖고 애들이 그만 우리 대구 갈랍니다 캐서 먼저 가고 우리는 뒤차로 오고…, 그런 일도 있었어.

■ 지난달까지 계모임을 하셨다고 말씀하셨는데 6월항쟁 이후로도 민가협 활동이 이어진 건지요?

이 : 그렇지. 우리네가 사는 게 모두 어려워. 너무 돈이 없는 애들이 데모하다 교도소 끌려가면 내복도 사다 넣어주고, 나올 때 모이면 거기 가서 환영해주고. 그런 걸 자주했어. 그러다 보니 계속 만난 거지.

너거 자식 죄 없는데 드가면 맘 편켔나?

■ 앞서 잠깐 아드님 말씀을 하셨는데, 아드님께서 구속될 당시 이야기를 좀 더 구체적으로 말씀해주세요.

이 : 내가 그날 시내를 갔다 오는 길이었는데 사람이 많이 모여 있더라고, 한미은행 앞에. 데모를 했나봐 옥상에서. 버스 타고 오는데 딴 곳에서 데모한다고 할 때 보다 이상하게 예감이 안 좋더라고. 그때 내 생각이 영진이가 저 있으면 안 될 텐데 하면서 지나갔는데, 역시나 9시 뉴스에 우리 영진이가 팔을 들고 막 데모하는 게 나왔어. 눈에 딱 띄더라고. 그때 변소 드가서 많이 울었제. 밤을 새다시피 하고 아침 일찍 영진이 만나러 갔는데, 아무래도 많이 안 맞았겠나, 내 예감이 그랬어. 옷자락을 이렇게 들라 카니까 깜짝 놀라면서 못 만지게 하는 기라. 그전부터 들은 이야기가 있었는데, 형사들이 때릴 때 얼굴 같은 데 안 때리고 옷 안에 때린다

고. 내가 그래서 옷자락을 들라 카니 깜짝 놀래, 애가. 그래 뒤에 이야길 들었는데 발로 차고 하는데 딱 보이는 덴 안 그랬다 카대. 을매나 맞았음 다 실신해버렸어, 애들이. 옥상에서 끌려 내려올 땐 몰랐대, 정신이 없어서. 중부경찰서 거기서 얼마간 있다가 정신을 차린 거야. 그땐 안기부로 끌려간다 캐서 얼마나 놀랬는지 참…, 그랬었어.

■ 시위가 격해지면 민가협 회원들이 시위장에서 폭력 시위하지 말라고 중재 역할을 한 기록이 있던데 기억나시나요?

이 : 볼펜으로 찔러 죽였다는 학생…, 그 뭐고 이름이 생각이 안 나노. 박종철, 이한열 사건 났을 때 암튼 그랬을 때 한창 최루탄 많이 쏠 때였제. 엄마들이 앞에 있으면 좀 덜 쏘지 않겠나 해서 우리가 젤 앞줄에 플카(플래카드) 들고 있었거든. 그때 대구백화점 앞이든가 그랬는데, 아이고…, 눈도 못 떴어. 최루탄이 완전 뭉치로 날아왔제. 서로서로 붙들고 옆으로 갔는데 어딘 줄도 모르겠는 거야, 눈을 못 떠가지고…. 그래갖고 그게 우리가 분이 차갖고 남부경찰서 드가서 실컷 폭행 한 번 했지. 너거는 너거 자식 죄 없는데 드가면 맘 편켔나 카고. 우리가 젤 난폭적이었던 건 교도소였제. 교도소 가갖고…, 화원교도소, 그때 우리가 밤낮으로 한 5일간을 거기서 연탄 피워 놓고 잠도 자고 밤새도록 교도소 가새(주변)를 돌고…, 참 난잡했네. 분해가지고 그런 짓을 좀 했어.

■ 당시 공권력의 폭압이 정말 심했던 것 같습니다.

이 : 그때는 경찰 방망이 갖고 애들 머리도 막 때렸어. 한 학생이 머리 맞고 실신한 적이 있지. 그래가 연락 받고 가보니까 그땐 정신을 깼더라고. 가니까 경찰들이 병원 주변으로 쫙 돌아섰어(둘러쌌어). 하이고… 뭐시냐 딴 학생들도 와갖고 뭐 우째 해야 하나 싶어갖고 안절부절못하고 경

찰들은 가새(주변)에 돌아서서 있고….

김 : 데모할 때도 그랬지만 교도소에서도 말 못했지. 교도소에서 가혹행위 한 거를 부모들이 안 말리면 그 안에서 일어나는 일을 알 수도 없고…. 얼마나 더 무자비하게 당할까 해서 부모들이 연대해가지고 방어하러 갔었는데 문을 안 열어주고 교도소 정문 철창문을 잠가놨더라고. 남학생들이 벽을 타고 넘어 뛰어 들어가서 문을 열어줬제. 우리는 그 상황을 몰랐어. 모르고 철문으로 해서 안으로 들어갔제. 들어갔는데 느닷없이 사람이 떨어져가 실신했는데 죽게 생겼다 하는 거라. 이 사람이 철창문 밑에서부터 올라가는데 그놈들이 군화발로 문을 크게 차버리니까 사람들이 떨어져가 다쳐가지고 영대병원에 입원하고 그런 적도 있었제.

■ 어머니로서 마음 아픈 일들도 많이 겪으신 것 같은데 말리신 적은 없으셨는지요?

이 : 말리고 할 새도 없었어. 첨에는 하는지도 모르다가 그날 갑자기 알았으니께. 하루는 야들이 집에 와서 안 가잖아. 즈그는 활동했겠지. 근데 나는 전혀 몰랐어. 그러니 내가 "니 데모 같은 거 하지마라" 캤거든. 애는 이 상황이 잘못된 거 같긴 한데 말은 가담은 안 한다 하고…. 약간 내 예감이 틀린 걸 알았어. 왜 그랬냐면, 저거 누나도 경대에서 데모를 했거든. 야가 동생하고 대화를 자주 하는 거 같고…. 아무래도 수상하다 이런 건 있었거든. 그래서 일부러 "넌 공부나 열심히 하래이. 나중에 못산데이." 그 카면, "엄마는 또 씰데없는 걱정한다." 하더라고. 그러니 나는 편안하게 있었지…. 전혀 몰랐다 카이.

김 : 영진이 누나가 먼저 했지. 한 번은 수성경찰서에서 부모를 찾아. 우리 딸아 부모를. 그래 내가 상황 들어보니 그날 스커트 입고 힐 신고 나갔는 애가 데모에 쓸려가지고 실신을 했나봐. 그래갖고 지금 파티마병

원에 입원 중이다, 이 카면서 돈 몇 푼 가지고 우릴 달래려고 왔는 걸 내가 항의도 많이 하고 했는데 그땐 항의해봤자 경찰들이 돌아서서 또 어떤 나쁜 짓을 할지 모르는 상황이었어. 그래서 돈 몇 푼 받았는가, 우에 됐던가…, 오래돼서 기억이 잘 안 나긴 하는데 암튼 그런 적도 있었지.

순한 양이 와 이래 사자로 변했는교?

■ 어머님께서 직접 시위에 참여하셨는데 경찰의 무력 진압으로 폭력적 상황도 여러 번 겪으셨을 것 같습니다. 두려움은 없으셨나요?

이 : 두렵지. 그때 심정이 안 두려운 사람이 없지. 최루탄이 하도 날아 오니께. 그래도 딴에 우리가 민가협인데…. 보통 사람들은 그 앞에 한 번도 못 갈 거야. 근데 민가협 엄마들은 자식이 고생하는데 우린 죽으면 어떻냐 캄서 나서는 거지. 엄마들 마음은 똑같아. "우리 이만큼 살았는데 죽음 어떻노, 우리가 안 하면 할 사람 누가 있노." 카면서, 그래 마음이 딱딱 뭉치데. 그래서 대구백화점이다 뭐다 어디라도 모인다 카면 항상 가고 활동 많이 했어. 고마 모임이 완전 직업이라. 서울도 자주 가고 서울 가는 거 보려도 가고, 얘기하려고도 가고 가담하려고도 가고, 많이 댕겼어. 그땐 겁이 없었어. 자식을 교도소에 넣어놓곤 엄마 마음이 겁나는 게 없어. 계명대 앞에서 경찰이 한 번 그 카대. "집에 갔을 때는 순한 양이더만 와 이래 사자로 변했는교?" 그래서 내가 "무슨 소리 하는교? 당신도 죄 없는 아들 형무소 드가 봐요. 나보다 더할 걸." 그카니까 자기도 "안 그러겠습니까…" 그러더라고. 데모 중에도 대화는 해봤다. (웃음)

■ 학생 중심으로 운동이 이루어졌는데 일반 시민들 반응은 어땠는

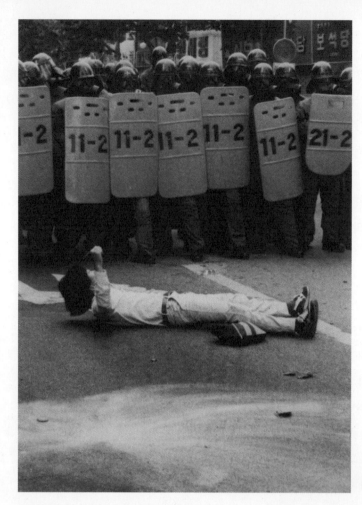

경찰의 폭력 진압에
맞서 항의하는 청년.
__중앙로 대로
(1987. 6. 17)

지요?

김 : 그때 보수에서 말하기를 학생들이 공부하기 싫어서 농띠(날라리) 같
은 거만 데모를 한다, 이래 소문을 퍼뜨렸지. 데모하는 사람들은 사회적
으로 아주 나쁘게 평이 돌았다고.

이 : 그래도 그때 대백(대구백화점) 앞에 모일 때 보면 민가협 아닌 일반
시민도 있긴 했지. 옛날부터 자기 윗대가(윗세대가) 약간 민주화 정신이 있

는 사람들이 주로 모였어.

김 : 독립운동 비슷하니….

이 : 사람이 윽시로(무척) 많은데 우리 민가협이 특별히 앞으로 불려가는 게 내가 미안터라 카이. 저 사람들도 다 의미가 있어서 왔는데 민가협만 앞에 오이소, 오이소 불려가니깐. 내가 미안해서 막 쳐다보고 했다 카이. 나이 좀 든 사람도 있고 남자들도 있고 일반인들도 많았어.

■ 당시 상황이 다시 벌어진다면 또 참여하실 생각이신지요?

이 : 이제는 여든 살이 넘었으니 늙기도 늙었고…. 그때는 예순 전이었으니 학생들이 뛰면 우리도 같이 막 뛰고 활동을 같이했지. 이젠 못 그래. 십 년 전이라면 몰라도 인제는 짐이다, 짐. (웃음)

■ 당시 활동에 대한 후회나 아쉬움이 있으신지요?

이 : 그때 한창 아들 밑으로 돈이 필요할 때였지. 돈은 벌어봐야 애들 학교 쓰이고(공부 가르치고) 먹고살 정도밖에 안 됐지. 그마저도 교도소 가야 하고 모임도 가야 하고, 집에 생활은 어려운데 타격이 좀 컸지. 80년쯤에 하던 일에 실패해서 모아놓은 것도 없이 맨몸만 남았는데 아들까지 그래 되니깐 맘은 거기 있어도 생활도 걱정되고 가슴이 찢어졌지 뭐.

김 : 내가 젊을 때 돈을 좀 버렸어(손해봤어). 그래 다 날리고 났는데 애들 학교 들어갔지. "니는 학교 가서 공부만 좀 해라" 하니까, 아들이 "학교는 민주주의를 가르쳤는데 학내 행위는 전부 민주주의가 아니고 탄압을 해가면서 학생을 지도한다" 그러대. 이런 데서 반발을 했다고…. 지금 때가 민주화운동이 필요하고 또 많이 하고 있으니 애들도 함께하는 건데 법을 위반했다고 구속시키고…. 근데 민주화운동이라는 게 단순하게 이뤄진 일이 아니고 정권이 일제 탄압에서 벗어나서는 정치적으로 양민을

탄압하니까 데모를 시작한 것이라고, 우리 작은아들이 글케 얘길 하더라고. 또 딸이 경대(경북대학교)에 다니고 있었는데 데모는 딸아가 먼저 했어. 동생도 옆에서 보니 딸아 하는 짓이 맞다 생각한 거도 있고.

■ 생계도 못 돌보시고 힘들게 활동하셨는데 6월항쟁이 마무리됐을 때 심정이 어떠셨나요?

이 : 일단 마음이 놓였지. 그래도 또 자들이 언제 붙들려 갈란가 하는 불안함도 있긴 했어. 소문도 듣고 민가협 사람도 여럿이니까 거서 이야기도 듣고…, 많이 불안했어.

요새 그래하는 청년들 보면 참 장하다

■ 이번 촛불을 봤을 때 감회가 새로우셨을 것 같습니다.

이 : 우린 저녁마다 촛불 한다 카면 간다, 또. (웃음)

김 : 2016년 11월 12일에 두 번째 서울 집회 있을 때, 그때가 젤 많았제. 100만 넘었을 때 그날에 내가 갔었거든…. 국민이 많이 눈을 떠서 요즘은 옛날보단 많이 개화됐제. 늘 민주화운동은 뭐같이 여기고 이래 했는데도 이번에는 국민들 호응도가 참 좋았제. 80평생을 넘겨 살았는데 젤 즐거웠어.

■ 이번 촛불시위랑 6월항쟁 당시랑 많이 달랐을 텐데요.

이 : 그땐 굉장히 불안했지. 모였다 하면 경찰들이 보는 눈도 사납고 또 우리들도 항상 가슴을 조여가면서 가고 그랬는데, 요즘은 가보니 너무 편안해. 옛날에는 시내버스를 타고 가는데 한창 최루탄 쏘고 하면 아

이고 우리 아들 길에서 데모한다고…, 데모도 한 자리가 있고(한곳에서 할 때도 있고) 댕기면서 하는 게 있잖아. 버스 안에서 데모한단 소리 들은 사람들이, "저놈의 자슥들 공부하기 시르이 저래 데모하고 다닌다" 하면서 전부 시선이 밖으로 가는 거야. 내가 을매나 마음을 졸이는지, '영진이 또 나와가 하는갑다' 싶어서 놀래고…. 짐 내비두고 데모대 앞으로 쫓아가 보고 뒤로도 가보고 그런 적도 있다. 그때 얼마나 불안하던지. 거는 두 번 할 것은 못돼.

■ 민주화와 인권보호를 위해서도 활동하셨는데 최근 사회운동에 참여하는 청년들을 보면 어떤 생각이 드시는지요?
이 : 요새 그래하는 청년들 보면 참 장하다 싶지. 내 자식도 그런 어려움을 무릅쓰고 했었고.

■ 마지막으로 하시고 싶은 말씀이 있으신지요.
이 : 옛날 생각이 나는데 고생한 얘기 조금 더 하제. 그때 이래 있으면 오늘 면회가 안 된다, 된다 하는 소문이 돌아. 교도소에 면회가 안 된다 하면 안에서 무슨 일이 났다는 걸 벌써 알제. 우리 아들보다 전에 형무소 살았는 사람들이 나왔잖아? 그 사람들이 그걸 알아. 무슨 소리 들으면 전부 울 엄마들한테 연락해서 오늘 무슨 일 났다 알려줬제. 그날도 이래 돼서 오전에 면회 갔는데 안 됐지. 그래 무슨 일이 나도 났다고 그때 엄청 불안했지, 안에서 무슨 일이 났는지도 모르고. 이래 불안해서 하루를 보내고 해가 다 질 무렵까지 안 가니까, 안 되겠다 면회를 시켜줘야겠다 해서 가니까 우리 아들을 두 명이 끌고 나오더라고. 야가 다리를 못 들데. 그때 그 심정이 어떻겠어? 얼마나 두드려 팼으면 멀쩡한 내 자식이 양쪽에서 팔이 들려서 개처럼 끌려나왔겠어. 그걸 보니까 내가 기절을 하지.

그래가 내가 정신을 깨고 아이고 영진아 하면서 정신없이 가물을 지르니까 고마 끌고 다시 드가버려. 그러니 엄마들이 집에 오겠어. 그날 저녁에 그렇게 보냈어. 우리 애만 그런 게 아니고 그 뒤에 얘길 들었는데 무슨 일이 있었냐면, 일반 죄수들한테 세수 좀 오래 한다고 패더래. 그러니까 바른말 잘하는 애들이, 너무 질서 없이 사람 취급을 안 하고 가축들처럼 패냐 한마디 한 거제. 애들이 교도소가 바로 옆에 있으니까 여기서 말하는 게 들리는가 보더라고. 그래 얘기를 해가 알게 되고 안에서 고함을 지르고 난동을 피우고…, 저녁에 면회하기 전에 일이라. 지하에 끌고 가서 시커먼 보루에다가 사람을 덮어씌우더래. 그렇게 해서 야들이 엄청 맞았어. 그래서 밥도 안 먹고 단식하는 거야, 교도소 안에서. 울 애들은 이런 걸 그냥 못 본다, 저거들을 고치겠다 그래 한 거야.

그날 맞은 거는 이튿날 면회 가서 나왔고, 그 뒤에 애들이 닷샌가 3일인가 아무튼 정확하겐 모르겠는데, 단식한다고 하니까 쇠파이프로 강제 급식을 한 거라. 애들이 전부 목에 피가 나고…. 그래 놓고 사정없이 때리더래, 죽이는 거지 그냥. 그냥 살살 넘어가도 될 텐데 막 때려재끼니까 코로 나오고 목은 목대로 다 피가 나고… 엉망된 거지. 그런 소리 듣고 우리가 우애 가만 있겠노. 엄마들 다 미쳐버렸어. 미쳐가지고 소식 듣고 거기서 연탄불 피워놓고, 우리 아들 꺼내도 가물 지르는 거지. 교도소서 젤 높은 사람이 보안과장인데 전부 다 주로 한다 카데? 교도소 안에 주택에 있었는데 그 보안과장 들으라고 하는 거제. 밤새 교도소 돌면서 내 자식들 죄 없는 내 자식들 당장 풀어도, 입을 모아가 가물 지르고…. 애들도 다 들었지, 엄마들이 하도 지르니까. 그때가 겨울이라 대기실서 연탄불 피워놓고 전부 옷만 뜨시게 입었는데 떠는 건 말도 못하고…. 한 일주일은 거기 있었다니까. 되게 강하게 교도소에서 어머니들 왔다 하면 벌벌 떤다 캤다. (웃음) 그래 난동도 부리고. 아이고 말이라 그렇지. (웃음)

'광주'와 6월항쟁

■ 안녕하세요. 자기소개 부탁드립니다.

이용석(이하 '이') : 이쪽은 영남대학교 경영학과 85학번 남태우 씨입니다. 80년대 이후 현재까지 일관된 삶을 살아오셨고요, 저는 영남대학교 기계공학과 85학번 이용석이라고 합니다. 저는 이야기를 시작하기 전에 짧게 말씀을 드릴 게 있는데, 이 자리에 나와야 하나 굉장히 망설였어요. 왜냐하면 우리 태우 씨는 학교생활을 하면서도 그랬고 사회생활을 하면서도 그랬고 삶에 일관성이 있고 자기 철학도 분명한 친구라 뭔가 후배들에게 얘기를 해주면 진정성이 있을 텐데, 저 같은 경우엔 학교를 졸업하

왼쪽부터 남태우, 이용석

고 경위야 어떻게 됐던지 간에 다른 삶을 살았어요. 우리 사회의 일반적인 아버지처럼 직장 생활하고 사업하다가 또 직장 생활하고, 그냥 보통 사람들의 살듯이 살아와서 내가 과연 후배들에게 전달할 메시지가 있을까 굉장히 망설였죠. 그러다 결정을 하게 된 건, 그래도 그 시기에 저의 어떤 기억들이, 아들 세대가 사회를 바라보는 시각에 도움이 될 수 있을지도 모르겠다는 생각을 했습니다. 저는 논리적이지도 않고 일관성도 없어요. 그런 부분을 이해해줬으면 좋겠고 여기 있는 남태우 씨가 더 잘하실거예요.

■ 6월항쟁 인터뷰 제의를 받고 어떤 생각이 드셨나요?

남태우(이하 '남') : 얼마 전에 대구MBC에서 취재를 했었어요. 6월항쟁 30주년을 맞이해서 대구 지역을 중심으로 다큐를 만들겠다는 거였죠. 그 전에 학생운동도 그렇고 학생 차원이든 대구 전체든 백서든, 어떤 식으로라도 정리를 하자, 그 얘기가 오래전부터 나왔는데 결국은 이게 자료로 남을 만한 게 없더라고요. 야사 같은 무용담으로만 나와서 안타까움이 있었는데 30주년을 맞아서 체계적으로 구술 정리를 하자는 취지가 아주 좋았습니다. 저희가 먼저 했어야 했는데 바빠서 미루다 보니 후배들이 나서게 됐네요. 얼마 전 촛불혁명도 있었고 참 중요한 자리다 싶어 왔습니다. 지금 박근혜 국정농단의 주범들이 당시 영남대 학원농단에 핵심이었잖아요. 영남대 총학생회를 주축으로 학생들이 그들을 몰아냈는데 우리가 그 세대고…. 얘기할 만한 가치는 꽤 크지 않을까 생각했습니다. 87년에 용석 씨가 사회부장이었고 제가 사회부 차장이었습니다. 학번은 같은데, 예를 들면 직급상으로 용석 씨가 임종석이고 제가 조국인 거죠, 비서실장과 민정수석쯤 되는.(웃음) 그 당시에 용석 씨가 워낙 연설을 잘해서 집회에서 아주 스타였죠.

이 : 스타는…. (웃음) 당시에 학생회 간부나 특히 사회부장은 수개월 안에 언제라도 징역 갈 각오를 하고 시작하는 일이었거든요. 사회부 차장도 마찬가지고. 언제라도 집회 현장에서 잡히면 구속이라는 걸 전제로 하고 학생회 간부를 맡았어요.

6월항쟁 이전의 학내 상황

■ 이용석 선생님은 어떤 각오로 총학생회장에 출마하게 되신 건가요?

이 : 특별한 각오를 가지고 한 건 아니고…, 이건 개인적인 의견입니다. 의지와 무관하게 한 2년 정도 흘러갔던 기억이에요. 영남대학교를 국한해서 놓고 보자면 굉장히 특이한 대학이었습니다. 지금 30년이 흘러서 실제 권력을 가지고 농단했던 그 세력이 그대로 30년 전에는 학교 권력을 가지고 있었거든요. 그러니까 그때는 최태민 씨도 굉장히 젊은 상태였었고, 영남대학교란 게 교주가 박정희잖아요. 그러니까 정보기관에서도 다른 대학에 비하면 집중적으로 정보 사찰도 했고 특이한 대학이었어요. 87년도에 처음으로 사회부장을 할 때가 5월이었는데 5월 광주가 있던 달이라 대대적으로 반정부 집회나 이런 게 많았었죠. 집회하다 잡히면 당연히 구속되고 어느 정도 형을 살고 나와서 노동운동을 하고 그러던 때였어요. 그러다 87년에 6월항쟁을 맞았고 결과적으로는 완벽한 성공이라고 할 수는 없지만 3분의 1정도의 성과가 있었죠. 그로 말미암아 수배도 해제되고 징역 들어갔던 분들도 다 사면돼서 나오셨죠. 다음에 학생회를 만들어야 하는데 누가 만들래? 누가 나갈래? 니 얼굴 제일 알려져 있으니 니가 나가라! (웃음) 그러다가 등 떠밀리다시피 하게 됐어요. 어떤 후보자들 보면 학생회장이란 타이틀로 나중에 정치하려고 출마하

는 사람들도 있었는데, 실제로 학생회에 정치 지향적인 사람들이 참 많았거든요. 제 경우는 그런 정치에 대한 욕구도 없었고 등 떠밀려서 한 거예요. (웃음)

■ 두 분은 영남대학교 총학생회 활동을 같이하셨는데, 당시 총학생회 분위기는 어땠나요?

남 : 85년 2학기 때 학도호국단이 폐지되고 총학생회가 부활했죠. 그전에 학도단 간부를 한다는 건 쉽게 말해 출셋길이었어요. 학도단장을 하면 집을 산다, 차를 산다, 이런 게 당연시되던 어용이니까요. 85년 2학기에 서울대 총학생회가 부활했고 86년부터 모든 대학의 총학생회가 부활했는데 아직 세력이 약했었죠. 87년 6월항쟁을 거치면서 완벽하게 대중화가 진행되는 과정에서 어느 정도 데모하는 친구들이 생겼죠. 학교마다 좀 다르긴 하지만 그전에는 완전 간첩 그런 거였죠. 그러니까 한화야구 같은 거였어요. 투수 혹사당하는.

어차피 구속은 누가 몇 명이 돼야 하니까 선발 권력이 그냥 계속 나와야 되는 거죠. 나 같은 경우도 2년 했지만 우리 후배 중에 2학년 때부터 3학년, 4학년까지 3년 동안 계속 총학생회를 한 친구도 있어요. 소위 말하는 그때는 군사정부였기 때문에 이 학생회가 언제 무너질지 모르는 거였죠. 합법적인 공간이라곤 하나 예를 들면 유신 이런 거처럼 언제 국회가 해산될지 모르기 때문에 앞에 나와 있는 사람이 하고 그 외에 비합법적으로 조직을 만들었어요. 학생운동 골간 조직인데 이 조직에서 컨트롤할 수밖에 없었죠. 왜냐하면 언제 괴멸될지 모르니까요. 독립운동 조직도 괴멸되면 비밀조직이 있어야 하잖아요. 그런 조직이 공존하던 시기였어요. 6월항쟁을 거치면서 서서히 총학생회가 학생운동의 대표 조직으로 돼가는 과정에서 우리가 만나서 했던 거죠. 결국 우리도 많이 감옥 갔죠.

나는 전두환 생가 방화로 갔고, 그때 내가 현상금 300만 원까지 올라갔죠. 6월항쟁 때 딱 수배가 됐는데 6·29선언이 발표되고 형식적으로 조취를 취할 수밖에 없으니까 수배가 해제됐죠.

그다음 88년에는 야권 분열로 인해서 김대중과 김영삼이 갈라지고 13대 대선에서 노태우가 집권하니까 형식적으론 선거를 했지만 또 군사정부잖아요. 당연히 또 다른 수배가 떨어지고 그랬어요. 노동운동이 막 발생했을 시기니까 결국 학생회가 점점 더 열심히 싸우는 과정이었고 특히나 우리는 그때 학원농단 문제가 딱 터졌어요. 총장이 4월에 학생회 도청했다가 걸리고… 지금 김수남 (검찰)총장 아버지가 김기태 (영남대 총장)란 말예요. 김기태 총장이 학원농단 세력 때문에 자기 잘못도 없이 물러나게 됐었죠.

이 : 상당히 억울하지 뭐.

남 : 근데 지금 아이러니하게도 막내아들인 김수남 총장이 박근혜 구속시켰죠. 참 재밌어요. 그대로 복사판이에요. 어쨌든 그때 우리가 승리를 해서 전국대학 최초로 총장 직선제를 했죠. 그런 면에서 상당히 우리 투쟁이 성과도 있었고 보람도 있었던 거 같아요. 어떻게 보면 그 동력과 자긍심이 지금까지 좀 힘든 시기에도 쾌활함을 유지할 수 있는 원동력이 되지 않았나 생각합니다.

'광주'에서 시작되다

■ 학생운동에 입문하게 되신 특별한 계기가 있으신가요?

이 : 태우 씨와 제가 다를 수 있겠지만 그 시대에 학생운동에 입문하고 학생운동을 접하고…, 어찌 보면 투사로 변하는 근간에는 80년 5월이 깔

려 있죠. 제 어린 시절에는 대통령이라는 말이 박정희를 부르는 고유명사인줄 알았어요. 왜냐하면 내가 태어나서 텔레비전에서 대통령이라는 얘기를 들을 땐 항상 박정희 대통령이었거든요. 그렇잖아?(웃음)

남 : 왕이나 마찬가지였지.

이 : 특히 386세대라고 칭하는 우리 86세대들은 대부분이 대통령이란 말은 박정희와 등치되는 그런 단어로 이해했을 거예요. 그런 사람들이 학생운동을 하게 된 거는 조금 전 말씀드렸다시피 80년 5월의 영향이 크죠. 어떻게 자국의 군인이 자국민을 도륙할 수 있는지…. 거기다 당시에는 정말 많은 유언비어가 있었어요. 진실이 유언비어로 매도당해서 도는 거죠. 광주에서 시민들이 민주주의를 위해 싸우다가 학살당했다는 이야기가 유언비어였던 세상이었거든요. 진실은 아무리 덮으려 해도 송곳처럼 튀어나오잖아요? 어떻게 감추겠어요. 먼저 접한 사람이 있었을 것이고 대학생활 내내 그걸 접해보지 못한 사람도 있을 거예요, 동시대를 살았던 저희 세대 중에도. 우연한 기회에 먼저 접한 사람이 있을 테고, 그러면 '왜?' 하는 물음이 당연히 나오겠죠. 그렇기 때문에 86세대들 대부분이 학생운동을 접하고 투사로 변하는 과정의 근간에는 80년 5월이 깔려 있다고 보는 겁니다. 단순한 추정이 아니에요. 그다음에 각각의 다른 경험들이 더해졌겠죠.

■ 애초에 피를 통해서 무단으로 집권을 한 세력들이니까 그런 일들이 일어난 것 같습니다. 선생님들은 묵인하지 않았던 거네요.

이 : 우리 학생들도 마찬가지잖아요. 길 가다가 누군가가 아무 이유 없이 린치를 당하거나 매를 맞으면 못 본 척하고 가는 사람도 있겠지만 보고 말리는 사람도 있을 거고 또 신고하는 사람도 있을 거고 반응은 다양하겠죠. 아마 그때 당시 학생운동에 투신했던 우리 세대들은 만약 그

사복경찰에게
불심검문을 당하는
시민들.

런 장면을 보면 적극적으로 개입을 할 사람들이 아닌가 싶어요. (웃음)

　　■ 사실 현재 대학의 총학생회들은 어용이 많기도 하고 사회문제에 그
다지 관심을 가지고 움직이지는 않거든요. 당시는 상당히 사회문제에 관
심이 많았고 활동도 적극적으로 한 것 같습니다.

　　남 : 영남대의 경우는 85년에 운이 좋아서 총학생회를 잡았는데 86년

에는 노래 부르는 이상한, 소위 어용이 장악했죠.

이 : 86년도에 학생회 간부를 했던 사람 중에 안기부 간 사람도 있어요. 요즘 식으로 말하면 국정원에서 스카우트한 거죠. 그래서 또 다른 후배 어용 세력들을 또 만들고 또 만들고…. 우리가 학생운동에서 조직화운동을 했던 것처럼 그쪽에서도 똑같이 한 거죠.

남 : 그런데 거기는 권력과 돈이 있으니깐 부와 명예가 보장되는 거지.

이 : 우리는 고난의 가시밭길이고. (웃음)

남 : 그렇지 학생운동 때는 낭만이 있잖아, 학생이라는 공동체적인 지위가 있고. 그러다 졸업하고 나서 노동운동을 하려고 위장취업하고. 이러니까 뭐 공장에 가서 구속되고 죽기도 하고 하여튼 뭐 민주화운동이죠, 옛날 독립운동처럼. 그런 과정을 거쳤는데 미래에 대한 전망은 불투명했어요. 사회가 어떻게 바뀌어야 한다는 게 논리적으로 정의된 게 없었거든. 그때가 북한식 이론도 있었고 마르크스·레닌주의도 있었고 막 여러 가지 이론을 공부하던 시기였어요. 우리 사회의 본질은 무엇이고 어떻게 바뀌어야 하는지 매일 연구했죠. 근데 그런 걸 하면서 일을 해야 하니까, 생계를 위해 하는 일이 아니라 세상을 바꾸기 위해 하는 일이었으니까요. 그때는 정당 발전도 미흡했고, 시민단체도 없었고 지금처럼 SNS 이런 것도 없었으니까 국민의 의사를 전달할 만한 것이 아무것도 없었잖아요. 많은 사람들이 희생했고 미래에 대한 어떤 전망을 가질 수 없는 상황이었으니까 희생하면서도 해야 된다는 당위성을 가지고 왔었죠. 하지만 불확실한 미래에 대한 갑갑함만 있었어요. 예를 들면 김문수, 이재오 이런 사람들이 열심히 했는데 결국 운동에서 떠난 이유가 그런 거였죠. 답이 없었던 거지. YS도 결국 3당 합당했지만. 그러다 보니까 이거 안 되겠다, 뭔가 힘을 가져야 세상을 바꿀 수 있을 거 같다고 생각하고 타협하는 사람들도 있었죠. 김무성처럼…. 김무성도 민주화운동을 잠깐 했으니까. 그 사

람들이 결국 나중에 완전히 기득권 세력으로 변해버렸죠.

건대항쟁의 의미

■ 6월항쟁이 일어나기 전 끊임없는 전조 현상이 일어났을 거라 생각합니다. 어떤 것들이 있었나요?

남 : 베이스는 광주인 것 같아요. 광주 사진전을 딱 보고 이렇게 잔인하게 사람을 죽일 수가 있나. 진짤까? 독일, 일본에서 온 사진이라는데 맞나? 이랬었거든요.

이 : 심지어 특히 대구 지역에서는 북한이 사주를 했다고도 했어요. 뭐 요즘도 서문시장 같은 곳 가면 그렇잖아요. 북한 특수부대가 내려와서 선동해서 한국 군인하고 싸웠다. 아직까지도 그런 생각하시는 어르신이 참 많고 여전히 통하고 있으니까 참 갑갑하죠.

남 : 그렇죠. 베이스는 광주였죠. 그때부터 정권의 본질이 무엇인지, 그래도 되는 건지 의심이 시작된 거나 마찬가지죠. 그리고 나서 6월항쟁의 촉발점은 박종철 군 고문치사 사건이라고 할 수 있어요. 이번 국정농단에서도 보셨겠지만 정치적으로 은폐를 일삼다 보면 언젠간 하나의 사건이 필연적으로 터져 나오게 마련인 것 같아요.

이 : 이게 하루아침에 그런 일이 생기진 않잖아요. 태생적으로 광주에서 학살을 기반으로 해 만들어진 정권이니 정권의 정당성이 없잖아요. 그래서 자기들은 항상 불안했던 거죠. 이게 알려져선 안 되는데, 알려지면 뻔한 거 아니에요. 어느 누가 이걸 상식적으로 이해할 수가 있겠어요. 끊임없이 언론 통제를 했었고 여기에 대해서 조그마한 반감이나 의문을 갖는 것조차도 탄압의 대상이었단 말이죠. 그렇지만 그게 가려집니까.

말씀드렸다시피 송곳은 튀어나오게 돼 있거든요. 분노가 누적이 되고 에너지가 쌓인 거죠. 그러다가 사건들도 되게 많아요. 그때는 경찰이 미란다 원칙을 고지하는 것 같은 건 없었어요. 끌려가면 실종이에요, 실종.

경찰의 최루탄에 맞서서 시민들이 짱돌을 던지고 있다. ＿중앙로 → 대구역 방향(1987. 6. 26.)

실제로 없어진 분들도 많습니다. 그러다 보니까 어떤 사고가 날지 모르잖아요. 건대 사태 같은 경우에는… 사태라고 얘기를 해야 하나?

남 : 우리는 건대항쟁이라고 하지만 사태라고 하기도 하지.

이 : 몇 박 며칠이었나?

남 : 3박 4일. 86년 10월 28일에 시작했는데 31일에 진압됐지.

이 : 생각해보면 정부 차원에선 굉장히 위협적인 사건이었어요. 한 학교만 하는 게 아니고 여러 대학에서 전부 모였죠. 지방대학에서도 아주 소수지만 갔단 말예요. 대부분 서울 지역 학생이었지만 지방대학 학생도 참여하고 했는데, 그런 조직화가 이루어졌다는 것은 자기네들 세력을 뿌리째 뒤흔들 수 있는 위협이었으니까요. 상상도 못할 물리적 탄압이 들어왔어요. 3박 4일 동안 물도 끊고 아무것도 없이 학생들 가두어놓고 계속 그냥 최루탄만 쐈댔거든요. 그러니까 한꺼번에 진압을 하려고 들어갔으면 1박 2일 정도면 진압이 됐을 거예요. 근데 진압하지 않고 갈겼다는 거야.

남 : 토끼몰이해서 올라가게 만들었지.

이 : 우리에게 자신들은 도저히 저항할 수 없는 권력이라는 심적인 공포감을 조장하려고 했던 것 같아요. 학생들 토끼몰이해서 한 단과대 건물로 몰아넣고 또 빠져, 그러면 어떻게 됐나 싶어 나오면 와서 또 때려. 야금야금 잡아간 거죠. 비열한 정권에 대한 분노가 계속 누적이 되니까 귀도 열리게 된 거고…. 아무리 막아도 열린 입과 귀를 어떻게 막겠어요. 그러다 보니 경찰들이 무리해서 박종철 선배를 고문하다가 사고가 난 거죠. 민주화에 대한 우리 에너지가 축적되어 있지 않았다면 그 사건도 의문의 실종으로 끝났을 거예요.

남 : 그러니까 지금 백남기 농민 사건을 통해서 정권의 극악무도함과 부도덕함이 촉발된 거잖아요. 세월호도 그렇고. 박근혜 정권도 국민들의 분노가 쌓인 거죠. 똑같은 거예요. 박종철 사건에서 아이러니한 건 박종철이 숨겨주고자 했던 선배 박종운이 있어요. 이건 다른 이야기인데, 박종철이 박종운 거처를 몰랐을 수도 있는데 내가 봤을 땐 알았을 거 같아요. 근데 조직을 보호해야 하니까 알려주면 일망타진되잖아. 안 알려줬단 말이죠. 그러니 경찰이 무리하게 자백을 받으려고 고문을 하다 사고로 죽은 거고. 책상을 탁 치니 억 하고 죽었다 이건데…. 근데 박종운이는 나중에 한나라당에 입당해서 여러 번 공천을 받았어요. 당선은 안 됐지만. 그냥 쓰레기가 된 거지. 아까 건대항쟁 때는 전과자가 된 경우가 많아요. 나와서 정치계로 간 친구도 많고 사회 나와서 열심히 생활하는 친구도 있고.

세대와 세대 사이

■ 박종철 열사와 이한열 열사의 죽음이 6월항쟁에 큰 계기였다고 생각되는데요, 당시 기억이 있으신지요.

이 : 두 분의 죽음은 다 비극적이지만 저는 개인적으로 결이 다르다고 느껴요. 박종철 열사의 사망 소식을 들었을 때 처음에는 탁 치니까 억 하고 죽었다고 발표했죠. 누가 그걸 믿을 거라고 생각하고 그런 기사를 냈는지 모르겠지만, 직감적으로 이건 아니다 하는 느낌을 받았는데 그때는 좀 쳐졌어요. 몸이 가라앉는 느낌… 또 한 분이 가셨구나 하는. 그리고 한편으로는 그 누구든지 반정부운동을 할 때 그렇게 될 수 있겠구나 하는 두려움도 있었죠. 그때는 다수의 사람이 이 운동에 대해서 동조한다

거나 공감하는 분위기보다는 격렬한 학생들, 사회에서 고립되어야 하는 학생들, 그런 분위기가 좀 더 컸어요. 그 전 해에 건대항쟁도 있었고 끊임없이 언론에서는 색깔을 덧씌우면서 사회에서 격리되어야 할 대상으로 말했죠. 박종철 열사 사망 후에는 많이 가라앉았던 기억이 나네요. 그에 반해서 이한열 열사의 죽음을 봤을 때에는 분노했죠. 저는 6월항쟁의 가장 큰 터닝 포인트가 이한열 열사 사건이라고 생각해요. 그걸 부정할 수는 없어요. 거기에 정말 분노한 학생들, 지역에서도 마찬가지에요. 5월, 6월에 땡볕에서 힘들잖아요. 6월항쟁을 6월 29일까지 끌고 갈 수 있었던 게 그 분노였죠.

■ 과거 청년들은 민주주의를 위해 많은 희생을 했고 결국 승리했습니다. 그에 비해 현재의 청년들은 정치적으로 무관심한 경우가 많습니다. 이에 대해 어떻게 생각하시나요?

남 : 먼저 과거 청년 얘기가 나와서 말인데 386세대에 대한 이야기부터 먼저 할 게요. 조금 전에도 이야기했지만, 당시 민주화운동을 같이했던 사람들이 모두 그 자리에 있는 건 아니에요. 내가 작년인가 재작년에 건대항쟁 영상을 방송에서 봤거든요. 국민들은 놀라는 거지. 건물 4층 옥상에 수천 명의 학생이 올라가서 돌과 화염병을 던지며 저항하고 있고 여기는 최루탄을 쏘고 마이크를 들고 막 얘기하고 있고 그러니까 국민들은, 학생들 왜 이래? 다 빨갱이가 됐나? 이런 상황이었고. 학생들 다 멀쩡한 놈들이었는데….(웃음) 그때 지도부로 있던 한 사람이 대기업에서 팀장인가 부장으로 있다가 작년인가 재작년에 과로사했다는 이야기를 들었어요. 씁쓸하죠. 그 사람도 사회 진출해서 열심히 생활했으니 대기업 부장 자리까지 올라갔을 거 아네요. 또 변절자도 있고 국회에 가서 화려하게 배지를 단 사람도 있고, 배지를 다는 것 자체가 잘못됐다는 말

은 아네요.

이 : 필요한 일이지, 필요한 일이야.

남 : 정당정치 구조에서는 정치판에 가서 직접 세상을 바꾸는 데 노력을 해야 하니까. 문제는 가서 제대로 못했다는 비판을 386이 어느 정도 받고 있죠. 나는 문화계에 있고 용석 씨는 사업하고 일상적으로 살아가지만 어쨌든 그 시대의 대학생들이라 해서 386세대를 같은 틀로 본단 말이죠. 그런 면에서 함께 도매금으로 넘어갈 땐 한 번씩….

이 : 열받지. (웃음)

남 : 땡 받죠. 왜냐하면 특히 지금 학생들에게 피해를 주는 사람들, 거의 아버지 세대지만 얼마 전까진 '88만원 세대'란 책에 나오는 전두환 세대, 삼촌 세대들이에요. 삼촌은 뭐냐면 대기업 부장쯤 되고 조카는 들어오면 말단이야. 대리가 안 된단 말이야. 이 말단이 부장하고 경쟁해봐야 결코 이길 수 없는 구조에요, 현대의 구조는. 근데 거기 어느 정도 안주하면서, 우리는 학생 때 데모도 열심히 했는데 니들은 뭐냐 개돼지냐? 아무 생각도 없이 그냥 토익만 공부한다고 욕한단 말예요. 그런데 사실 알고 보면 그 대기업에서 나온 잉여를 중간 간부들, 그러니까 자기들이 다 가져가잖아요. 고용 없는 성장을 하면서 밑에 세대들은 아무리 공부해도 취업을 할 수가 없는 거죠. 그러니까 우리는 의도하지 않았는데 기득권에 안주한 부분도 있고…, 그런 것들이 남았지. 여러분들의 진출을 막고 있는 세대예요. 우리가 나가줘야 취업도 더 늘고….

이 : 우리가 의도적으로 막은 건 아니지.

남 : 아니지. 이건 어떻게 보면 기성화가 돼가는 거고 자연스러운 거죠. 밑에 세대가 또 올라가고 그렇게 바뀌는 거지. 한편으론 안타깝고 이상한 건 40대가 제일 과격해. 데모하고 다 겪어봤거든. 예를 들면 촛불혁명 때도 그렇지만 아버지 따라 강제로 나온 학생도 많아요. 왜냐하면 자기

들은 그때 정서가 너무 익숙하거든, 광장이. 자식 교육시킨다고 막 데리고 나오는 거죠. 근데 이게 차곡차곡 쌓이지 않은 20대들은 생활도 힘들고 먹고살기도 힘들고 죽겠는데 뭐 촛불 나가라 하고 피곤하게 하느냐, 이렇게 생각할 수 있거든요. 근데 40대나 50대들은 밥 정도 먹을 수 있고 과거 생각도 나고….

이 : 그렇게 단정하지 마세요. (웃음)

남 : 나쁘단 뜻이 아니라 투표를 해봐도 40대나 이쪽이 훨씬 진보 성향이 강한 이유가 6월항쟁 때 그런 문화를 많이 체험해봤거든요. 민주주의를 어떤 집단이 바꿔나가는지 체험해봤다고. 그래서 이 사람들이 성향이 더 진보적이고 상대적으로 20대가 보수화되는 성향도 있어 보여요. 20대는 왜냐하면 살기도 힘든데, 뭐 세상 바꾸는 거까지 고민해야 돼? 이렇게 돼버리는 거지. 단순하게 과거 청년, 현재 청년으로 나눠서 생각할 일이 아니라는 거죠.

이 : 한 발 더 나가면 철학적인 문제하고 맞닥뜨려지기도 해요.

■ 이번 대선 때 50대 초반이랑 후반의 지지율 구도가 많이 갈렸습니다. 50대 초반은 진보 쪽을 지지하는 경향이 있고 후반은 그렇지 않더라고요.

이 : 가지고 있는 어떤 경험의 차이라고 봅니다. 그게 당장 제가 나가는 기계공학과 졸업생 모임에서도 보여요. 공대 기계과가 상당히 사회 인식이나 이런 부분에서 관심을 별로 안 갖는 학과이기도 하지만, 그걸 떠나서 80년대 초반 학번까지는 굉장히 보수적이에요. 80년대 중반을 그러니까 87년이 중요하고 소중한 우리 민주주의 자산일 뿐만 아니고 대한민국의 자산이라고 이야기해요. 시위 현장에 나오고 안 나오고는 사실 별 문제 아니에요. 도서관에 있었건, 아니면 집에 있었건 간에 그 시대의

공기를 같이 마시면서 함께 경험한 세대들이 가지고 있는 시대적 동질감은 분명히 있더라고요. 드물게는 다른 생각을 가지고 계신 분들도 분명히 계시겠지만, 일반적으로 놓고 봤을 때는 그런 것 같아요.

30년 전이니 사실 우리 인터뷰하는 학생들은 태어나기 전인데 상상하기 힘들죠. 간혹 영상이나 책이나 이런 걸 통해서 봤을 텐데 저희들도 그래요. 4·19를 우린 경험하지 못했거든요. 그렇지만 사회 인식을 좀 더 가지면서 4·19에 대한 의미도 가슴속에 담아두었듯이 6월의 기억도 아마 여러분들이 찾아서 담아야 될 거고 더군다나 올해의 큰 사건인 촛불혁명에 대한 기억은 현재적 기억으로 가지고 있어야 하죠. 그래야 미래의 자산이 될 겁니다. 87년 6월이 그냥 과거의 단일한 사건이고 단절된 사건이었다면 저도 굳이 나와서 이런 이야기까지 할 필요가 없다고 생각하거든요. 근데 공교롭게도 그때의 제 경우로 말씀드리면, 특별하게 영남대학교에서 겪었던 30년 전 과거의 사건들이 그대로 30년, 딱 한 세대를 건너서 다시 반복되는 걸 봤을 때, 그 경험은 진행형이고 우리가 가지고 있는 올해의 촛불에 대한 기억도 마찬가지죠. 자칫 방심하면 국정농단처럼 30년 뒤에 다시 고생해야 될지도 모른다는 생각이죠.

역사는 변화하면서 되풀이되는 것

■ 역사가 비슷하게 되풀이되고 있기 때문에 우리가 더 과거를 공부하고 기억하고 이러한 일이 일어나지 않도록 해야겠네요.

이 : 모양은 조금 달라졌다 하더라도 본질적으로 거의 유사하거든요. 60년 4·19나 87년 6월항쟁이나 이번 촛불항쟁이나, 본질적으로는 같아요. 형태만 좀 세련됐거나 덜 폭력적이거나 그럴 뿐이지. 자칫 방심하면

그대로 또 여러분이 제 나이가 됐을 때 고생하게 되는 거야. 애 손잡고. 참 근데…(웃음), 그러지 말자 이거죠.

■ 세월의 간격은 있지만 유사한 점이 참 많습니다. 그렇다면 다른 점은 무엇이 있을까요?

남 : 역사가 발전하니까. 60년 4·19혁명 때 많이 죽었잖아요. 6월항쟁 땐 그렇게 죽진 않았죠. 촛불혁명 때 죽은 사람이 없죠. 물론 백남기 선생님 사건이 있었지만. 그만큼 민주주의라는 게 다수의 행복을 향해서 가는 거잖아요. 왜냐하면 권력은 양보하지 않잖아요. 저항하지 않고 가만히 있으면 절대 안 주죠. 근데 아까 그 얘기했지만 6월항쟁이 예열되는 기간은 꽤 길었어요. 85년, 86년…, 정통성이 없는 전두환 정권이 끊임없이 힘들어하다 87년 4월 13일에 소위 호헌조취를 통해서 헌법 바꿀 필요 없다, 대통령 직선제 안 해도 되지 않겠느냐, 이러고 작살이 나기 시작한 거죠. 그 앞에 불과 몇 달 차이이지만 박종철 열사 사건이 있었고…. 그때는 어쨌든 도심을 걸으면 학교나 이런 덴 당연히 사시사철 최루탄 냄새가 날 수밖에 없었죠. 아무리 코 막고 지나가도 최루탄 냄새 맡아야 했고 자기 혼자만 공부 열심히 하려고 아무리 도서관에 들어가 앉아 있어도 밑에 꽹과리 소리가 나요. 내가 주로 그걸 했지만, 꽹과리를 치다가 도서관 문 열고 개선장군처럼 들어가 소리를 질렀지. 학우 여러분, 오늘은 어디서 무슨 시위가 있으니까 가방은 오른쪽에 두고 왼쪽으로 시위 참여하고 가시기 바랍니다. 그럼 그중에 저항하는 애들이 한두 명 있어요. 완전 수구 보수 이런 애들.

이 : 에이, 한두 명은 더 됐다.

남 : 한 열맷 명 됐지? 그럼 다른 학생들이, 야! 지금 나라가 이런데 니 혼자 그러느냐! 이런 분위기가 형성됐다고. 그러니까 그 몇 명은 몰라,

어디로 갔는지. 걔들이 또 공부를 잘하지도 않았어. 그니까 그런 분위기에 익숙해졌기 때문에 지금 40대 후반이나 50대 초반까진 그걸 아는 거고, 그 위의 세대들은 유신 세대에서 전두환으로 넘어오는 광주를 겪었던 초기 세대라 의식의 차이가 다른 거죠. 그러니까 지금 촛불혁명을 겪은 세대는 얼마나 민주주의에 대한 인식이 확 들어 있겠어.

　■ 여전히 국정농단 세력을 지지하거나 옹호하는 발언을 하는 사람들도 있습니다. 특히나 보수 성향을 가진 대구에 많습니다. 이러한 현상에 대해 어떻게 생각하시나요?

　이 : 저는 세대별로 머릿속에 두고 있는 키워드가 조금씩 다르다고 생각해요. 그러니까 나이 드신 분들이 극단적인 보수 성향을 가지고 있는 데 대해서 공감할 순 없으나, 이해는 합니다. 그분들이 가지고 있는 어떤 세대별 키워드가 분명히 있습니다. 30년대에 태어나신 분들, 그분들이 성장하면서 가졌던 어떤 경험을 통해 머릿속에 자리 잡은 키워드가 있을 것 아니에요? 그분들이 살아온 삶은 식민지하에서의 분노, 분단 이후의 혼란, 해방 이후 분단 과정에서 혼란, 전쟁의 절대빈곤, 이런 것들이 키워드로 잡혀 있으리라 생각해요, 대부분이.

　그러니까 정치하시는 분들이 그걸 자극하게 되면 바로 반응을 합니다. 늘 하잖아요, 수십 년 써먹은 건데 색깔 논쟁. 빨갱이다! 저거는 김일성이하고 같다! 정치적 반대자에 대해 무조건 빨갱이라고 해버리면 논리에 합리성이나 객관성이나 이게 필요 없어요. 그냥 거기에 꽂히는 거죠. 그처럼 저 역시도 제 머릿속에 작동하는 몇 가지 키워드가 있어요. 물론 경제나 가족의 일상생활, 문화… 여러 가지 분야에서 있는데 정치적인 부분은 민주주의라는 키워드가 있죠. 거기에 대해서 부정하는 어떤 거를 목격하거나 하면 바로 반응하는 거죠.

남 : 그러니까 지금 이게 홍준표 24%의 비밀이 거기에 있어요. 죽었다 깨어나도 안 되는…. 6월항쟁 때 우리는 광주랑 되게 달랐어요. 여기서 민주화운동을 하는 사람들은 진짜 표창받아야 해. 왜냐면 성주가 지금 사드 반대운동을 하는 것 때문에 욕을 많이 먹거든요. 정말 열심히 싸우면서 고생하고 있죠, 한반도 평화를 위해서. 그냥 땅 팔고 집에 가면 돼. 그런데 그 사람들 욕을 먹으면서도 그렇게 열심히 하고 있단 말이야. 근데 민주 세력이나 진보 세력 사람들도, 니들은 홍준표 51% 찍고 안철수도 찍었으니까 사드 찬성하는 75% 찍은 거니 사드 즉각 배치하고 죽어! 이렇게 말한단 말이야.

그니까 이건 뭐냐면 민주나 문재인 정부를 좋아하고 큰 역할을 했던 진보란 사람들도 자기만의 경험으로만 보니까 이해를 못하는 거죠. 그러니 지역적으로 싸잡아 욕먹는 우리 같은 사람은 얼마나 피 봤겠어요. 30년 그거 보상도 안 해줘. 예를 들어 공직 임명 얘기를 하자면, 지금 문재인 정부서 TK 출신 중에 그나마 김부겸 올라갔다지만 TK 출신 누구 임명하려면 부담되죠. 그렇게 하니까 서문시장에 맨날 보수 쪽 후보가 엄청 오죠. 박근혜도 많이 왔어요. 6월항쟁 때 서문시장 상인들이 식칼 들고 나왔어요. 공부 안 하고 데모 한다고. 식칼을 막으면서 이거는 왜 해야 하는지 설명을 하면서 데모를 했던 사람이 우리야. 광주는 데모하면 광주의 경험이 있으니까 식빵 가져오고 숨겨주고 밥 차려주고…. 그것까지는 바라지 않는데 우리는 열심히 싸우면 상인들이 식칼을 들고 나오고 언제 죽을지 모르는 그런 분위기에서 데모를 하는 거야. 지금 촛불시위 하는 거 하고 차원이 다른 거지. 그래도 아직도 보수라고 하지만 민주화운동 열심히 하는 사람들이 있었기 때문에 1%가 됐든 2%가 됐든 얼마씩 바뀌어 왔던 거죠.

이 : 서문시장 상인들이 식칼 들고 나왔다고 하니 좀 그런데…. 대구

전체적으로 분위기는 참 좋았어요. 저는 솔직히 태어나서 먹을 박카스를 그해 다 먹었어요. 이렇게 움직이다 보면 시민분이 오셔가지고 박카스 주고 가는 거죠. 근데 가끔씩 통제 안 되는 분들이 계셔서…, 요즘도 그렇잖아요. 태극기 집회하는 거 봤잖아요. 전체적으로 전두환 정부에 대해 반감이 큰 시기였기 때문에 학생들에 대해서 격려하고 동조하는 분위기였어요.

학내 상황과 호헌조치

■ 특별히 기억나는 에피소드가 있나요?

이 : 좀 특이한 사건이 하나 있었는데, 5월이었어요. 그전에도 큰 시위가 계속 산발적으로 있었는데 5월에 대학교들이 대동제라고, 축제를 해요. 5월 대동제 때 경찰이 학내로 들어와서 사찰하다가 학생들한테 잡혔어요. 잡은 경찰을 학생회관에 감금하고 뭐 때문에 왔느냐 등등, 뭐 내용은 다 알지만 거꾸로 경찰을 심문하는 상황에서 경찰이 가지고 있었던 무전기가 학생들 틈에서 사라져버린 거야. 그 경찰이 가지고 있는 무전기라는 게 특성이 그 채널 열면 다 들리거든요. 그리고 경찰 입장에서 좀 골치 아픈 사건이었죠. 그러니까 채널을 바꿔야 하는 상황이 생긴 거지.

남 : 경북 쪽 무전기를 다 바꿔야 하는 상황이었지.

이 : 그러니까 뭐 어떡해. 경찰 입장에서 봤을 때는 굉장히 치욕적인 일이었죠. 그래서 뭐 그날 학생들이 통일 마라톤이라고 해서 이렇게 학교 바깥으로 나가 경산 시내를 한 바퀴 돌아오는 마라톤도 대동제에 했었는데, 출발하자마자 싹 다 잡혀간 거야. 그래서 이제 조건을 걸어가지고 포로 교환을 하자고 했죠. 학생들하고 감금되어 있는 경찰관과 무전기

세트를 서로 바꾸기로 했는데 사실은 무전기를 우리가 가지고 있지는 않았어요. 중간에 어디선가 없어져버렸지. 그래서 우리는 이제 공갈쳐서 학생들하고 원래는 무전기와 사람을 주기로 했는데 무전기 없이 사람만 보낸 거야.

남 : 무전기를 못 찾았나?

이 : 나중에 찾았어. 근데 그러고 나니까 경찰 입장에서는 화가 날 대로 난 거야. 학생들한테 우롱도 당하고, 경찰도 잡혀가고 심문도 당하고 그랬으니…. 시위는 그때부터 계속됐었어요. 그 와중에 87년 학생부회장이 밤길에 잡혀가서 징역 들어간 거죠. 무전기만 주면 이제 일단 합의 보고 끝내려고 경찰에서도 얘기를 했는데 무전기가 없는데 어떻게 주나. 우리가 시장에서 사줄 수도 없는 거고….(웃음) 학생회장이 좀 생뚱맞은 일을 했어요. 학생회장은 선출된 권력이잖아요. 당시 집회가 클 경우에는 학생들이 캠퍼스 안에 한 3000명씩 모였어요. 영대는 그때 교문 없었거든요. 학교 안으로 쭉 들어갈 때 보도블록 깨서 여학생들이 돌 옮겨주면 앞에서 돌 던지고 그런 시위를 5월 내내 했었어요. 그러니까, 그때 여러 가지 이슈가 있는 거예요. 4월 13일에 전두환은 계속 체육관에서 대통령 뽑을 테니까 너희는 직접선거 하지 말라고 발표를 한 거죠. 그것이 '호헌조치'예요. 그것 때문에 5월에 시위가 더 커졌고 영남대는 4월부터 6월 29일까지 계속 시위를 했어요. 그러니까 시위 기간이 아마 영대가 제일 길었을 거예요.

■ 그럼 당시에도 캠퍼스가 경산에 있었을 텐데, 거기서 도심까지 행진을 해서 오신 건가요?

이 : 6월항쟁을 주관했던 국민운동본부라고 있었는데, 6월 10일 이전까지는 굉장히 좀 산발적으로 각 학교 단위로 시위가 있었어요. 대구대

같은 경우에는 상대적으로 좀 조용했고, 계대도 그때 학생회장이 소위 말하는 운동권이 아니어서 좀 구보가 적었고, 영대는 뭐 어쨌든 거의 4월 초부터 시위를 했죠. 내 기억으로는 한 70일 계속했던 것 같아요. 그때는 달리면서 했거든요. 끊임없이 이동하면서 시위를 했어요. 그러니까, 요즘 시위를 하면 한군데에서 좋은 음향 시설을 갖다놓고 하잖아요? 근데 그때는 하루에 한 4만 보는 달렸을 거야. (웃음)

남 : 학교 안이라도 영대는 넓으니까 힘들지. 그리고 85년부터 연합시위가 많았어요. 기본적인 조직, 예를 들면 학생운동 조직 100명, 200명 이렇게 있으면 세력이 약하니까 한 번은 경대에서 모이고 한 번은 계대에서 모이고 이런 식으로 500명, 1000명 정도가 모일 수 있도록 했죠.

이 : 요즘에야 SNS니 뭐니 연락할 수단도 많고 휴대폰 시계가 정확하잖아요. 그땐 연락할 방법이 많지도 않고 시계도 좀 구닥다리라서 정확하지도 않았어요. 아예 없는 친구도 많고 그랬죠. 연락망을 통해서 몇 시에 어디다 하고 비밀리에 돌리죠. 예를 들어 동아백화점 앞에서 누가 호루라기를 불면 다 모여라, 그러면 이제 그 전에 와서 서성이고 있는 거야. 아마 경찰들도 보면 다 알았을 거예요. 그러면, 그때 은어로 동 뜬다고 했는데 선동하는 거죠. 다음번에 징역 가야 될 선수가 조그마한 확성기를 들고 다녔는데 누르면 사이렌 소리가 나요.

남 : 동 뜨는 친구가 그날 선발 투수지. 패전 처리되면 구속이고.

이 : 엥~ 하면 이제 여기저기서 거리로 뛰어나와 시작되는 거지. 거기까지 가서 용기가 없어 되돌아가는 친구도 있었죠.

남 : 그런 경우도 있었지. 워낙 무서웠으니까.

이 : 그러고는 시민들한테 유인물을 나눠주죠. 유인물은 밤새 타자기로 500장 정도 만들어서 10장, 20장씩 나눠가지거든요. 그걸 몰래 들고 나가는 거죠. 사이렌 울리고 유인물 나눠주는 것까지 기껏 해봐야 10분

안에 끝나요. 전부 다 없었던 일처럼, 마치 아무 일도 없었던 것처럼 조용해지죠.

남 : 그러니까, 지금으로 치면, 플래시몹같이 한 거지. 계획을 세워서 한 명이 선동을 하고 그러면 오늘은 1차를 여기서 하고 2차는 몇 시간 후에 어디서 하고, 동선은 뭐고. 학교 안에서도 그렇고 바깥에서도 그렇고. 내가 하는 일이 맨날 계획 세우는 거야. 어디서 할지 집회 순서는 어떻게 할지…. 매일 집회를 하는데, 민중의례로 묵념 한 번하고 뭐 해야 할지 맨날 짜야 하는 거야. 문화프로그램도 없으니까.

이 : 87년에는 영대 중간고사, 기말고사 다 없었어요.

남 : 87년, 88년 이때 없었어요. 그때 학교 다닌 사람은 공부하기가 불가능한 상황이었죠. 대충 이런 거 한 걸로 치자, 뭐 이런 식…. 총학생회에서 시험 거부했는데 갑자기 시험을 치게 된 적이 있었어요. 공부를 굉장히 열심히 했던 친구가 있었는데 총학생회만 믿고 공부를 안 했지. 그래서 나한테 막 왜 시험 치냐고 따지고…. 상황이 이렇게 돼가지고 거의 총학생회 불신 분위기가 됐지. 이게 너무 일이 커진 거야. 데모도 안 하던 우수한 학생들이 총학생회나 시위가 너무 대중화되니까 따라왔다가 다시 시험을 치게 돼버린 거잖아요. 그래서 그날, 우리가 전 강의실 문을 쇠로 막고 안에 최루탄 터트리고 하여튼 강제로 시험을 못하게 만들었지. 물리적으로 폭력 행사를 한 셈이죠. 그래서 시험을 거부시켰던 적이 있어요. 그래서 그 친구가 다시 총학을 믿고 따라오게 됐죠.

■ 상황이 상황인 만큼 상당히 과격했겠네요.

이 : 그때를 되돌아보면 좀 개인적인 건데, 저는 죽을 수도 있겠다는 생각을 늘 했어요. 80년 5월 광주도 사실이었고 당시에 권력을 잡았던 전두환이 여전히 권력을 잡고 있었으니까요. 사실 자기네들도 지금 뭐 시

간이 흘러서 역사적 사실이 나오고 있는데, 6월항쟁을 어떻게 진압할 것인가에 대해 고민을 상당히 많이 했었단 말이죠. 만약에 6월에 시민들이랑 같이 호흡을 못했었더라면 아마 광주랑 똑같이 그렇게 됐을 거예요. 대구 6월항쟁도, 이번 촛불집회처럼 어떤 시민들은 좀 더 분개하고 날씨가 좀 좋으면 더 나오고, 어떤 날은 좀 적게 나오고…. 아까 저기 인터뷰 주선하신 분들한테도 얘기했지만, 대구백화점 앞은 그때 상대적으로 넓은 길이었어요. 대구백화점 앞에서 제일 많았을 때가, 한일시네마인가? 거기 앞까지 사람들이 꽉 차고, 거기에서 중앙파출소까지 거의 차고, 동편으로도 어느 정도 꽉 찬 적도 있어요. 그날이 아마 제일 많은 인원이었을 것 같은데 추산도 할 수 없을 정도였죠. 대구백화점 앞에 조그마한 전경 초소가 있었는데 앞에서 집회를 끄는 사람이 그 위에 올라가서 이야기했죠. 스피커라고 해봐야 핸드 마이크 하나였는데…, 메가폰이지, 응. 메가폰 하나 가지고 다 했었어요. 뭐 그럴 때도 있었고 어떤 날은 날씨가 굉장히 더웠는데 아마 6·29선언 나오기 며칠 전이었던 거 같아요. 100여 명이 채 안 되기도 했었죠.

남 : 그런 날도 있었지.

이 : 그때는 무공을 수련한 특채 경찰들이 청바지에 청재킷 입고 시위를 진압했어요. 아주 달리기를 잘하는 사람들이었는데 굉장히 폭력적이었죠. 오토바이 탈 때 쓰는 콤팩트한 '하이바'(헬멧) 같이, 좀 날렵한 하이바 쓰고 달려와서 무자비하게 폭행을 가했죠. 우리가 백골단이라고 불렀는데, 걔들 와가지고, 100여 명 안 되는 우리 학생들 중에 한 반 정도를 연행해갔어요. 음…, 지금도 기억이 생생한데, 좀 많은 학생이 내 얼굴을 알 텐데 내가 여기서 잡혀가면 내일 집회가 좀 나아질까, 굉장히 고민을 했어요.

남 : 1월 14일 박종철 열사 사건 터지고 2월 7일에 집회가 있었을 거예

요. 그다음 3월 3일 집회가 이렇게 있었는데 아마 내가 3월 3일 집회 때 잡혀갔지 싶은데… 동화백화점 사거리에서. 그때도 백골단이 나타나가지고, 동아백화점 맞은편으로 도망을 갔는데 거기 한 20명, 10명쯤 학생이 있었어요. 데모 안 했다고 했는데 다 안다고 나오라고 하더라고. 그러다 잡혀가는데 그때는 잡혀간다는 액션을 취해야 했어요. 어디 가서 실종될지 모르니까. 옆에 사람들 아는 체 하면 그 사람도 잡혀가니까 모르는 체하고 리액션을 과하게 하는 거죠. 왜 이러세요, 난 몰라요 하면서 계속 얘기를 하는 거야. 그래야 알아본 사람이 나중에 누구누구 잡혀갔다고 추산을 하는 거죠. 안 그러면 알 수가 없으니까. 누구 잡혀갔는데 아직 안 오더라 상황 판단을 해야 했으니까. 집회 주동자가 아니면 단순 시위라서 구속할 게 아니거든요. 거기다 진압대 수도 대단했어요.

한번은 서너 시까지 대동제에서 술을 마시고 나와서 총학생회로 가는데 느낌이 이상해. 전경이 한 천 명 정도가 학생회관으로 오는 거예요. 죽잡아 나오더라고요. 또 한 번은, 그때도 대동제 때인데, 총학생회에서 안 자고 영어 서클인가 뭐 이상한 서클에서 잤었죠. 그때도 한 2천 명 정도가 학생회관으로 들어와서 학생이고 뭐고 다 잡혀갔죠. 뛰어내리려고 했는데 매트리스가 깔려 있어서 캐비닛에 숨었었어요. 문을 두드리더니 여기는 뭐 운동 서클이네, 그러고 가버렸죠. 2천 명이 둘러싸고 있던 그 기억이 아직도 생생해요. 85년 즈음에 광주를 알리려고 시위를 했었죠. 영대, 그 교문도 없는 데서 20명 정도가 시위를 하는데 전경 500명 정도가 둘러싸고 구경하더라구요. 몇 겹으로 서서, 야 니들 뭐 하냐, 이러는데 거기서 운동가요 부르다가 사지 다 들려서 이송하듯이 잡혀갔어요. 우리가 20명이니 한 100명만 있어도 충분했지. 데모 자체가 대중화되지 못했던 시대라 참여하는 사람이 적었죠. 그러던 것이 6월항쟁 때는 넥타이부대까지 해서 3천 명, 많으면 5천 명까지 모였었는데 촛불 때는 몇 만 명이었

동성로 시위 도중 최루탄에 맞아
피를 흘리며 경찰에 연행되는 청년.
__동성로 아카데미극장 앞
(1987. 6. 10.)

잖아. 대구만 하더라도 집회가 많이 대중화된 거죠.

이 : 이건 좀 웃긴 얘긴데, 대구백화점 앞에서 시위하는데 군복 입은 사람들이 4~5백 명 정도가 오는 거야. 하, 저건 뭐지. 계엄령인가 그랬는데, 대구대학교 예비군 훈련받고 시위하러 다 온 거더라고. (웃음)

남 : 자라 보고 놀란 가슴 솥뚜껑 보고 놀란 격이지.

이 : 지금 학생들은 전혀 공감할 수 없는 얘기도 있을지 모르겠지만, 〈응답하라 1988〉에 나오는 내용이 조금 비슷하긴 해요. 고증을 거치

지 않고 꾸며낸 부분도 있지만.

우리 영남대 이야기 하나 더 할게요. 특이하게 ROTC(학생군사교육단)가 있었지요. 87년도였는데 영남대학교 학생회가 굉장히 전투적이었거든요. 그때는 학교 앞에 대자보를 붙였다고. 초봄이었던 것 같아요. 대자보를 딱 붙여놨는데, 3학년 학군단, 그러니까 1년 차 친구가 대자보를 찢어가지고 씩씩하게 학생회 있는 2층을 지나서 3층으로 올라가더라고. 학생회관 1층에 식당, 2층에는 학생회. 3층에는 대의원실하고 ROTC반이 있었거든요. 그때 학군단 애들 경례 구호가 '강철' 뭐 이런 거였는데 이게 신학기가 시작되고 학년이 바뀌면 저기 멀리 학군단 선배 뒷꼭지 그림자만 봐도 교정이 떠나갈 정도로 구호를 붙이는 거야. 도서관에서도 하고, 버스 타는 데서도 하고…. 학생들이 굉장히 불편했어요. 그래서 학군단한테 너희 그러지 마라고 몇 차례 경고를 줬는데 그러면서 감정싸움이 있었던 거지. 걔가 그걸 보란 듯이 찢어서 들고 간 거야. 사실 뭐, 몇 대 팼어요. 우리는 이거 목숨 내놓고 붙인 건데 어떻게 찢어가지고 당당하게 우리 앞을 지나가느냐 그랬더니, 학군단 친구가 맞았다고 소문이 난 거죠. 거기는 군사조직이니까 금방 모여서 오더라고. 거의 한 100여 명이 학생회에 몰려와서 기물을 파손하려고 폼을 잡길래 그러지 말고 내려가서 한판 붙자 그래서 10명 정도가 걔들하고 한 30분을 넘게 싸웠어요. (웃음)

남 : 그때 우리가 잘 싸웠지. 그게 신념화된 사람들하고 그냥 관료 조직하고 게임이 안 되는 거야. 일당백 해도 안 되는 거지.

이 : 근데, 결정적으로 어떻게 제압이 됐냐면, 30분 동안 자전거도 날아다니고 뭐도 날아다니고 막 날아다니면서 격투가 벌어졌는데 도서관에 있던 예비역, 군대 갔다가 제대한 복학생들이 대거 내려온 거야. 안 그래도 시끄러워 죽겠는데 너희들 경례 구호 때문에 더 시끄럽다고, 학

교 안에서 그런 몰상식한 행위를 한다는 거지. 친구들보다 훨씬 많은 숫자가 내려와서 가만 안 두겠다고 오니깐 애들이 전부 꼬리 내리고 도망간 거야.

남 : 나이가 스물둘이나 스물셋밖에 안 됐는데, 복학생들은 스물여섯, 스물일곱이잖아. 복학생들이니까. 전부 다 예비군복 입고 와가지고 막 이러니까, 특전사 갔다 온 사람도 있었는데 훨씬 전투를 많이 했잖아. 애들은 아직 군대 안 갔다 왔고.

이 : 그냥 학생들이지. (웃음)

남 : 게임이 안 되는 거지. 이 양반들이 와서 상황을 정리했는데 우리가 용기백배해서 이러지 말고 이참에 군사 문화를 제대로 없애자 이렇게 된 거야. 그래서 다 데리고 학군단 찾아갔지. 그래서 유리창 다 깼던 거야, 지금 생각하면 구속될 상황이지. 대령인가가 왔었는데, 우리는 타협 없고 군대 문화 청소해야 하니 다 나가라 그런 거지.

이 : 우리가 요구한 게, 학교 안에서 경례 구호 붙이지 말 것과 몇 가지 요구 사항을 말했었지.

남 : 세 명씩 몰려다니지 말 것, 경례 구호도 하지 말 것, 지상 15도 각도 위로 쳐다보지 말 것, 밑으로 보고 다닐 것, 군홧발 소리 내지 말 것, 1 대 1로 다닐 것. 뭐 이렇게 강제조항이 한 열 개 됐어. 그게 한 6개월 갔지. 학교가 조용하더라고. 우리식 독재 한번 했지. (웃음)

이 : 그 전에 학생회는 직선제로 약간 민주화되어 있었어요. 학생회를 견제하는 국회 기능이라고 해서 대의원회가 있었는데 거기 의장은 항상 ROTC 보스가 했죠. 거기는 간선제이다 보니 조직력 행사할 때 유리하잖아. 근데 대의원 의장은 항상 우릴 반대했죠. ROTC 애들은 전 학과에 다 있는데 걔들이 투표권을 얻어가지고 대의원 의장 말에 따라 몰아서 투표를 하는 거죠. 그래서 전부터 마음에 안 들었는데 그 참에 ROTC 사무실

을 학생회관에서 몰아냈지. 참 그때, 그 두 해 동안 학생회가 굉장히 좀 와일드했었어요.

남 : 독재를 심하게 했지. 왜냐하면 우리가 워낙 많이 당해가지고.

이 : 이건 정말 여담인데, 학교 학생과 선생들도 학생회 간부들한테 말도 잘 못 붙였어요, 맞을까봐. 아, 지금 내가 얼마 전에 함 봤다. 우병진 선생이 그, 경영대하고 그 직원 중에 최고위직에 있더라만. 그 양반 우리 옆에 오면 도망가던 양반이었지.

남 : 나보다 두세 살 많았는데, 그때 교직원들은 안기부(안전기획부)에 우리 정보를 넘기는 역할을 했다고. 서로 뭐하나 관심 갖다 친해졌지. 내가 감옥 갔을 때 그 양반이 면회를 왔어요. 그 당시에 비밀 내용을 전할 때 썼던 방법인데, 성경책같이 두꺼운 책 보면 책등에 볼펜을 넣을 수가 있어요. 볼펜심 안에 메시지를 말아 넣어가지고 꽂아서 전달하는 거지. 아니면 글자에 점을 찍어서 알리는 방법도 있었어요. 점이 찍힌 글자를 이어서 읽어보면 내용을 알게 되는 거죠. 근데 그 양반이 그걸 가지고 왔다가 들킨 거야. 그래서 면회가 금지가 됐지. 한편으로 생각하면, 교직원인데 나한테 뭔가를 대신 전해주려고 했던 거죠.

이 : 그래도 그 양반, 몇 년 싸우면서 정도 들고 그랬다고.

남 : 정이 많이 들었다. 교직원 얘기하니까 몇 가지 생각나네. 재판 받으러 갈 때 학교에서 재벌 총수들 타는 최고급차가 나왔어. 그 고급차 타고 재판받으러 갔지. 영대는 특수한 게 재단 문제가 많기 때문에 웬만하면 운동권을 터치 안 했죠. 88년에는 서울로 데모하러 간다 하면 학교 버스 열 몇 대씩 제공해줬다니까. 그러고선 총장이, 니들이 탈취했다고 그래라 한다고. 그러면 우리는 알겠습니다 당연히 우리가 탈취했지요, 그러는 거지. 화염병이 필요한데 기름 사기가 힘든데요 하니까 학교 안에 주유소 있으니까 기름 주고는 너희가 탈취했다 그러라고 하고…. 학교

는 안기부한테 들키면 작살나는 건데 핑계를 대지. 쟤들 얼마나 격렬한 애들인지 알잖아요. 우린 뺏겼어요, 이랬지.

이 : 그때 우린 재단 비리가 그만큼 있었다는 걸 사실 몰랐어요. 도둑이 제 발 저린 거였지. 뭐라도 터지면 자기네들이 곤란한 경우에 빠질 수 있다는 거를 항상 대비하고 있었던 것 같아요.

박근혜와 영남대

■ 영남대 재단 이사장이 박근혜였죠?

남 : 초기에. 이사장이 된 건 아니고, 이사장 하려다가 반대가 심해서 이사가 됐었죠. 그렇게 오래 하지는 못했어요.

■ 당시 최태민 의붓아들이었다던 조순재도 같이 사퇴했던 걸로 아는데요.

남 : 그렇지. 박근혜, 조순재, 곽완석이 하고 바로 김정욱이가 사퇴를 했죠.

이 : 이번에 국정농단 사건에서 보니까 30년 전 이름이 툭툭 튀어나오는데 기억이 생생하더라.

남 : 문고리 3인방 뭐 이런 것처럼 박근혜, 조순재, 곽완석, 김정욱이가 영남대 4인방이었던 거죠. 겉으로 드러난 건 부정 입학이었죠.

이 : 88년도에, 그 영남대학교에 재단 문제가 불거진 건데 커다란 비리가 있었던 건 사실 우리가 다 못 봤어요. 튀어나온 부분만 봤던 거라. 그때 당시에 학생회실 도청 사건이 있었어요.

그게 매개가 되어가지고 총장실을 점거농성한 건데 총장이 맨날 내려

경찰과 대치 중인 시민들이 태극기를 손에 들고 나라를 위한 일을 하라고 강변하고 있다.

와서 나는 도청 안 했다, 그런데 잘못했다, 그러니 시끄럽게 하지 말라고
하면서 사과도 하고 그러니까, 우리가 조금 더 온순한 학생이었거나 고
분고분한 학생이었으면 덮었을지도 모르죠. 근데 학생회가 꼭 밝히겠다
하고 총장실 들어가서 점거농성을 하면서 부정 입학을 봤던 거예요. 약대
같은 경우에 뭐 입학시키면 그때 당시에 한 500만 원인가 600만 원인가…

남 : 아니야. 2천만 원이었어. 왜냐하면 조순재 아들도 들어왔는데 조
순재 아들만 돈을 안 냈고, 다른 애들은 2천만 원이었다고. 근데 그 당시
2천만 원이었다면 엄청나게 큰돈이지. 경북대 같은 데는 등록금이 20~30

만 원이었고 사립대는 50~60만 원이었다고. 그러니 등록금의 백 배, 몇 십 배를 낸 거지.

이 : 그러니까. 나는 이번 정유라 사건 보는데 완벽하게 데자뷰가 되는 거야. 이거는 용납할 수 없는 일이었지.

남 : 이대하고 똑같은 거예요. 그런데 그 당시 우리는 시국이 더 중요 하니까 한두 명 학교 더 다니고 말고는 관심도 없는 그런 상황이었죠. 그 일에만 광분해서 있을 상황이 아니었어요.

이 : 굉장히 괘씸한 일이었잖아. 파고 파고 들어가니까 영남대가 어떻 게 해서 생겨난 건지도 찾아내게 된 거고. 교주가 박정희였는데 그 전까 지는 박정희나 전두환 서슬 때문에 얘기 못했던 것들이 6월항쟁 이후에 나오게 된 거예요. 영남대 전신인 대구대하고 청구대 설립했던 경주 최 부 잣집 종손을 만났던 기억이 있어. 억울하잖아, 좋은 일 하려고 돈 줬는데 최태민 저게 돈 다 가져간 거지. 여하튼 마지막에 박근혜가 재단 이사를 사임하는 걸로 정리가 됐는데, 뭐 그 안에 있었던 여러 가지 사건은 굉장 히 기술적인 부분들도 많고 복잡한 얘기도 많아서 얘기를 더 한다는 건 좀 그렇지만 나중에 한 번 더 열 받았던 게, 그렇게 해서 내보냈던 재단을 지역사회가 앞장서서 다시 모셔왔다는 거지.

남 : MB가 이사 7명 중에 4명을 다시 할 수 있게 해줬잖아. 시대가 바 뀌면서 역사성이나 정체성이 없어진 거지. 우리 입장에서는 뭐냐면, 해방 되고 나서 일제 경찰들이 또 마크 달고 돌아다니는 걸 독립운동가들이 보면서, 아 하지 말 걸, 내가 이러려고 독립운동을 했나. 그런 생각 들었 던 거랑 같은 거지. 그래도 이게 독립운동가들이 만든 도립대학인데, 취 지가 훌륭한 대학인데 이따위로 할 수 있느냐 그런 생각을 했지. 그래서 이제 발언도 많이 하는데 그때 처음에 갔을 때는 실망이 아주 컸어요.

■ 공교롭게도 총장 퇴진 투쟁을 했던 시기와 남태호 선생님께서 전두환 생가에다가 화염병 투척한 시기가 모두 11월이던데요.

남 : 88년에는 재단 문제가 극심했죠. 대학 최초로 국정감사 벌어지고… 그게 10월이고, 11월에 감옥 갔었죠. 그때 퇴임, 물러나셨을 거예요.

■ 그 일로 선생님께서 구속되셨다가 다음 달에 또 사면 복권되셨던 걸로 아는데요.

남 : 사면 복권된 게 아니고 구속 집행정지였어요. 노태우 정부가 국민 여론에 떠밀려서 학생 한 200명 정도 풀어줬는데 석방은 아니고 구속 집행을 정지한 거죠. 정지해놓고 재판 절차 진행하는 거지. 재판을 하게 해서 이 시끄러운 세력을 전부 다 군대로 몰아넣자 이게 취지였고. 재판 판결이 나고 일부는 군에 갔는데 나 같은 사람들은 주민등록 말소하고 사라져서 노동운동을 하러 가버리고 그니까 한 3~4년 실종 상태였었죠. 없는 사람이었지.

■ 운동권에 대한 보복을 한 건가요?

남 : 그렇죠. 구속될 정도면 정부 입장에서 보면 거의 알 카에다 같은 놈들이죠. 일당백을 하는 사람들이었죠. 그 사람들 세력 약화시키는 전략이 몇 개 있었어요. 81년에는 학원녹화사업이라고, 운동권 학생들을 강제징집해서 군대에 집어넣고는 특별순화교육이란 걸 시키고 일부는 학교나 재야 단체에 프락치로 보냈었죠. 거기서 의문사하거나 자살한 학생들도 있어요. 그러다가 80년대 중반에 와서는 학생들이 예전보다 더 강성이 되니까 군대 넣는 게 안 좋다 해서 넣지 말자로 바꿨다가 88년으로 넘어오면서 바깥에 두는 거 너무 위험하다 다시 군대 넣자, 이렇게 된 거죠. 그래서 또 군대로 강제징집 당하고….

■ 선생님께서 전두환 생가에 화염병을 투척하신 게 5공비리와 연관된 일이신가요?

남 : 예. 5공비리하고 광주학살 진상규명이 큰 틀이었죠. 전국적인 연합이 있었는데 대구 지역에서는 경북대, 계명대, 영남대 이렇게 섞어가지고 일종에 공동 투쟁을 했었죠. 당시에 제일 중요한 건 광주학살과 5공비리 원흉인 전두환인데 언론도 똑바로 보도 안 하고 아무것도 안 되니까 여론전을 펼쳐야 한다고 생각했죠. 그래서 국민적인 공감을 표현할 방법이 뭐냐 고민하다가 박정희 때부터 관련된 곳을 모두 답사했는데 전두환 생가가 가장 상징적이더라고요. 80년 광주의 원흉이기도 하고. 그렇게 장소를 정하고 6명이 함께 타격하기로 했죠. 사건이 일어나고 국민적 공감대가 더 커졌어요. 70~80% 가까이가 전두환은 나쁜 놈이라고 욕하는 분위기가 조성됐었죠. 진주교도소에서 출소해서 택시를 탔는데 기사 선생님이 왜 감옥에 있었냐고 물으시길래 이런 사건으로 해서 지금 나가게 됐다고 하니까, 택시비 내지 말라고 좋은 일 한다고…. 택시비를 끝내 안 받으셨죠. 그 일은 아주 상징적인 사건이었죠. 그러고 보면 민주화운동을 진전시키는 데에는 누군가 희생이 필요한 거 같아요. 그때 우린 군대 안 갈 줄 알았죠. (웃음) 지금 고위층처럼 군대 가기 싫어서 안 간다는 그런 개념이 아니고 학생운동 정리하고 새로운 시민운동이나 노동운동을 해야 한다는 거였죠. 근데 아까 얘기했지만 애들이 또 전략을 바꾼 거죠. 실형 2년 이하는 군대를 보내는 거죠. 그래서 주민등록 말소하고 토껴버렸지, 그래가 YS 때 갔죠. (웃음)

6월항쟁의 한계

■ 6·29선언 이후 당시의 심정은 어떠셨는지?

남 : 계엄령 직전까지 갔다가 자기들이 노선을 바꾼 거죠. 광주처럼 해서는 안 되겠다는 판단을 했던 것 같아요. 그래서 노태우한테 물려준 거지. 그때 기억나는 게 여기 반월당에서 집회하다가, 영대병원 앞 잔디밭으로 정리 집회하러 갔는데 6·29선언이 딱 터진 거야. 한편으로는 이겼다 싶은데 한편으로는 뜨끔한 거죠. 쟤들이 무슨 작전을 세우는 것 같다는 생각이 들었던 거죠. 근데 들은 지 몇 분도 안 지났는데 8가지 조항을 가지고 나보고 나와서 발표를 하라는 거야. 한 몇 백 명이 남았는데 아무 데이터가 없는 상황에서…. 일단 무작정 이거는 기만적이다, 해놓고 시작했지. 이거는 잘못됐고 저거는 어떻고, 막 즉흥적으로 느낀 대로…. 근데 나중에 보니까 그 말이 맞았어요. 그때 느낌이 이긴 것 같긴 한데, 뭔가 뒤통수 맞은 것 같다는 느낌을 받았었죠.

이 : 일단 첫 번째는 기뻤고, 두 번째는 막 피곤했어요. 정말 피곤했어요. 그러니까 한번 생각해봐요. 거의 한 80일 정도를 중간중간에 쉰 날도 물론 있겠지만 80일 중에 60일 정도를 매일 하루에 어쨌든지 간에 6시간, 5시간 떠들고 다닌 거야. 4만 보씩 달리면서. 그리고 대구 6월이 무척 덥잖아요. 함께했던 사람들 다 지쳐 있었죠.

남 : 차라리 구속된 게 안 나았겠나, 그런 생각도….

이 : 맞아. 내가 아까 그랬잖아. 차라리 잡혀가는 게 더 낫지 않을까 고민했었다니까. 그래서 일단은 기쁘기는 했는데 지친 데다가 뭔가 좀 찜찜했었죠. 우리가 사실은 준비가 안 됐었죠. 촛불혁명에서는 권력을 잡을 수 있는 우리의 대안 세력이 있었잖아요. 지금은 대안 세력이 실제로 권력을 잡았고. 그때 당시에는 그게 없었어요. 김영삼이나 김대중이 권력

을 잡을 수 있을까에 대한 근원적인 고민조차도 못했어요. 그냥 학생운동 되게 순진했어요. 그래서 완성될 수 없었던 거였고…. 열정은 다를 바 없을지 몰라도, 지금은 그래도 10년 민주정부의 경험이 있으니까 뭐가 핵심인지 잘 알고 하잖아요. 30년 전이었는데, 그 30년의 앞선 30년, 4·19혁명 때 고등학생들이 교복 입고 그냥 뛰쳐나와 이승만 하야하라 했던 것하고 87년 6월항쟁하고 수준이 거의 비슷해요. 지금 생각해보면 별반 다를 바가 없죠. 가장 희생하고 피 흘리고 땀 흘렸던 사람들이 학생이었단 말이에요. 근데 학생이 권력의 주도 세력이 될 수가 없었잖아요. 필요에 따라서 비판적 지지를 한 사람도 있을 거고 아니면 민중 후보를 지원했던 사람도 있었겠지만 결국엔 어떤 정치 세력을 등에 태워야 했던 거죠. 근데 등에 타고 있는 사람이 우리보다 훨씬 더 고수인데, 되나? 지금은 어떤 형태로든지 간에 권력에 대해서 여러 가지 다양한 방법으로 워딩을 하잖아요. 사소하게 댓글을 달든 다른 어떤 형태든…. 근데 그때는 우리가 판을 만들어줬음에도 불구하고 거꾸로 끌려갔단 말이죠.

■ 당시 여러 시위에도 참여하시고 이런저런 활동을 하실 때는 어떤 사회를 만들겠다는 신념 같은 게 있으셨을 텐데요.

이 : 6월항쟁의 한계는 가장 주된 동력이 학생이었던 점이라고 생각합니다. 정치를 직업적으로 하시는 분들이 이끌어 나가는 한 축이 있고, 학생운동 선배들이 한 축이었죠. 그랬기 때문에 정확하게 플랜을 짜서 이렇게 하자는 게 아니라 정확하게 이게 아니다 하는 걸 들었거든요. 6월항쟁의 구호는 심플해요. 호헌철폐, 독재타도. 그리고 대통령을 내 손으로. 그게 키워드였거든요. 어떻게 대통령을 내 손으로 뽑고 이다음 정부를 우리가 만들어나갈 것인가에 대한 고민은 제로(0)였어요. 학생들이 그걸 고민할 수 있는 역량이나 경험도 안 됐고, 오늘 당장 이 회를 어떻게 해야 할

것인가가 주된 고민이었죠. 어떻게 될지 모르잖아요. 6월항쟁을 통해서 뭘 어떻게 해야 되겠다 이런 거는 없었어요. 그래서 지금 30년 후 운동의 모습이 발전했다는 거고.

■ 6월항쟁을 통해서 대통령을 직접 뽑기도 했고 촛불항쟁을 통해서 탄핵도 해봤잖아요. 개인적인 소회 같은 게 있으신지요.

이 : 만약에 국정농단의 주도 세력을 제가 다녔던 영남대학이라는 테두리에서 못 만났다면 이만큼 극명하게 데자뷔를 느끼지 못했을 겁니다. 한편으로 생각해보니 나는 숙명인가라는 생각도 들더라고. 개인적인 소회를 얘기하기보다는 지역에 계신 분들에게 말씀드리고 싶어요. 나 스스로한테 하는 말일 수도 있고요. 대구에서 홍준표한테 투표한 사람들을 보고 지역이 도매급으로 많이 넘어가잖아요. 어쨌든 간에 촛불집회 때 작은 무대에서 그런 얘기를 한 적이 있어요.

이완영이 지역구로 있는 곳에서 태어나서 국정농단의 한 축이었던 최경환이 나온 고등학교를 졸업했고, 박근혜가 이사로 있는 영남대를 나왔으니 나도 참 답답한 인생이라고. 사람들이 웃더라고요. 지역에서 사실은 다들 힘들잖아요. 그럼에도 불구하고 지역을 꿋꿋하게 지켜주신 분들께 경외심을 느껴요. 그분들이 삶의 모든 분야에서 모범이 될 순 없겠죠. 술 주정하시는 분도 있을 거고 어떤 분은 가족의 생계를 잘 책임지지 못하는 분도 있을 거고. 또 다른 흠결을 가진 분들도 있을 겁니다. 청문회까진 안 가더라도 대충 하면 인생 자체가 때가 끼는 건데 그럼에도 불구하고 타협하지 않았던 부분도 있고. 그걸 지켜냈다는 것만으로도 경외심이 듭니다. 이걸 소회로 대신할게요.

■ 이번 촛불집회에 대한 느낌이나 시각이 저희 세대와는 다르실 것 같

습니다.

남 : 물론 정치제도로 보면 대통령제가 완벽할 수 없고 많은 장점이 있다고 생각하지 않아요. 그런데 우리는 의원내각제부터 여러 가지 것들에 대한 트라우마가 있어서 대통령이 아니면 싫어하죠. 지금 4년 중임으로 대충 쇼부가 날 것 같은데, 나는 일곱 번 선거를 했단 말이에요. 그동안 내가 뽑은 사람은 단 한 명도 안 됐지. 여하튼 당시에는 '대통령을 내 손으로', '호헌 철폐 직선제 쟁취' 이런 거만 줄곧 외쳤다고. 그중 딱 한 가지가 실현되는데 그 많은 노력이 들었고 많은 희생이 따랐지. 우리끼리 하는 이야기로 내가 뽑은 대통령 내 손으로 처단하자 하면서 불까지 지르고 했지만, 하나의 권리를 쟁취하는 데 있어서도 너무 많은 시간과 노력이 들죠. 어찌 보면 낭비인데 시선을 달리 하면 경제적, 정치적인 것이 월등히 좋아지잖아요.

문재인 정부가 아직 한 것은 없지만 들어서는 동시에 주가가 올랐죠. 왜냐하면 나쁜 정치인들이 없어졌다고 국제적으로 인지되다 보니까, 특히 촛불혁명은 전 세계적으로 할 수 없는 일이기 때문에 아주 대단한 나라라고 평가되는 거죠. 프랑스혁명보다 더 위대한 거죠. 피 한 방울도 안 흘리고 외교적으로 한 것도 아니고 국민의 힘으로 이룬 거니까. 내가 예전에 누가 6·25 얘기하면 그 얘기 좀 그만해라 그랬거든요. 근데 30년 지나서 우리가 6월항쟁 이야기하면 사실 6·25 얘기처럼 되죠. 그래서 상대가 이 이야길 들어줘야 하나 두려워하는 게 보여요. 왜냐하면 나는 팟캐스트 하면서 맨날 이야기하잖아. 꼰대 같아 보일까봐 졸아서 말을 못하는 거야. 진보의 자격지심이 심해요. 그래서 욕도 먹고 하는데, 근데 어떻게 보면 지금은 자기표현을 할 수 있는 시대가 왔으니깐. 그게 보람 있고…. 우리가 이루지 않았으면 지금처럼 맘대로 이야기를 하는 시대는 안 왔을 거예요. 지금은 맘대로 할 수 있잖아 그나마.

이 : 나는 여전히 경계심을 가지고 있어요. 등산갈 때 탑을 쌓는 거 보면 한 사람, 한 사람이 작은 돌을 올려서 쌓아놓은 건데 틀어지는 건 한 순간이거든. 우리가 경험해봤잖아요, 이명박이 들어와서 그나마 만든 시스템을 무너뜨리는 거 보면서 얼마나 허망했던지. 결국에는 국민들 책임이에요. 우리 책임이고. 늘 경계해야 하죠. 지금도 사실은 조마조마해요. 물어뜯기 좋아하는 종편들이 본질적으로 지금처럼 우호적으로 할 수 없는 애들이잖아요. 어떤 이슈가 나오면 돌변할 애들인데 그때 과연 버텨낼 수 있는 힘이 얼마만큼 있을까 싶은 거죠. 그때 한 번 더 검증하게 될 거라고.

남 : 그런데 이제 시민들의 힘이 있기 때문에 뒤로 가지는 않을 것 같아요. 광주도 그렇고 6월항쟁도 그렇고, SNS가 발달했으면 그렇게 희생 안했어도 돼. 국민이 다 소통할 수 있는데.

이 : 탄핵의 부당성에 대해 얘기도 했는데 이게 기대치가 높다는 게 오히려 불안해요. 사실은 지금 정부가 쌓여 있던 모든 일들을 이렇게 칼로 두부 자르듯이 벨 수는 없잖아요. 충돌이 틀림없이 생길 텐데 초기 단계에서는 충돌이 그다지 없을 겁니다. 충돌이 발생될 정책이 나올 단계는 아직 아니잖아요. 하지만 시간이 지나면 나오게 될 거고, 우리가 흔히 겪는 일 중 안타까운 일이 노조가 파업을 할 때죠. 버스가 파업을 한다면 시민의 발을 묶었다고 해서 매도를 하잖아요. 그 노조는 집단적으로 공격을 받게 되죠. 이런 예에 비추어봤을 때 정세에서 생길 수 있는 문제가 부각된다면 틀림없이 입장들이 잘게 나누어지겠죠.

그럼에도 불구하고 현 정부가 가지고 있는 정책적 방향이 합리적이면 불편함을 감수할 수 있을 것이고요. 그게 열쇠인 것 같아요. 그것을 인내할 수 있으면 틀림없이 우리나라의 발전은 탄력적으로, 민주주의에 대한 발전도 그렇고 사회가 가지고 있는 고질적인 여러 가지 문제 해결이 가능하도록 발전할 거예요. 만약 그걸 인내하지 못한다면 대통령 지지율이 떨어지고 종편이 씹을 것이고…. 인내를 안 가지면 우리가 후퇴할 가능성이 커질 것 같아요. 조금 달라도 큰 방향이 같다면 동의해주고 노무현 정부 때 그랬잖아요, 그런 일이 다시 생기면 안 되죠.

■ 6월항쟁이 없었다면 촛불혁명이 가능했을까요?

이 : 저는 불가능했다고 봐요. 대구에서도 비슷했을 것 같은데 광화문 광장에 많을 때는 200만 정도까지 모일 때도 있었고 어떨 때는 굉장히 수가 줄어서 그의 10분의 1 정도 되는 집회도 있었죠. 그 와중에 끝까지 자리를 지킨 중심은 86세대였습니다. 어떻게 보면 86세대가 목숨을 내놓고 자기 가치를 실현하려고 했던 절박성은 더했던 것 같아요. 이번 광장에 많은 젊은 세대들도 같이 했지만 위기가 있었을 때 자리를 지킨 건 86세대라고 나는 생각해요. 다른 세대들이 들으면 공감하지 않을 수도 있겠죠. 하지만 6월항쟁이 있었기 때문에 사회가 이만큼 발전했다는 믿음은 있고, 인적 구성으로 봤을 때도 굉장히 중요했던 것 같습니다.

■ 30년 전에 선배님들께서는 목숨을 걸고 학생운동을 하셨는데, 이번 촛불집회만 봐도 30년 전에 비하면 대학생들의 참여율이 확실히 눈에 띄게 적습니다. 사회문제를 대하는 요즘 대학생들이 실망스럽진 않으신지요.

이 : 패턴은 분명히 달라요. 지금 학생들이 화염병 들고 나오겠습니까? 시대가 분명히 변했고 지금 학생들은 다 우리 세대가 키워낸 사람들 아니에요? 또 우리가 그렇게 교육을 시켰고. 부모한테 교육받은 것보다 자기들끼리 사회 속에서 배운 게 더 많을 텐데 서로 소통하다 보면 바뀌는 부분이 있겠죠. 이제는 과거 패턴으로 갈 수도 없고 가서도 안 되죠. 많은

통로들이 있잖아요. 유튜브나 팟캐스트에서도 다양한 형태로 접하고 있을 거예요. 과연 그걸 조직해낼 것인가 말 것인가는 그들의 몫이거든요. 재밌는 게 참 많아요. 지금은 폭이 얼마나 넓어요. 그중에서 취사선택할 수 있는 메뉴판도 다양하고. 그걸 기준에 맞춘다는 건 절대 불가능하죠. 적극적으로 내 것을 버려가며 몸으로 하진 않겠지만 그래도 정의에 대한 고민은 늘 하며 사는 세대인 것 같아요. 정의에 대한 가치 기준만 살아 있다면 저는 별로 걱정 안 해요. 아마 참여하게 될 것이고 그렇게 했을 때 정치는 어떤 혜택을 줄 수 있을까 보여줘야 되고 그래야 선순환이 되거든. 저는 그렇게 생각해요.

■ 만약 30년 뒤에 이번 박근혜 국정농단과 비슷한 또는 다른 형태로 우리가 생각하고 있는 민주주의에 어긋나는 일이 일어난다면 촛불집회가 동력이 될 수 있을까요?

이 : 제가 자동화 설비 쪽 일을 하고 있는데요, 공장에 있으면서 요즘 4차산업혁명에 대한 세미나를 많이 다녀요. 미래에 대한 생각을 많이 하게 되는데, 미래에 무언가 잘못된다면 과학기술과 인간의 철학이나 패턴의 충돌일 것 같아요. 그렇지 않겠습니까? 이제 와서 군인들이나 특정 정치 세력이 자기의 이익을 위해서 물리력을 동원할 수는 없을 것 같고…. 미래에 대한 해법은 그 시대를 살아가는 주역들이 해결을 해야 되겠지만 공동체에 대한 이런 경험을 가지고 있다는 건 틀림없이 큰 자산이 되겠죠.

남 : 6월항쟁을 겪었음에도 불구하고 이명박, 박근혜 같은 세력이 나올 수밖에 없었던 건 기존의 민주정부의 시행착오가 분명히 있었던 것 같아요. 그래서 지지율이 급격히 떨어졌잖아요? 결국 우리 스스로 내면에 있던 욕망이 불러내는 하나의 괴물이 이명박이나 박근혜다, 그런 생각이 들었던 거고. 정의나 민주주의 그런 것도 좋지만 잘 살면 좋겠는데, 조금

부정하면 어때? 잘 먹고 잘 살 것 같은데…. 그래서 이명박을 불렀고, 박정희는 잘 먹게 한 거 같은데, 박근혜가 잘하겠지… 이런 막연하지만 민주정부의 시행착오에서 비롯된 욕망이 내재해 있던 거겠죠. 지금 대학생 같은 경우는 사회·경제적 지위가 굉장히 달라졌거든요. 그때 학생들은 기득권을 버리고 뭔가를 해야만 하는, 자신들이 원하든 원하지 않든 지식인의 역할이 부여되어 있었고, 그것을 했을 때 사회의 파괴력이 굉장히 컸죠.

지금은 학생들이 하면 학생이 뭘 안다고 하느냐 이렇게 취급하잖아요. 그때는 정당도 발전하지 못했고 아무것도 없었단 말이에요. 학생운동 말고는 방향을 제시할 세력이 없었죠. 그렇기 때문에 지금 학생들에게 30년 전처럼 하라고 요구할 수는 없죠. 단지 지금 학생들은 나름 굉장히 자유분방한 사회에서 컸잖아요. 독재를 경험하지 않은 자유로운 경험과 표현들이 학생들의 촛불집회 동력이 되지 않았을까 생각해요. 옛날처럼 전략적이고 전문화되고 이런 방식은 아니지만 자생적이고 자발적이고, 그러나 폭이 넓고 대중적이고…. 하나의 흐름으로 정의할 수는 없지만 거대한 흐름이 분명히 있고 언젠가 원한다면 조직화도 가능하나 굳이 하지 않아도 되는 거겠죠. 이런 흐름을 86세대가, 그런 분들이 나이가 들어서 고집도 있고 오류도 있지만, 우리 세대까지 꾸준히 지켜주고 조금씩 전수해주고 해서 집회를 다채롭게 하고 대중들이 많이 올 수 있게 한 거겠죠. 6월항쟁의 정신이 직선적으로는 아니지만 상당히 녹아들어서 계승된 게 촛불이 아닐까 생각해요. 그런 것처럼 촛불 정신은 어떤 문제가 발생해도 민주주의를 지켜내는 소중한 자산이기 때문에 나중에 분명히 큰 거대한 힘으로 존재할 것이라고 생각합니다.

이 : 프랑스혁명보다 더 평가받아야 된다고 말하지만 그걸 경험한 세대들이 가지고 있는 민주주의에 대한 소양은 계량이 안 됩니다. 어떤 것

이 더 크고 작고의 문제를 따질 수 없는 거죠.

일상의 혁명을 위해

■ 후배들에게 하고 싶으신 말씀 있으시다면?

이 : 저는 앞에서 잠깐 했는데요, 30년 뒤에 여러분들이 부모 세대가 돼서, 정도 차이는 있겠지만 고생 안 하려면 잘 뽑아야 한다는 거죠. 우린 30년 전에 사람을 언제라도 죽일 수 있는 정권하에서도 살아봤어요. 우리나라 대통령 중 세 명을 만났는데 김대중, 김영삼, 박근혜, 좋아하는 대통령은 못 만났어요. 한편으로는 좀 더 깊은 고민을 해요. 우리나라 정치 시스템에서 과연 올바른 지도자가 탄생할 수 있을 것인지. 제도적인 토양이 되느냐 하는 거죠. 중국 공산당원이 한 8천만 명쯤 돼요. 내가 공산당을 찬양하는 건 절대 아닙니다. 여하튼 이 사람들이 공산당원으로 들어가서 끊임없이 지도자가 되기 위한 수양을 하고 또 검증을 받고 그러면서 아주 단련된 소수의 인재 풀이 생겨나죠. 그 안에서 지도자를 선출합니다.

박근혜 전 대통령 같은 경우는 아주 극단적이잖아. 트럼프도 그렇고. 하나의 이미지, 짧은 이미지나 이런 걸 통해서도 한 국가의 지도자로 선출되는 것들을 봤을 때 과연 이 시스템으로 올바른 지도자가 태어날 수 있을지 의문이 드는 거죠. 좌우간 우리 젊은 세대들이 보기에는 정치가 굉장히 더러운 거라고 느낄 텐데, 잘 보면 권력을 가지고 있는 엘리트들이 끊임없이 정치인이 되려고 하잖아요. 그건 뭐냐 하면, 이거는 제일 좋은 거야, 제일 맛있는 거야, 그러니까 이거는 너희들이 자꾸 들어오면 안 돼, 이거는 우리만 해야 돼, 그런 정치적 의도로 자꾸 관심 밖으로 몰아내기 위한 전략에 속는 거죠. 정치는 생활이거든요. 지금 대통령이 개인적인 호불호를 떠나가지고 잘해야 해요.

그래서 이제 정치가 지도자 하나 바뀌는 걸로 공기가 달라질 수 있다는 거를 느낀다면 끊임없이 거기에 대한 관심도 가져줘야 되는 거죠. 이전 선거 보면 젊은 세대들의 투표율이 많이 낮았잖아요. 나라가 망하는 길 중에 제일 빠른 게 정치에 무관심한 거거든요. 내가 살아가는 공동체 중에서 가장 범위가 큰 것이 국가인데, 공동체를 살리기 위해서라도 관심을 가져야 하고 행사를 해야 합니다. 과거처럼 돌 들고 화염병 들고 권력에 저항하란 얘기는 절대로 아닙니다. 그냥 무관심이 불러온 폐해로 우리가 얼마나 고생했던가를 잊지 말아달라는 말이에요. 사실은 저는 오늘 이 얘기를 하고 싶었어요. 개고생하지 맙시대이.

남 : 전… 뭐 있겠습니까. 문재인 대통령이 총학생회 총무부장 출신인데, 드디어 총학생회가 정권을 잡았구나. 그런 생각을 했습니다. (웃음) 뭐 이건 농담인데, 어쨌든 총학생회에 있었던 사람으로서 얘기하니까, 이제 지금 정권이 총학생회가 잡은 것 같아서 기분이 좋다는 거죠. (웃음) 제가 하고 싶은 얘기는 기성의 가치에 얽매이지 말고 실험하기를 게을리하지 않았으면 좋겠다는 거예요. 왜냐하면 토플이나 토익 같은 남들 하는 거 다 따라해봤자, F1, F2밖에 안 돼요. 인류가 발전하는 거는 다른 길을 갔기 때문이죠. 왜? 나는 가기 싫어. 반작용이 일어났기 때문에 발전했는데 너무 따라가는 것 같아요. 근데 그렇게 간다고 해서 성공할 보장이 또 없어요. 고용 없는 성장을 하기 때문에 더 안 되죠. 그럴 바에야 뭐 4차 산업도 있고 뭐 많지만 그걸 떠나서 자기만의 생각이나 캐릭터를 찾아야 한다는 겁니다. 지금 SNS 시대잖아요. 자기가 뭘 잘할 수 있는가를 또는 그런 거를 찾기 위한 노력을 게을리하지 말라는 거죠. 이게 공부가 아니라, 뭐든지. 특출한 뭐를 할 수 있으니까. 그런 노력을 좀 기성의 가치를

회의하고 끊임없이 새로운 실패를 준비하는 이런 걸 좀 많이 하면 그런 사람이 더 성공하는 사람이 아닐까, 더 좋지 않을까 생각합니다. 자기가 소신을 가지고 새로운 실험을 자꾸 하면 거기 또 영토가 넓어지잖아. 천편일률적인 걸 하지 않았으면 하는 걸 꼭 당부하고 싶어요.

이 : 한 가지 드리고 싶은 말이 있는데요, 자기 고백 같은 거예요. 올해 6월항쟁이 딱 30년이 되는데, 저는 빚을 졌다는 느낌으로 살아왔어요. 옆에 있는 남태호, 이 친구는 자기 주관을 가지고 자기 철학을 실현하기 위해서 일관되게 살아왔는데 그때 당시에 집회에 참석해서 또 시위를 같이 했던 많은, 제가 직접 아는 분도 있고 이름을 모르는 분들이 훨씬 더 많지만요, 그분들한테 내가 빚을 지고 산다는 느낌인 거죠. 학교 다닐 때 그분들 앞에서 많은 대중 연설을 했고 이렇게 하는 게 옳지 않느냐는 얘기들을 많이 했었는데, 막상 내가 사회생활을 할 때에는 그렇게 살지 못했어요. 삐뚤어지게 살지는 않았지만…. 만약에 지면을 통해서 얘기가 된다면 그때 같이 6월 거리에 땀 흘리고 피 흘리고 했던 벗들한테 정말 감사하다는 말을 하고 싶어요. 그게 있었기 때문에 오늘도 아마 있을 거고, 감사하다는 말을 꼭 좀 하고 싶네요.

남 : 자축이지 뭐. 자축. 이런 날이 오고. (웃음)

이 : 작년에 광화문 촛불집회 갔을 때 느낀 건데요, 여기 대구 집회에 참석 못한 게 개인적으로는 좀 섭섭했는데… 허들링이라고 하는 게 있어요. 남극 펭귄들이 추울 때 무리지어서 동그랗게 서는데 안쪽에 있는 펭귄은 따뜻해져 있으니까 점점 더 바깥으로 나오는 거예요. 바깥에 있는 펭귄들은 점점 안쪽으로 들어가고, 자기네들끼리 양보를 하는 거죠. 그렇게 끊임없이 도는 거예요. 그래서 서로 체온을 느끼면서 집단이 살아나가는 거죠. 서로 아껴가면서 한 마리도 안 죽도록 정말 서로 많이 아끼더라고요. 촛불집회에 모인 사람들을 보면서 남극 펭귄들이 허들링을 하는

것 같은 따뜻함이 느껴졌어요. 그렇게 아껴가며 혁명을 이끌었으니까 앞으로 우리의 일상도 그렇게 배려해가면서 살면 안 좋겠나 싶어요.

주권재민과
6월항쟁

■ 저희 '6월의 함성 서포터즈'는 다른 지역에 비해 부족한 대구의 6월항쟁 기록을 수집하고 출판하는 것을 목표로 삼고 있습니다. 또 대구의 현대사적인 의미를 찾고 더불어, 대구의 부정적인 인식도 개선할 수 있는 계기를 만들려고 합니다. 간단하게 자기소개 부탁드립니다.

박형룡(이하 '박') : 6월항쟁 당시에 경북대 총학생회장으로 활동을 했었는데, 그래서 오늘 이런 자리가 있게 된 것 같습니다. 현재 평범한 직장 생활을 하고 있습니다만 마음만은 6월항쟁 때와 같습니다. 반갑습니다.

대학 시절

■ 6월항쟁 프로젝트 인터뷰 요청을 받고 어떤 생각이 드셨는지 간단하게 말씀해주세요.

박 : 6월항쟁이 30년 전의 일이네요. 그 뒤로도 한 10년, 20년 정도 저도 사회운동을 했습니다만, 지금은 소시민으로 평범하게 살고 있기 때문에, 이런 자리가 솔직히 부담스럽기도 합니다. 그렇지만, 조금이라

도 보탬이 된다면 하는 마음에서 인터뷰 요청을 수락했습니다.

■ 6월항쟁 이전에는 평범한 학생으로 지내셨을 것 같은데 어떻게 성장을 하셨는지요?

박 : 지금도 그렇지만 그때도 학생운동을 하기 전에는 평범하게 지냈어요. 중·고등학교 시절에는 학교와 집밖에는 몰랐어요. 대학교 1,2학년 때까지도 학과 공부를 열심히 하는 학생이었죠. 대학 동아리에 민속문화연구회라고, 탈춤반이 있었어요. 1학년 때부터 그곳 활동을 좀 열심히 했죠. 그렇다고 학생운동을 본격적으로 했던 것은 아니고요. 학생운동은 거의 3학년 쯤 돼서 시작했어요. 그 이전까지는 그야말로 평범한 대학생 생활을 했었죠.

■ 1987년 당시에는 몇 학년이셨죠?

박 : 대학교 4학년이었죠.

■ 요즘 대학교 4학년들은 취업 준비 때문에 자기 스펙 쌓는 데에 치중해서 바쁘게 지내는데, 선생님께서는 그 당시에 진로나 사회참여에 대한 어떤 계획을 갖고 계셨나요?

박 : 그때는 전두환 정권이 광주에서 학살을 하고 나서 정권을 잡고 있던 시기였죠. 운동권뿐만 아니라 많은 대학생들이 전두환 정권을 청산하지 않고서는 이 사회가 제대로 발전할 수 없다, 병들어 있는 상태로 계속 있을 순 없다, 이런 분노들이 아주 컸어요. 어쨌든 이 문제를 해결하지 않고 대학생으로서, 또한 사회인으로서 양심에 참 거리낀다는 마음들을 많이 가지고 있었죠. 게다가 당시 총학생회장이었고 6월항쟁을 겪고 그러다 보니 '이제 겨우 대통령 직선제를 쟁취한 수준의 우리나라 민주주의를

더욱 발전시키는 사회운동을 해야겠구나'라고 생각했지요. 당시는 운동권의 많은 사람이 노동운동, 사회운동 등 한국 사회의 발전을 위한 고민들을 치열하게 했던 시기입니다. 실제 학생회 일꾼들과 많은 운동권 출신학생이 졸업 후, 또는 자퇴 후 그렇게 살았고요.

■ 6월항쟁 전에도 학생회 활동을 하고 계셨던 건가요?

박 : 3학년 2학기 때 11월경이었는데 학생회장 선거가 있었습니다. 학생운동 조직에서 저를 추천해 출마했는데 당선이 됐죠. 3학년 2학기 때시작해서 다음 1학기까지가 임기였죠. 그러면서 6월항쟁이 일어났고요.

■ 총학생회장 출마를 결정하시는 데 시국에 대한 염려나 생각들이 영향이 있었나요?

박 : 그렇죠. 3학년 2학기 때쯤 학생운동을 시작했죠. 몸을 담게 된 계기는 제가 정치외교학과지만 학교에서 배우고, 언론을 통해 듣는 것만으로는 이 사회에 대한 진실이 전달되지 않는다는 걸 알게 됐죠. 아, 내가모르는 것이 너무나 많구나, 학생운동을 통해 정말 배우지 않고서는 소위까막눈 비슷한 무지한 대학생이 되겠구나, 싶더라고요. 그래서 학생운동에 참여해야겠다고 생각하고 조직에 참여해서 한 학기 정도 독서 토론도하고 집회에도 참석하고 했는데 학생운동 조직에서 총학생회장 후보로내정을 한 거죠. 당시에는 학생운동이 비합법 조직이어서 앞에서 주도하는 사람들은 다 경찰에 잡혀가는 상황이었는데, 학생회라는 합법적인 조직으로 전환하던 시점이었어요. 저는 학생운동을 늦게 시작했기 때문에남들보다 이론적으로나 실천적으로 특별히 뛰어난 건 아니었어요. 그런것보다는 당시 학생운동이 대중노선을 추구하던 시기라 평범하게 생기고, 탈춤반(민속문화연구회) 동아리에서 열심히 활동하고 그럭저럭 성실하게

생활했던 모습들이 당시 후보 요건에 걸맞다고 생각했던 모양입니다.

■ 총학생회장 선거 때 주로 어떤 점에서 학생들의 표심을 얻었다고 생각하십니까?

박 : 당시 경북대 총학생회장 선거는 굉장히 치열했습니다. 세 명의 후보가 나왔는데 그중 한 명은 총학생회장 선거에 세 번째 출마한 사람이었죠. 학교생활 하면서 선거에 세 번 출마한다는 것은 거의 있을 수 없는 일인데, 휴학하고 출마하고 3학년 때 출마하고 또 4학년 때 출마하고 이런 식이었죠. 그때는 학내에서 운동권, 비운동권, 중립 비율이 수적으로 비슷했기 때문에 선거가 아주 치열했어요. 공약이라든가 이슈 중 학생 복지 부분도 있지만, 가장 크게는 전두환 군부독재 시절이었기 때문에 학원민주화와 사회민주화에 관련된 내용이 비중이 컸죠. 그것과 관련된 공약을 학우들이 인정해주느냐 안 해주느냐, 후보가 운동권이냐 아니냐가 판단 기준이었어요. 저는 운동권 후보로서 학원민주화와 사회민주화를 주창했죠. 가령 학원민주화의 내용 안에는 학교가 간섭하던 부분들에서 학생들이 자율권을 회복하는 그런 운동들을 공약에 많이 포함했는데 학생 자율·자치 조직의 활성화 같은 공약을 걸었죠.

■ 요즘에는 총학생회 선거에 후보가 없어서 항상 찬반투표를 하거든요. 그때는 총학생회의 역할이 지금보다 더 컸었나 봐요.

박 : 그렇죠. 사회 분위기가 다르니까요. 그때는 그야말로 일자리도 많고, 먹고사는 데 대한 걱정이 사실 요즘만큼 크지 않았어요. 그러다 보니까 사회문제에 대한 관심과 실천들도 더 높았고 사회문제들을 해결하지 않고서는 발 뻗고 잘 수 없다는 신념들이 더 컸지요. 그런 마음들이 모여서 조직을 만들었고, 그런 조직에서 후보가 나온 거죠. 학생회장을 출

세 도구로 삼으려고 출마하는 사람들도 있었고요. 서로의 목표가 분명했으니 치열했죠. 하지만 지금은 출마를 해봐야 그야말로 봉사하는 마음이잖아요. 그렇기 때문에 그때와 직접 비교하기에는 좀 곤란한 것 같아요. 근데 저는 정치에 뜻이 있는 사람은 학생회에 출마해도 좋다고 봐요. 봉사라는 것이 정치도 궁극적으로는 봉사잖아요. 학생회를 통해서 봉사하고 나중에 제도 정치권 안에서 그 경험과 능력을 살릴 수 있는 건 아주 소중한 자산인 셈이죠. 정치가 워낙 욕을 많이 먹다 보니, 학생회 같은 곳에서 훈련하고 경력을 쌓겠다는 사람들이 잘 없죠. 정치가 투명해지고 밝아지면 조금 바뀔 수도 있는 부분인데…. 하여튼 저는 젊을 때부터 정치에 많은 관심을 가졌으면 좋겠고 학생회장 출마도 많이 해서 그런 경력을 쌓으면 좋겠어요. 물론 정치뿐만 아니라 대학생 시절 학생회 활동을 경험으로 쌓는 것은 인생살이에서도 큰 도움이 될 겁니다. 직장이든 가정이든 모든 사회는 결국 관계망 속의 삶인데 학생회를 통해 목적과 목표를 세우고 이를 실현해가면서 관계를 맺고 조율하는 등의 경험은 인생의 큰 자양분이 될 것입니다. 저 또한 그랬고요.

박종철의 죽음

■ 총학생회장으로 활동하시던 중 6월항쟁이 있었는데 본격적으로 항쟁이 시작되기 전에 전국적인 움직임이 있을 거라고 예상하셨나요?

박 : 몇 가지 전조가 있었어요. 그때는 전두환 정권의 폭압 정치가 극에 달했기 때문에 어떤 이슈가 터지더라도 이것이 전국화될 수 있는 그런 상황이었습니다. 첫째는, 6월항쟁은 6월 10일을 기점으로 분출이 되었는데 그 이전 87년 1월 14일에 박종철이라는 서울대 학생이 치안본부 대공분

실에서 조사를 받다가 고문으로 죽었잖아요. 1월 15일에 강민창 당시 치안본부장이 단순 쇼크사로 발표를 했었죠. 이때 유명한 말이 있어요. '책상을 탁 치니까 갑자기 조사받다가 억 하고 죽었다.' 의문점이 많았던 사건이었는데 며칠 뒤 5월 18일, 서울 명동성당에서는 '광주민주화운동 7주기 추모미사'가 열렸어요. 그 자리에서 천주교정의구현전국사제단의 김승훈 신부가 박종철 고문치사 사건에 대한 경찰의 은폐와 조작 사실을 폭로했지요. 하나씩 사건의 진실이 드러나던 시기였죠. 또 하나는 그 당시 전국적으로 학원민주화 투쟁이 아주 거셌다는 겁니다. 당시에는 학생 자치 조직을 학교 본관에서 좌지우지했고 심지어 학교 측에서 밀어주는 후보가 당선되는 경우도 비일비재했지요. 그래서 학생들이 전국적으로 학생 자치 기구 권한을 학생이 되찾자, 학생 복지를 학생 자율로 판단할 수 있도록 하자, 이런 학원민주화 투쟁이 4월부터 전국적으로 흔히 있었어요.

저희 경북대학교도 그때 학원민주화 투쟁을 진행하고 있었는데 독재정권의 하수인 노릇을 하던 모 총장이 물러났었죠. 정리하자면, 박종철 고문치사 사건을 비롯한 군부독재의 폭압 정치, 학생들의 자주적인 요구를 담은 학원민주화 투쟁, 이런 부분들이 저변에 깔려 있었죠. 그리고 또 하나 중요한 것이 전두환 정권이 대통령 선거를 직선제로 하겠다는 이야기를 여야 간에 계속 주고받다가 4월 13일에 돌연 번복했죠. 대통령을 체육관에서 뽑던 것을 계속 유지하겠다는 4·13호헌조치를 발표한 겁니다. 그래서 의식이 상당히 성장했던 국민들이 이게 무슨 소리냐? 말도 안 되는 소리 하지 마라, 대통령은 내 손으로 뽑아야 한다. 왜 체육관에서 너네 멋대로 뽑는가? 이렇게 되면서 6월항쟁이 폭발한 겁니다.

■ 6월항쟁 이전부터 박종철 고문치사 사건과 4·13호헌조치로 시위가 전국적으로 일어났는데 대부분 서울 중심이라 6월 10일 이전의 대구에서

기록은 찾기 어렵습니다. 대구에서는 언제부터 시위가 있었고, 확산이 되었으며 어느 정도의 규모였나요?

박 : 대구에서는 학생운동뿐만 아니라 사회단체, 민통련(민주통일민중운동연합)이라고 있었습니다. 민통련에서 1월부터 전국적으로는 보조를 맞춰 2월 7일, 3월 3일 가두집회를 했었고 경북대에서는 학원민주화 투쟁을 했는데, 연일 5천 명에서 1만5천 명씩 모여 본관을 점거하는 등 데모를 했었죠. 5·18광주민주화항쟁 기념집회 등을 통해서 계속 운동 및 집회를 해왔었습니다. 전적으로는 아니지만 6월항쟁의 성공 요인 중 하나가 전국 동시다발 투쟁이었다는 점입니다. 서울 중심으로만 일어났다면 모든 경찰 병력이 몰려 결국에는 진압됐을 것이나 전국적인 투쟁이었기 때문에 각 지역의 경찰 병력이 감당할 수 없는 상황이 되고 결국 6·29선언으로 이어진 겁니다. 그런데 기록이 서울 중심으로 남아 있는 건, 언론 매체 등은 모두 다 서울 중심으로 보도하는데, 지역 자체적으로 기록 및 발굴, 축적하는 일에 소홀했기 때문이라고 봅니다. 그러니 남아 있는 사진이나 인쇄 기록 등이 서울 중심일 수밖에 없는 거죠. 지방에서 활동했던 사람으로서 자성해야 할 부분이라고 생각합니다.

■ 인터뷰를 준비하면서 부모님께 6월항쟁 당시 대구의 모습을 여쭤봤습니다. 시위가 있긴 했지만 주로 대학생 위주라 지금의 촛불시위와는 다르게 많은 사람이 참여하진 않았다고 하시더라고요. 규모가 조금 작았나 봅니다.

박 : 먼저 하나 언급할 것이 있습니다. 요즘 시대에도 즉 이명박, 박근혜 정부에서도 공영방송이 정부 편을 드느라 제대로 공정보도를 하지 않았잖아요? 과거 6월항쟁 시기에는 독재정권의 언론 보도 지침이 그대로 먹히던 시절이었습니다. 전두환 정권에서 시키는 대로 보도되고 폭력 시

동성로 시위 도중 최루탄 때문에 눈을 뜨지 못하는 시민.__동성로 아카데미극장 앞(1987. 6. 10.)

위는 부각되고 많은 사람이 모이던 장면 등이 제대로 보도되지 못하던 시
기였습니다. 지금에 비하면 규모 면에서는 국민의 참여가 적었던 것은 맞
습니다만 그 질적인 강도는 엄청났지요. 경찰에 맞고, 잡혀서 끌려가고,
구류 심지어 구속될 각오까지 하고 최루탄이 난무하는 속에서 시위를 했
으니까요. 그럼에도 당시에는 학생들이 쏟아져 나와 각 대학별, 단과대
별, 학과별로 집회를 했는데 대구만 해도 5천 명에서 만 명, 어떤 때는 2
만 명도 모였습니다. 지금은 인원이 집중이 되니까 집계가 되지만 당시에
는 모두 분산되어 있었어요. 각 대학별로 한곳에 모이자고는 했지만, 경
찰이 출동하면 한곳에 모여 있기 힘드니까 산발적으로 진행이 되곤 했죠.
다양한 계층의 참여는 적었지만 그 수에 있어서는 6월항쟁이나 지금이나

거의 비슷했을 거라 생각됩니다. 그때는 경찰들이 나타나 최루탄을 쏘고 밀려오면 일단 도망쳤다 다시 모이고 하는 식이었으니까요.

■ 지금처럼 공개적으로 시내에 모여서 집회를 하진 않았다는 것인지요.

박 : 모이기도 했죠. 요새는 언론을 통해서 집회를 알리지만, 그때는 공공연하게 알리게 되면 경찰이 상주하기 때문에 구두로 집회 계획을 전달했으니 한계는 있었죠. 몇 시에 어디서 만나기로 해서 일단 모였다가, 한일극장, 동성로, 이런 식으로 옮겨가며 집회를 하면 경찰들이 와서 최루탄을 쏘고 그랬으니까요. 그래도 크게 할 때는 주로 대구백화점이나 한일극장 앞에서 모였는데 한일극장네거리까지 꽉 채울 정도였죠.

■ 요즘은 대구를 흔히 '보수의 텃밭'이라고 부릅니다. 하지만 대구가 항상 보수 성향을 띠었다고 생각하지는 않습니다. 6월항쟁 이전의 대구는 어떤 정치적 성향을 가지고 있었습니까?

박 : 6월항쟁 이전의 대구도 다른 지역에 비해서 보수적이었죠. 야권 후보들에 대한 지지도를 보면 알 수 있어요. 지금이 오히려 그때보다 낫다고 볼 수 있는데, 6월항쟁 이전이나 이후나 크게 변했다고 생각하지 않습니다. 물론 6월항쟁을 기점으로 국민들이 승리했다는 여파는 상당히 컸지만, 그 이후로도 야권 정치인들이 당선된 예가 88년도에 유성환 씨 말고는 거의 없으니까요. 최근에야 김부겸, 홍의락 의원이 당선되었고요. 20여 년간 그런 상태였기 때문에, 의식의 변화는 있었다고 보이지만 획기적인 변화라고 이야기하기에는 어렵지 않나 생각합니다.

■ 과거에는 시위가 일어나면 정부에서 군경을 동원하여 무력으로 진압했었다고 들었습니다. 실제로 6월항쟁 때 치안본부장이던 권복경 씨의

최근 증언으로는 전두환 전 대통령이 부산에서 대규모 시위가 발생하자 군대를 투입하려고 했다는데요, 군대 투입 등에 대해서 신변에 대한 두려움은 없었나요?

박 : 조금 있었죠. 시위가 계속 이어지면서 계엄령을 선포하면 어떻게 할 것인지에 대해 내부적으로 논의가 많았어요. 계엄령을 선포하면 군대가 들어오죠. 그러면 최루탄이 곧 총으로 바뀌고 탱크가 학교 앞에 진을 치고…, 그런 상황이 되는 거니까요. 사실 겁도 많이 났죠. 그러면서도 당시의 열기는 어쨌든 끝까지 싸운다는 마음이 컸어요. 만일 혼자였거나 소수였다면 많이 불안했겠지만 어쨌든 그때는 다수가 같이 데모에 참여했고 욕하던 학생들조차도 함께하는 분위기였기 때문에 계엄령이나 군대 투입에 대한 두려움으로 위축되진 않았습니다. 그런 상황이 닥치더라도 돌파해나가야 하는 상황이었고 이길 수 있다는 믿음이 있었죠.

■ 신변에 대한 두려움을 이기고 옳다고 생각하는 것을 위해 행동하신 거네요. 대단하다는 생각이 듭니다.

박 : 그건 당시 분위기가 그랬어요. 저와 같은 입장에 섰던 사람들이 다 그런 마음을 갖고 있었죠. 군부독재의 폭압 정치 속에서 민주주의에 대한 열망이 대단했으니까요. 지금 사람들은 이해 못할 수도 있겠지만, 당시에는 죽음과도 맞바꿀 수 있다는 신념을 가진 사람들이 많았어요. 그래서 민주주의는 피를 먹고 자란다는 이야기가 공공연하게 있었고, 설사 감옥에 가더라도 투쟁을 해서 민주주의를 쟁취하겠다는 마음이 뜨거웠죠. 이는 당시 대학생들뿐만 아니라 해방 이후 이승만, 박정희 정권을 거치면서 꾸준히 이어오던 민주주의에 대한 확고한 신념을 가진 많은 분도 그런 생각을 하셨고, 또 국민들의 군부독재 정권에 대한 염증이 그만큼 컸기 때문에 두려움을 극복할 수 있었던 것이지요.

시민들의 시위 참여

■ 선생님께서 총학생회장으로 활동하시면서 학생운동을 하실 때 가족의 반응이 궁금합니다.

박 : 저는 다행히도 부모님께서 반대하시진 않았어요. 지금도 참 고맙게 생각합니다. 공부를 하든 안 하든 자식에 대한 믿음으로 다 맡겨주셨죠. 부모님께서 공부하라는 소리를 안 해도 제가 알아서 하는 스타일이었죠. 총학생회장에 출마하게 되었을 때 부모님께 말씀드리니 사실 걱정을 하시긴 했죠. 당시에 총학생회장 출마는 곧 감옥 가는 것이니까요. 어떻게 살아도 정직하게, 소신껏 하라는 지지를 해주셔서 갈등이 없었던 것만으로도 크게 감사하죠. 운동했던 다른 학생들은 힘든 사람도 많았어요. 부모님들이 와서 머리채 잡고 끌고 가고, 삭발시키기도 했고요. 자식을 믿어준 부모님에 대해서 늘 고맙게 생각합니다.

■ 총학생회장 출마는 곧 감옥이라고 하셨는데, 죄송하지만 교도소에 다녀오신 적이 있으신가요?

박 : 학생회장 임기가 끝나고 88년에 미문화원 응징에 나섰다가 과거 87년에 집시법 위반 등과 묶여 6개월 감옥살이 한 적이 있습니다. 당시에는 학생운동을 하고 앞장섰던 사람들은 거의 감옥에 갔어요. 조금이라도 정권에 저항적으로 보이면 잡아갔으니까요.

■ 제가 들은 바로는 시위하다가 잡혀갔던 분들은 교도관들이 '선생님'이라며 다른 범죄자들과는 다르게 대접했다고 하던데요.

박 : 그거는 당연하죠. 저희는 소위 '양심수'니까요. 양심을 지키기 위해서, 자신의 정치적인 소신을 지키다 잡혀간 사람들이기 때문에 일반 잡

범 대하듯이 하진 않았죠. 조사받을 때도 경찰들이 너희가 애국자다 하고 인정하더군요. 단순 시위 가담이라면 경찰서에서 구류 살다가 나오고, 조직에 연루되었다거나 좀 더 적극적인 물리력을 행사했다거나 단과 대학 학생회장 등의 리더 역할을 한 사람들은 구속되거나 했죠.

■ 당시에는 대학생들이 사회에서 지식층으로 어느 정도 대우를 받지 않았습니까? 그래서 대학생들이 보통 시위를 주도한 것으로 알고 있는데요. 당시에 대학생 이외에 일반 시민들의 호응은 어땠는지 궁금합니다.

박: 처음에는 싸늘했죠. 예를 들어 86년도에 집회하면 지나가는 시민들이 욕을 하곤 했죠. 저놈들 공부하기 싫어서 그런다는 식으로. 학생운동권은 꼭 공부를 못하는 애들이 할 짓 없어서 하는 것으로 인식하는 사람들이 많았으니까요. 그런데 6월항쟁이 터지면서 학생들이 쏟아져 나오고 동조하는 시민들이 늘어나니까 그런 점은 많이 사라졌죠. 물질적으로 지원하는 걸 보면 알 수 있죠. 6월항쟁 이전에는 박카스나 음료수 주는 사람은 거의 없고 욕만 얻어먹었는데, 6월항쟁 때는 시민들이 꽤 건네줬죠. 여름이었으니까 더울 때는 물도 건네주고, 모금함 돌려서 모금도 하고, 경찰들이 밀어닥쳐 급하게 상가로 뛰어 들어갈 경우에 숨겨도 주고, 유인물 만들어서 돌리는 등 시민들의 호응이 많이 있었어요.

■ 저희 때는 시위를 무력으로 진압하지 않아서 최루탄을 본 적이 없는데, 어떤 것인지 궁금합니다.

박: 최루탄은 크게 세 가지가 있는데 먼저 사과탄이라는 것이 있습니다. 핀을 뽑고 손으로 던지는 것인데, 폭발하게 되면 파편이 다리에도 박혀요. 연기가 나면 엄청 맵고요. 그 다음에는 총으로 쏘는 것이 있는데, 멀리 날아가서 터지죠. 연기가 자욱하게 났습니다. 마지막으로 지랄탄이

라는 것이 있었어요. (웃음) 한 번 쏘면 수십 발이 연이어 날아가서 막 지랄을 합니다. (웃음) 모여 있는 사람들에게 그 탄을 쏘면 온 사방으로 최루탄이 날아가 압력으로 최루가스를 분출하죠. 최루탄을 맞는다기보다는 분출하는 가스를 흡입하게 되는 건데, 눈물 콧물 할 것 없이 줄줄 흐르죠. 눈도 못 뜨고, 콧물도 줄줄 흐르고….

■ 말하자면, 군대 화생방 훈련 때 CS가스 같은 건가요?

박 : 맞습니다. 그런데 후유증은 그보다 더 심하죠. 그땐 방독면을 쓰지만 시위 때는 그런 것도 없고 심하면 화상도 입어서 물집이 생기기도 하고요. 민주사회에서는 사용하면 안 되는 무기죠.

■ 시위대에서는 화염병도 던지고 보도블록도 깨서 던졌다고 들었습니다.

박 : 네. 그때는 집회를 합법적으로 인정 안 하고 온 동네방네 최루탄을 쏘고 그랬으니까요. 우리도 뭔가를 해야 하니까 보도블록을 깨서 던지고 화염병 던지고 그랬던 거죠. 공격용이라기보다는 일종의 자위권이었습니다. 경찰 병력이 시위대에 직접적으로 최루탄을 쐈는데 그걸 맞으면 거의 죽습니다. 이한열 열사의 죽음이 그거잖아요. 화염병이 시위대에 등장한 게 1986년 건국대학교 시위 때였죠. 평화 집회를 하던 학생들을 간첩에게 포섭당한 거라며 단순 가담자까지 모두 징역형을 때렸거든요. 시국이 그러니 우리를 지킬 무기가 필요했던 거죠. 또 한 가지, 보도블록 던지고 화염병 던진다고 저희가 이길 수는 없죠. 우리의 민주주의에 대한 열망과 저항을 상징적으로 보여주기 위함도 있었습니다. 경찰에게 해코지하려는 목적이 아니라 최소한의 저항을 보여주며 투쟁하기 위한 거였죠.

■ 개인적으로 화염병을 어떻게 만드는지 궁금합니다.

박: 병에 휘발유와 시너를 넣어요. 그렇게 해야 휘발성이 커지니까요. 그다음 대걸레나 광목 같은 것으로 심지 삼아 구멍을 꽉 막아요. 불이 붙게 되면 휘발성이 강해지는데 이걸 던지면 깨지면서 불길이 퍼졌다가 꺼지는 거죠.

■ 안에 화약 같은 것이 들어서 폭발하는 것이라 생각했는데, 휘발성 때문이었군요.

박: 휘발유와 시너 자체가 휘발성이 강한 물질이기 때문에, 던져서 깨지면 불이 순식간에 퍼졌다가 싹 꺼지고 그러죠.

■ 말씀하신 대로 공격용이라기보다는 위협용으로 보여주기식이었던 거군요.

박: 1차적으로는 그렇죠. 그런데 전경들 다리 옆에서 터지면 바지에 불이 붙기도 해요. 위험 요소가 전혀 없는 건 아니죠. 그래도 불이니까요.

■ 예전에는 주로 대학생들이 사회운동을 주도했었는데, 최근에는 사회참여에 대해서 주저하는 경향이 있습니다. 이런 현상을 선생님께선 어떻게 보시는지요?

박: 그 부분은 예전과 지금을 단순 비교하기에는 어렵다고 생각해요. 본질적으로 사람은 사회생활을 하면서 먹고사는 것이 굉장히 중요합니다. 삶의 핵심이죠. 그런데 예전에는 일자리가 많았고, 전두환 정권 당시에 '3저호황'이라고 저금리, 저유가, 저달러(원화 강세)의 호황을 누렸죠. 먹고사는 문제는 걱정하지 않아도 되는 시기였기 때문에 학생들이 더 정의감이 투철해질 수 있는 사회경제적인 조건이 있었죠. 반면, 지금은 먹고

살기에 여념이 없잖아요. 먹고살려면 뭔가를 해야 하니 단순 비교는 어렵죠. 그렇지만 우리 젊은 사람들이 가지는 기본적인 특성은 크게 변화가 없다고 봐요. 불의에 저항하고자 하는 마음은 다들 가지고 있다고 보고요. 저번에 서울 촛불집회에 가봤더니, 각 대학별로 깃발을 들고 많이 나왔더라고요. 학생들도 많고 심지어는 고등학생들까지 모여서 집회를 하더라고요. 예전에는 보지 못한 광경이었죠. 고등학생들까지 나와서 자신의 목소리를 내는 것을 봤을 때, 평소 젊은이들이 사회에 무관심했던 것은 사회경제적인 조건일 뿐이지 지금의 젊은이들이 시대와 정의, 민주주의에 대한 인식이 막막하다거나 퇴보했다라고 평가하기엔 이르지 않은가 생각합니다.

■ 그때는 취직도 잘되고 사회경제적으로 조건이 괜찮았는데 그러면서도 군사정권의 독재가 있었으니 무척 아이러니합니다.

박 : 경제가 발전한 것은 말씀드렸던 3저호황 때문이었죠. 전두환 정권 시기에는 우리나라가 성장할 수 있는 여건이 국제 환경과 잘 맞아떨어졌죠. 비단 우리나라뿐만 아니라 다른 나라들도 경제적으로 많은 발전이 있었던 것이 세계적인 추세였습니다. 박정희 정권 시절에는 저임금 구조 속에서 국민들의 고된 노력과 노동력 착취가 있었던 거고요. 다시 말해 당시 경제 발전은 전두환이나 박정희가 잘해서가 아니라는 거죠. 만일 전두환이나 박정희가 대통령이 아니고, 예를 들어, 민주적인 정권이 들어섰더라면 재벌 중심이 아닌 더 탄탄하게 경제가 발전했을 수도 있다는 거죠.

대통령을 내 손으로

■ 6월항쟁 이후인 1987년 8월에 전국대학생대표자협의회, 약칭 전대
협이라는 대학생 협의체가 생겨났는데요, 6월항쟁이 진행될 당시에도 전
국적인 움직임들이 있었던 것으로 보아 지역끼리, 또는 대학끼리 연대가
있었을 거라는 생각이 듭니다. 그 이전에도 대학생 연합 네트워크가 존재
했었나요?

박 : 그렇죠. 예를 들어 전두환 정권이 공안 통치나 물리적인 통치로 국
민들을 다스리기에는 한계가 있다고 인정을 하고서 1984년도에 학원 자
율화 조치를 시행하게 됩니다. 점진적으로 학생회라든가 이런 부분들을
용인을 좀 해주는 소위 '문화 통치'적인 행태를 취하면서 전국적으로 학
생운동들이 조직화되기 시작했죠. 전국적으로 삼민투(민족통일·민주쟁취·민
중해방 투쟁위원회)라든가, 전민투(전진하는 민주노동자 투쟁위원회), 민민투(반제
반파쇼 민족민주화 투쟁위원회) 등의 조직이 비합법적으로 만들어졌어요. 그러
면서 전국적으로 연대 논의도 하고 그랬죠. 그러다가 1986년도 하반기
부터 전환을 맞게 됩니다.

이제는 비합법이 아니라 학생회라는 합법적인 조직을 통해서 학생운동
도 통일시켜서 구현해나가 보자, 이렇게 된 거죠. 그러면서 자율적인 결
정 권한을 학생회 중심으로 옮겨왔죠. 전대협이 결성되기 이전까지는 공
식적인 연대 조직은 없었죠. 학생운동이 각 지역에서 타 단체와 흐름을
같이했기 때문에 거기에 맞춰 진행했거든요. 대구에서는 당시 민통련(민주
통일민중운동연합)이라는 사회운동 단체가 있었죠. 서울에서는 서대협(서울
지역대학생대표자협의회)이라고 지역대학생대표자협의회를 5월에 만들긴 했
어요. 전국단위 조직은 없었지만 각 지역별로는 대개 조직을 했었어요.
제가 있던 대구에서도 각 대학별 총학생회장 모임이 있었죠. 경북대학교,

영남대학교, 대구교육대학교, 효성여자대학교(현 대구가톨릭대) 등이죠. 소위 학생운동권에서 총학생회장을 맡고 나서, 조직은 아니지만 계속 모여 협의를 하며 진행을 했죠.

■ 잠깐 학생운동에 대해서 여쭤봤었는데요, 다시 6월항쟁 경과에 대한 질문을 드리도록 하겠습니다. 6월항쟁이 마무리된 계기는 무엇이었다고 생각하시는지요?

박 : 아시다시피, 노태우가 6·29선언을 통해서 대통령 직선제를 하겠다고 발표했죠. 6월항쟁의 핵심 구호가 대통령을 내 손으로 뽑겠다는 것이었잖아요. 호헌 철폐, 독재 타도, 대통령 직선제 쟁취 등의 요구에 대해서 노태우 정권이 받아들이게 되었죠. 1차적인 요구는 받아들여졌다고 판단하고 6월항쟁을 마무리하게 된 거죠.

■ 말씀하셨다시피 노태우 당시 민정당 대통령 후보가 6·29선언을 하면서 민주화를 이뤄낸 것으로 보고 있는데, 6·29선언이 발표되었을 당시 분위기는 어땠나요?

박 : 아쉬움이 있었죠. 대통령 직선제로 독재정권이 타도된 것은 아니니까요. 대통령을 당장 쫓아냈으면 싶었지만, 선거라는 과정을 거칠 수밖에 없는 시대적 한계가 있었습니다. 당시 학생 및 사회운동의 지도부가 일정 부분에서는 한계를 인정하면서 갈 수밖에 없었던 상황이 있었던 거죠. 한편으로는 어찌됐든 대통령 직선제를 쟁취했으니 승리라고 생각했고, 또 한편으로는 6·29를 '속이구'라고 표현했어요. 힘에서 밀리니까 어쩔 수 없이 대통령 직선제를 수용은 하지만 그들이 또 다른 꼼수를 가지고 장난을 치지 않겠느냐 이런 심정들을 가지고 있었던 거죠. 그걸 알면서도, 정치 역량이나 투쟁 역량의 한계가 있다는 걸 느꼈고 당장은 아쉽

4개 대학 연합 출정식.
__경북대학교 일청담

현, 경북대학교 일청담

지만 대통령 직선제를 통해서 독재정권을 종식시키자고 다음을 기약하며 그렇게 한 장을 넘긴 겁니다.

■ 6월항쟁이라는 큰 사건 이후 사회나 시민 의식에 어떤 변화가 생겼는지요?

박 : 6월항쟁의 핵심 구호로 '대통령을 내 손으로'가 있었잖아요. 그건 달리 말하면 주권재민이죠. 내 손으로 최고 권력자인 대통령을 뽑겠다, 대한민국은 민주공화국이고 모든 권력은 국민으로부터 나온다, 나를 무시하고 너희 멋대로 뽑은 대통령이 아닌 주인인 내가 한 표를 행사하는 대통령…. 이거는 엄청난 변화죠. 그야말로 타자에서 주체로, 우뚝 서게 된 계기가 된 거죠. 6월항쟁의 여파가 그 이후로 이어지잖아요. 1987년 노동자대투쟁, 이것도 결국 6월항쟁을 통해 얻은 믿음과 의지가 원동력이 되었다고 봅니다. 우리도 권력을 가질 수 있고 독재정권도 굴복시킬 수 있다는 것을 투쟁으로 경험했으니까요.

노동자대투쟁은 그런 믿음과 의지가 그동안 기업으로부터 억눌려왔던 노동자의 요구들이 현장에서 분출하기 시작한 사건이지요. 또 1989년에 결성된 전교조(전국교직원노동조합)의 전신은 6월항쟁의 열기 속에서 만들어졌던 전교협(민주교육추진 전국교사협의회)이기도 합니다. 6월항쟁을 통한 주권 의식이 성장하면서 노동자, 교사, 농민 등 각계각층의 조직이 건설되었죠. 이런 점을 볼 때 6월항쟁은 국민들이 각 분야에서 주인으로 나서게 될 수 있는 계기를 마련했다고 말할 수 있죠. 그런 면에서 다시 돌이켜 봤을 때 6·29선언이 한계를 가지고 있기도 했지만, 6월항쟁은 사회 전반에 걸쳐 민주적인 사회, 합리적인 사회로 진입하는 하나의 획기적인 역사적 사건으로 자리매김했다고 봅니다.

■ 6월항쟁이 선생님 개인적으로는 어떤 영향을 미쳤는지요?

박 : 조금 전에도 말씀드렸지만 전두환 정권을 바로 타도하지 못하고 그 아래에서 대통령 선거를 치러야 하는 아쉬움이 있었지만, 우리가 승리를 했고 한국의 민주주의는 그래도 조금만 더 노력하면 되겠구나 하는 믿음을 갖게 됐죠. 이런 생각은 저뿐만 아니라 학생운동 지도부에 있었던 많은 사람이 했어요. 아직까지 해야 할 일이 있다는 각오도 했고. 흔히 하는 말로 투신이라고 하는데 사회운동에 투신해 민주주의와 통일을 위해 지속적인 활동을 해야겠구나, 하는 생각들이었죠. 당연하게 그것이 시대의 의무고 책임이라는…. 저 역시 같은 생각이었죠. 그래서 대학을 졸업하고 운동을 계속했죠. 한청협(한국민주청년단체협의회)이라고 당시 전국적인 청년 조직이 있었어요. 그 산하단체로 대구 지역에 대구새로운청년회가 있었는데 그곳에서 청년운동을 했고요. 대경연합(민주주의민족통일 대구경북연합)이라고 여기서 전선운동을 병행했죠. 6월항쟁을 통해서 직업적으로 사회를 더욱 변화, 발전시키는 일을 해보겠다는 마음을 먹게 된 거죠.

정의로운 시대를 열망한다는 공통점

■ 1996년 15대 총선에 처음 출마하신 때가 30대 초반이셨죠. 비교적 젊은 나이에 현실 정치에 뛰어드셨는데 결심하신 계기가 있으셨나요? 더욱이 지역구가 박철언, 당시 자민련(자유민주연합) 부총재의 출마로 떠들썩했던 수성(갑)이었는데 어떻게 출마를 결정하신 건가요?

박 : 대학을 졸업하고 한 8년째 청년 조직인 대구새로운청년회에서 활동하고 있을 때였고, 민주주의민족통일대구경북연합(약칭 대경연합)이라는 연합 조직에 가입되어 있었죠. 대경연합은 정당은 아니었지만 당시 재야

운동의 연합체로서, 투쟁의 구심체이자 정치적 대표체로서의 역할을 하고 있을 때였는데 이 조직에서 민족민주운동 진영에서 후보를 내서 우리의 이념과 강령, 정책 등을 알릴 필요가 있다고 생각하고 있었어요. 제가 나이는 어렸습니다만 청년 단체 대표이고 해서 출마를 하게 된 거죠. 개인적인 견해와 결단이라기보다는, 운동적인 대의를 바탕으로 출마했죠.

출마 지역구는 박철언 씨, 소위 노태우 5공화국의 황태자라 불리고 그야말로 나는 새도 떨어뜨린다는 사람과 붙어서 노태우 정권의 실체와 김영삼 정부의 본질을 밝혀보자 하는 뜻에서 대경연합이 수성(甲) 지역으로 결정했던 거죠. 당시에 득표는 뭐, 몇 프로 못 받았지만 전국구 국회의원 하던 사람이 있었는데 그 사람도 꺾고 상당한 반향을 일으켰죠. 분위기는 아주 괜찮았어요. 대경연합 차원에서도 아주 재밌게 선거를 했고, 지역 운동사에서는 나름대로 의미 있는 사건이었죠.

■ 그 후에도 여러 번 선거에 출마하셨습니다. 그만큼 정치 참여에 열의가 있으셨다는 생각이 드는데, 선생님께서는 왜 다른 방법이 아니라 직접 선거에 출마하는 방식을 선택하셨는지 궁금합니다.

박 : 1996년 총선에는 말씀드린 운동적 대의를 바탕으로 출마를 했었고, 계속 시민운동을 하다가 2002년 지방선거를 맞았죠. 그때 드는 생각이, 그냥 사회운동이나 시민운동으로 할 수 있는 역할도 있지만, 예를 들어 구청장 이런 거를 하면 한 명이 당선되는 거지만 할 수 있는 일이 엄청나게 많아지겠다는 생각이 들었죠. 사회를 더 진보시키고 발전시키는 데 시민운동과는 또 다른 방면으로 할 수 있는 역할이 크겠다 싶었던 거죠. 당시 우리가 남구에서 시민단체 활동을 하고 있을 때여서 남구청장에 출마를 했었죠. 그 뒤에는 국회의원 보좌관을 하던 시절이었는데 2008년 총선, 그때 대구에선 민주당 후보가 없는 거예요. 당시 제 판단에는 앞으

로도 구청장 선거도 출마할 생각이 있었고, 대구 지역에서 총선에 출마할 후보가 없다는 것도 그렇고 여러 측면에서 남구에서 출마를 했었죠. 그리고 2010년 남구청장 선거에도 출마했지만 역시 낙선했지요.

어쨌든 간에 한번 당선이 돼서 뭔가 포부를 펼치고 싶었으나 역시 한나라당의 벽을 넘지 못했습니다. 몇 번 그렇게 선거에서 지고 계속 끈기 있게 도전을 할 것인가 말 것인가 고민 고민하다가 결국은 먹고사는 문제 때문에 정치를 떠났죠. 먼저는 제가 부족한 점이 많았죠. 또 직업적으로 정치를 하려면 자금력이 바탕이 돼야 하는데 전혀 그런 여건이 안 되었고, 대구 정치 분위기에서 당선이 쉽지 않을 것이라는 판단이 들었습니다.

■ 요즘 집회나 정당 활동 같은 사회참여에 적극적인 젊은 층을 보시면 어떤 생각이 드시나요?

박 : 사회참여는 더 많이 이뤄져야 한다고 봐요. 참여나 노력 없이 어떤 권리든 찾기 힘들어요. 많이 가진 사람이 가만있는 사람에게 시혜를 베푸는 경우는 상당히 드뭅니다. 참여하지 않으면 손해죠. 예를 들어 복지 정책도 내가 가만히 있으면 우선 기득권자를 중심으로 편재가 될 수밖에 없어요. 자원은 한정적이니까요. 더 적극적으로 참여해서 국가예산을 젊은 세대를 위해 써다오, 이런저런 데 써달라, 이런 요구들을 해야 되는 거죠. 그래야만 본인들의 삶도 좀 더 풍부해질 겁니다. 그래서 젊은 층뿐만 아니라 사회적으로 모든 계층에서 각자의 요구들을 더 적극적으로 표현해야 한다고 생각합니다. 물론 조절하고 조정하는 것은 정치권과 협의를 해야 하지만 그런 요구들이 먼저 바탕에 깔려 있어야 되겠죠. 한 가지 더 있습니다. 이건 예전부터 느꼈던 건데요. 요즘 젊은 층은 정치를 터부시하는 경향이 있어요. 근데 정치는 손가락질 받을 대상이 아니죠. 권력 자체가 더러운 게 아네요. 권력은 쓰기에 따라서 얼마든지 선

하게 쓸 수도 있으니까요. 멀리서 손가락질만 하지 말고 좀 더 적극적으로 정치에 진출해서 뭔가를 하려고 하는 이런 포부들도 좀 더 많이 가졌으면 하는 바람입니다.

■ 과거 대학생 신분으로 사회참여를 하셨던 입장에서, 사회문제에 관심을 가지는 현재 젊은 세대에게 해주실 조언이 있다면요?

박 : 아까도 잠깐 말씀드렸듯이 시대적 상황은 다릅니다. 그런데 본질적으로 정의로운 시대, 새로운 시대를 열망하는 마음은 동일하다고 봐요. 그 마음을 표출할 수 있는 만큼 표출했으면 좋겠어요. 그게 꼭 거리로 나와야 되는 것만은 아니라고 생각합니다. 옛날에는 거리에 모여야 힘을 보여줄 수 있었어요. 하지만 요즘은 사이버 세상도 있잖아요. 그런 새로운 공간에서 얼마든지 자기주장을 하고 네트워크를 만들 수도 있죠. 오히려 과거보다 더 빠르고 편하게 힘을 응집할 수 있죠. 이렇게 바뀐 시대에 맞는 새로운 고민들이 있었으면 좋겠어요.

■ 최근 대구에서 대규모 촛불집회가 지속적으로 열리고 있고, 또 지난 총선 때는 두 명의 야당 의원이 당선되기도 했습니다. 과거와 현재의 대구를 모두 살아온 사람으로서 대구의 변화에 대해서 어떻게 생각하시는지요? 또 그 원동력은 무엇이라고 생각하시나요?

박 : 저도 놀랐어요. 지난 총선 때 김부겸 후보가 되겠나 싶었어요, 솔직히는. 박근혜가 대구를 한 번 휙 다녀가면 이미 결과는 확정된 거나 마찬가지니까요. 그런데 막상 내려와서 분위기를 딱 보니까 많이 바뀌었더라고요. 그리고 이런 분위기가 더욱 커지길 바랍니다. 커진다는 건 편향된 사고만 가지고 있다가 좀 더 균형 잡힌 사고로 발전하는 거라는 의미입니다. 근데 그런 기대감과 동시에 불안한 마음도 있어요. 지난 총선 때

대구 시민들이 새누리당 공천에 대해 엄청난 불만을 표출하더라고요. 새누리당을 지지하는 대구 사람 입장에서 공천받은 후보를 반대했는데 영성에 안 차는 아무나 낙하산으로 갖다 박더라는 거죠. 그러니 내가 꿔다놓은 보릿자루냐 하는 소외감이 큰 거죠. 이런 점을 봤을 때 지난 총선은 보수에서 진보로 변화했다기보다는 이런 소외감이 한편으로 작용하면서 반사 심리가 존재했던 것은 아닌가 의문이 남아요. 그래서 기대감과 동시에 또 과연 얼마나 더 변할까 하는 우려도 솔직히 있습니다. 그래서 대구에 계신 분들이 그냥 변화에 대해 낙관만 할 게 아니라 좀 더 대구 사회를 정확히 들여다보고 분석했으면 좋겠어요. 시민들의 의식을 좀 더 발전시키고 균형 잡히게 하기 위해 어떤 부분에 집중해야 할까 이런 고민들을 할 필요가 있다고 봐요. 하여튼 저는 그런 기대와 동시에 우려가 있는데, 기대를 더 크게 만들기 위해서는 더 많은 노력이 필요하지 않겠나 하고 생각합니다. 이제 대구 사람도 아닌 제가 이런 주문을 하는 게 송구하고 미안하기도 합니다만….(웃음)

6월항쟁의 정신으로

■ 6월항쟁이 올해로 30주년입니다. 30년이면 한 세대가 바뀌는 꽤 긴 시간인데요. 선생님은 2017년의 대한민국을 어떻게 생각하시는지요?

박 : 역사나 정치는 흘러가면서 굴곡이 있게 마련이죠. 이게 한 방향으로 가면 또 재미가 없잖아요?(웃음) 근데 이명박이나 박근혜 정권 같은 경우는 퇴행의 정도가 좀 심했죠. 너무 심해서 이거는 국민들이 어느 정도 감내할 그런 수준을 넘어 엄청난 스트레스를 준 거예요. 국민들이 받은 고통이 너무 컸던 거죠. 이명박 정부가 4대강에 쏟아부은 수십조 원, 이

걸로 대학등록금 같은 걸 지원했으면 싶죠. 그리고 박근혜 정부가 개인과 측근의 사익을 위해 잔머리를 굴렸던 부분을 진짜 국민들을 위해서 제대로 했다면…, 이런 아쉬움들이 많은 거죠. 하지만 이런 모습들이 상승 곡선에서 퇴행인 거지, 그야말로 완전히 나락으로 떨어진 거는 아니라고 생각합니다. 그렇기 때문에 지금도 국민들이 탄핵하라고 백만, 백삼십만씩 들고일어나 요구하는 거 아니겠습니까? 이런 힘이 있기 때문에 앞으로 또 어떤 보수 정권이 들어서더라도 이제는 합리적인 보수로 되는 거지 그야말로 '꼴보수'라고 할 수 있는 사람들이 득세할 수 있는 세상은 이제 지나갔다고 생각해요. 퇴행은 했지만 역사와 정치는 여전히 상승 곡선을 타면서 발전하고 있다고 느낍니다. 우리 국민들도 많이 느꼈기 때문에 앞으로 두 번 다시 이런 정권이 들어설 여지는 없다고 생각합니다. 그런 만큼 민주적인 정권 교체가 된다면 이분들이 잘해야 되겠죠. 나아지는 모습을 보지 못한다면 미래를 기대하기는 어려우니까요.

■ 탄핵 국면이 마무리 단계에 접어든 이 시점에서, 군사정권부터 국민들이 민주적으로 세운 정부까지 겪어본 선생님께서 생각하시는 바람직한 정부는 어떤 모습인가요?

박 : 그거는 사람마다 생각하는 기대치가 다 다를 거예요. 제가 생각하는 바람직한 정부의 모습 첫 번째는, 추상적이면서도 당연한 얘기인데, 국민이 행복할 수 있는 나라를 만드는 정부겠죠. 국민이 행복하려면 어떻게 해야 하느냐가 문제인데요, 어느 기관에서 설문조사를 한 게 있습니다. 사람들 연봉이 6천~7천만 원 될 때까진 행복이 연봉에 비례한다는군요. 그 이상이 되면 상승폭은 크게 낮아지지만…. 즉 국민소득이 높아야 행복할 수 있다는 의미겠죠.

차기 정부가 들어서면 국민소득을 높이는 것에 집중해달라고 하고 싶

국민운동 대경본부 주최로 6·26국민평화대행진이 중앙공원에서 열릴 예정이었으나
경찰의 원천봉쇄로 가두시위 중인 시내 중심가.__경대 치대 앞 사거리(1987. 6. 26)

현, 경대병원역 백인기소아과

은데, 이걸 달리 말하면 좋은 일자리를 많이 만드는 정부였으면 합니다. 근데 좋은 일자리 만들기를 포함해서 국민을 행복하게 만드는 일은 통일하고 무관할 수가 없어요. 남북이 얼마나 협력하는가에 따라서 결과가 다르죠. 개성공단을 저렇게 파토내면 안 돼요. 여기에는 국가의 자주 문제도 걸려 있어요. 사드, 수조 원 들어야 합니다. 수조 원씩 미국 무기 사는 데 써야 하는데, 남북 평화 체제가 구축이 되면 이 돈을 복지에 활용할 수 있죠. 그래서 저는 자주, 민주, 통일이란 문제는 매우 중요하다고 생각합니다. 이제 처음에 추상적으로 말씀드린 부분을 다시 현실적으로 따져보면, 이러저러한 사안을 통일적으로 바라보면서 국민의 소득을 높일 수 있는 그런 데에 정치권력을 집중하는 그런 정부여야 한다는 겁니다.

두 번째는 부탄이라는 나라가 국민행복지수가, 해마다 좀 차이는 있습니다만 세계적으로 굉장히 높은 수준에 있잖아요. 그런데 이게 소득이 높아서가 아니죠. 그 나라는 평등 수준이 굉장히 높아요. 사람들이 불만이 생기는 이유는, 어? 똑같은 조건인데 왜 니가 더 가지느냐? 뭐 이런 데서 오지 않겠습니까? 그래서 평등의 개념이 중요하죠. 평등이란 건 기회의 균등도 그 안에 포함되겠지만, 저는 복지를 통해서 구현돼야 한다고 봅니다. 만약 10억을 가지고 뭔가를 하면 1억을 벌 수 있다 가정하면, 1000만 원 가지곤 100만 원밖에 못 번다는 계산이죠. 결국 돈을 많이 가지고 있으면 더 많이 번다는 얘긴데, 이건 고착화돼서 변동이 없기 때문에 그래요. 이런 차이를 복지정책이나 세금정책 등을 통해 균형 있게 조절하면 국민들의 행복지수는 올라갈 겁니다. 그야말로 금수저, 은수저 이런 얘기가 안 나오죠. 정치를 통해 조절하면서 금과 은이 같이 섞여 표시가 잘 안 난다면 절망감도 덜해지겠죠. 국민들의 상실감, 절망감 등을 줄여나가는 것이 참 중요하죠.

차기 정부는 국민의 행복을 위해서 모든 노력을 기울이고 이 행복을 위해, 앞서 말했듯이 여러 가지 정책을 통일적으로 잘 조화시킨 그런 나라를 만들어줬으면 하는 것이 바람입니다. 그리고 그걸 위해서 저뿐만 아니라 모든 국민이 직접적인 한 표뿐 아니라 다른 할 수 있는 일에 노력해야겠죠.

■ 마지막으로, 6월항쟁의 정신이 무엇이라고 생각하시나요? 또 그 정신을 이 시대에 어떻게 이어 나갈 수 있을까요?

박 : 반복되는 이야기일 수 있는데요, 6월항쟁의 정신은 주권 의식입니다. 우리 정치와 사회에서 나는 주인이다 하는 생각. 여기서 나의 결합체는 국민이고 나라도 역시 나의 결합체의 행복을 위해 존재하는 거죠. 정부도 정권도 역시 국민들의 행복을 위해서 노력할 때 그 의미와 의의가 있는 거고요. 그렇지 않은 정부는 항거해야 하고 몰아내야 되는 거죠. 또 하나 덧붙여서 말하면 내가 주인이기 위해서는 자유가 필요합니다. 전에 우리는 자유가 없었기 때문에 최루탄을 맞아가면서 투쟁을 했고, 지금은 그래도 예전보다 자유가 있기 때문에 보다 더 민주적으로 탄압 없이 또 모일 수가 있습니다. 사실 박근혜 정부가 창조, 창조 했는데 그건 다 거짓말입니다. 창조라는 건 자유롭지 않은 데서는 불가능한 것입니다. 막 옥죄고, 언론 탄압하고, 블랙리스트 만들면서 거기서 무슨 창조의 씨앗이 싹트겠어요. 창조의 시대를 진짜 개척하기 위해서 모든 제반 부문에서 보다 더 자유로운 환경이 만들어져야 하고 그런 자유를 누리기 위해서 우리 국민들이 보다 더 많은 노력을 기울여야 하지 않겠나 생각합니다.

정치는
모두가 함께해야
하는 것

■ 선생님, 안녕하세요. 저희는 6월민주
항쟁 30주년을 맞이하여 대구의 80년대 민
주화 기록을 출간하고자 모인 대구참여연
대 '6월의 함성 서포터즈'입니다. 저희는 현
재 대구 지역의 6월민주항쟁 기록이 부족하
다는 것을 깨달은 대구 지역의 청년들이 모
여 직접 기록을 찾아 정리해서 출판하는 작
업을 진행하고 있습니다. 바쁘신 와중에도
인터뷰 요청에 응해주신 점 대단히 감사드
립니다. 오늘의 인터뷰는 추후 출간될 책에
실리게 됩니다. 인터뷰에 앞서 자기소개 부
탁드립니다.

한유미(이하 '한') : 제가 먼저 할게요. 저는

왼쪽부터 한유미, 정은정

한유미이고, 여기 수성구에 살고 전교조 대구지부에서 일하고 있어요. 87년 6월항쟁 때는 달서구 경화여고 3학년이었습니다.

정은정(이하 '정') : 저는 정은정입니다. 대구에서 나서 대구에서 살고 있고요, 대구 지역 일반노동조합에서 일하고 있습니다. 87년에는 경화여자고등학교 2학년이었습니다. 한유미 선생님 한 해 후배였는데 선생님과 함께 문학 동아리를 했어요.

한 : 저는 당시 고3이었기 때문에 집회는 많이 못나가서 집회 담당은 여기 정은정 선생님께서 맡아주실 겁니다.

■ 현재 어떤 활동을 하시는지요?

한 : 노동조합에 채용된 간부인 거죠, 그래서 여자가 할 수 있는 건 다 합니다. (웃음)

정 : 남자가 할 수 있는 것도 합니다. (웃음)

한 : 사람이 할 수 있는 건 다 합니다. (웃음) 기본적인 사무 관리, 회계 관리, 그다음에 뭐 집회가 있을 때는 보조하는 거 등등, 노동조합이랑 비슷하죠. 교육선전도 하고…, 조합원들과 친하게 지내기 등등도 합니다.

정 : 저는 한 선생님하고 비슷하기도 하고 다르기도 한데, 노동조합 하면 한 사업장에서 일하시는 분들이 결성하잖아요? 전교조 같은 경우에는 교사들로 결성된 노동조합이고요. 저희는 그걸 넘어서 여러 사업장에서 가입을 해요. 그래서 사업장 수가 많아요. 저는 전문적으로 활동하는 활동가로 노조에 상근하는 간부입니다. 하는 일은 한유미 선생님이 말씀하시는 것과 같이 사람이 하는 일은 다 합니다. (웃음) 온갖 노동조합에서 하는 일은 다 담당하고 있습니다.

문학 동아리의 기억

■ 한유미 선생님께서는 전교조 활동가라고 들었습니다. 선생님의 교육철학에 관한 견해를 듣고 싶습니다.

한 : 교육철학요?(웃음) 전교조가 표방하고 있는 게 다들 잘 아시겠지만 민족, 민주, 인간화 교육인데, 참교육이라고 저희가 표현하고 있어요. 참교육이라는 말은 89년에 전교조가 결성되면서 거짓된 교육을 막아내자는 뜻으로 거짓 교육에 반대되는 새로운 개념으로 쓰기 시작했죠. 저는 전교조에서 활동하고 있는데 실제로 학교 현장에서 참교육이 이루어져야 한다고 생각하고 있습니다. 그게 벌써 89년이면, 30년 가까이 됐는데 그때 구호인 민족 교육, 민주 교육, 인간화 교육이 여전히 학교에 필요한 현실이 안타깝죠. 많이 달라졌지만 여전히 중요한 과제가 아닐까 생각해요.

■ 저희 '6월의 함성 프로젝트'에 대해 어떻게 생각하시나요?

정 : 두 분(질문자)은 87년 이후에 태어나셨죠? 87년 6월항쟁은 이번 촛불항쟁처럼 성공한 국민들의 저항운동인데도 여전히 자료가 부족하다는 것에 약간 놀랐어요. 예를 들어 80년 광주 같은 곳은 그 자체가 정권을 바꾸지는 못했지만 (국민이) 승리를 하고 사회에 기여했는데, 6월항쟁은 성공한 나름의 정치운동이고 국민들의 항쟁인데 기록이 부족하다는 것이 안타깝네요. 어쨌든 87년에는 태어나지도 않았던 후배님들이 그런 작업을 하신다고 하니까 되게 좋은 거 같아요. 그때가 제 인생에 가장 중요한 시점이어서 개인적으로 87년이 중요한 해이죠. 노동조합에서 활동하면서 87년에 태어났다는 후배를 만난 적이 있어요. 깜짝 놀랐어요. 저한테 87년은 그리 오래되지 않은 시기인데 그 이후에 태어난 사람과 같이 활동

을 하는 게 되게 반가웠거든요. 후배님들이 관심 가져줘서 기쁘고 자료로 잘 남겼으면 좋겠다는 생각을 했습니다. 그래서 제가 또 거기에 조금이라도 기여하면 좋겠죠. (웃음)

■ 고등학교에 재학 중이실 때 '가락'이라는 동아리에서 활동하셨다고 알고 있는데, '가락'은 어떤 동아리인가요?

한 : 그건 어떻게 아셨어요?

■ 김채원 팀장님께서 말씀해주셨어요. (웃음)

한 : 정보를 유출했네. (웃음) 전교조(전국교직원노동조합)하고도 관련 있어요. 전교조가 전국적으로 결성되던 1989년에 1500명 정도가 해직이 됐죠. 6월항쟁과 밀접한 관련이 있어요. 1987년에 6월항쟁이 있었고 1987년 9월 27일에 전국교사협의회(전교협)가 출범했는데, 전교협이 1989년 5월 28일에 전교조가 되었습니다. 그때 1500명이 해직된 거죠. 대구도 60~70명 가까이 될 거예요. 당시 저와 후배님이 다녔던 경화여고에서 아마 경암재단일 거예요, 8명인가, 9명인가…. 제가 숫자는 정확히 기억 안 나는데 그 재단에서 굉장히 많은 수의 교사가 해고됐어요. 그중 한 분이 배창환 선생님이신데 그분이 지도교사로 만들었던 시문학 동아리가 '가락'이었죠. 배창환 선생님도 전교조 가입 때문에 해직되셨어요. 해직교사 시절을 한참 보내셨는데 전교조 대구지부 지부장도 역임하시고 다양한 활동을 하셨죠. 배창환 선생님이 고등학교에 계시다가 중학교로 쫓겨나시고 저희를 담당하시던 최미향 선생님도 계셨는데 그 선생님도 해직되셨어요. 전교조 선생님들을 만나면서 저희 역시 '참교육'과 같은 생각을 갖게 됐죠.

■ '가락'이라는 이름은 어디서 유래되었나요?

정 : 선배들이 지었나?

한 : 그렇지. 제가 6기고 경화여고가 당시만 해도 그렇게 오래된 학교가 아니었어요.

정 : 제가 7기고…, 아마 '가락'을 만들었던 선배들하고 선생님이 이름을 만들지 않았나 싶어요. 아까 말했듯이 배창환 선생님이 시집도 여러 권 출간하신 시인이신데, 시나 우리 문학에 대한 애정이 있으셨으니까 전통적인 우리 가락 이런 거에 연결해서 지었다는 얘기를 얼핏 들었던 것도 같고요.

■ 이제 본론 질문을 드리겠습니다. 한유미 선생님께서는 87년 당시 고등학교 3학년이셨다고 하셨습니다. 87년도 6월을 기억하시는지요?

한 : 87년 6월항쟁 당시는 박종철 학생 고문치사 사건이 있었잖아요?

정 : 1월에….

한 : 그때 겨울이 생각나요. 1월이면 고3이 되기 전인가? 고2 겨울방학이겠네요. 친했던 친구가 그 뉴스를 듣고 와서 얘기를 해 같이 울었던 기억이 나요. 세상에는 여전히 나쁜 일들이 많이 일어나잖아요? 지금도 그렇고, 요즘은 더 끔찍한 사건도 일어나지만…. 어떤 공권력에 의해서 사람이 그것도 고문으로 목숨을 빼앗긴다는 현실 자체가 정말 충격적이었죠. 그리고 87년 6월항쟁이 일어나기 전에 80년 광주와 관련된 여러 정보가 국민들에게 드러나기 시작했어요. 저도 그전에는 몰랐죠. 그 당시 대구 만촌 성당이라든가 YMCA에서 80년 광주 사진전도 하고 텔레비전 갖고 와서 영상도 틀어준 기억이 나요. 개인적으로 청소년이었던 제가 박종철 열사의 고문치사 사건이나 80년 광주항쟁을 접하면서 굉장히 충격을 받았던 기억이에요.

6·10대회 예정지인 대구 중앙공원으로 향하던 대학생 등 시위 군중들이
경찰의 최루탄 세례를 받고 있다.__중앙공원 입구(1987.6.10.)

■ 시위에 참여하시게 된 계기가 궁금합니다.

정 : 저는 6월항쟁이 일어나기 전에 5월인가… 5월이었던 것 같아요.
하여튼 어떻게 정보를 얻었는지는 기억이 가물가물한데… 벽에 뭐가 붙
어 있었던가, 대명성당이라고 있거든요. 지금 남부경찰청 옆에 있는데 거
기서 광주항쟁 사진전을 한다는 얘기를 얼핏 들었던 기억이 있어서 저녁
에 친구들하고, 가자, 이렇게 됐죠. 충격적이었죠. 당시 어리기도 했고,
사람들이 처참하게 죽어 있는 모습들이 많았는데 그것이 국가에 의해서
죽임을 당했다는 게 되게 충격적이었어요. 부당하고 부조리하다, 이건 아
니지 않나 하는 생각을 했었죠. 그걸 보고 뭔가 해야겠다는 마음이 들었
는데 시도 많이 나왔잖아요? 당시 고등학교 2학년이었는데 언니보다는

좀 자유로울 때라 집회도 막 나갔죠. 반월당 집회에도 가고 그랬는데 고등학생이 가방 들고 왔다고 사람들이 예뻐해주는 거예요. 지금도 키가 작은데 그때는 더 작았거든요. (웃음) 그게 신나가지고 열심히 데모대 꽁지를 따라다녔죠. (웃음)

한 : 저는 울분을 토하며 도망가지도 못했죠. (웃음) 그때 한두 번쯤 친구랑 갔던 기억이 나고 한 번은 혼자 막 섞여서 그냥 꽁무니를 따라다녔던 기억도 있어요. 집회를 많이 참석한 걸로 기억했는데 가만 생각해보니까 별로 안 갔더라고요.

정 : 집회는 저랑 제 친구들이 많이 참여했죠.

한 : 그렇죠. 그때가 제일 많이 갔었죠.

정 : 3학년 되기 전 2학년이었으니까요.

고등학교 학내 민주주의운동

■ 우연히 사진전을 보시고 공권력에 의해 탄압받은 모습에 충격을 느껴서 시위에 참여하게 되신 거군요.

정 : 그 이전부터 생각은 있었던 것 같아요. 언니도 그러실 테지만 기본적으로 문학 동아리를 찾아갈 정도로 문학에 관심도 있었는데 앞에 말씀드린 두 분 선생님이 저희한테 권해주신 문학작품들이 사회에 대한 생각을 하게 만드는 것들이었어요. 그래서 조금 인간적이고 따뜻하고 정의로운 것들에 대한 기대가 있었는데 우리 사회가 전혀 그렇지 않다는 것을 알게 되면서 이런 것들을 바꿔야 하지 않나 하는 생각을 가지고 있었죠. 그런 와중에 80년 광주 모습을 보고 시위도 나가게 된 것 같아요.

한 : 같은 맥락인 것 같아요.

■ 시위를 직접 보지 못해서 그런지, 6월항쟁 당시 시위 현장이 구체적으로 어땠는지 실제로 겪어보신 두 분의 경험담이 궁금합니다.

정 : 저희는 어리니까 뒤꽁무니 따라 다니기 바빴어요. 경북대학교에서도 시위를 많이 했다고 하더라고요. 근데 저희는 거기까지는 못 가고 반월당, 대백(대구백화점) 그리고 대명동 계대⋯, 그 정도였죠. 그때는 경찰들이 최루탄을 많이 썼는데 너무 매워서 눈물, 콧물 다 나고 막 그랬어요. 덜 맵게 하려면 치약을 발라야 한다는 그런 얘기가 있었어요.

■ 치약을 어떻게 바르는 거지요?

정 : 눈에 바르는 거죠. 대학생 선배들이 눈 밑에 치약을 발라주고 그랬죠. 그러고 돌아다녔어요. (웃음) 저희는 뒤에 있었으니 크게 위험한 건 잘 몰랐는데 너무 맵고 계속 눈물 나고 그런 건 있었죠. 한 번은 반월당에서 대명동에 있는 계명대로 가는데, 큰 마이크 같은 게 없으니까 누가 막 떠들면 같이 가고 그랬죠. 가고 있는데 계엄령이 선포됐다는 얘기를 하는 거예요. 그때는 계엄령의 정확한 정치적인 의미를 잘 몰랐지만 사람들 주변에 긴장감이 도는 거예요. 뭔가 무서운 일이구나 생각했죠. 그 전에는 시위가 즐겁고 재미있었는데, 되게 긴장해서 무슨 총 쏘나 이런 생각도 하고, 그럼 난 어떡하지, 이런 생각도 나더라고요. 근데 아니더라고요. 그때 무서웠던 기억이 있어요.

한 : 저는 아까도 말씀드렸다시피 고3이니까 집회는 못 나가고 친구하고 땡땡이를 쳐서는 운동장에 앉아 이 얘기 저 얘기했던 기억이 많아요. 그러고 보니 한 가지 기억나네요. 박형룡 선배였던가⋯, 그때 사람들이 대백(대구백화점)을 가득 메우고 있었는데 저는 끄트머리 어디에 있었던 거 같고요. 앞에서 연설자가 높이 서서 연설하다가 갑자기 푹 쓰러졌어요. 아마 너무 과로했던 게 아닐까 뭐 이런 생각을 했던 장면이 스치네요.

정 : 박형룡 선배님은 그 당시 경대 총학생회장이었어요.

한 : 꼭 박형룡 선배였던가는 정확하지 않네요. 집회에 대한 기억도 기억이지만 당시 고등학생끼리도 움직였었죠. 요즘은 고등학교 학생회장단 모임 같은 게 있다고 들었어요. 페이스북 보니까 그런 게 있더라고요. 그 당시는 고등학교 학생회장들이 모여서 민주주의나 학교에 대해 논의할 수 있는 구조 자체가 없었어요. 근데 6월항쟁이나 전교조 움직임에 영향을 받아서 대구 지역에서 고등학교 학생들이 회장단 모임을 만들려고 했었어요. 이름을 '민주적 고등학교학생회'라고 했던가…. 약간 이런 식의 사회참여적인 색을 띤 모임을 만들려고 한 거죠.

그때 경북고등학교 학생회장 하던 친구가 여기저기에 제안을 하면서 제 기억으로는 15명인가 20명 정도가 서로 왕래하면서 모였던 거 같아요. 근데 어쩌다 정보가 새서 교육청을 통해 학교 귀로 들어갔죠. 제가 경화여고 학생회장이었거든요. 3학년 때였는데 불려가서 조사를 굉장히 많이 받았어요. 담임 선생님이나 학생부장 이런 분들이 맨날 수업 시간에 상담실 같은 데로 불렀어요. 사실 수업권 침해도 있었고 지금 생각하면 싸워야 하는 일인데 그때는 몰랐죠. 선생님들이 상담실로 불러놓고는 "하면 안 된다", "누가 시켰노", "배후를 밝혀라" 뭐 이런 말만 계속 하시더라고요. "느그끼리 했을 리가 없다" 이런 얘기들을 계속 듣고 어려움을 좀 겪었죠. 아마 그때 모임을 만들려던 다른 친구들도 많이 힘들었을 거에요. 그래서 결성은 못 했죠.

우리가 순진했던 게, 나쁜 의도가 없다는 걸 증명하고 싶어서 교육청에 서명을 넣었거든요. 아, 그래서 알았겠다. (일동 웃음) 고등학교 학생회장들이 모여서 학교 얘기를 할 수 있는 모임을 만들어주세요, 하고 넣었을 거예요. 그렇게 해야 만들어진다고 생각했었으니까…. 아마 그 과정을 상세히 기억하는 건 그때 경북고 학생회장이지 싶은데, 어쨌든 그런 일들이 죽 있었기 때문에 고3 시기가 참 힘들었던 거 같아요. 지금 와 생각해보면 그런 움직임들이 다 6월항쟁과 무관하지 않았다는 거죠.

정: 그다음 해에 우리가 고3이 되었을 때 친구가 학생회장이 되었는데, 같은 가락 회원이었는데, 이 친구하고 2학년 반장들하고 학교에 항의했던 적이 있어요.

한: 매점 불매운동?

정: 매점도 그렇고 강제적인 자율학습을 시키지 말라고도 항의하고. 운동장에 다 같이 나갔었지. 그러는 바람에 선생님들이 학생회장 친구한테 "자가 문제다" 이렇게 돼버린 거예요. 그래서 '가락'이라는 동아리도 학교에서 크게 봤었어요. 그 친구를 퇴학시킨다면서 애를 계속 불러놓고 선생님들이 괴롭히고 그랬어요. 2학년 반장들도 계속 불려가고…. 진짜 학생회장 친구가 퇴학당할 위기에 처했었죠. 부모님들도 모여서 퇴학은 안 된다고 항의도 하고.

여하튼 학교에서 항의 한 번 하는 바람에 매일 배후를 대라 하니까 이런 식으로 되게 애를 많이 먹었죠. 그 일로 친구가 괴롭긴 했지만 어쨌든 사회민주화 분위기에서 우리도 학교를 바꿔야 한다는 이런 인식이 생겼던 거 같아요. 매점이 너무 불량하다든가, 선생님들이 너무 지나치게 (지도를) 한다거나, 자율학습을 강제로 시킨다든가 이런 것들을 거부해야겠다는 생각을 했던 거죠. 어찌됐든 성공은 못했지만 학교에서 데모했다는 성취감은 있었어요. 우리가 하고 싶은 말을 한 거죠. 밖에서 (시위를) 했는 거랑 학교 안에서 했는 거랑은 느낌이 좀 달랐던 거 같아요.

■ 저희는 야자 (야간자율학습) 같은 건 당연히 해야 하는 것이라 생각하고 그냥 했었는데, 그에 저항하신 점이 존경스럽습니다.

정: 그러니까 사회 분위기에 민주화 바람이 많이 불었었어요. 그리고

그때가 전교조 결성 바로 직전이라 교육문제가 많이 이슈화되던 시기였죠. 시험이나 점수 때문에 죽는 학생들이 한 해에 몇 십 명이 된다는 사실이 참 가슴 아파요. 이건 줄곧 사회문제가 되는 이야기죠. 저희 학창 시절에도 너무하다고 생각했었죠. 이런 말도 생겼었죠. "행복은 성적순이 아니잖아요."

■ 고등학생이라는 신분으로 시위에 참여하시기에는 많은 제약들이 있었을 거라 생각됩니다. 시위에 참가하면서 대학진로에 대한 고민이 있으셨을 텐데요.

한 : 그래서 공부를 못했죠. (웃음)

■ 부모님이나 주위 분들의 만류는 없으셨나요?

한 : 그때만 해도 엄마는 잘 모르셨을 거예요.

정 : 먹고살기 바쁘니까….

한 : 설마 (자식이 시위에 나갈 것이라고) 생각도 안 하셨을 거예요. 최루탄 같은 게 묻으면 밖에서 닦고 들어가곤 했었죠. 어른들은 자식이 뭘 하고 다니는지 잘 모르시기도 하고 우리도 표 나지 않게 하기도 했고…. 만류라고 하긴 뭐하지만 의도적으로 학생들을 핍박했던 교사들한테 괴롭힘을 많이 받았던 기억은 있네요.

정 : 언니도 그렇지만 저는 형제가 네 명이거든요. 부모님은 일하시느라 바쁘시기도 하셨고, 아이가 넷이나 되니까 학교만 가면 되지 그거 이상으로 특별히 바라시는 게 없었던 것 같아요. 공부를 잘하는지, 못하는지도 몰랐을 거예요. (웃음) 그냥 학교는 잘 다니는구나 생각했겠죠.

한 : 저희 친정어머니는 성적이 괜찮으면 사범대에 보내고 싶어 하셨어요. 근데 성적은 전혀 안됐죠. (웃음)

정 : 저희 부모님은 학교에 안 불려 오셨으니까. 아까 말했던 학생회장 친구 부모님은 학교에 불려가고 해서 일이 커졌었죠,

한 : 그러니까 87년에는 저는 고3이어서 아마 2학년들이 훨씬 더 (민주화운동에) 활발했을 것 같아요. 고3이라는 상황도 있고 직접적인 행동을 해서 고충을 겪은 일은 없는 거 같아요. 그런 일은 여기 정은정 후배가 더 심했던 거 같네요.

과거와 현재 청소년들의 차이점

■ 아까 말씀하신 것 중에 최루탄 연기 때문에 치약을 눈 밑에 바르셨다는 이야기가 인상 깊었습니다. 혹시 참여하셨을 때 다른 에피소드나 잊지 못할 기억이 있으십니까?

한 : 저는 시위 때 주방용 랩 같은 거…, 그때 랩이 있었나?

정 : 비닐 같은 거….

한 : 그래, 그런 비닐로 눈을 가렸어요. 최루탄 연기가 눈에 들어가면 무척 따가웠거든요. 그때는 최루탄이 제일 위험했죠. 그게 한동안 나오지 않다가 요즘은 최루액으로 나오더라고요, 물에 섞어서. 그게 제일 괴로웠어요. 또 주변 얘기를 들어보면, 그때 초등학교 5학년이었던 한 후배는 대명동 쪽에 살았는데 집에 갈 때마다 최루탄 냄새를 맡으면서 갔다고 하더라고. 우리 또래는 누구나 직간접적으로 당시 데모에 대한 기억들이 있죠.

정 : 한창 시위를 많이 할 때는 저희 아까 말씀드렸듯이 고등학교가 감삼동인데 시내에서 꽤 멀잖아요. 주로 집회를 시내에서 하는데 그 동네까지 소리가 들릴 정도로 골목골목까지 대규모로 이루어졌어요. 시내부

터 대명동 가까이 살던 사람들이나 근처 학교에서는 항상 시위 소리를 들었을 거예요.

■ 87년과 현재 고등학생들의 정치 참여에는 공통점과 차이점이 있을 것 같습니다.

한 : 정치 참여 측면에서 보면, 이번 촛불시위에서 학생들을 더 많이 봤어요. 청소년들이 '박하모임'이라고 해서 박근혜 하야를 위한 청소년 모임을 만들어 활동한 것으로 알고 있어요. 특히 이 친구들은 SNS를 통해서 정보를 전달하고 의사소통을 하더라고요. 우리 때는 얘기하고 만나려면 쉽지 않았지만 진출의 양상은 비슷하다고 생각해요. 요즘 학생들 시위 모습을 보고 우리 때랑 정말 비슷하구나 느껴져 되게 반갑기도 하고 짠하기도 하더라고요. 또 제가 그 나이에 집회를 참여했을 때 어려움들이 떠오르면서 저 아이들도 그런 어려움이 있겠지 하는 생각도 들고요. 규모나 숫자로 비교는 못하겠지만 어쩌면 우리보다 더 훌륭하지 않나 생각합니다. 세월호 사건 당시 박근혜 전 대통령의 7시간을 규명하라는 피켓을 들고 여고생 한 명이 일인시위를 하는 것이나 또 이번 사드 배치 문제에서 성주여고와 성주고등학교 학생들이 시위에 나온 것을 보면 87년 때 청소년들의 정치 참여보다 더 훌륭하다고 생각이 들어요. 우리 생각하고 달리 사회 전반적인 참여도도 높은 것 같고요. 사회 인식이 (87년의) 우리하고 다른 게 6월항쟁 당시는 참여하는 학생이 소수였으니까요.

정 : 그렇지, 맞아요.

한 : 사회 인식의 내용도 훨씬 더 깊은 것 같아요. 여러 면에서 SNS를 통해 더 활성화되는 게 아닌가, 하는 생각도 하죠.

■ 그때는 시위에 참여했다가 경찰에게 끌려가 고문을 당한 경우가 많다고 들었습니다. 실제로 주위에서 고초를 겪으신 분이 계신가요?

정 : 저희는 당시 고등학생이었기 때문에 선생님한테 불려가서 혼나거나 그랬죠. 사회에 나와서 보니 시위에 참여했다가 연행되어서 고문당했던 분들이 많이 계시더라고요. 이렇게 말하는 게 좀 그렇지만, 일상적이었다고 할 수 있죠.

한 : 저도 고등학생 때는 그런 게 없었는데, 대학교 1학년 때 대백(대구백화점) 앞에서 시위할 때였는데 검정 마스크 쓴 남자가 윽박지르고 팔로목을 콱 누르더라고요. 고등학교 때는 그런 일은 없었어요.

■ 잠시 쉬어가는 질문 몇 가지 드리겠습니다. 당시 청소년들이 주로 놀던 문화공간은 어떤 곳이었나요? 무엇을 하며 시간을 보냈는지 궁금합니다.

한 : 저는 만화방. 나 만화방 얼마나 좋아했는데…. (웃음)

정 : 저는 롤러스케이트장 많이 생각나요. 롤러스케이트장에서 막 디스코 음악 같은 거 크게 틀어주고 그랬어요. 그게 두류공원에도 있었지 싶은데 지금은 주차장으로 쓰는 그런 공간이에요. 그때는 노래방은 없었던 거 같아요. 노래방은 90년대 문화죠. 그리고 떡볶이! 학교 앞에 떡볶이집에 자주 가서 500원어치 사 먹고…. (웃음)

■ 조금 개인적인 질문일 수도 있겠습니다. 혹시 자제분이 계신가요?

한 : 저는 대학교 3학년, 1학년. 이렇게 둘 있어요.

정 : 저는 열여덟 살, 열여섯 살. 고등학교 2학년, 중학교 2학년이죠.

■ 자제분들하고 함께 이번 촛불집회에 참여하셨나요? 어떤 반응이었

는지 궁금합니다.

한 : 너는 왔었지? 남편하고 같이….

정 : 응. 큰애는 고등학생이기도 하고, 물론 엄마 아빠 영향도 있을 거예요. 저희가 집에서도 이런저런 뉴스 같은 거 보면서 정치 얘기도 일상적인 대화로 많이 나누거든요. 근데 요즘 학생들은 부모보다도 SNS 영향이 큰 것 같아요. 세월호 때도 그렇고, 이번에 촛불집회 때도 정보를 많이 알더라고요. 그러다가 엄마 아빠가 간다 하니까 자기도 같이 가겠다고 한 거죠. 서울도 한번 가보고 싶다 해서 첫 상경 투쟁을 했는데 그날이 100만 집회였죠. (웃음) 그 뒤에도 시험 때는 못 갔는데, 가고 싶을 때 가고 그렇게 했어요. 일단 본인이 한번 참가해보고 싶어 하고 또 힘을 보태고 싶어 하고 그랬었죠. 그래서 우리 박근혜 탄핵되면 마지막 집회 같이 갈래 하니까, 됐으니까 나는 빠질게 엄마나 가서 즐기고 오시오, 그러더라고요. (웃음) 대구니깐 친구들 중에 부모가 보수적인 분들이 많잖아요. 그런 친구들하고 SNS 통해서 얘기를 많이 하는 것 같은데, 그래도 확실히 그 또래 친구들은 박근혜 대통령에 대해서는 부정적이었던 것 같아요, 전반적으로.

한 : 저도 딸은 서울에 있으니까 아마 저 혼자 친구들하고 많이 갔을 거예요. 나는 잘 모르지만 어쨌든 집회는 많이 다니는 것 같더라고요. 둘째는 고3이었기 때문에 집회를 가거나 이러지는 못했어요. 또 이, 귀차니즘에 빠져가지고 잘 안 가는데, (웃음) 그 뭐고 세월호 서명전 같은 거는 한번 와서 거들고 그런 정도는 하더라고요.

두 세대가 함께한 촛불집회

■ 자녀분과 함께 집회를 가셨는데 기분이 어떠셨나요?

정 : 처음에 아마 10월 마지막 주 정도에 대구에서 첫 촛불집회가 시작됐던 것 같은데⋯ 11월 첫 준지 헷갈리는데 2·28공원 앞에서 했어요. 그때 애하고 같이 갔었죠. 아이가 성장해서 스스로 집회 참여하겠다고 결정도 하고 또 뭔가 사회 정의를 위한 일에 함께하겠다고 하는 게 뿌듯하더라고요. 근데 또 한편에서는, 우리 어릴 때 데모도 열심히 하고 이러면 세상 좋아져서 앞으로 데모할 일 있겠나, 그런 막연한 생각을 했던 적이 있었거든요. 근데 여전히 아이도 데모를 해야 하고 또 이 아이의 아이도 그때 가면 또 데모를 해야 될지도 모르겠다, 이런 생각이 들어서 조금은 안타까운 마음이 들기도 했었어요. 근데 세상이라는 게 하루아침에 완성되는 게 아니고 계속 사람들이 스스로 노력하는 과정에서 조금씩 좋아지는 거 아니겠나 싶어서 그것도 제 몫이려니, 그렇게 생각하기로 했죠. 여러 가지 마음이 교차했던 것 같아요.

■ 선생님이 고등학생 때 집회에 참여하셨던 기억과 당시와 같은 나이의 자녀분을 보시고 만감이 교차하셨겠습니다. 이제 다시 본론으로 돌아갈 텐데요. 과거 6월항쟁이랑 이번 촛불집회에 모두 참여를 하셨잖아요? 비교가 되실 텐데 소감이 궁금한데요.

한 : 소감이라⋯. (웃음) 저희 선배 중에 학생운동을 하셨던 분이 있는데, 내 생애에 다시 그 독재자의 딸을 대통령으로 뽑아 살게 될지는 몰랐다, 이렇게 말씀하신 분이 계셨어요. 저희보다 유신 독재라든가, 전두환 독재에 항거해서 오래 싸우셨던 선배들이 겪은 상처가 더 컸지 싶어요. 몸도 아프고 마음도 아프고 그랬던 과정들이 있었으니까요. 사실 이명박하고

박근혜 정권이 정치적으로는 물론 경제적으로도 독재가 심했잖아요. 그래서 경제민주화를 이뤄야 한다는 얘기들도 많이 했었고. 다들 지난 시대의 독재가 되풀이된 데 대해 너무 괴롭고 마음 아팠죠. 그런 걸 이제 국민들이 정말 더 이상 못 참겠다고 하고 직접 문제를 해결하기 위해 나서는구나, 그렇게 생각했어요.

또, 아까 정은정 선생님께서 아이와 함께 집회를 나갔을 때 한편으론 안타까웠다고 말씀하신 것과 같은 심정인데요, 국민들이 다시 거리로 나서야 되는 상황이 마음 아프고 속상하고 화도 나고, 그러기도 했어요. (웃음) 그래도 즐겁게 싸우는 놈 못 당한다고, 재미있게 평화적으로 싸우는 모습을 보는 건 참 기뻤어요. 서울 사람들이 더 재밌었던 것 같아요. 대구 사람들은 사실 그렇게 재밌지는 않았어요. (웃음) 서로 맛있는 것도 주고, 서로 힘차게, 정말 오랫동안 집회를 했죠. 앞에 나서서 애쓰신 분들은 말할 것도 없고, 대구 시민들도 고생하고, 전 국민이 힘을 합쳐서 어떻게든 박근혜 탄핵을 이루어낸 거잖아요. 그런 부분이 굉장한 성과죠. 국민들에게 고맙고 나도 참 잘했구나, 이런 생각도 하고요.

■ 87년 6월항쟁이 올해 30주년을 맞이하게 됩니다. 30년 전과 현재를 비교했을 때 어떤 부분에서 가장 비슷하다고 생각하십니까?

정 : 정치적으로 어쨌든, 촛불집회를 통해 박근혜 대통령이 탄핵됐죠. 그동안에 어떤 빚을 갚았다는 마음이 들더라고요. 앞에 선배님 말씀하셨던 것처럼, 민주화를 이뤘다 그런 마음이죠. 6월항쟁 때 비록 끄트머리에서 있었지만 어쨌든 나도 힘 한번 보탰지 이런 뿌듯한 마음으로 살았는데, 한 30년 지나고 보니까 더 나빠진 것 같더라고요. 특히, 젊은 세대들에게 '헬조선'이라 불릴 만큼 이렇게 나쁜 나라를 만들어놨구나, 또 세월호 사고 나고는 사실은 진짜 막…. 국민으로서도 부모로서도 너무 부끄

럽고 그랬잖아요, 우리 모두가. 이게 다 내 쥔가 싶은 마음도 들고 그랬죠. 그런데 탄핵 결정이 나고 나니 어느 정도 빚을 갚았다 이런 마음이 들었죠. 그게 국민들이 참…, 중간에 박근혜 대통령 뽑았을 때 진짜 우리나라 국민 너무 미운 거예요. 정말, 진짜로.(웃음) 세월호 사고 났을 땐 더 이상 이 나라에서 못 살겠다, 이런 마음도 들었죠. 그 뒤에 세월호를 조롱하고, 막 비난하는 사람들 봤을 때는 그들과 같은 국민이라니 정말 떠나고 싶더라고요. 언니 기억하실지 모르겠는데 촛불항쟁 초기에, 저는 여전히 국민들이 의심스럽다고 말한 적도 있어요.(웃음) 이 국민들이 박근혜 대통령 뽑은 국민들인데 어떻게 믿지, 이러면서.(웃음)

한 : 언제까지 싸울까?(웃음)

정 : 여전히 그런 분들도 계시겠지. 근데 또 훌륭한 분들도 이렇게 많이 계시고 6월항쟁이나 또, 이번 촛불집회나 다 정말로 좋은 국민들로 인해서 조금씩 나라가 좋아지고 있구나 하는 생각을 했어요. 대한민국에서 살아도 되겠다, 이런 희망이 생겨서 정말 좋아요. 이게 6월항쟁하고 이번 촛불집회에서 가장 비슷한 것이 뭐냐는 질문에 대한 답일 것 같아요. 그러니까 어쨌든 억압된 현실이 있고 또 그런 현실들을 국민이, 훌륭한 국민들이 주인이 되어 바꾸겠다고 나선 것. 그리고 그런 마음이요. 비록 역사의 되풀이일지도 모르지만 인간이 갖고 있는 기본적인 모습이 아닐까 뭐 그런 생각이 드네요.

민주주의는 신나는 것

■ 작년 박근혜-최순실 게이트 사태에 이어 박근혜 전 대통령 탄핵이 있었습니다. 곧 대선도 가까워지고 있는데요, 혼란스러운 시국에서 가장

최루탄에 휴지로 코를 막은 어린이와 입을 가린 시민들.__동성로 아카데미극장 앞(1987. 6. 10.)

큰 난관은 무엇이라고 생각하십니까?

한 : 앞으로 제일 큰 난관이 될 게 뭐겠는가 묻는 건가요? 혼란스러운 시국이긴 하네, 국민들에게. 근데 혼란스럽다고 부정적으로만 보기에는 아까운 좋은 시기였던 것 같은데요…. (웃음)

■ 박근혜가 탄핵된 게 좋고 긍정적이지만, 또 한편으로는 국민이 뽑은 대통령을 다시 국민의 손으로 내려오게 했으니까, 마냥 유쾌하지만은 않은 것 같습니다.

한 : 물론 정상적인 민주국가로 안정적으로 가는 것이 좋죠. 이번 일은 국민들 전체에게는 비극이죠. 비극이고 없었으면 더 좋았을 일이고, 처음부터 잘못된 일을 일어나지 않게 하는 것이 제일 최선이죠. 근데 잘못된 일을 다시 정상화하는 과정에서 다소 혼란과 어려움을 겪는다고 하더라도, 그것은 마이너스가 아니라고 생각해요. 그래서 단지 혼란이다, 라고 표현하는 것 자체가 이 용어만 써서는, 결국은 그 새누리당 (지금은 이름도 바뀌었죠.) 사람들이 계속 이야기하는 거잖아요. 언론에서도 혼란스러운 시기라고 이야기하지만 사실 국민들은 정말 신났어요. 영웅적으로 투쟁했다 이러지는 못하겠지만, 일상을 버리면서 헌신적으로 싸웠던 과정이었고, 또 축제였죠. 이런 모습이 더 본질이지 않을까라는 생각이 들어서 혼란스러운 시기라는 용어를 쓰는 것 자체에 대해서 다소 우려는 좀 듭니다. 이거를 혼란의 시기라고 규정하고 이게 난관이다 하고, 그래서 어려움이 있지 않을까, 국민들이 새로 대통령을 뽑는데 돈이 들고 어쩌고저쩌고 이런 과정이 아닐까라고 이야기하는 것 자체가 오히려 난관을 조성하려는, 국민들의 힘과 의지를 꺾으려는 세력들의 교묘한 전략이 아닐까 하는 생각이 지금 좀 드네요.

■ 지금의 시기를 혼란으로 규정하면서 제기되는 문제들은 국민들의 의지를 꺾기 위한 전략이고 본질은 그것이 아니라는 말씀 같은데요. 그렇다면 선생님께서는 앞으로 문제들을 어떻게 해결해나가야 한다고 생각하시는지요.

한 : 촛불집회 과정에서 필요 없는 비용을 쓴 건 저도 속이 상하는 부분이에요. 토요일마다 맨날 집회 나가고, 진짜 추웠어요. 몸도 피곤하고 다른 약속도 할 수 없었고, 모든 일상을 포기했었죠. 거기다 나이가 들어서 옛날 같지 않고…, 뭐 이런 거죠. (웃음)

정 : 앉아 있으면 허리도 아프고. (웃음)

한 : 집회 왜 이렇게 길게 하노… 이러면서, 그 비용을 어떻게 청구를 좀 해볼까, 이런 생각했었어요. (웃음) 그래도 훌륭한 국민들이 있기 때문에 어려움과 절차가 있고 또 비용이 들어도 새로운 나라를 만들 수 있는 좋은 정권을, 최선이 아니고 차선이라도 창출할 거라고 생각해요. 지금은 그 창출 과정이 대선이 되겠죠. 이번 대선이 후보 개인 한 명을 뽑는 문제만이 아니라, 정의로운 정권을 창출하는 그런 축제의 과정이 되었으면 좋겠다 하는 생각이 들어요. 그리고 그 과정에서, '적폐'라는 표현을 쓰는데 보통 일본에서 쓰는 말인지는 모르지만, 어쨌든 '헬조선'을 만든 여러 가지 문제들을 국민이 나서서 요구하고, 떠드는 그런 역동적인 시기를 겪어야 하죠.

그런 과정이라면, 구체적으로 선거법 문제라든가 이런 것과도 연결이 되겠지만, 교육 문제에서 전교조도 법외노조 문제를 해결해야 하죠. 우리는 합법, 법 안의 노조다 이런 싸움을 하거든요. 이렇게 각각의 주체들이, 일반 노조 비정규직 조합원들도 그러실 거고, 그런 노력들이 어우러지는 과정에서 한국 사회가 한 단계 발전할 것이라고 생각합니다. 아까 87년 6월항쟁과 지금을 비교하는 이야기를 했었는데요, 공통적으로 같은 문제와 다른 문제는 그게 아닐까 싶어요. 그러니까, 87년 6월항쟁은 형식적이고 절차적인 민주주의를 이뤄냈고 국민들이 굉장히 성장하는 계기였지만, 실제로는 그 과정 뒤에 노태우가 당선이 됐잖아요. 다른 분들도 얘기 많이 하셨겠지만, 이번 박근혜를 쫓아낸 과정은 더 이상 과거로 회귀하지 않는 걸 만들어내는 새로운 역동적인 과정, 힘을 만들어내는 과정이 되길 바라는 거죠. 장담은 못하겠지만, 우리 국민들이 할 수 있지 않겠나 싶습니다. 거기에 나도 뭘 보태야겠다, 이런 생각을 하죠.

정 : 한 말씀 더하자면, 저는 이건 진짜로 혼란은 아니다 생각합니다.

누군가는 민주주의는 원래 시끄러운 거다, 이런 얘기도 하잖아요. 그래서 우리가 과거처럼 자꾸 회귀를 해서 단일하게 가려는 게 어쩌면 더 큰 난관일 수 있다고 생각해요. 예를 들면, 대통령만 잘 뽑아놓으면 나라가 좋을 것처럼 이런 게 아니라 국민 모두가 시끄럽게 자기 요구가 있고, 이런 것들을 서로가 얼마나 인정해줄 수 있느냐 하는 것이 사실은 제일 중요하지 않을까 이런 생각이 들어요. 어떤 정권이 들어서느냐 하는 것도 중요하고 어떤 사회제도를 만드느냐 하는 것도 중요한데 그 밑바탕에 우리 각각의 요구가 존중되고, 나와 다른 사람들을 이해하려는 노력이 필요하죠. 그 속에서 돈도 좀 들고 좀 시끄럽고 절차도 복잡하고 그러겠죠. 그래도 우리가 이걸 즐기고 그랬으면 좋겠어요.

■ 다음은 요즘 많이 이야기하고 있는 개헌에 대한 질문을 드리겠습니다. 87년 개헌 이후로 30년이 지난 현재, 개헌 요구가 있습니다. 선거 연령을 만 18세로 낮추자는 의견도 있는데요, 가장 시급한 사회변혁 의제는 뭐라고 생각하시는지요.

한 : 개헌은 해야 한다고 생각합니다. 광장 민주주의에 대해 이야기들 하는데요. 광장에서 적용되었던 것들이 우리 일상에서, 정치에서, 또 생활에서 구현되는 것이 핵심적인 과제라는 의견에 동의합니다. 그중 여러 가지 것들이 있겠지만, 저는 정치하고 관련해서 이제 대통령도 뽑아야 하는 시점이라 선거에 대해서 생각했습니다. 광장에서 강조되었던 것처럼 국민들의 의사가 반영되는, 선거법이라고 해야 되나 이거 뭐라고 해야 되지?

정 : 뭐, 선거제도….

한 : 선거제도. 정치관계법? 뭐 이렇게 표현을 해야 될지….

정 : 응, 비례대표제도 하고.

한 : 여러 가지 문제들이 있지만 저는 그거는 어쨌든 꼭 우선적으로 좀

만들어야 되지 않을까 생각해요.

정 : 저는 일단, 노동조합 활동을 오래했고, 지금도 계속하고 있으니까…, 노동 관련한 문제들이 좀 해소가 되길 바랍니다. 또 대부분 국민들이 노동자로 살아가기 때문에 사실은 가장 많은 국민들의 이해관계에 영향을 미치는 게 노동 관련된 법이라든가 제도가 아닐까 싶어요.

한 : 최저임금이라든가.

정 : 네. 말씀하셨듯이 최저임금, 이런 거 되게 기본적인 거죠. 근데 최저임금이 상대적으론 또 자영업자들에게 부담을 주잖아요. 그랬을 때 국가가 영세 자영업자들을 도와줄 것이냐 이런 것들과, 예를 들면 노동조합을 좀 더 많은 노동자가 할 수 있도록 하는 그런 제도들이 필요합니다. 또 비정규직이 너무 확산되고 있는데 비정규직 사용을 제한하는, 그러니까 비정규직은 정말 특수한 경우에만 쓰도록 하는 제도도 필요하죠. 물론 완전히 없앨 순 없겠지만, 제도들이나 법, 이런 것들을 만들어서 노동하고 살아가는 대다수의 국민이 조금 더 안정적인 삶을 살 수 있도록 해야 된다고 봅니다. 그러면 사실은 청소년들이나 청년세대가 어떤 일을 해도 먹고사는 데 크게 지장이 없으면 좀 더 안정되게 살 수 있잖아요. 저는 그런 바람들이 있어요. 애도 공부 잘 못하는데 먹고살기 어려우면 어떡하노, 이런 걱정도 있고. (웃음)

■ 저희도 대학생이다 보니까 아르바이트를 많이 하는데 최저임금 같은 경우에는 많이 와닿네요.

정 : 그렇죠. 요즘은 대부분 사업장에 최저임금을 기준으로 임금을 정하거든요. 그래서 그거 안 올라가면 월급쟁이들 못 살아요, 진짜. (웃음)

연일 시위는 계속되었다.__중앙로 → 반월당 방향(1987. 6. 12.)

청소년의 정치 참여

■ 일부 어른들은 학생은 공부를 해야 한다든지 아직 판단력이 부족하니 정치에 참여하면 안 된다는 등의 이유로, 학생들이 정치에 참여하는 것에 부정적인 반응을 보이는데요, 선생님 입장에서는 어떻게 생각하시는지 궁금해요?

한 : (웃음)

정 : 틀렸다고 생각하죠, 뭐. (웃음)

한 : 일단 정치라는 것이, 국회의원 누가 뽑히고, 새누리당 어떻고…, 그런 걸로 생각하잖아요. 정치라는 용어 자체가 우리 사회에서 굉장히 좀

부정적인 면도 있고요. 상대방에게 너 참 정치적이야, 이런 얘기할 때도 좀 안 좋게 들리죠.

정: 그렇지, 좀 욕이지. (웃음)

한: 뭔가 약간 교활하고 술수를 부리고 이런 걸로 생각하는데, 전 어떤 세력이 의도적으로 정치 혐오증을 만들어내고 있다는 생각이 들어요. 인간에게 있어서 정치는 굉장히 기본적이고 중요한 문제이고, 아주 기본적인 층위에서 자기를 실현하는 과정을 의미하죠. 이것이 정치가 근본적으로 가지는 의미이고, 이런 정치에 대한 입장 변화가 좀 필요하다고 생각해요. 그랬을 때 그 정치의 주인이 된다는 것은 인간에게 굉장히 행복하고 중요한 일이 될 거예요. 그래서 저는 만 16세 선거권도 얘기할 수 있다고 생각해요. 너무 어린 애들은 안 된다고 하는데…. (웃음) 웃긴 얘기 하나 할게요. 고등학생들이 선거법 수정하는 거에 대해 서명을 하는데, 우리 선생님이 한 명 가서, 니는 중학생이 투표권 갖는 건 우에 생각하냐 그러니까, 아직 그건 좀 어려울 것 같은데요 그러더래요. 그래서 이유가 뭐냐고 물어보니까 걔들은 아직은 좀 어리거든요, 이랬다는 얘기가 있어요. (웃음) 물리학적으로 지능이 얼마라거나 이렇게 경계를 잡을 수 있을지는 모르겠지만, 제 생각엔 자기 삶에 대한 책임감이 있고 사리판단과 분별력이 있는 최소한의 연령으로 만 16세도 불가능하지 않다는 것이죠. 만 18세도 결혼할 수 있다던데요.

정: 부모가 허락하면요.

한: 혼인신고도 만 18세에 할 수 있는데 정치도 얼마든지 가능하다고 봐요. 그리고 지금 우리 청년이나 청소년 세대들이 개인주의적이라는 등 여러 가지 새로운 세태들은 있지만, 이미 충분히 우리 사회의 여러 가지 문제들에 대해서 주체적으로 정보도 얻고…, 옛날처럼 차단되어 있지 않잖아요. 또 주어진 정보에 대해서 판단할 수 있는 능력과 역량을 가지고

있잖아요. 저는 인류는 발전한다고 생각하기 때문에 우리 때 16세와 지금 16세는 다르다고 생각해요. 얼마든지 정치의 주인이 될 수 있는 능력이 있다는 거죠. 그리고 정치라는 것 자체는 누구나 할 수 있고, 해야 하는 거죠. 모든 사람이 주인이라는 것은 정치의 중요한 항목입니다. 그렇기 때문에 당연히 정치의 주인으로 대우받아야 되고 주체로 서야 된다, 이렇게 생각하죠.

정 : 연령을 기준으로 한다는데 사실 연령 기준이 가장 객관적이고 타당성 있다고 얘기하기 어려울 수도 있어요. 나이가 많다고 해서 무조건 판단 능력이 높다고 말할 수 없잖아요. 근데 어쨌든 아까 말씀하셨던 만 18세가 되면 부모 동의하에 혼인신고를 할 수 있고, 또 만 20세가 되면 자유롭게 혼인 상대를 결정할 수 있고, 아니면 군대에 갈 수도 있죠, 법적으로요. 만 16세 이전에는 노동을 못하지만 만 16세가 넘으면 부모 동의하에 미성년자도 노동을 할 수 있죠. 그러니까 성년, 미성년을 떠나 누구나 사회적 주체로 인정받을 수 있는 그런 사회적이고 보편적인 기준이 있는데, 유독 정치만 이분법적으로 나눠놨지요.

한 : 그렇죠, 정치만.

정 : 특정 세대가 능력이 없다는 건 틀렸다고 생각하거든요. 그래서 저는 노동을 한다는 게 일정하게 자기 생계를 스스로 책임지는 거라면, 저는 정치에 대한 의사 결정도 할 수 있다고 생각을 해요.

한 : 그래! 16세부터도 할 수 있겠다.

■ 정치학도로서 매우 공감이 되는 부분입니다.

한, 정 : (웃음)

■ 다른 사회 활동이 다 가능한데 정치에만 엄격하네요.

정: 의무교육을 받고 나면 정치도 할 수 있고 노동도 할 수 있고 안 그럴까요?

■ 그러니까 선생님들 말씀은 이제 학생들도 충분히 정치와 사회에 관심을 가질 수 있고, 나아가서 직접 참여도 할 수 있는 그런 주체라는 말씀이시죠?

한: 네, 네.

■ 마지막 질문입니다. 취업난 같은 현실 문제 때문에 정치에 무관심한 청년들도 있는 반면, 그 힘든 현실 때문에 정치에 적극적으로 참여하는 청년들도 있습니다. 이 시대를 살아가는 청년들에게 해주시고 싶은 말씀 부탁드립니다.

한: 글쎄요…, 청년들에게…. 보니까 주변에 청년당이라나 뭐 이런 당도 있던데요?

정: 응, 요즘 그런 거 많이 하데요.

한: 우리 젊은 무슨 당인가 김제동 씨가 했는, 그 당도 30대가 대표고 이렇더라고?

정: 그렇죠.

한: 그게 무슨 당인지 이름은 까먹었는데 그런 거, 그리고 노동, 노동자들, 노동조합들, 대구 청년유니온 같은 거, 그다음에 알바노조 이런 게 있는 것 같아요. '청년들' 하니깐 갑자기 그런 게 생각이 나네요. 청년들에게는 뭐, 앞에 나왔던 얘기들이기도 한데, 청년들을 주체적으로 인정하지 않아서가 아니라 선배 세대가 어쨌든 좀 더 좋은 세상을 만들어놨어야 되는 거잖아요. 이런 비정규직 악법 같은 거 자리 잡지 못하도록 하고, 최저임금 같은 것도 그렇고…. 이런 것들을 사실은 기성세대가 정상적으

정치는 모두가 함께해야 하는 것

로 만들어놨어야 할 것들인데 제대로 만들어놓지 못한 상태에서, 청년 세대가 직접적으로 엄청난 고통을 겪고 있는 당사자가 돼버렸잖아요. 우리 세대는 정규직도 많단 말이에요, 주변에. 이 자리들이 사라진 거니까. 그래서 그런 고통스러운 상황을 만들어놓은 데에 대해서, 기성세대로서 미안함 같은 게 있어요. 기성세대가 청년들을 비주체적이거나 약자라고 생각하는 건 아니에요. 당연히 했어야 할 역할을 하지 못한 데 대한 미안함이나, 거기에 대한 반성이 우선 기성세대에서 이루어져야 된다는 생각이 먼저 들고, 그래서 흔히 기성세대가, 우리는 이랬는데 너희는 이렇잖아! 하는 이런 얘기는 진짜, 꼰대짓이죠. 하면 안 된다고 생각해요. 청년 세대들 같은 경우에는 선배들 이야기가 뭐가 도움이 돼, 이런 얘기를 하더라고요. 주변에 젊은 애들을 만나보면 선배들이 실질적인 것도 안 해주고 미안하다 하는 건 별로라고, 힘내라 하는 것도 별로고.

(일동) : (웃음)

한 : 아프니까 청춘이다 하는 것도 싫고…, 실질적이고 가능한 걸 만들어내라는 거죠. 선배들이. (웃음) 돈을 주든지 일자리를 주든지 그럴 수 있는 사회구조를 만드는 것이 더 중요하다, 이런 얘기를 하더라고요. 그런 게 자꾸 걸려서 얘기가 좀 안 나오네요. (웃음) 어쨌든 이 문제는 선배, 이 사회를 나쁘게 만든 사회 전체에게 책임이 있지만, 요즘은 당사자들이 문제를 해결하기 위한 주체로 등장해서 방금 말했던, 청년유니온이니, 청년당이니 이런 식의 단체를 꾸리기도 하고 개인이 나서기도 하고, 결국은 그렇게 해야 사회가 조금이나마 바뀔 거예요. 그리고 그런 것들을 기성세대들에게도 강하게 요구하고, 당당하게요. 우리 이렇게 할 거다, 하면서 너희 제발 좀 해라 하고, 이렇게 함께하는 과정을 거치는 것이 제일 핵심 아니겠나 싶어요. 그런 게 없으면 어쨌든 어려운 일이라는 생각이 드네요. 어쨌든 청년 본인들이 이 세대 문제를 해결할 수 있는 주체로 등

장해서 주저하지 말고 기성세대들에게 각성도 주고, 욕도 하고, 싸우기도 하면서 또 함께할 수 있는 일들을 찾아내는 역할들을 해야 되지 않겠나 생각하죠.

정 : 저도 비슷해요. 아까 그렇게 물으시니까 선배님 말씀하셨던 거 하고 같은 마음으로, 일단 미안하다 마음이 들어요. 청년들 마음 편하게 살 수 있는 그런 세상을 만들지 못한 미안함이죠. 기성세대로서 어떤 책임감 같은 것들이 있는 거죠. 그리고 말씀드리고 싶은 건, 우리나라는 보육 정책을 결정할 때도 청년 정책을 결정할 때도 다 50대 남자들이 하잖아요.(웃음) 특히 무슨 교수들이죠. 무슨 자문위원 이런 거 다 교수들이 하잖아요? 그러니까, 당사자들이 그런 데 들어갈 수 있는 자격이 주어지지 않는 거예요. 청년 세대들은 아직 배우고 있고, 경험이 부족하니까라고 이야기하죠. 그런데 그런 자격을 다 갖추고 그때 가서 하겠다 생각하지 말고, 지금 내 나라는 우리가 결정하겠다, 이런 것들을 요구해야 된다고 생각해요. 우리 정책은 우리가 결정하겠다, 필요하면 가서 물어볼게, 당신들이 전문가면. 이런 마인드가 청년들에게 필요하다는 거죠. 예의 없이 조금 당돌하게 사회에 요구도 하고 그렇게 해야 된다고 생각해요. 자기와 관련된 일을 다른 사람들이 결정하도록 놔두면 안 되는 거 아니겠어요. 자신들의 문제는 청년 자신들이 요구했으면 좋겠다 싶어요.

■ 청년들이 주체적으로 자기 문제를 해결해나가기 위해 적극적으로 노력해야 하고, 기성세대 또한 그들과 함께 이뤄나가는 것이 중요하다는 말씀이신 거죠?

한 : 저는 구체적으로는 예를 들면 민주당이나 정의당이나 그런 정당 안에 청년위원회가 있잖아요? 그런 정당이든, 단체나 노동조합이든 이런 곳에서의 청년 활동들이 유의미하다고 생각해요. 그 안에서 자기주장도

펼쳐보고요. 그 외에도 또 다양한 방식이 있겠죠. 청년 세대들이 주체가
돼서 방법과 행동들을 찾아내리라고 믿어요.

역사는
흐른다

■ 인터뷰 요청을 받으시고 어떤 생각이 드셨는지요?

김충환(이하 '김') : 6월항쟁 관련해서 내가 특별하게 기여한 일도 없는 것 같고 또 상세히 기억하는 게 그렇게 많지 않아요. 원하는 내용이 없을 수도 있을 것 같아 고민을 했습니다. 그때 활동을 많이 한 사람과 이야기해보는 게 내용 파악에 도움되지 않을까 생각한 거죠.

사드 배치 철회 투쟁

■ 귀촌하셨다고 들었는데 이유는 무엇인가요?

김 : 고향에 왔으니 귀촌이면서 귀향이죠. 농사지으려고 온 건 아니니 귀농은 아닙니다. 한 150평 되는 텃밭하고 천 평 정도 되는 논이 있는데, 거기서 나오는 건 그냥 형제나 가족끼리 나눠 먹어요. 판매는 안 하고요. 제가 귀향을 결정한 건 도시 생활이 갑갑하기도 하고 맘에 안 들어서죠. 아파트에 살았는데 꼭 닭장 같더라고요. 바깥일로 지쳐 집에 들어가면 소파에 누워 텔레비전 채널만 돌렸는데 생활이 참 무의

미하게 느껴졌습니다. 텔레비전 보는 것도 의미 있는 삶이 아닌데 말이죠. 처음에 이곳에 들어왔을 때는 텔레비전도 라디오도 없었어요. 책만 보고 밭만 가꾸고 그렇게 살았어요. 마당에서 채소를 가꿔 먹고, 좋은 공기 마시며 좋은 경치 보며 살고 싶다 생각하고 들어왔으니까요.

한편으로는 제가 학생운동도 하고 문화운동도 하고 정치 쪽에도 관여하면서 심적으로, 실망했다고 해야 하나 좌절했다고 해야 하나…, 그런 마음이 있었어요. 사람들에 대한 실망도 있었고. 사회나 국가에 기여하는 활동을 접고 삶을 풍요롭게 하면서 조용히 지내고 싶은 생각이 아주 강했어요. 그래서 다 포기하고 들어온 거죠. 들어온 지 한 7년 됐을 겁니다. 처음에 들어올 땐 땅만 한 400평 샀는데 크게 비싸지 않았어요. 그게 지금은 세 배나 올랐어요. 4천만 원짜리가 1억 2천만 원이 됐으니까요. 지금 그 땅을 사서 귀향하려면 돈이 없어서 못할 겁니다. 당시 선거에 출마한다고 돈을 다 털어먹었는데 주위에서 지금 들어가야 싸게 살 수 있다, 이왕 들어갈 거 사놔라, 그러더라고요. 그래서 미리 사놨는데 7년 만에 그렇게 오른 거지요. 한 5년 지나고 20평짜리 집을 지었어요. 그 집에서 3년째 살고 있습니다. 처음에는 컨테이너에서 살았지요. 한 5년, 집도 짓고 좀 편안하게 자리 잡고 사는데 사드가 온 거죠.

■ 사드 배치 철회 투쟁으로 분주하신 거 같은데 근황이 궁금합니다.

김 : 2016년 7월 13일 성주 성산포대에 사드 배치가 결정 나고 '사드배치철회투쟁'을 계속하고 있죠. 처음부터 제가 투쟁위원회 위원장을 맡은 건 아닙니다. 처음에 성산포대로 결정되었을 때는 성주군수부터 의원들하고 관변 단체 주도로 투쟁위원회를 구성해서 싸웠죠. 그땐 저렇게 해서 오래 싸울 수 있을까 하며 관망하면서 분석하는 정도로 지켜보고 있었어요. 그런데 성산포대에서 제3후보지인 초전면 롯데골프장이 거론되면서

제3부지를 건의한 군수는 주민들을 배신하고 관변 단체들도 다 빠졌죠. 그들은 1기 투쟁위원회 해체를 시도하면서 사태를 무마시키려 했어요. 그런 과정을 겪으면서 이거는 안 되겠다, 나서야겠다고 생각했습니다. 그래서 바로 2기 투쟁위원회를 준비했죠. 그 당시는 사람도 얼마 안 남았었는데 관변 단체나 관에서 끝까지 끌고 갈 것 같지 않았어요. 투쟁위원회가 해체되면 완전히 망하는 거니까 그쪽에서 빠져 새로 투쟁위원회를 만들었습니다. 그렇게 시작해서 지금까지 하고 있는 거죠. 오늘로 촛불집회가 287일째입니다. 하루도 안 빠지고 진행했어요. 특별히 매주 수요일은 소성리 마을에서 오후 2시에 수요집회를 하고 밤에는 촛불집회를 했습니다. 3월 18일하고 4월 8일은 전국적으로 평화행진을 해서 5천여 명씩 참여했고, 지금은 롯데골프장에 미군 공사 차량이나 사드가 오는 것을 막기 위해 24시간 감시체계를 운영하며 다양한 활동을 하고 있습니다. 요새는 뭐 사드 철회 투쟁으로 거의 보내고 있지요.

■ 287일째 촛불을 이어가고 있는데 성주 주민들의 반응은 어떤지요?

김 : 지금은 성주군을 포함한 관 쪽 눈치를 보는 사람들은 거의 빠지고 자유로운 사람들이 참여하고 있습니다. 매일 저녁 최소 100명에서 150명 정도 참여해요. 큰 행사에는 200명에서 300명 정도 모이니까 고정적으로 평균 100명 이상은 참여한다고 보면 됩니다. 그분들은 굉장히 열성적입니다. 사드뿐 아니라, 그동안 성주가 새누리당 일색으로 운영되어오던 것을 바꿔야 한다, 그래서 성주가 바뀌어야 한다, 사드 철회 투쟁을 통해서 새로운 공동체를 건설하자는 데까지 사고합니다. 특히 젊은이들이 많이 움직이고 있죠. 그 사람들이 100명 전후이고 소성리 주민도 100명 정도 됩니다. 양쪽이 따로 움직여서 수가 적게 보일 수도 있을 것 같아요. 거기에 관의 눈치를 보느라 직접 참여는 못하지만 물심양면으로 지원

해주는 사람도 많습니다. 겉으로는 안 드러나지만 뒤에서 이런저런 후원을 해주면서 함께하는 분들이 많아 주민들이 힘을 얻고 있는 거죠.

■ 사드투쟁위 말고 하시는 일은 없는지요?

김 : 사드 때문에 요즘 잘 안돼서 좀 위기이긴 합니다만 대구에 조그마한 회사가 하나 있고, 이번에 『성주기행』이라는 책도 냈습니다. 또 작은 텃밭이 있는데 고추하고 감자, 땅콩도 심었어요. 바쁘다 보니 아침에 일찍 일어나서 해놓았죠. 사실 처음 이곳으로 온 이유는 글 쓰고 텃밭 가꾸며 조용히 살고 싶어서였어요.

■ 사드 배치 철회 투쟁에 참여하는 젊은 층의 활동은 어떤가요?

김 : 어르신들은 면 단위로 움직이시는데 젊은이들은 읍에서 많이 활동하고 있습니다. 한겨울이라 난로도 필요하고 거기에 쓰일 장작도 패야 하고 무대도 필요한데 젊은 남성들이 전부 준비했죠. 어르신들 따뜻하게 계시라고 매일 청년들이 일찍 나와서 장작을 피웠어요. 장작불 피우고 트럭 몰고 다니면서 짐 싣고 이런 일들을 하죠. 젊은 여성들은 촛불 나눠주고 음식 만들고 현수막 쓰고, 뭐 꾸미는 걸 다 했어요. 촛불집회 앞쪽에는 어르신들이 앉으시니까 잘 안보이지만 뒤에서 모든 활동을 하죠. 프리마켓을 한다, 성주 촛불 노래자랑을 한다, 세월호 추모 촛불집회를 한다, 아이디어들도 많아요. 아이들이 나와서 세월호 노래를 부르고 율동을 하는 것도 전부 젊은 여성들이 기획하고 준비했죠. 모두 굉장히 열성적입니다.

■ 일부에서는 안보를 위해서 사드를 배치해야 한다는 여론도 있는데 어떻게 생각하세요?

김 : 우리나라 보수들은 안보 논리를 내세워 집권을 하고 유지한 거잖아요? 근데 사실 사드가 북핵을 막을 수 없죠. 일단 성주에 사드를 배치하면 수도권은 사드 방어 영역에 포함되지 못하니까 서울하고 수도권 방어가 안 된다는 건 기본이고요. 안개가 끼거나 먼지가 있으면 감시조차 불가능하다는데 이동식 발사대를 가진 북한의 핵미사일을 맞출 확률이 거의 없죠. 그야말로 무용지물이죠. 그럼에도 사드를 배치하려는 것은 우리나라 안보와 관련된 문제가 아니라 미국과 중국의 문제라고 봐요. 사드는 레이더를 놓고 500m 전방에 6개의 발사대를 부채꼴 모양으로 펼쳐놓아야 해요. 그런데 성산포대는 그 땅이 안 돼요. 그러니까 애초 미국은 레이더만 놓고 중국, 북한, 러시아를 감시하려는 의도였다고 볼 수 있죠. 실질적으로 사드는 미국이 중국을 감시하고 러시아를 견제하려 배치하려는 거고 한국의 안보 문제는 전혀 관계없는데 우리가 땅을 주고 돈을 줘야 하는 그런 상황이라 보고 있습니다. 미국도 백악관에서 미국 본토 방어용이라고 말했고 미국 사령관은 미군기지와 미국인 방어용이라고 실토를 했죠. 그래서 우리 땅에 배치하는 문제인데도 협상은 시진핑하고 트럼프가 하고 우린 끼워주지도 않잖아요. 완전 미국의 식민지처럼 돼 있고 국방부장관이나 총리나 외교부장관은 숭미주의로 찍혀 있는 상황이죠.

예열되는 항쟁

■ 스스로 되돌아보는 대학생 시절은 어떤가요?

김 : 대학교를 들어갈 때는 소위 말하는 의식이란 게 거의 없었어요. 태어날 때부터 대학 갈 때까지 박정희 정권에서 살았으니까요. 박정희가

5·16쿠데타로 대통령이 되고 나서 제가 대학을 갈 때까지 18년 동안 철저하게 세뇌받은 셈이죠. 초·중·고 때 교련 받고 대학교 1학년 때 50사단에 입소해서 병영 훈련받고…. 박정희 정권이 모든 학교를 병영화하고 군사교육을 진행했기 때문에 거기에 세뇌돼서 거의 '보수꼴통'이었죠. 제가 대학교 1학년 때 병영 훈련을 들어갔다 나왔을 때 박정희가 죽었어요. 죽고 나서 세상이 변했죠. 그때는 박정희가 죽으면 우리나라가 망하는 줄 알았어요. 전부 울고불고 다 그랬으니깐. 학생들을 동원해서 분향소로 데리고 가 울도록 하기도 했어요. 그다음 해 80년 3월에 데모에 나가다가 5·18광주항쟁을 맞고 학생운동에 참여하게 됐죠. 몇 개월 만에 학교운동권 지도부가 돼버렸어요. 같이 활동하던 친구들이 5월에 감옥 가고 남아 있는 사람이 없어서 자연스럽게 그렇게 된 거죠. 4학년까지 학생운동을 주도하다가 군대를 갔어요. 눈이 나빠서 방위근무를 했는데 14개월 하고 돌아오니까 학원자율화 조치가 내려졌죠. 83년도에 영남대학교 민주화투쟁위원회 위원장을 맡아서 시위를 주도했습니다. 계속 데모하고 그랬던 기억이 나네요.

■ 스스로를 '보수꼴통'이라고 표현하셨는데요, '보수꼴통'에서 학생지도부까지 가기가 쉽지는 않았을 것 같습니다. 생각이 변한 이유는 무엇인가요?

김 : 현실을 직접 겪으니 제가 생각했던 세상하고 달랐던 거죠. 세상을 어떻게 봐야할지, 옳은 것이 무엇인지 깨달았어요. 그때 아버지가 면장이셨는데 공무원이셨기 때문에 활동하기 참 힘들었어요. 반대는 안 하셨는데 당신 직장 생활에 영향을 줄 수 있으니 걱정은 하셨어요. 결국 제가 구속되는 바람에 잘리셨지만.

통일민주당원들과 재야인사들이 6·26국민평화대행진에 참가해
가두시위를 벌이고 있다. (1987. 6. 26.)

■ 구속되셨다가 87년 4월에 출소하셨다고 들었는데 어떤 사건으로
수감되신 것인지요?

김 : 대학생 때 여러 번 구속될 뻔했는데, 준비를 하면 다른 사건이 터
지고 또 뭔가 준비를 하면 또 다른 사건이 터지고 결국 구속까지는 못 갔
죠. 대학을 졸업하고 대구 민통련(민주통일민중운동연합)에 들어갔습니다.
청년부장, 홍보부장, 그런 걸 하면서 활동을 했죠. 그때도 매나(역시) 유
인물 뿌리고…. 학교에서 하던 일인데 사회 나와서도 했지요. 활동한 지
1년 정도 됐을 땝니다. 그 당시 신민당(신한민주당)이라고, 김영삼하고 김
대중이 만든 야당이었죠. 신민당에서 전국 시도 단위로 직선제 개헌 서명
을 위한 민추협(민주화추진협의회) 지부 결성 대회와 현판식을 한 거예요. 4

월 5일에 대구 아세아극장에서 현판식 행사가 있었는데, 공식적인 집계로는 2~3만 명이라고 하던데 제 느낌으로는 한 10만 명 정도 모였던 것 같습니다. 김영삼이 와서 연설했죠. 김대중은 가택 연금 상태여서 못 왔고요. 그날 민통련은 옥외 집회를 준비했습니다. 중앙공원 옆에 모였었는데 중앙도로가 꽉 찼었죠. 거기서 시위대가 중앙로하고 반월당로로 나와서 시청까지 행진을 했는데 시청 앞에서 경찰하고 붙었죠. 최루탄 터지고 막 그러다가 잡혔어요. 4월 5일에 잡혀서 4월 6일에 구속됐다가 그다음 해 87년 4월 5일에 나왔으니깐 꼬박 1년 살았죠. 6월항쟁의 시발점이라 할 수 있는 5·3인천항쟁이나 박종철 고문치사 사건에 대한 이야기를 감옥 안에서 들었어요.

■ 신민당 개헌 현판식에 모인 10만 명은 어떻게 조직된 건가요?

김 : 개헌 현판식이 정치적으로 뉴스가 되니까 전국에서 시도별로 진행했어요. 신민당에서 개헌을 해서 대통령 직선제를 하자는 주장을 했죠. 왜냐하면 전두환이 통일주체국민회의 대의원을 뽑아서 간접 투표로 대통령이 됐잖아요. 그러면 야당에서 대통령이 될 가능성이 없으니 대통령을 직선제로 뽑자며 김영삼, 김대중 등 유력한 정치인들이 들고일어나니깐 언론에 나오게 된 거에요. 그래서 4월 5일에 대구서 현판식을 한다니까 몰려든 거죠. 당직에 있는 사람들은 구속되고 이런 걸 겁내니까 민통련에서 집회를 주도한 거죠.

■ 감옥에서 생활은 어떠셨나요?

김 : 잡혔을 때 두드려 맞긴 했어요. 맞긴 맞았는데 물고문 이런 건 그때는 없었어요. 정당 관련해서 그랬는지는 모르지만 정치인들이 면회 오고 이러니까 못 건들인 거 같아요. 고문이 있긴 있었죠. 부분적으로 있고

심하게 하진 않았는데 다른 사건으로 들어온 친구들은 물고문도 받고 나보다 1년 전에 구속된 친구도 그런 걸 당했다고 했어요. 그때 잡혀간 사람들이 145명이었는데 17명이 구속됐고 나머지는 훈방으로 나갔죠. 구속된 17명 중에 징역 1년을 받은 사람이 3명이고 나머진 집행유예였어요. 17명이 대공분실로 끌려가서 많이 맞았죠. 제 차례가 돼서 들어가니까 벌써 비명 소리가 나더라고요. 복도를 따라 들어가면 방이 있는데 벽은 빨갛고 바닥에 고정된 탁자에 의자가 양쪽으로 두 개 있고 야전침대가 있고 욕실 있고… 전형적인 대공분실이었으니까요. 10일간 조사받고 교도소로 넘어가서 한 평도 안 되는 0.75평 독방에 있었어요. 한쪽으로 화장실이 있었는데, 길이가 180cm였으니 나같이 키 큰 사람이 누우면 딱 맞죠.

■ 범죄를 저지르고 온 사람과 운동하다 잡혀 온 사람에 대한 처우가 달랐다고 하던데요?

김 : 일반 도둑놈…, 폭력이든 교통사범, 사기사범, 절도, 다 그 안에선 도둑놈이라 그러는데 일반 도둑놈들은 말을 잘 듣고 단식을 한다든가 그런 저항을 못해요. 실제 죄를 지었으니까. 말 안 들으면 징벌을 받으니 힘든 거죠. 근데 우리는 정치범 또는 양심범이라 통제를 하면 할수록 저항하죠. 강하게 저항하면 징벌방에 넣는데 그게 갔다 와도 다르지 않아요. 문 차고 밤에 소리 지르고 단식하고…, 이러니 쉽게 못 건드려요. 내가 대구교도소에 있을 때 워낙 꼴통을 부리니까 청주교도소로 이감을 시키더라고요. 유명했죠. 그 당시에 1~2년 후배들한테 물어보면 정말 꼴통이었다고 해요. (웃음)

■ 수감되었을 때 주변 반응이 어땠는지 궁금합니다.

김 : 뭐 그때만 해도 소문이 다 나 있었어요. 영남대 민주화 투쟁할 때 벌써 성주에는, 김 면장 아들 유명한 데모 대장이대이, 그랬으니까요. 어머니는 제가 구속되면 데모해서 구속되었구나, 그냥 그렇게 생각하셨는데 제가 4월 5일에 구속되고 나서 5월 7일인가 아버지가 직장에서 잘리니까 이게 작은 일이 아니구나 하셨을 거예요. 그래도 어머니는 자식한테 약하니까 면회도 계속 오셨죠. 아버지는 면회 안 올 줄 알았는데 딱 한 번 오시더라고요. 근데 니 잘못했다 하는 소리를 한 번도 안 했어요. 단 한 번도 제가 하는 일이 잘못됐다고 안 하시더라고요. 예를 들면 학교에 데모가 있는 날 군수나 경찰서장이 아버지한테 자식 말리라 이러잖아요, 그럼 여기서(성주) 영대까지 오셔요, 택시 타고. 오셔서 절 다 보시는 거죠. 천 명, 이천 명 모인 앞에서 연설하고 나서 돌 던져, 화염병 던져, 투석조 돌격, 이러면 40명이 쫙 나가요. 시위 진압대 앞까지 달려가 던지고 나오면 그쪽에서 최루탄 쏘잖아요. 그럼 최루탄 끼울 때 바로 화염병조 돌격, 그러죠. 그럼 다시 화염병 40개가 날아 들어가는데 그럼 또 후퇴, 소리치고 뛰어들어오는 거죠, 영대 그 벌판에서. 거의 장군이죠. 아버지는 그걸 다 지켜보기만 하시고 안 말렸어요. 집회 다 끝나고 마무리하면 그때 오셔서 주머니에 돈 넣어주시며 밥은 먹고 다녀라, 이런 정도였죠. 하지 마라, 가자, 이런 소린 안 하고. 아버지도 자식이 하는 일을 말리고 싶진 않았던 거 같아요.

대학 연합시위

■ 당시 영남대학교 시위 분위기는 어땠나요?

김 : 처음 집회 시작할 땐 30명에서 40명 정도 모였어요. 나중에 학원

자율화도 되고 민주화투쟁위원회도 만들어지고 나니, 제가 민투위 위원
장했을 때는 최소 5백에서 많으면 2천 명까지 모였어요. 영대에 22층짜
리 건물 있잖아요. 그 건물 남쪽 마당을 민주광장이라고 불렀어요. 거기
모여서 집회하고 스크럼 짜고 나가는 거죠. 시위대가 모이면 먼저 의미와
당위에 대해서 연설을 하고 함께 나갔어요. 적극 참여하는 애들은 아무
래도 저를 따르던 직속 후배들인데 그 친구들이 화염병을 맡고 나머지 남
학생 중에서 투석을 맡았죠. 여학생들은 운동권 노래 부르면서 응원해줬
는데, 화염병이 터질 때면 와~, 하고 함성을 질러 힘을 북돋아주었죠. 여
학생 뒤로 관심은 있는데 나서지 못하는 학생들이 모였어요. 여학생들은
계속 노래 부르고 남학생들은 뛰어나가 던지고… 대강 그런 식으로 진이
짜졌죠. 영대 입구가 넓잖아요. 지금은 건물도 있고 한데 그때는 도로가
있는 데까지 허허벌판이었어요. 허허벌판에 시위대가 진을 짜면 전경이
거리를 두고 도로에서 막았죠. 학교 입구가 전투장이 되는 거죠. 당시는
경찰이 학교 안으로 못 들어왔어요. 형사들만 들어왔는데 사복조가 따
라다녔어요. 내가 학교 버스에서 내리면 두 명이 딱 붙었으니깐.

■ 대구에 있는 경북대학교나 계명대학교는 시내 인근이지만 영남대학
교의 경우 멀리 떨어져 있는데, 어떤 방식으로 사람을 조직하고 운동을
진행했나요?

김 : 교내 시위는 조금 전 말씀드렸던 식으로 진행하고, 시내 나올 때
는 경대하고 계대하고 대구대하고 투쟁위원장을 만나서 작전을 짜요. 전
두환이 일본 방문할 때였는데, 한일극장 앞 동성로 도로에서 시위를 계획
했었죠. 너네 학교 몇 명, 몇 명, 몇 명, 그렇게 200명을 모았어요. 200명
이 몇 날 몇 시에 여기서 동시에 모여서 들어간다, 이러면 그 학생들이 비
밀리에 연락이 돼요. 약속한 날짜와 시간에 한일극장 앞에 가서 왔다 갔

다 하다 보면 누군가 선동을 하죠. 그 학생이 호루라기를 불면 플래카드 쫙, 펼치고 유인물을 확, 던지면서 구호외치고 노래 부르고 행진을 하는 거예요. 그러다 경찰이 오면 해산하고 군중 속으로 들어가버리면 안 잡히는 거죠.

유인물 같은 경우는 A4 용지 반 장 정도 크기로 만들어서 한 사람당 300장 정도 가져요. 네 개 대학교에서 100명 정도 모으죠. 사람을 모으고 나면 먼저 버스노선도를 그리고, 동성로하고 한일극장 앞 중앙로를 지날 때 정도로 시간을 맞춰서 몇 번 버스, 몇 번 버스, 이런 걸 다 지정해 줘요. 거기는 워낙 교통이 복잡하니까 맞물려서 막 몇 대씩 서거든요. 정해준 시간과 버스에 타고 가다가 그 지점에서 버스가 서는 순간 창문을 열고 위에 올려놓고 내려버리는 거죠. 그럼 차가 가면서 쫙~ 날리는 거예요. 그러면 만 장 정도가 거리에 뿌려지고 학생들은 안 잡히고 그랬었죠. 이 방법이 제 생각이었기 때문에 잘 되는가 싶어 약속한 시간에 한일극장 앞에 서서 지켜본 적이 있죠. 그때 만 장을 뿌리기로 계획했었던 땐데, 버스를 타고 가던 사람들이 다른 버스에서 날리는 걸 보고 놀라서 이야기 하는데 사실 그 버스에서도 날리고 있었죠. 이쪽 날아가고 저쪽 날아가고, 이리로 가면서 날리고 저리로 가면서 날리고, 그렇게 만 장을 뿌린 적도 있었지요.

■ 연합시위를 위해서 여러 대학이 모여 준비를 하신 것 같습니다. 시위가 없을 때는 대학 연합은 어땠나요?

김 : 평소에도 계속 만나죠. 너희 학교는 언제 뭐 하노? 하면서 서로 물어보고 정보도 공유했죠. 그땐 휴대폰 같은 게 없었으니까 한 번 만나면 그다음 약속을 미리 해요. 오늘 만났으니까 3일 후에 어디서 만나자. 약속 장소에서 10분 기다려도 안 오면 바로 해산했습니다. 잡혔을 가능성

가두행진을 벌이는 대학생과 시민들.

이 있기 때문에 흩어지는 거죠. 잡혀가서 고문이라도 당하다 이 모임이 있
다는 걸 불면 우리도 잡혀가니까 그 자리에 있을 수 없죠. 그래서 약속은
철저히 지켰어요. 약속 장소에 미리 가서 주변을 맴돌다 약속 시간에 정
확하게 싹 나타나고 그랬죠.

■ 달리는 버스를 이용해 유인물을 뿌리셨다고 말씀하셨는데 건물에서
뿌리신 적도 있다고 들었습니다.
김 : 건물에서 뿌리면 십중팔구 잡혀요. 유인물 뿌리고 건물을 내려오
는 시간 동안 경찰이 오면 도망가지 못하고 잡히니깐. 그럼 바로 구속이
죠. 그래서 잘 안 하는데 이런 건 해봤어요. 유인물을 나일론 줄로 매서

건물 옥상 난간에 올려놔요. 그리고 나서 담배에 불을 붙여 줄 위에 올려 놓죠. 담배가 타들어가다가 줄이 딱 끊기면 바람 타고 뿌려지는 거죠. 우리는 담배가 타는 시간 동안 내려와서 도망가는 거예요. 후배 아이디 어였죠.

■ 1987년 6월항쟁 당시 이미 수감 생활을 경험하신 뒤였는데, 다시 교도소에 갈 수 있다는 두려움이 있으셨을 것 같습니다. 그럼에도 불구하고 6월항쟁에 뛰어든 이유가 무엇인지요?

김 : 두려운 건 없었는데, 내가 교도소를 나왔을 때가 4월이니까 데모가 맨날 있을 때였죠. 이미 지도부가 다 구성돼 있었어요. 지도부란 게 전부 선배고 후배고 친구고 그랬어요. 같이 활동했던 사람들인데 1년 살다 왔으니까 좀 쉬어라 하는 분위기였죠. 니가 또 나와 해라, 이러진 않았어요. 데모 준비는 지도부에서 다 알아서 했어요. 난 집회 참여해서 행진 같이 하고, 최루탄 터지면 같이 마시고, 도망가고···. 그때는 지도부가 아니라 대중으로 참여를 한 거죠. 그래서 해드릴 말이 별로 없는 거예요.

■ 당시는 정보를 쉽게 공유하기 어려웠는데 사람들에게 어떻게 알렸는지요?

김 : 그게 김대중하고 김영삼의 정치력이라 보면 돼요. 당시에 영남에는 김영삼, 호남에는 김대중 이랬죠. 두 사람이 움직이면 의식 있는 사람들이 모두 몰릴 만큼 대중적으로 힘이 있었던 거죠. 그대로 언론에서 터뜨려줬던 거도 있었고.

■ 언론 탄압이 한참 심했을 시기였는데 어떻게 언론이 다룰 수 있었나요?

김 : 워낙 사안이 크다 보니 감췄을 때 언론이 입는 타격이 컸어요. 전두환이 대통령을 하면서 국민들을 많이 억압했죠. 국민 정서가 불만이 대단했습니다. 학생 수천 명이 감옥에 있었으니까요. 제가 대구교도소에 있을 때 그곳만 해도 40명이나 있었어요. 뿐만 아니라 야당 인사 중에 국회의원들도 감옥에 들어갔죠. 국민들 불만이 워낙 커서 전두환이 위기 상태였죠. 그런 걸 언론들이 본단 말이에요. 전두환 레임덕도 있었고 워낙에 김대중도 가택 연금되고 김영삼도 정치규제법에 걸리고 그랬는데 분위기가 그걸 안 풀어줄 수 없는 거예요. 결국에는 터져 나온 거죠.

문화예술운동으로 방향 전환

■ 교도소에 가기 전과 출소한 후 활동에서 위치나 신분이 다르셨네요?

김 : 감옥에 가기 전에는 대학생 신분으로 운동하다가 사회 나와서는 민통련에서 활동했죠. 민통련이 대구 첫 시민사회운동 단체였어요. 민통련을 하다가 다시 구속되고 출소 후에 6월항쟁 터진 건데 그때부터 문예운동(문화예술운동)을 시작했어요. 우리문화연구회가 처음 만들어졌을 때 사무국장을 맡아달라고 했었죠. 사실 문화에 관심이 있어 한 게 아니고 재정이 어려우니까 어디 후원 좀 받아서 문예운동을 하는 사람들 연습 공간이라도 만들어주려고 시작한 거죠. 그게 대구 민문연(민중문화운동연합)이 되고, 대구 노문연(노동자문화예술운동연합)이 되고, 대구 민미협(민족미술협의회)도 만들어지고, 대구 민예총(한국민족예술인총연합)도 만들어지고 이렇게 된 거죠. 민예련(민중문화예술운동연합) 의장, 노문연 의장, 민미협 사무국장, 민예총 정책실장…, 뭐 이런 일 했습니다.

■ 처음에는 문화예술에 관심이 없으셨다고 하셨는데 오랜 시간 문예운동을 하신 이유는 무엇인가요?

김 : 처음에는 모르고 들어갔는데 하다 보니 관심이 생긴 거죠. 공부를 많이 했어요. 마당극이니 풍물이니, 레닌의 문화예술론이니 맑스의 문화예술론이니, 문예창작방법론하고 공연기획론 이런 것도 했죠. 대학원에서 문화인류학을 전공하기도 했죠. 전시 기획도 하고 연극 연출도 해보고 다양한 문예 행사를 기획했죠. 참여할 예술가들 조직하는 일도 했고요. 그렇게 한 2년 지나니까 주위에서 대구 최고 문예이론가라고 추켜세우더라고요. 지금도 대학생들이나 문예활동가들 모아놓고 강의하고 그래요. 막상 해보니 재밌더라고요.

■ 일전에 김용락 선생님 인터뷰에서 우리문화연구회랑 이어지는 활동들을 들었는데 함께 활동하신 건가요?

김 : 김용락 선생님도 같이 활동했어요. 우리문화연구회가 문예운동 1세대거든요. 그때 같이 활동한 사람들이 시인 중에는 배창환, 정대호, 김용락, 김윤현…, 지금 거의 60대 다 돼가는 사람들이죠. 노래분과, 연극분과, 풍물분과, 문학분과…, 그런 식으로 분과들이 있었죠. 제가 의장할 당시 문학분과장이 김수상 시인이었어요. 함께 활동하다가 민문연에서 노문연과 민예총으로 나누어졌죠. 저는 민예총에서 정책실장으로 일하다가 문예운동을 접고 정치판으로 뛰어든 거죠.

■ 문예운동을 하다 정치로 방향을 바꾸신 이유는 무언인가요?

김 : 민예총 정책실장을 할 때였는데 생계가 어려워졌어요. 결혼하고 애들도 생겼었거든요. 감옥 갔다 오니까 취직도 안 되고, 이 일 저 일 닥치는 대로 했어요. 트럭 운전기사도 하고 팔달시장 가서 노가다도 하고 책

배달도 하고…. 일하면서 민예총 정책실장하고 대구 노문연 활동을 병행 했죠. 전체 운동에 문예운동이 빠지면 안 되니까 대경연합, 전민연(전국민족민주운동연합), 이런 게 조직될 때마다 내가 문예 쪽 대표로 참여했어요. 그러다 보니 전체 판을 다 알게 됐죠. 14대 대통령 선거에서 떨어진 김대중이 정계 은퇴한다고 하고 영국 갔다가 돌아와서 1995년도에 새정치국민회의란 당을 만들었어요. 그러고선 1997년도 대선에 다시 출마하려 할 때였는데 1996년도 여름쯤 됐을 거예요. 저를 찾더라고요. 정치권에서도 대구 판을 알고 있었죠. 기존의 대구 지역에서 정치 활동을 했던 사람들은 소위 건달 같은 사람들이 많았거든요. 제대로 선거운동을 해줄 사람이 필요했던 거죠. 그때만 해도 김대중은 운동 단체에서 사람을 많이 뽑았어요. 금호호텔에서 만나자고 해서 갔는데 "김 동지! 내 마지막인데 도와도." 그러더라고요. 그때는 정치판으로 가면 운동권에선 배신이었거든요. 고민도 되고 해서 같이 활동하던 몇몇 선후배를 불러서 이야기를 했죠. 우옜음 좋겠노, 했더니, 지금 운동판에서 할 거도 없고 김대중이 대통령이 되면 나라가 좀 안 났겠나, 하며 해보라 하는 얘기도 있었고 가면 사람 버린다 하는 얘기도 들었죠. 의견이 분분했는데 일단 함 해보자 하는 마음으로 간 거예요. 새정치국민회의 대구시당 사무처장을 맡았어요.

제가 그때 서른여덟 살이었는데 전국 최연소더라고요. 그 당시 사무처장이라면 보통 50~60대였거든요. 김대중이 대통령에 당선되자 졸지에 여당 사무처장이 된 거죠. 엄청난 권력을 가지게 된 거예요. 막 대구 경찰청장이 보자 하고 대구 부시장도 한번 보자 하고…. 그러다가 김대중 대통령이 대구에 기반이 없으니까 기존에 있었던 엄상탁, 안기부에 있었던 이용택 이런 사람들을 영입하면서 엄상탁이 대구시당에 위원장으로 온 거에요. 김영삼 때 안기부 기조실장 했던 보수였죠. 당연히 부딪치는 거예요. 시당위원장이 사무처장을 임명하는데 내가 계속 반대할 수 없잖아요, 임명권자한테. 근데 계속 마음에 안 드니 부딪쳤죠. 한 판 되게 붙고 사표 던지고 나와버렸어요. 나왔는데 할 일이 없으니 대학원이나 가자해서 99년도에 1년 반 다녔고 99년도에 다시 2년 다녔죠. 2년 마치고 석사논문을 쓰려고 준비하고 있는데 해수부 장관하던 노무현한테 선거 도와달라고 세 번이나 연락이 왔어요. 보자길래 만났죠. 도와달란 이유가 당내 경선을 해야 하는데 당에 당원들이나 대의원들을 많이 아는 사람이 저뿐이라고 대구·경북 책임을 맡아달라는 거였죠. 실무 총책을 고민하다가 석사 논문을 포기하고 뛰어든 거예요. 그리고 경선에서 이겼죠.

노무현이 대통령 선거에 당선되고 청와대로 들어오라고 하더라고요. 근데 2004년도 4월에 총선이 있었죠. 대구에서 청와대 가지 말고 이 선거를 총괄해달라고 해서 1년 2개월이 늦춰진 거죠. 나 혼자서 청와대 들어가서 뭐하겠나 싶고 지역에서 일해야지 고민하다가 선거 끝나고 가자, 결정했죠. 1년 2개월 동안 총선 준비했어요. 열린우리당이 대구에선 다 졌지만 표는 많이 나왔어요. 그때 2004년 3월에 노무현 전 대통령 탄핵되고 치러진 선거였죠. 총선 끝나고 열린우리당이 과반수 의석을 차지하게 되고 노무현 전 대통령이 5월에 헌재(헌법재판소)에서 탄핵 기각되면서 5월에 청와대로 들어갔죠. 2004년도 5월에 들어가서 2007년도 11월까지 있었으니 한 3년 6개월 청와대에 있었죠.

민주주의와 사드 배치 문제

■ 6월항쟁이 일어난 이유와 사드 문제는 국가가 국민의 의사를 무시하고 독단적으로 행동했다는 공통점이 있습니다. 선생님께서는 국가란 무엇이고, 대통령은 어때야 한다고 생각하십니까?

김 : 국가고 대통령이고 모든 일이 완벽할 순 없죠. 그럴 순 없지만 역사의 흐름을 어떤 식으로 가져가야 하는가라는 고민의 끈은 놓지 말아야 한다고 생각합니다. 국민의 권리가 확장되고 민주주의가 점점 발전하는 과정으로 가고 있는지 계속 질문하는 것은 중요한 문제라고 생각해요. 이런 고민이 제대로 이루어지지 않으면 국민들이 국가로부터 부당하게 당하는 경우가 생기죠. 예를 들면 비정규직 문제 같은 건데, 다 정규직이면 대기업의 이익이 적어져요. 그렇더라도 국민의 권리 측면에서 해야 한다고 생각하고 정책적으로 국회나 이런 데서 법안을 만들어야 하죠. 그런데 대기업에서 국회에 로비가 들어오고 거기에 넘어가버리면 비정규직의 입장에선 법안이 되는 게 아니고 타협안이 만들어지는 거죠. 타협안이 조금은 개선이 되지만 결국 국민의 권리 면에서 손해를 보는 것은 변하지 않죠. 정책들이 가급적이면 힘없는 사람들의 입장이 더 반영되도록 정치권이 움직여야 하는데 우리나라 보수 정권은 전혀 그렇지가 않죠. 근데 국가나 대통령이 발전된 민주주의로 가도록 하는 데는 국민도 중요합니다. 박근혜 같은 경우는 국민은 안중에도 없고 본인 이익만 챙기고 놀기만 하는 이런 사람을 대통령을 시켜놨잖아요. 그거를 또 이야기해도 안 믿고 찍어준 국민들이 딱 그 수준이란 거예요. 지금은 탄핵하고 이러면서 생각이 많이 바뀌기도 했고 성주나 이쪽에도 사드 때문에 의식이 변했죠. 근데 그렇게 많이 변하진 않을 거예요. 최소한 5년에서 10년 단위로 변화가 보이지 금방은 안 보여요. 10년 정도 지나면 그때서야, 아 이게 변했구나, 하고 느낄 수 있는 거죠. 한 번에 변하기는 힘들다고 봅니다.

■ 보수의 성지라고 불리는 TK지역에서 민주주의를 위해 30여 년 넘게 활동하고 계신데요, 어려움은 없으신지요?

김 : 몇몇 사람들은 사드의 경우도 대구·경북에 배치해라, 너거가 찍어

터지는 최루탄을 피해 육교 위로 도망가는 시민들.＿중앙로 대로변

현, 근대역사관 앞

줬자나 이러기도 하죠. 데모는 많이 하는데 투표하면 보수 쪽 표가 많이 나오니깐 실컷 데모해놓고 보수 쪽 다 찍어준다 이렇게 말도 하고. 나는 40년 동안 대구에서 보수와 싸우면서 그 40년 동안 타 지역 사람한테 그런 욕을 듣고 있죠. 호남이나 서울 가면 활동하기는 훨씬 쉬워요. 더 어려운 곳에서 활동하고 열심히 했는데도 결과를 보고 대구·경북 모조리 다 욕 얻어먹는 상황인 거죠. 40년 동안 너거 보다 더 고생하면서 활동했는데 욕은 너거 보다 더 많이 얻어먹고 있다, 건드리지 마라, 이런 거죠. (웃음) 나는 다른 지역에서 그러면 철없다 생각해요. 전략이 없고 상황을 모르는 사람이 성질에 한마디씩 던지는 거니까.

■ 적송자, 김충환, 김지민 등 다양한 이름이 있으신데요?

김 : 원래 본명은 김충환이에요. 대학교 때 학생운동 시작하면서 구속될 때까진 5, 6년간은 김지민이란 이름을 썼어요. 교수들부터 대학교 때 만난 모든 운동권 선후배들 심지어 경찰들까지 김지민으로 알았죠. 저를 찾으려고 학적부를 다 뒤졌는데 김지민이 없는 거죠. 그랬는데 구속되고 김충환이라는 사람이 드러난 거죠. 김충환이 구속됐다 하니까 사람들이 김충환이 누고? 그랬대요. (웃음) 전부 김지민으로 알고 있었으니까. 정치권에 들어가서는 계속 김충환으로 있었는데 SNS가 나오면서 닉네임을 적송자로 쓴 거죠. 적송자는 중국 고대에 비를 다스리는 우사인데요, 제가 사는 동네가 적송리거든요. 나도 산에 들어가서 적송자처럼 살아야겠단 생각을 늘 가지고 있어서 적송자란 이름을 쓰게 된 거죠. 고향으로 돌아올 생각을 가진 게 꽤 오래됐거든요.

■ 살아오시는 동안 교훈이나 영향을 준 사건은 무엇인지요?

김 : 큰 사건이 있어서 확 바뀌고 이런 건 없어요. 그저 많은 경험을 했

던 거 같아요. 광주 경험, 학생운동 경험, 문예운동 경험, 정치판 경험….
감옥에서 청와대까지 갔으니까 가장 밑바닥부터 다 경험한 거죠. 청와대
에 있을 때는 국정운영이 어떻게 되는지를 봤고, 감옥에 있을 때는 바닥
에 사는 삶을 다 만났고. 그러니까 이제는 뭐 세상 경험 다 했고, 알만큼
다 알았으니 촌에서 글이나 쓰고 살자, 그런 생각도 했었던 거죠.

■ 그런 많은 경험들이 현재 삶에 어떤 식으로 영향을 주고 있는지요?
김 : 조용히 살고 싶어서 고향으로 내려왔는데 사드가 왔잖아요. 사드
투쟁위는 자세히 들여다보시면 기존의 싸움하고 전략 면에서 굉장히 다
르다는 것을 느끼실 겁니다. 제가 그동안 경험하면서 느꼈던 내용들을
실천해보는 과정이라는 생각이 있어요. 강정 마을, 평택 대추리, 밀양 송
전탑…, 이런 싸움이 다 졌잖아. 성주는 그렇게 싸우면 안 된다고 생각
하고 전략을 다르게 했지요. 계속 싸우기만 하는 방식으로는 무조건 지
게 돼 있어요. 전쟁만 이기면 되지 전투는 질 수도 있어야 하는데 전투를
자꾸 이기다 보면 전쟁에 진다는 거죠. 저들이 원하는 거예요. 처음부터
저들이 원하는 대로 싸우지 않겠다고 생각하고 시작한 거죠. 저들이 막
고 연행하려 하면 후퇴하면서 지금까지 계속 버텨온 게 그거예요. 계속
붙었으면 지금까지 남아 있지 못했을 겁니다. 타협한 거죠. 욕을 많이 먹
었습니다, 군수하고 타협하니까.
　지금도 소성리에서 싸우는 걸 사람들이 자꾸 소성리로 모여서 막아야
한다는데 소성리에서 막는 건 좋다, 그런데 끝까지 막으면 경찰들을 다
투입하고 사람들을 연행한 다음에 사드 통과하면 다 끝나는데 그걸론
안 된다고 생각해요. 소성리의 방어 전술은 싸우되, 시간을 끌다가 다치
지 않고 적당히 물러나는 게 중요합니다. 소성리로 자꾸 사람을 모으면
안 된다고 봐요. 국민들 머릿속에 저건 소성리에서 싸우는 거구나 인지

해버리니까. 소성리가 아니라 '한반도 평화투쟁' 이렇게 잡아주고 계속 투쟁을 전국화시켜야 하는 거죠. 이래야 정치권에서 움직이고 바뀌고 할 겁니다.

■ 올바른 지도자, 리더란 어때야 할까요?

김 : 항상 먼저 깨는 사람이 있고 늦게 깨는 사람이 있더라고요. 대중은 먼저 깨는 사람을 리더로 삼죠. 그렇기 때문에 리더는 '내가 리더다'라고 이야기하는 사람이 아니라 대중이 뽑은 지도자가 되는 거죠. 대중에게 지지받고 존경받고 신뢰받아야만 할 수 있죠. 그리고 리더는 대중의 움직임을 살필 줄 알아야 한다고 생각해요. 모든 대중이 의식을 가지고 움직이진 않아요. 늘 그래왔죠. 현실적으로 대중은 이익에 따라 움직여요. 성주만 하더라도 갑자기 보수적인 사람이 막 싸웠지요. 그 사람에게 대의나 명분만 강요할 게 아니고 그 사람 수준에 맞게 리드를 해줘야 돼요. 그러다 보면 신뢰가 쌓이게 되고 존경을 받아 같이할 수 있는 지도자로 사람들이 따라주는 거예요. 그렇지 않고 난 깨달은 놈인데, 이래 버리면 리더 자격이 없는 거죠. 또 변화는 위기가 와야 시작하죠. 리더는 위기가 왔을 때 많은 사람이 변화하도록 해주고 위기가 끝나면 변화한 사람이 몇 명이라도 그 사람들을 토대로 기본을 갖춰놓아야 하죠. 그래야 또 사건이 터졌을 때 나갈 수 있는 거죠. 그 환경에 매몰되어 있으면 리더는 될 수 없다고 봅니다.

■ 마지막으로 사람들에게 해주실 말씀이 있다면요?

김 : 전략적으로 살아야 한다는 거죠. 사람들은 끊임없이 늘 최고 경지로 가려고 노력하는데, 현실에서 최고 경지는 리더겠지만 인간의 삶에서 최고 경지는 깨달음인 것 같아요. 깨달음의 경지까지 가면 리더는 자동

으로 되니까요. 그런데 깨달음을 얻기 위해서는 늘 공부를 해야 해요. 쉽지 않죠. 저도 지금까지 공부하고 있어요. 여기서 공부란 어떤 정보를 얻기 위한 책 읽고 이런 게 아네요. 그런 책 수천 권 있는 거 다 창고에 처박고 깨달음을 얻을 수 있는 책 몇 백 권 정도만 딱 갖다놓았죠. 요즘 보는 건 『벽암록』, 사마천의 『사기』 같은 고전이에요. 그런 고전에 깨달음의 지혜가 다 있는 것 같아요. 전략전술론 같은 게 『사기』나 이순신, 호치민의 전기를 보면 다 나와요. 이런 고전을 통한 깨달음에서 전략적인 삶을 계획할 수 있다고 보는 거죠.

그런데 깨달음의 공부나 마음공부는 20대부터 해나가면 모르겠지만 그렇지 못한 경우는 마음공부보다 세상 공부를 하는 게 맞죠. 세상 공부를 하다 보면 모든 것이 전략적으로 움직이는 것을 알 수 있죠. 예를 들어 적송자를 인터뷰하겠다 하면 먼저 전략을 짜겠죠. 자기도 모르게 무슨 이야기를 어떻게 할지 생각하게 되죠. 어떤 행사를 해도 그렇고, 일상에서조차도 언제 머리 감고 밥은 어떻게 해먹고 하는 생활이 다 전략이니까요. 인간의 모든 생활과 삶은 전략적으로 움직임에도 불구하고 사람들은 전략인지 몰라요. 그니까 내가 이걸 해야겠다고 목표가 생기면 달성하기 위해 될 때까지 계속하는 게 중요한 것이 아니라 효율적으로 하기 위한 전략을 세우는 것이 중요한 거죠. 삶에 목표가 생기면 목표 달성을 위해 어떤 전략으로 가야 가장 효율적인지 생각하게 되고 그런 개인 생활의 전략이 사회생활에 적용되는 거라고 봐요. 공부를 하더라도 또는 무엇이 되고 싶더라도 전략적인 삶을 살아야지 삶이 윤택해지는 것 같습니다.

운동 거점으로서의 서점 문화

■ '6월의 함성 서포터즈'에 참여하고 있는 경북대학교 학생 김민기와 이동엽입니다. 먼저 선생님들 소개 부탁드립니다.

신창일(이하 '신') : 안녕하세요, 신창일입니다. 저는 1979년 경북대학교에 입학을 해 1980년 광주학살 진상규명을 요구하다가 구속돼 군사재판을 받고, 1983년 대구에서 발생한 미문화원 폭파사건 때 연루돼서 또 한 번 징역을 살았습니다. 이후에 인문·사회과학 서점을 차려서 생업에 전념하고 있습니다.

김석호(이하 '김') : 김석호입니다. 1978년에 계명대 영문학과에 입학해서 서클에 참여하면서 학생운동을 하게 되었습니다. 서클을 요즘은 동아리라 그러죠? 1980년에 소위 말하는 '서울의 봄'에서 간부로 활동을 하다가 5·18광주항쟁 이후 구속이 됐죠. 그해 9월에 강제징집됐습니다. 전에 장관했던 유시민을 포함해서 전국에서 57명을 징집했죠. 우리가 학교 다닐 때만해도 학교에서 받는 군사훈련이 있어서 3학년을 마치면 6개월 혜택을 줍니다. 근데 저는 6개월 혜택을 못 받았어요, 실질적으로 군생활을 37개월 했죠. 1983년도에 전역을 했는데 바로 복교가 안 돼서 다음 해에 복교를 하고 총학생회에서 활동을 하다 1986년에 졸업을 했습니다. 저는 대명동 계명대 정문 앞에서 '청산글방'이라는 인문·사회과학 서점을 차렸고, 지역의 시민사회운동을 맡고 그쪽으로 갔습니다.

사회과학 서점의 역할

■ 김석호 선생님께서는 '청산글방'을 차리신 특별한 이유 같은 게 있을까요?

김 : 있죠, 사실 요즘 젊은이들은 취업이 어렵지만 우리가 학교 다닐 때는 소위 말해서 학생운동을 했다 하더라도 졸업하고 어지간하면 다 됐어요. 저한테도 유학이나 교직 제의가 들어왔었습니다. 졸업을 하고 그냥 그렇게 일반 사회를 살아간다는 게 내 자신에게 용납이 안 되더라고요. 물론 가족이나 친척들은 반대가 심했죠. 그 당시에는 소위 말하는 이념이나 좌경 때문에 수시로 압수수색을 당했어요. 뭔가 나름대로 민주화 같은 사회 변혁에 기여할 수 있는 일이 없을지 고민하다가 사회과학 서점을 시작했습니다.

■ 신창일 선생님께서도 시내에 서점을 차리셨다고 들었습니다. 어떤 계기로 차리셨는지 궁금합니다.

신 : 생업 겸 시작한 건데요, 계기는 거의 비슷합니다. 여러 가지 교양서적을 팔거나 대학 서적을 주로 다루는 서점도 많았지만, 인문·사회과학적 지식 소양은 기본적으로 운동하는 사람이 갖추어야 할 이론 체계가 필수니까, 거기에 초점을 맞추어서 특화되고 전문화된 서점을 만드는 것이 당시 전국적인 추세였습니다. 주로 각 대학이나 시내에 열었는데, 운동을

목적으로 하면서 생업이기도 했죠. 그런 면에서 사회과학과 교양을 특화한 서점 창업이 시대적 트렌드였죠. 이런 곳은 단순히 이윤을 추구하는 곳이 아니고, 아까도 말씀드렸다시피, 운동이 목적이었기 때문에 경제적으로 어려운 학생들이 많은 도움을 받았습니다. 저만 해도 '청산글방' 같은 곳에서 책을 많이 복사해서 봤지요.

김 : 참고로 말씀드리자면 '신우서점'이나 '청산글방' 이런 곳은 젊은 친구들에게 소위 말하는 사랑방 구실을 했습니다. 어쩌다 대구 오면 꼭 들르는 아지트 비슷한 곳이었어요. 또 당시는 학생들 주머니 사정이 넉넉지 않으니까 신간이 나오면 한 권은 아예 복사용으로 따로 놔두기도 했었죠. 책 살 형편이 안 되니까….

신 : 책 대여 전문점이자 서림이자 '북 카페'였죠.

■ 그러면 지금 서점처럼 책 판매에만 그치지 않고 만남의 광장 역할을 한 건가요?

김 : 그렇지.

신 : 스터디도 하고 정세에 관한 열띤 토론이나 논쟁도 하고…, 거점 같은 곳이었죠.

김 : 참고로 지금 수성(갑) 김부겸 국회의원님 아시죠? 그 당시에 서울대학에서 백두서점을 했었습니다.

■ 당시 사회과학 서점이 학생들의 사고를 깨우치는 데 도움이 되었겠네요.

신 : 서점은 그야말로 책을 제공하는 차원이지 한쪽 이론으로 학생들의 사고를 이끌거나 특정 노선의 의견을 제공하지는 않았습니다. 당시가 전두환 정권하였기 때문에 군사독재에 반대하거나 자기 의견을 표출하고

싶어도 나서기가 힘들었죠. 일반 시민들에게는 체제에 비판적인 책들을 순환시켜 사회와 공유하는 역할도 했고 대학생들에게는 학생운동에 필요한 전문적인 사회과학 이론서를 제공하는 역할도 했죠. 이론, 노선, 향후 군부독재 타도를 어떠한 방향으로 진행할지 등을 구성하려면 나름대로 전문적인 이론 체계가 필요했죠. 사회구성체 논쟁이라든지, 자본주의 발달사라든지…, 이런 이론서들을 전문적으로 구비해놓았었죠. 때문에 그런 책들의 공급과 관련해 인문·사회과학 서점이 많이 생겼던 거죠.

그리고 한 가지 더 있는데, 그 당시는 공적으로 출판한 서적도 있었지만 비합법적 서적도 많았습니다. 도저히 출판할 수 없는, 내용 자체가 국가보안법에 걸리는 불온서적이라 해서 구속될 수 있는 소지의 문건들이 각 대학 총학을 통해서 내려오는데, 인문·사회과학 서점에서 배포를 해달라는 목적으로 내려오는 경우도 있었습니다. 합법과 비합법 서적이 동시에 공존하는 그런 공간이었다고 생각하시면 됩니다. 한 가지 특수한 역할을 말씀드리자면 각 학교에 비밀스러운 연락을 사회과학 서점을 통해서 전달하기도 했죠. 책 속에 넣어주기도 하고….

■ 정부에서 규제하는 책들이 지금과 비교해 많았나요?

김 : 지금하고는 비교할 수가 없죠.

신 : 검색을 해보면 당시 안기부나 검찰청에서 만든 불온서적 도서 리스트가 있었습니다. 저희 서점에서 파는 90% 이상이 불온서적이었어요. 그래서 인문·사회과학 서적 판매를 방해하거나, 아예 판매를 못하게 하려고 압수수색하는 그런 공작들도 상당히 많았습니다.

김 : 여러 가지 피해를 많이 입었지만, 사실은 압수수색 때는 영장을 가지고 와야 합니다. 그게 합법적인데, 영장 없이 오는 경우가 많았죠.

신 : 당시에 학생들 구속 사유 대부분이 불온서적을 가지고 학습했다

계속되는 시위로
임시휴업 안내문을 붙이는
상인들. (1987. 6. 18.)

고 국가보안법 위반인 경우가 많았습니다. 태반이 그거였어요. 지금은
합법화돼서 공공연하게 서점에서 읽을 수 있지만 그때는 정보과나 대공
과에서 불온서적을 소지, 탐독, 학습했다는 이유를 대고 끌고 갔거든요.
그렇게 전과 걸린 경우가 많았습니다.

　　김 : 그 당시에는 팸플릿, 소위 말하는 정부에서 규제하는 불온서적을
소지만 하고 있어도 처벌을 했습니다.

　　신 : 지금 〈오마이뉴스〉 대표인 오연호 기자, 그 양반의 모태가 《말》

지입니다. 《말》지가 반합법 문건입니다. 비합법이라기보다는 반합법이 죠. 여러 진보적 교수나 언론인들이 사회 비판적인 이론, 칼럼, 여러 가지 제반 언론 감시 속에서 기사화도 못하는 내용들…, 그러니까 직접적으로 말해서 조중동에서 싣지 못하는 내용들을 《말》지에 실어서 판매를 했습니다. 수익이 생겨야 기자들이 칼럼이나 원고를 쓸 수 있으니까…. 당시 《말》지면 필수적으로 사서 읽는 일반 시민들과 학생들이 많았어요. 누가 무슨 일로 분신을 했다든지 하는, 언론에 보도되지 않는 내용들에 대해서 사회 비판적인 칼럼들을 볼 수 있었거든요. 《말》지를 모태로 88년 이후에 〈한겨레〉나 〈오마이뉴스〉가 탄생했습니다.

■ 《말》지에 대해서 말씀해주셨는데, 요즘의 시사 잡지 같은 것이었나요?

김 : 편하게 이야기하면 월간지인데, 그때까지만 하더라도 동아일보는 논조가 괜찮았습니다. 요즘 JTBC, 우리가 볼 땐 평범한데 워낙 요즘 언론 지형이 엉망이니까, 사실은 JTBC가 정상적인 보도를 하는 거예요. 그런 기존 언론들이 싣지 못하는 부분들을 비합법적인 팸플릿이나 《말》지를 통해서 보는 거고, 필요할 때는 문건이 내려오기도 했습니다. 그래서 정부나 검찰 입장에서는 인문·사회과학 서점을 뒤지면 무엇이라도 나온다고 생각했죠. 지금 보면 참 암울한 시기였어요. 그나마 87년 6월항쟁 이후에 조금이나마 나아졌다고 하지만 역시 힘든 시기였죠.

신 : 87년에 6월항쟁이라는 국민의 저항이 나오기 전까지 80년 5·18광주항쟁 이후로 광주 학살에 대해서 진상규명과 전두환 군사독재 정권에 항거하는 소규모의 저항운동이 축적되고 그것이 시민들의 공감을 얻어서 시민들이 동참하는 그런 호헌 철폐, 직선제 개헌 운동이 전국적으로 생기게 된 거고요. 단순한 불만과 분노로는 사회에 저항은 할 수 있으나 변

화시킬 순 없습니다. 그 당시 쏟아졌던 많은 인문·사회과학 서적들이 학
생과 시민들이 이론적 기초를 잡는 데 많은 도움이 됐죠. 향후 대한민국
을 어떻게 바꾸어나갈 것인가에 대해서 고민을 하게끔 만드는 데에도 큰
역할을 했다고 봅니다. 그런 식으로 서로 집단 간 토론을 하면서 집단지
성화가 되었고 그것이 결국에는 6월항쟁이 일어난 동력이 되었다고 볼 수
있겠죠.

노선의 분화

■ 그렇다면 인문·사회과학 서점이 민주화의 거점이었다고 볼 수 있겠
네요?

신 : 민주화의 거점이라고 하면 각 대학마다 있었던 그룹을 들어야 할
것 같습니다. 각 대학마다 자기희생적인 투쟁 의식과 반독재 타도에 대
한 강한 역사의식이 있었기 때문이고, 실제로 학생들의 헌신적 희생이 제
일 컸습니다. 우리는 그런 의식에 영양분을 제공하는 서브 역할이었죠.

김 : 참고로 소위 말해서 80년 5월 민주화의 열망이 전두환 군부독재로
인해서 거의 한 삼사 년 정도는 '후리가리', 싹 다 잡아들인다는 일본말
표현인데, 83년까지는 거의 다 구속되거나 강제 징집되거나 제적되거나
그랬기 때문에 삼사 년 동안 수배를 피해서 남아 있는 사람들은 그나마
언더에서 활동을 했습니다. 84년도에 학원자율화 조치가 떨어지면서 변
화가 왔죠.

신 : 6월항쟁을 시기별로 분류한다면 80년 5월 광주학살로 탄생한 전
두환 군부독재 정권이 83년까지 파쇼적 통치를 했는데, 그렇게 지배하고
통제하기는 어렵다고 판단하고 84년부터 학원자율화 선언을 해서 살짝

풀어준 적이 있어요. 그래서 81년부터 83년까지는 반합법 투쟁을 했습니다. 무슨 뜻이냐 하면, 그때는 학내에 사법경찰이 상주하면서 언제든지 조금의 유인물을 배포하려 하거나 마이크를 잡고 군부독재에 저항하려는 시도를 하면 바로 그 즉시 잡아가던 시대입니다. 84년도 이후는 약간 달라졌죠. 그 당시 지하에서 소규모로 저항운동을 했던 그룹들이 연대하고 힘을 합쳐 세력화가 됩니다. 이전에는 수십 명밖에 안 됐지만 84년 이후에는 수백 명씩 가두집회에 모일 정도로 저항운동에 동참하는 학생들이 많아진 거죠. 이것이 세력화되고, 교내에서 투쟁을 하다가 거리 점거 투쟁으로 발전을 하게 된 모티프가 84년부터입니다. 학생운동 세력이 커지다 보니까 노선 투쟁이라고, 엔엘(NL)하고 피디(PD)로 노선이 나뉘어 있었는데 그와 관련된 온갖 철학, 역사, 노동법, 각 세계의 저항사들이 쏟아지게 된 겁니다. 그 책들을 공부해서 더욱 이론적으로 무장하고 더 치열하고 강인해진 거죠. 운동을 하는 주요한 목적과 목표를 분명하게 설정할 수 있고 자신의 저항운동이 역사적 책무라는 것을 인지하면서 더 많은 이들의 공감을 얻고 동참시킬 수 있었죠. 이런 불씨들이 모여 6월항쟁이 시작됐다고 생각합니다.

김 : 우리가 대학을 다닐 때가 70년대 후반입니다. 그때가 긴급조치 9호 시대였는데 당시엔 대구 지역 학생운동 그룹은 얼마 되지 않았어요. 그래서 학교 개념이 없었죠. 다 모여도 수십 명밖에 안 되니까 전부 선후배였죠. 많이 잡아봤자 백 명도 안됐을 거예요. 반월당 쪽 동아쇼핑 뒷골목에 곡주사라는 유명한 막걸리집이 있는데, 저녁이 되면 자연스럽게 모여서 시국토론도 하고 그랬죠.

■ 김석호 선생님이 서점을 오래 하시면서 대학생들을 가까이서 보셨을 텐데요, 그때의 대학생과 지금의 대학생을 비교해본다면 어떤가요?

김 : 이건 여담인데요, '요즘'이라고 하니까 생각나는 건데… 사실 이번에 4개월 정도 촛불혁명을 보면서, 개인적으로 박근혜, 최순실에게 감사해요. 수많은 우리 청년들부터 중장년층에 이르기까지 정치에 관심을 가지는 계기를 만들어줬기 때문입니다. (웃음) 질문으로 돌아가서 당시와 지금을 굳이 비교하자면 그때는 대구에 종합대학이 몇 개 없었어요. 대구대학교는 한사대(한국사회사업대학), 대구가톨릭대학은 효성여대였으니까. 학생 수도 물론 적었지만 그때만 해도 학생들이 워낙 정권의 폭압에 눌려 있었어요. 쉽사리 행동은 못했지만 어떤 욕구는 굉장히 높았습니다. 가두 투쟁을 한다 하면 동 뜬다 했죠. 동 뜬다는 것은 이미 구속을 각오한 거였어요. 그 당시는 무조건 구속입니다. 학생운동을 하다가 징역 가면 소위 말하는 잡범들이 독립군 대접하기도 하는 그런 분위기였으니까요.

학생들의 전체적인 정치의식이랄까 사회 저항 이런 부분들은 지금보다 오히려 더 높았다고 봅니다. 근데 무엇이 더 나은 것이라고 말할 순 없을 것 같아요. 대학생들이 처한 현실이 너무 다르잖아요. 그때는 그래도 대학 나오면 대부분 취업이 됐으니까요. 요즘 대학생들은 사실 정치나 사회에 관심을 가질 수가 없잖아요. 예전에는 시시때때로 모여서 이야기하고 그랬는데, 요즘은 학생들이 다른 곳에 눈을 돌릴 수 없을 정도로 상황 자체가 열악하니까 그런 영향은 있다고 봐요. 결국은 어른 세대인 우리가 해결하지 못한 역사의 흐름 속에서 현재 대학생들이 피해를 입는다고 봅니다. 특히 상대적으로 대구 출신 학생들이 일베가 제일 많더라고요. 학생들의 정치의식이랄까 사회에 대한 문제의식이 유감스럽게도 시대적 상황이 이러니까 전보다는 못할 수밖에 없다고 생각해요.

신 : 얼마 전에 누가 그런 글도 썼지만, 지금 청년들, 특히 지방대 학생들이 참 그 당시와는 많이 달라요. 그때는 과외를 하면 10만 원, 30만 원,

100만 원도 받았죠. 대학생이라 하면 어느 정도 유복한 환경에서 자랐고 취업의 고민이 전혀 없는 상태였습니다. 예를 들어 내가 국문과인데 국문 교직 관련 수업만 몇 개 들으면 자동적으로 3급 교사자격증이 주어져서 우리 국문과 40명 중에 36명이 사립학교의 교사로 자동적으로 임용되던 시대였어요. 지금은 상상하기 어렵죠. 그리고 대부분의 경대 서클의 모둠원이 공대나 이공대 학생이어서 어디든 취업이 다 됐어요. 그러니 사회나 정치에 눈을 돌릴 수 있었고 저항운동을 할 수 있는 환경적 요인이 지금보다는 나았습니다. 어떤 시대에도 실제로 제일 중요한 건 내 삶이잖아요. 물론 공동체의 삶도 중요하지만 내 삶의 여건이 88세대도 아니고 77세대라고 얘기할 정도로 미래가 불투명하고 생활이 보장되지 않는 사회가 되어버렸잖아요. 그래서 내 시간과 비용을 소비하면서까지 정치나 사회에 관심을 가지고 대한민국 사회가 좀 더 나아지도록 목소리를 내기에는 눈앞의 현실이 절망에 가까운 거겠죠. 거기에다 특히 대구의 경우는 지방대가 처한 여건이 서울, 경기도보다 더 지옥이라고 생각하는 거죠. 그래서 우리 때처럼 동참해서 목소리를 내기에는 상당히 버거울 거라고 생각해요.

■ 현재 대학생들이 6월항쟁 때와는 다르게 정치나 사회에 무관심한 것은 잘못된 사회구조가 빚은 현상이라고 생각하시는군요.

신 : 사회구조적으로 더 안 좋아진 거죠. 여러 가지 지표는 분명히 있습니다. 문제의 해법을 찾아 어떻게 풀어나가야 할지는 모두가 함께해야 할 숙제이지만 당장 청년 대학생들이 처한 현실이 상당히 냉혹한 것은 인정해야 한다는 거죠. 그래서 지금 여러분들이 6월항쟁 30주년 기획을 하고 이렇게 또 기록하겠다고 하는 모습이 대견스럽고 자랑스럽기도 하지만 오히려 부끄럽습니다. 30년 동안 반독재, 시민운동을 해왔는데도 불

구하고 대한민국의 민주적 가치는 진보했을지는 모르겠지만 시민의 삶은 더 곤궁에 빠진 대한민국이 아닌가 합니다.

김 : 그때는 대학을 졸업하고 대학원에서 석박사 학위를 취득한 사람들은 정말로 그 분야의 길을 갔습니다. 그러나 요즘은 취업을 위한 스펙 때문에 대학원에 진학하죠. 거기다 어학연수가고 자격증 따고…. 이게 현실이다 보니 청년들이 변화를 희망하고 갈망하는 사회운동이 발전하지 못하는 것이라 생각해요. 아직도 참 이 사회가 이 상태로 머문다는 게 너무 안타깝고 미안하죠.

신 : 그 부분의 해법에 관해서는 여러 가지 의견이 있을 수는 있겠지만 어쨌거나, 제가 30년간 정치 쪽에 몸을 담고 있는데, 법과 제도 문제로 귀결되는 경우가 많은 것 같습니다. 법과 제도를 통해서 공정한 사회로 가야만 기회가 균등하게 돌아갈 테니까요. 6월항쟁을 통해서 반독재 민주주의의 기초를 쌓았다면 이제는 실질적인 민주주의 사회로 가야만 청년 대학생들의 경제 문제, 비정규직 문제, 남북 간 문제들을 풀 수 있으리라 봅니다. 그러나 이명박, 박근혜 정부 10년 동안 민주주의가 역주행했을 뿐더러 시민 개인의 삶의 질도 떨어졌기 때문에 6월항쟁의 개선 발전이란 측면에서도 이번에 민주개혁 세력이 집권을 해서 공정한 법과 제도를 마련하면 기회는 공평하게 제공되지 않겠느냐 하는 생각을 가지고 있습니다.

역사는 유전한다

■ 서점을 운영하시는데요, 대학생들에게 추천해주고 싶은 책이 있으신가요?

신 : 어떤 특정 서적을 말씀드리지는 않겠지만 기본적으로 생업이나 취업 전선에 뛰어들면 사실 교양도서 읽기도 많이 버겁고 대부분 일과 관련된 서적을 읽더라고요. 그런데 기본적으로 대한민국사나 한국근현대사, 어떻게 살아가는 것이 가치 있는가에 관한 철학적 서적, 남북문제와 관련된 서적들을 읽어두면 균형 있고 융합된 사고를 하는 데 도움이 되지 않을까 생각이 듭니다. 타인을 배려하고 나와 공동체의 공존을 추구하는 것은 철학적 문제이기 때문에 철학이나 역사의식을 기초로 해서 내가 어떻게 살아가야 하는지 고민해보면 도움이 될 것 같아요.

김 : 아까 이야기와 연결해서 하자면, 물론 다 이해를 합니다. 동감하지 못하는 건 아니지만 실제로 대학생들이 전공 관련 서적, 취업 관련 서적 외의 인문·사회과학적인 소양이 부족하다고 보거든요. 철학이나 역사 이쪽 부분은 자신의 정신에 자양분이 됩니다. 가능하면 책들도 많이 읽었으면 좋겠고요, 예를 들자면 조정래 선생의 『태백산맥』이나 『한강』 같은 책, 또는 『역사란 무엇인가』, 『한국근현대사』 이런 책들은 기본적으로 한 번 읽어보면 느끼는 바가 있을 겁니다.

■ 대구 청년들에 대한 이야기를 많이 해주셨는데요, 지역적으로 대구는 보수라는 인식이 있는데, 선생님께서는 어떻게 생각하시는지요?

김 : 대구 10월항쟁을 아시는지 모르겠는데요, 그때는 대구를 한국의 모스크바라고 했어요. 70년대 초반까지만 하더라도 대구가 그만큼 진보적이고, 개혁적이었죠. 전교조(전국교직원노동조합)의 중심이 대구였어요. 개혁 세력이나 진보 세력도 다수 활동했었고 그만큼 사회적 열망이 대단했어요. 사실은 박정희 5·16쿠데타 이후 유신으로 가면서 정권의 야욕 때문에 지역감정이 의도적으로 조장됐죠. 실제로 지난 2016년 총선에서 김부겸 의원이 수성(갑)에서 당선된 것이 31년 만에 야당 의원으로는 첫 당

선입니다. 그리고 대구에 구의원은 일부 있지만 광역 시의원 중에 선출직
은 야당 의원이 한 명도 없습니다. 단 한 명, 시의원이 있지만 비례대표예
요. 우리가 흔히 밥상머리 교육이라고 하죠. 지난번에 서울시장 선거 때
정몽준 씨가 출마했다가 아들 발언 때문에 낙마했지만, 예를 들어볼게
요. 제 큰아들이 경북고등학교를 나왔습니다. 86회 졸업생인데요 고2 때
어느 날 학교 가기가 싫다고 하더라고요. 그래서 왜 그러느냐 물으니까
자기 반 애들하고 대화가 안 된데. 쉽게 말하면 5·16쿠데타, 4·19혁명,
5·18광주항쟁도 모른다고, 무슨 이야기만 나오면 종북이니 빨갱이니….
내가 밥상머리 교육을 이야기한 게, 아이들은 부모의 영향을 많이 받죠.
우리 애들은 저나 엄마와 나누는 이야기들이 있어요. 그러다 보니 자연스
럽게 역사의식이란 게 있는데 애들하고 이야기하다 보면 전혀 모르니까
대화가 안 된다는 거죠. 유신 이후 정권에 의해 조작된 의식이 대물림되고
있다고 봐요.

■ 청년들의 역할이 더욱 중요하게 느껴집니다. 마지막으로 이 사회를
이끌어나갈 대학생들에게 한 말씀 부탁드리겠습니다.

김: 지금 뭐 대학생들, 딴 거는 없습니다. 그렇다고 흔히 정치인들이 이
야기하는 희망을 갖자하는 막연한 이야기를 하는 것은 의미가 없다고 봐
요. 다만 지금 우리가 1945년 이후에 70여 년 정도 실제로 두 번의 민주
정부가 있었지만 그 나름대로의 성과나 과오가 있죠. 그래도 여러 방면
에서 어느 정도 민주화가 이루어졌습니다. 그런데 지난 10년 이명박, 박
근혜 정부 때 완전히 후퇴해버렸어요. 그렇기 때문에 이번에 민주정부의
역할을 이어나갈 수 있는 정권 교체가 이루어질 수 있도록 투표를 해줬으
면 좋겠습니다. 간혹 젊은 사람들은 정치가 밥 먹여주나 이렇게 생각을
하는 것 같습니다. 그러나 아닙니다. 우리가 살아가는 삶 자체가 정치와

다 연결되어 있어요. 모든 문제들이 법과 제도에 있어 연결되어 있는 거죠. 그놈이 그놈이라고 말하는 사람들은 과거의 1번 찍던 사람들이 의도적으로 정치적 무관심을 불러일으키기 위해 만들어낸 겁니다. 그래서 관심을 좀 가져줬으면 좋겠습니다.

신 : 제가 마무리를 하자면, 인터뷰 요청을 받고 생각을 해봤습니다. 제가 79년 대학교 입학을 했을 때에 4·19혁명을 지방에서 이끌어주었던 선배들이 계셔서 만나 뵙기도 했었어요. 하지만 1979년도에서 1960년 4월 19일은 19년밖에 안 지난 거거든요. 그때 저는 그것도 멀게 느껴지면서 와닿지 않고 관념적으로 받아들여졌어요. 체감이 안 된 거죠. 6월항쟁은 지금 30년이 흘렀더라고요. 학생들이 6월항쟁을 어떻게 받아들일지 생각해보니까 그때의 저처럼 하나의 텍스트로 받아들일 수도 있겠구나 싶더라고요. 사실 와닿지 않는 거잖아요. 태어나지도 않은 시기에 발생했던 민주혁명, 박종철 열사 사건들은 역사책에서나 나오는 거지요. 근데 한 가지 생각해줬으면 좋겠는 게, 그 당시에 참 치열하게 살았어요. 징역도 각오하고요. 치열하게 살다가 투옥되고 희생당한 사람들이 있기 때문에 지금처럼 자연스럽게 의견을 낼 수 있고 비판적인 발언들을 할 수 있는 사회가 된 거고, 여러 가지 방면에서 민주적으로 1보 전진할 수 있었던 거죠. 앞으로 여러분들의 이런 관심과 의식이 다음 세대에 전해져 전진하는 대한민국 사회의 원동력이 되지 않겠나 싶습니다. 이렇게 기획해주셔서, 과거를 되새길 시간을 가졌습니다. 감사합니다.

6월항쟁과 시

■ 안녕하세요 저희는 '6월의 함성 서포 터즈'입니다. 87년 6월항쟁 전후의 대구 문화예술계 상황과 시인으로서 선생님의 사회에 대한 생각을 여쭙고 싶어서 이번 인터뷰를 청하게 되었습니다. 먼저 간단한 소개 부탁드립니다.

김용락(이하 '김') : 저는 김용락입니다. 현직은 경운대학교 교양학부 교수이고, 시인입니다. 참고로 지금 우리가 인터뷰하는 이 공간은 개인적으로 연구하는 한국문화분권연구소 사무실이에요.

■ 이번에 인터뷰 요청을 받고 어떤 생각이 드셨나요?

김 : 매우 중요한 작업이죠. 6월항쟁이 일어난 지 올해로 30년이죠? 20년 됐을 때, 대구의 매일신문에서 두 번, 크게 제가 인터뷰를 한 적이 있어요. 그게 20년 됐을 때인데, 올해로 30년이 지나고 대구 참여연대에서 이런 작업을 하는 데 기록으로 남긴다는 데에도 의미가 있고요. 그리고 이런 인터뷰를 하고 책을 제작하는 과정을 통해서 우리가 6월항쟁의 참뜻을 되새겨보는 의미가 있다고 생각해요. 그리고 제가 인터뷰 대상자 중 한 명이 되어서 개인적으로 영광스럽

게 생각합니다.

■ 요즘 강단에 서신다고 들었는데, 주로 어떤 수업을 진행하고 계신가요?

김 : 저는 주로 글쓰기, 독서와 작문, 이런 거예요. 주로 글 쓰고, 책 읽고 하는 걸 가르쳐요.

안동에서 대구로

■ 선생님께서는 87년 6월항쟁 당시에 어떻게 지내고 계셨나요?

김 : 저는, 앞부분을 좀 이야기하면, 대구 계명대학교 영문과를 83년에 졸업하고, 군대를 갔다가 와서 84년 3월에 안동에 있는 안동공업고등학교에 영어 교사로 발령을 받았어요. 그래서 84년부터 87년 4월 말까지 고등학교 선생을 했죠. 직업은 안동에서 갖고 있었지만 고등학교와 대학교를 대구에서 다녔으니까 활동은 대구에서 했죠. 그런 와중에 1985년에 대구에서 우리문화연구회를 만들었죠. 학생운동을 하던 사람들이 졸업하고 모여 대구 지역에서 문화운동을 해보자, 해서 만들어진 단체예요.

처음에는 계명대학에 김진태라는 선배가 있었고, 영남대학에는 김재호라는 선배가 있었는데 이분은 나중에 스님이 되셨고, 김진태라는 분은 정치인이 되셨고…. 그분들하고 경북대학의 배창환이라는 시인이 함께했죠. 거기서 책도 냈어요. 거칠은 들판에 어쩌고저쩌고…, 무크지도 내고 문학, 탈춤, 미술, 음악, 각 분야가 모여서 활동하기도 했죠. 그런 활동을 하다가, 1985년인가 1986년인가…. 도종환, 배창환, 정대호, 김윤향 이런 분들이 모여 만든 '분단시대'라는 문학 동인에 참여해서 판화집을 내기도 했죠. 그런데 그게 판매 금지가 됐어요. 그 당시에는 금서로 지정되는 일이 많았거든요. 학생들이 읽으면 안 된다는 게 이유였죠. 그에 앞서 1984년에 대구에서 우리가 낸 분단시대 창간 시집이 서울대학교 학생운동권들의 언더서클 교재로 쓰이면서 판매금지가 되기도 했습니다. 문학 활동하는 데 여러 가지 자유를 제한했던 전두환 군사독재 체제하에서 있었던 일이죠.

그러다가 87년 4월에 고등학교 교사를 관두고 대구로 올라왔어요. 그 무렵에 우리문화연구회라는 조직이 약간 발전을 해요. 이름이 민중문화운동연합, 그 다음에는 노동자문화, 무슨 협회, 이런 식으로. '우리'라는 포괄적 주체에서 그 다음에는 민중, 다시 노동자로 가니까 훨씬 정교화된 거죠. 이런 식으로 문화 활동을 쭉 하면서 지냈죠.

■ 1987년 4월이면 한창 시위가 많았던 때로 알고 있는데요.

김 : 그렇죠. 4월에 대구로 올라와서는 거의 뭐 6월항쟁이 시작될 때니까 매일 시위하러 다녔죠. 대구 시내 한일극장, 중앙로, 이런 곳을 완전히 시위대가 점령했거든요. 그때는 지금처럼 촛불 들고, 이렇게 다닐 수가 없었어요. 조금만 가면 최루탄을 막 쏜단 말이에요. 그럼 막 맵거든. 다들 흩어지고, 전경들이 와서 두들겨 패고, 붙잡아 가고. 잡혀가면 무조건 징역을 살았죠. 지금보다 훨씬 무섭고 비정하고 위험할 때였죠. 어제 10일에 대통령 탄핵이 인용되면서 우리 민중의 힘으로 대통령을 끌어내렸잖아요? 이건 촛불의 힘이 아주 대단한 것이죠. 촛불혁명이라고 하기도 하고 이러잖아요. 요즘 참 이렇게 평화롭고 대단한데, 그때는 이런 평화가 없었어요. 시위하러 나가면 최루탄 맞아서 서울의 이한열 학생처럼 맞아 죽거나, 아니면 두들겨 맞고 징역 살거나, 그랬었죠. 지금처럼 촛불 들고 시위를 할 수가 없는 때였는데, 그래도 매일 데모하러 다녔어요. 제가 시

스크럼을 짜고 가두행진을 하는 대학생들.＿중앙로 아카데미극장 앞 도로(1987. 6. 10.)

집을 몇 권 냈는데, 두 번째 시집이 1996년도에 나왔어요. 그 시집에 보면 1987년에 시위하던 그런 시들이 많아요. 주로 구두끈이나 운동화 끈을 꽉 매고 시위를 나갔는데, 시위를 나가면 안 잡혀야 되니까요. 매일 그런 걸 했죠.

■ 6월항쟁 당시는 공권력의 폭압적인 무력 진압이 이루어졌다고 들었습니다.

김 : 그때는 그걸 가두 투쟁, 가투라고 했어요. 그때 전두환 씨가 호헌 조치를 통해서 계속 간접선거를 하겠다고 했는데, 호헌을 철폐하고 직접

선거를 하라고 한 거지. 저는 최전방에 선 돌격조는 아니었어요. 돌격조가 상당히 위험했죠. 앞에서 돌 던지고, 최루탄 맞고 하니까. 한번은 대명동에 있는 계명대학교에서 시위를 하다가 어쩌다 보니 최전방에 서게 됐죠. 뒤에서 돌이 내 뒷꼭지(뒤통수)를 때리고. 앞에서는 전경들이 최루탄을 쏘고. 원래 최루탄을 직선으로 쏘면 안 돼요. 그거 맞으면 죽으니까. 근데도 전경들이 싸우면서 약 오르고 하니까 막 쏜다고. 얼마나 위험해. 솔직히 굉장히 무섭더라고, 맞아서 죽을까봐. 죽지는 않더라도 눈이라도 하나 없어질까 봐. 그래도 나는 운이 좋아서 전경들의 추적에 안 붙잡혔죠. 징역을 살거나 그러지는 않았어요. 특히 87년도 4월부터 5월, 6월항쟁이 있던 6월까지 대단했죠. 4월은 4·16학생운동이 있고, 5월은 5·18광주민주화운동…, 이럴 때니까 한창 대학이 달아올랐었죠. 노문연(노동자문화운동연합), 민문연(민중문화운동연합), 이쪽 멤버들하고 같이 나가기도 하고, 어떨 때는 개별적으로 나가서 하기도 하고…. 이게 6월항쟁 몇 달 동안 대구에서 저를 포함한 사회 현실에 관심 있는 사람들의 모습이죠. 시위에 참여하면서도 나는 시인이니까, 3월 달에 첫 시집을 냈어요. 『푸른 별』이라고, 창작과비평사에서 냈죠. 그 다음에 두 번째 시집을 1996년에 냈어요. 9년 만이지, 거의 10년 만에 두 번째 시집을 낸 거죠. 사람들이 왜 당신은 시집을 빨리빨리 안 내느냐고 삼사 년마다 한 권씩 내라고 그랬는데, 사실 나는 데모하러 다니느라고 시를 열심히 못 썼었어요.

안동 시절

■ 그럼 선생님은 문화운동을 하시면서도 직접 집회에 나가서 싸우셨던 거네요.

김 : 싸우러 나갈 수밖에 없었던 게 6월항쟁의 직접 도화선이 된 이한 열, 박종철 군처럼 학생들이 많이 죽었거든요. 그다음에 노동자들도 많이 죽었고. 그러니까 우리는 공부도 하고 시를 쓰는, 양심을 귀중하게 여기는 사람들이니까 그냥 있어서는 안 된다, 그래서 나가서 많이 싸웠죠. 우리 나이로 서른 살 무렵에. 나름대로 많은 사람들이 군사 정권을 물리치기 위해서 많이 싸웠죠. 시를 써서 시로 저항하고, 직접 돌도 던지고. 내가 고등학교 선생을 3년 했는데, 그런 시를 썼더니 교육청의 장학사, 또 그때는 안기부라고 했는데 지금의 국정원 직원, 그다음에 경찰서 정보과장, 이런 사람들이 수시로 학교까지 와서 수업하는데 끌고 가기도 하고. 그런 일을 많이 겪었죠.(웃음) 좀 많이 새삼스럽네요.

■ 선생님의 개인적인 배경에 대해서 궁금해지는데요. 제가 선생님에 대해서 찾아봤는데, 의성에서 태어나셔서 초등학교와 중학교를 안동에서 나오셨던데요. 안동은 선비문화의 도시라고도 하고, 전통과 보수적 정서가 강한 곳으로 알고 있습니다. 그러다 보니 가풍도 굉장히 보수적이었을 것 같은데, 그런 환경 속에서 어떻게 선생님은 진보적인 예술가가 되셨는지 궁금합니다.

김 : 저는 의성군 단촌면이라는 시골에서 태어났어요. 초등학교를 단촌초등학교라는 시골 학교를 다녔는데, 올해 입학생이 7명이라고 플래카드를 붙여둔 걸 얼마 전에 봤어요. 그런데 우리 때는 60명이 넘는 학생들이 서너 반 있어서 전교생이 천삼백 명이니까 억수로 컸죠. 그런 학교를 다녔거든요. 그런데 내가 시골 학생들 가운데서는 공부를 좀 잘했어. 전교 회장 같은 걸 했으니까. 어머니가 공부 잘한다고 출세하라고, 의성은 시골이니까 안동 시내로 전학을 시켰거든요. 그래서 거기서 초등학교, 중학교를 졸업했는데 그러다가 고등학교는 대구 능인고를 졸업했죠. 안동

은 이야기한 것처럼 매우 보수적인 곳이 맞아요. 전통, 선비의 고장이어서 사람들의 정신적인 품격도 높고. 그런 측면이 있는데, 반대로 매우 진보적인 분위기도 있어요.

나중에 이야기가 또 나오겠지만, 권정생이라는 동화 작가가 있어요, 『몽실언니』를 쓴. 그분이 안동 사람인데, 그 분을 1980년 광주민주화운동이 나던 해에 만났어요. 그분하고, 전우익이라는 분이 있어요. 유명한 재야인사예요. 이분은 여러 해 전에 MBC 프로그램 중에 '느낌표'라고, 거기 '책을 읽읍시다'라는 코너에 『혼자만 잘 살면 무슨 재민겨』라는 책으로 뽑혔었죠. 그리고 이오덕이라는 분이 있어요. 유명한 아동 문학가이자 교사예요. 교장도 하시고. 한글 바로 쓰기 운동을 하신 재야인사이신데. 이런 분들이 다 안동에 계셨습니다. 또 안동 가톨릭은 매우 진보적이에요. 대구 가톨릭은 매우 보수적이어서 저는 개인적으로 대구 가톨릭을 강하게 비판하는 입장을 가지고 있는데 안동 가톨릭은 그렇지 않아요. 얼마 전에 돌아가신 정호경 신부님이 계셨고 유강하 신부님이 계세요. 다 돌아가셨어요.

이분들이 안동 가톨릭농민회에서 농민운동을 하셨는데 지독한 박정희 군사정권에 맞서다가 징역을 살았어요. 잘 알겠지만 가톨릭은 로마교황청이랑 연결이 돼 있기 때문에 어떤 군사독재 정권도 신부들을 못 건드린단 말예요. 전 세계가 들고 일어나기 때문에. 그런데 박정희가 워낙 독해서 그런 신부님들을 감옥에 넣었다고요. 안동 가톨릭농민회가 유명해요. 안동에 가톨릭문화회관이라는 곳이 있는데, 영화를 본 적이 있어요. 84년부터 86년까지 한 달에 한 번씩 회관에서 영화를 상영해요. 찰리 채플린의 〈독재자〉, 〈골드 러쉬〉 같은 무성영화도 보고 했는데, 광주항쟁에서 전두환 군사정권이 살육을 저질렀잖아. 그런데 전두환이 언론 통제를 해서 이걸 아무도 볼 수가 없었어요. 그런데 독일의 외신 기자가 찍은 게 있었는데 독일 신부들 통해서 몰래 들어왔죠. 그걸 우리가 안동에 있는 목성동 성당에서 시커먼 커튼 쳐놓고 몰래 봤죠. 광주항쟁에서 사람 막 죽이는 거, 그런 걸 다 봤어요. 무척 분노하고 그냥 둬서는 안 된다 해서 토론하고 이랬거든요.

그때 제가 스물일곱에서 스물아홉 때니까 아주 피 끓는 청춘이었지. 저는 개인적으로 권정생, 전우익, 이오덕, 이런 훌륭한 분들 때문에 안동에서 3년 동안 선생을 할 때가 최고 행복했어요. 그분들이 학교를 많이 다닌 것도 아녜요. 권정생 선생님은 국졸이거든요. 동화를 많이 쓰신 분이잖아. 전우익 선생님 이분은 8년 정도 징역을 살다 나오신 분이고, 이오덕 선생님은 평생 동안 시골 학교 교사만 하셨는데, 이분들이 얼마나 훌륭한지 말로 표현하기 어려워요. '나의 스승, 시대의 스승'이라는 책이 있어요. 이런 분들에 대해 기록한 책이에요. 많이 팔렸는데, 그런 분들에게 영향을 받았죠.

대구의 지적 환경

■ 안동이 지역적으로 보수색이 강하지만 진보적인 분들도 많았네요.

김 : 그렇죠. 아까도 말했지만 그런 분들이 계셔서 안동에 있었던 시간이 참 행복했던 거고요. 그리고 대구로 왔죠. 1984년 1월에 《창작과비평》 신작 시집에 등단을 해서 시인이 됐어요. 창작과비평사가 지난해 50주년이 됐는데, 전두환 군사정권이 들어오면서 폐간시켜버렸어요. 민족주의적이고 너무 비판적이라고. 내가 그 잡지를 통해서 시인이 됐으니 잡지가 지향하는 가치관을 받아들였다는 의미잖아요.

또 《창작과비평》의 중요한 필자이기도 하고 대표이기도 했던 염무웅이라는 문학평론가가 있어요. 이분이 서울에서 교수 하다가 파면돼서 해직되고 영남대 교수를 했거든. 영남대 독문과 교수를 80년부터 2007년인가 2008년까지 30년 가까이 하시다가 정년퇴직하고 가셨는데,『민중시대의 문학』이라는 우리나라 문학사에서 민중문학을 처음으로 선도한, 탁월한 학자예요. 그분이 대구에 계시니까 가까이서 뵙게 됐죠. 82년도에 만났는데, 요새는 그런 학생들이 잘 없는데, 내가 그 선생님을 참 좋아했어요. 존경하고 하니까 막 쫓아다녔거든요. 선생님이 교수들 모임에 데리고 가셨는데 그때 영남대학에 계셨던 좋은 선생님들을 많이 만났죠. 『나의 문화유산 답사기』를 쓰신 유홍준 교수도 영남대에 계셨고, 《녹색평론》이라는 좋은 잡지를 만들고 계신 김종철 교수도 계셨고. 황석영 알죠? 황석영이『장길산』이라는 소설을 썼는데 그 소설에 자료를 대준 정석종 교수. 그다음에 이수인 교수라고 유명한 정치학자가 있어. 유명한 미술 평론간데 국립현대미술관 관장했던 김윤수….

이렇게 서울대학 교수들보다도 실력이 훨씬 뛰어난, 아… 그리고 정지창. 이런 분들이 있었는데 그때 그분들이 사오십대였어요. 지금 저보다 어렸을 수도 있는데 막 따라다닌 거죠. 화려한 지성의 향연, 그 화려한 비판적 지성…, 말도 못해. 그거는 진짜 세상에 나서 그렇게 좋은 복이 없다고 생각해요. 삼성의 아들로 나서 수십조의 재산을 물려받는 것보다도 훨씬 더 의미가 있는 거죠. 그래서 안동에서는 그런 영감님들, 또 대구에서는 그런 좋은 선생님들 밑에 따라다니면서 많은 걸 배웠죠. 또 최대한 바르게 살려고 한 거죠. 그런 게 문학예술운동에서 말하자면 비판적인 지성으로 들어가게 한 거죠.

■ 그럼 좋은 선생님들 덕분에 지금의 선생님이 있으신 거라고 생각하시나요?

김 : 그렇죠. 제가 수업할 때도 자주 이야기하는데, 큰 나무 밑의 작은 나무는 큰 나무 때문에 말라 죽어요. 그런데 큰 사람 밑의 작은 사람은 큰 사람만큼 커요. 우리가 어떤 선생을 만나느냐, 어떤 선배를 만나느냐가 매우 중요하죠. 그런데 좋은 선생이나 선배가 가만히 있는데 나타나겠어요. 우리가 공부하고 책 읽고 그러다 보면 좋은 사람이 드러나죠. 그러면 우리가 귀찮아도 쫓아다니고, 찾아뵙고, 밥도 사달라고 떼쓰고, 이렇게 해야 해죠. 또 막무가내로 쫓아만 다닌다고 되는 일은 아니죠. 선생님이 호기심을 갖거나, 아 이놈은 좀 싹수가 있구나, 이런 생각이 들 정도로 내가 공부를 해야 하죠. 그래야 오랫동안 관계가 지속되지, 나는 공부도 안 하고 깡통인데 좋은 선생님이라고 다니고 그러면 막 귀찮아할 걸요. 두 사람이 연애를 한다고 하더라도 둘이 뭔가 끌리는 게 있어야 하잖아요. 선생과 제자도, 선배와 후배도 마찬가지라서 자기가 노력을 해야 하죠.

■ 원래 교직에 몸담고 계셨는데, 학생들에게는 어떤 선생님이셨는지 궁금합니다.

김 : 별 볼일 없었어. (웃음) 제가 있던 학교는 공고였어요. 지금도 그렇지만 옛날에는 실업계 학교는 공부를 못하고 집이 가난한 아이들이 가는 걸로 알려져 있었죠. 실제로 사정이 좀 그래요. 그 당시에 내가 있었던 안동공업고등학교는 학생이 결석을 며칠씩 해서 가보면 차비가 없어서 학교에 못 오는 일도 있었죠. 누나가 구미 전자공단에서 일하는데 월급을 받아서 줘야 그걸 가지고 학교를 오는데, 누나가 공장을 못 다녀서 월급을 못 받아왔다 그런 애들이 참 많았어요. 가난하고 힘든 아이들을 가르쳤었죠. 그러면서 내가 아이들한테 많이 배웠어요. 책을 통해서보다 직접 보면서 알게 되는 게 있거든요.

그때는 교사가 애들을 막 팼어요. 요즘은 그러면 신고하잖아요. 나는 선생이 돼서 애들을 한 번도 안 때렸어요. 애들 농띠(농땡이)예요, 말도 안 듣고. 그래도 나는 애들을 때리진 않았어요. 설득했지. 한 번은 때릴 뻔한 적이 있었어요. 이건 좀 웃긴 얘긴데, 수업 시간인데 한 놈이 하도 지각하고 거짓말을 많이 해서 때리려는 표정으로 손을 드니까 막는 거예요. 그러더니 이놈이 창문을 타고 넘어서 도망갔죠, 때리는 줄 알고. 그 녀석 잡으려고 학교를 열 바퀴쯤 돌았던 것 같아요. 내가 끝까지 따라갔더니 이놈이 힘드니까 넘어져버렸죠. 결국 잡았는데 너무 약이 올라서 이 자식, 하면서 때리려고 하니까, 선생님 잘못했습니다, 그러더라고요. 진짜 잘못했다고 생각하느냐, 그러니까 아 진짜 잘못했습니다, 다음부터는 안 그러겠습니다 하는 거예요. 그래서 때리려고 손을 들었다가 다시 내려놨었죠. 그래서 뭐 그런 선생이었죠, 애들 때리지 않는 선생 정도.

문제의식이 공간을 결정한다

■ 주제에서 벗어난 질문일 수 있는데요, 선생님도 지역을 바꿔 서울에서 공부를 더 해보고 싶다는 생각은 안 드셨나요? 아무래도 요즘 대학생들 사이에서 출신 대학의 지역이 민감한 문제이기도 하고요

김 : 살다 보면 공간이 전혀 중요하지 않은 것도 아니지만, 공간보다는 본인의 주체적 의지 같은 것이 더 중요한 것 같아요. 그 공간을 어떻게 활용할 것인가가 중요한 거죠. 요즘은 '인 서울'이 좋다 하잖아요. '인 서울'이 더 나쁘다고 이야기할 건 없지만 그렇다고 꼭 부러워할 것도 아니죠. 우리가 대구 있더라도 열심히 하고 자기 자신을 조금이라도 게으르게 팽개쳐놓지 말고, 항상 긴장하면서 더 열심히 살 수 있는 길이 없나 고민하

고…. 다시 말해 공간은 큰 문제가 아니라고 봅니다. 단지 문제의식 없이 살면 서울과 시골의 차이가 나는 거죠.

■ 공간의 문제가 아니라 의지의 문제이겠군요. 말씀 감사드리고요, 다시 본론으로 돌아와서 선생님은 언제부터 사회운동에 참여하셨는지요.

김 : 언제부터 해야 되겠다, 마음먹은 건 없어요. 내가 시골 사람이거든. 우리 아버지가 농부예요. 요즘에는 대학 가기가 쉽지만 우리 때는 대학 가기가 어려웠어요. 올핸가 지난해는 고졸 가운데 87%가 대학 진학자더라고. 우리 때는 고졸 가운데 5~6%만 대학을 갔어요. 요즘은 전국에 4년제 대학이 200여 개, 2년제 대학이 200여 개 해서 400개가 조금 안 되는 것 같아요. 우리 때는 전국에 4년제 대학이 40~50개 정도였지요. 나는 운 좋게 대학 갔지만 주변에 진학 못 하고 공장에서 일하는 친구들 보면서 세상이 참 불공평하구나, 그런 생각을 어릴 때부터 해온 거죠. 내 나이가 우리 나이로 60인데, 유치원을 다녔거든. 조기교육의 혜택을 받았는데 내 또래에선 그런 경우는 매우 드물거든요. 그런 마음이 있었죠. 또 내가 책을 많이 읽었다고 했잖아? 중학교 때부터 장래희망이 소설가였거든. 책을 많이 읽어서 사회를 보는 눈이 다른 사람들에 비해서 좀 일찍 깬, 조숙한 편이었지. 대학 다닐 때는 학생운동을 하지 않았어요. 계명대학을 갔는데 학교가 별로 마음에 안 든 거지. 시골에서 공부 잘한다는 학생은 도시로 가서 공부하고 또 거기서 잘하면 서울대학 가서 판검사 하고, 이런 게 그 당시 공부 잘하는 사람들의 루트였어요. 근데 대구까지 와서 대학을 서울로 못 가고 계명대학에 들어왔으니…, 대학을 다닐 생각을 안 했거든. 이 학교는 쪼매 있다가 때려치우고 나가야겠다, 마음이 그랬으니 학생운동 이런 건 아예 생각도 안 하고 혼자 도서관이나 자취방에서 책만 읽었어요.

■ 그 시절에 책을 꽤 많이 읽으셨던 것 같습니다.

김 : 대명동 중앙도서관 책을 졸업할 때까지 다 읽겠다고 생각했었으니까. 지금 생각하면 말도 안 되는 소리지만 그런 생각에 수업도 안 들어가고 책만 많이 읽었어요. 방관자가 돼서 학생운동에는 참여를 안 했죠. 사회 현실에 대해서 약간 염세주의자였어요. 그런데 《창작과비평》이라는 비판적인 잡지로 등단해서 시인이 되고, 또 안동에서 교사 하면서 교육 현실 같은 거 보고, 가난한 학생들도 보고, 좋은 선생님들 영향도 받으면서 교사운동을 한 거죠. 전교조 생기기 전에 YMCA 중등 교사회라는 게 있었어요. 그때는 그냥 하면 징역을 사니까 종교를 외피로 입는 거란 말이야. 그게 몇 년 있다가 전교조로 전환이 됐어요.

내가 YMCA 중등교사회 안동 회장이었는데 전교조로 전환될 때 학교를 그만뒀어요. 교사를 계속했으면 전교조나 그런 쪽에서 활동했겠지만 대구일보라는 신문사에서 기자로 일하면서 노조 활동하다가 구속됐었거든요. 수배도 떨어져서 6개월 동안 숨어 지내고 그런 경험을 했죠. 언론운동, 이런 게 언론운동이 되는지 모르겠지만 참여연대 편집위원장도 했거든요. 또 평화통일시민운동연합 운영위원, 대구사회연구소 연구위원, 이런 사회운동을 했는데 그래도 가장 열심히 한 거는 87년에 대구에 와서 6월항쟁을 겪고 난 뒤예요.

11월 13일인가 14일 날에 내가 주동이 돼서 대구경북민족문학회라는 걸 만들었어요. 대구경북작가회의 전신인데, 올해로 대구경북작가회의가 30주년이 됐어요. 올해 11월 24일하고 25일에 대구에서 30주년 기념행사를 할 거예요. 전국 작가대회라고 전국에 있는 문인 오백 명이 모여서 문학선언서도 채택하고 친교도 나누는 자리가 해마다 있는데, 그것도 올해는 대구에서 해요. 잠깐 다른 소리를 했는데, 여하튼 대구경북민족문학회를 87년에 만들어서 정지창, 이하석 이 두 분을 공동대표로 하고 내가 사무국장을 십사 년쯤 했어요. 그때는 사무국장이나 이런 거 한다고 해서 차비를 주거나 활동비를 주거나 하는 게 하나도 없어요. 오로지 내 돈 쓰면서 내 시간을 넣어서 한 거죠. 그리고 그 뒤에 이게 민족문학작가회의 대구경북지회로 바뀌고 요새는 한국작가회의 대구경북지회가 됐죠. 그 활동을 통해서 사회운동을 꾸준히 해왔죠.

■ 대학 당시는 선생님 표현에 따르면 운동에 방관자였는데 다독과 교사 시절 경험, 주변 지인들의 영향으로 사회운동을 시작하신 거군요. 특히 시인이시니까 문학 단체도 만드시고 문학운동을 오래 하고 계신데요, 당시는 군사독재 정권 시절이니 정권의 문화예술 탄압이 심각했을 것 같습니다.

김 : 아까 얘기했던 '분단시대' 동인에서 84년도에 만든 『이 땅의 하나 됨을 위하여』라는 책이 있는데 서울대 운동권들이 의식화 교재로 썼어요. 정부가 그걸 알고 먼저 판매 금지를 시키더니 거기 글을 실은 교사들을 탄압하기 시작한 거죠. 경상북도 교육청에서 장학사가 내려와서 수업 중에도 끌고 가…. 안기부 본원에서 내려와서 교장실로 끌려간 적도 있어요. 그때 저보고, 선생이 애들한테 공부나 가르치지 이 새끼 당장 구속할거야, 그러길래 구속하라고 소리 지르면서 육탄전을 벌인 적도 있죠. 잠깐 다른 얘기 좀 하자면, 그때 우리 교장선생님이 참 훌륭한 분이셨어요. 다른 교장 같으면 당장 파면시켰을 텐데 이 교장이, 시끄럽다고 고함을 지르면서 떼어놨죠. 그리고 나서 형사 두 명을 내보내고 저한테 말씀하시길, '김 선생 꾀시리하자. 니 이러다가 덜컥 구속되면 니가 하고 싶은 일을 못한다. 죽은 물고기는 물에 떠내려가지만 산 물고기는 물을 치받아 간다. 내도 그걸 안다. 근데 니 지금 이 카다 구속되면 아무것도 안 되니까. 좀 꾀스럽게, 어? 미안하다 카고 이 사람들한테….' 그러시면서 저를

타이르셨죠. 안동에서 '꾀시리하자'는 말은 '꾀스럽게 하자'는 거예요. 이때 내가 굉장히 감동받았죠. 내가 네, 했더니 그 사람들을 다시 불러서 서로 사과하라 그러셨죠.

나는 욕하고 멱살 잡은 거 미안하다고 사과하고 그런 적도 있어요. 87년 4월 13일잔가? 조선일보 보면 이름도 나와요. 지금은 시국 선언을 많이 하는데 그땐 그런 거 하면 그대로 교도소 가거나 곧바로 쫓겨나기 때문에 못했어요. 근데 우리가 전두환 4·13호헌조치를 반대하는 시국 선언을 해서, 시국 선언 명단이 한 40~50명 정도 조선일보 사회면에 쫙 실린 거예요. 제 이름도 있었죠. 그래서 박살난 경우도 있었고, 그때는 그거 한 번 갖고 곧바로 구속시키지는 않았던 거 같아요.

정치적 압제와 문화예술

■ 이번 박근혜 정부 때 작성한 블랙리스트도 이전의 그런 문화예술 탄압과 같은 맥락인 것 같습니다. 선생님도 명단에 포함되셨던데요.

김 : 나 같은 경우는 평생을 블랙리스트로 살았죠. 이번에 블랙리스트도 세월호 관련해서 서명했다고 올라갔고, 지난번 대선 때 박근혜 후보는 절대 안 된다는 생각에서 문재인 후보 지지 선언을 했다고 문제가 됐고…. 그때는 제가 대구경북문화예술인들 1500명, 1576명인가? 여하튼 1500여 명을 모아서 명단을 만들었어요. 그 사람들이 다 블랙리스트에 오른 거죠. 근데 그중엔 나처럼 목적의식이 뚜렷한 사람이 있는 반면에 그냥 이 사람이 하니까 옳은 일이겠거니 해서 올리라고 동의한 사람도 있었거든요.

이런 사람들이 요새 이름이 신문지상에 오르내리니까 두렵잖아요. 저를 찾아와서, 애들 취직하는 데 혹시 문제가 생기지는 않을지, 어떤 불이익을 당하게 되는 건 아닌지 묻는 사람들도 있었어요. 막 걱정하는데 뭐라고 말을 해야 할지 매우 난처하고 고통스러웠어요. 나야 올린 장본인이니까 내가 징역 살면 사는 거고 학교 파면되면 또 그러는 거고…, 하지만 그 사람들은 내 얘기 듣고 올린 건데 미안해서 참 힘들었죠. 뭐 그런 일도 있었고….

본론으로 돌아가서, 어찌됐든 그건 말이 안 되는 거죠. 박근혜 대통령이 파면될 때 블랙리스트 사건을 직접적으로 언급하진 않았지만 그건 헌법에서 명시한 표현의 자유를 위배한 일이죠. 표현의 자유, 양심의 자유는 헌법적 가치고 이건 신이 인간들에게 내린 겁니다. 그걸 탄압하기 위해 리스트를 만든다는 건 있을 수 없는 일이죠. 그거 하나만으로도 사실 대통령은 파면돼야 하는 거죠.

■ 말씀 중에 징역 산다는 표현을 여러 번 하셨는데요, 군사독재 시절에는 여러 분야에서 구속, 수감된 분이 많았던 것으로 알고 있습니다. 문화예술계도 상황은 같았으리라 생각되는데요.

김 : 그렇죠. 필화사건으로 80년대 징역을 산 친구들이 꽤 있죠. 이산하라는 시인이 있는데 「한라산」이라는 장시를 발표하고 국가보안법 위반으로 구속됐어요. 「한라산」은 제주도 4·3항쟁을 다룬 시였죠. 또 오봉옥이라는 시인도 국가보안법 위반으로 구속됐었고, 나도 89년쯤이었는데, 《실천문학》이라는 진보적 잡지에서 대구 10월항쟁을 주제로 장시를 써달라는 원고 청탁을 받았어요. 그걸 쓰려고 자료도 모으고 준비를 많이 했는데 최종적으론 못 썼죠. 구속되거나 이런 게 두려워서 못 쓴 건 아니고, 이 사태를 어떻게 볼 건지에 대한, 말하자면 역사관이 그때까지 제대로 서 있질 않았어요. 이게 민족해방의 관점인지 계급해방의 관점인

지…. 그땐 이런 걸 많이 따졌거든. 엔엘(NL)이다 피디(PD)다, 운동권들끼리 노선 투쟁이 많았어요.

■ 구속까지는 아니어도 검열 따위로 작품 발표를 못하신 경우는 없었나요?

김 : 저 같은 경우는 발표를 못한 적은 없어요. 그냥 했어요. 특별히 이거는 징역 살겠다, 이래서 써놓고 발표 못한 시는 없어요. 아무래도 억압적인 분위기이긴 했으니까 시인들이 사전에 자기 검열 같은 거, 이런 걸 해서 비켜가기도 하고…, 그랬죠.

■ 87년과 비교하면 지금은 민주적이긴 하지만 블랙리스트 사건에서 보듯 정권은 꾸준히 예술을 검열하고 있는데요, 이유가 무엇이라고 생각하세요?

김 : 김영삼, 김대중, 노무현 하다못해 이명박 정권까지도 어느 정도 표현의 자유가 있었어요. 그런데 갑자기 박근혜 정부에서 확 뒤로 돌아간 거예요. 있을 수 없는 일이죠. 아마도 김기춘이라든가 박근혜 정부를 지탱하는 옛날 사람들 때문에 그런 게 아닌가 싶네요. 정치인들이 예술가들을 왜 틀어쥐려 하냐면, 예술은, 시도 그렇고 음악이나 미술 이런 게 사람의 마음을 움직이는 거잖아요. 우리가 그냥 이렇게 저렇게 강압적으로 하라 하면, 앞에서는 하는 거 같지만 그 힘이 사라지면 용수철처럼 제자리로 돌아간단 말이에요. 그런데 문학으로 사람의 내면이 변화하면 이거는 어떻게 할 도리가 없는 거죠. 그래서 군사정권이나 억압적인 정권은 다 문화예술을 통제하려고 했죠. 이데올로기잖아요, 사람의 정신을 지배하는.

민정당 당사를 항의 방문한 시민들 발 아래 노태우 대통령 후보 선출을 알리는 민정당보가 쏟아져 있다.

■ 문학의 힘이 참 대단하다는 생각이 드는데요, 6월항쟁은 어떤 영향을 미쳤는지요?

김 : 6월항쟁이 있기 전이죠. 1980년에 전두환 군사정권이 들어서면서 우리 사회에서 매우 의미 있던 《창작과비평》, 《문학과지성》, 《뿌리깊은 나무》 같은 좋은 잡지를 다 없앴어요. 다 폐간시켰단 말이죠. 그다음에 아까 이야기했던 건데, 리영희 교수님의 『8억 인과의 대화』나 우리 '분단시대' 동인 시집 같은 비판적인 책들을 다 판매 금지시켜가지고 아무도 못보게 했죠. 근데 87년 6월항쟁이 일어나고, 전두환 정권이 물러나게 되고, 대통령을 직선으로 뽑고, 우리 사회 전체가 민주화 과정으로 돌입한단 말이에요. 그때 문화예술계에도 이전에 아주 억압적이었던 환경이 많이 풀려요. 88년도 서울올림픽을 기점으로 해서 금서가 됐던 월북 시인들의 책도 해금되고요. 대구만 봐도 87년 11월에 대구경북민족문학제란 걸 만들었잖아요. 이 민족문학제라는 건 기존의 문인 단체가 독재정권 편들고 독재정권의 나팔수가 되었던 과거를 반성하고 양심에 따라 말 그대로 정의와 진리에 따라서 작품 활동을 하겠다는 그런 뜻을 모은 조직이거든요. 이 모든 것이 6월항쟁의 결과로 생긴 거죠.

문학의 역할

■ 개인적인 질문 몇 가지 드리겠습니다. 먼저 가장 아끼는 작품은 무엇인지요?

김 : 별로 아끼는 작품이 없어요. (웃음) 시를 잘 써야 하는데 나는 별로 잘 못 써요. (웃음) 지금까지 시집을 다섯 권 냈어요. 문인들 사회에는 등단이란 제도랄까 풍습이 있는데, 제가 등단 33년쯤 됐는데 다섯 권은 많

은 게 아니에요. 평론집도 여러 권 내기도 했는데, 문학을 통해서 사람들한테 어떻게 사는 게 올바르게 사는 건지, 어떻게 사는 게 인간답게 사는 건지, 이런 걸 끊임없이 촉구하는 거죠. 누군가가 내 시집이나 평론집을 읽으면 우리가 이렇게 사는 게 인간으로서 존엄을 지키는 삶이구나, 그런 생각이 들었으면 하는 바람으로 시를 쓴 거죠.

■ 선생님이 생각하시는 바른 삶을 전하기 위해서 글을 쓰시는 거군요?

김 : 그렇게 봐도 되죠, 틀린 건 아니죠. 근데 문학은 묘해서 오로지 이렇게 저렇게 하자는 계몽성만 가지고 쓰면 좋은 문학이 안 돼요. 그런 거도 있으면서 또 다른 어떤 미적 감동이 있도록 해야 좋은 문학이 되는데, 내 시는 그렇게 좋은 문학은 못되죠. (웃음)

■ 대구 평화의 소녀상 건립에도 관여하신 걸로 아는데요, 바닥에 선생님 시가 새겨져 있는데, 그 시를 쓸 때 어떤 마음이셨나요?

김 : 「살구꽃봉오리」라는 시를 썼는데, 제가 평화의 소녀상을 세우는 모임 공동대표 가운데 한 명이기도 해서 글을 부탁했더라고요. 개인적으로 매우 영광이에요, 아주 고맙게 생각하고…. 그 시는 우리 어머니하고 어머니 친구분들 이야기예요. 우리 어머니가 1927년생이에요, 지금 아흔한 살이시거든요. 우리 어머닌 열다섯 살에 결혼했어요. 요즘은 서른다섯 살은 돼야 결혼하데요?(웃음) 우리 어머니한테 왜 열다섯 살에 했냐 하니까 그때 물론 요즘보다 훨씬 더 젊어서 결혼하긴 했지만, '위안부' 문제 때문에 일찍 했다고 하시더라고요. 젊은 애들을 다 끌고 가니까 부랴부랴 막 일찍 조혼을 한 거죠. 우리 어머니랑 같은 동네 살던 친구들이 끌려간 이야기를 들었던 거죠. 특별한 건 없어요, 들은 이야기를 그대로 쓴 거니까…. 일본은 그 문제에 대해서 진짜 통한의 사죄를 해야 하는 거죠.

박근혜 정부가 저지른 12·28 '위안부' 합의, 이거는 완전히 없애야 하는 것이고요. '위안부' 할머니들, 어머니들의 명예를 꼭 회복해야 된다는 생각이었어요. 참 아픈 과거죠. 많은 사람이 평화의 소녀상을 보고 우리 역사를 생각해봤으면 좋겠다 싶어요.

■ 교육자이시자 정치도 하시지만 오랜 시간 사회운동을 하셨는데요, 시인으로서 그런 삶을 어떻게 생각하시나요?

김 : 시인…, 좋죠. (웃음) 뭐라고 말을 해야 하나? 음…, 우선 내가 시인으로 살았던 거에 대해서 후회는 없어요. 시인으로 열심히 잘 살았다 싶고, 또 시인으로 지역사회에서 나름대로 역할을 충실히 해왔다고 생각하고요. 평화의 소녀상 시처럼 옛날에 이런저런 문제가 있을 때 그런 기념시를 많이 썼거든. FTA, 지하철 사고…, 그다음에 강정문제, 용산 참사, 이런 사회적으로 큰 문제가 있을 때마다 시를 써서 대중 앞에서 읽고 이야기를 하고 했죠. 그런 점에서는 시인이 돼서 산 건 잘한 일 같아요.

정치 이야기가 나오는데 제가 이제 정치인이죠. 현실적으로 당적을 갖고 있잖아요. 더불어민주당 당원이거든요. 그리고 총선 출마를 두 번이나 했단 말이에요. 또 교육감도 한 번 출마하고 이랬는데 정치 자체에 매력을 느껴서 그랬다기보다는 내가 생각하는 사회변혁의 한 방법으로 선택한 거라고 보시면 돼요. 그게 훨씬 더 효과적일 수가 있거든요. 아까 전에 이야기했지만 문학하면서도 이런저런 시민단체 활동을 많이 했는데, 그런 거는 그런 거대로 나름 의미가 있고 아주 소중한 일인데, 정치는 대구·경북 지역이 보수정당만 되니까 개혁정당, 진보정당은 아무도 출마를 안 한단 말이에요. 그때 내가 나간 건데, 말하자면 싸워준 거죠. 근데 정치는 매우 중요한 거예요. 매우 중요하고 실력 있는 사람들이 정치인이 돼서 하면 우리 사회를 바꾸는 데 훨씬 효과적이라고 봐요.

■ 시인으로서 좋은 점을 말씀해주셨는데 시인으로서 어려운 점도 있으실 것 같습니다.

김 : 시인으로서 사는 게 뭐가 어렵냐면, 좋은 시를 써야 한단 거죠. (웃음) 그런데 좋은 시를 쓰기가 어렵거든요. 사람은 자기가 하는 일을 잘해낼 때 만족하고 행복하잖아요. 근데 시인은 아무리 잘 써도 그게 만족이 안 되는 거죠. 예술의 속성이 그런 거죠. 사람을 힘들게 하는 게 있잖아요. 그래도 난 문학을 하는 게 좋아요. 왜 좋으냐면 책을 많이 읽거든요. 맹자의 인생삼락(人生三樂)이 있죠. 부모가 모두 살아 계시고 형제가 무고한 것이 첫째 기쁨이고, 우러러 하늘에 부끄러움이 없고 숙여 사람에 부끄러움이 없는 것이 두 번째 기쁨이고, 천하의 영재를 얻어 교육하는 것이 세 번째 기쁨이라는 내용인데, 옛날에 양주동이란 유명한 학자가 사락, 책 읽는 기쁨을 추가해서 인생사락이라고 했죠. 책 읽는걸 스스로 좋아하는 거 진짜 복이에요. 그것보다 더 좋은 게 없어 얼마나 행복한지….

■ 현실참여에 관한 시를 많이 쓰셨는데요, 시를 비롯한 작품이 어느 정도 사회적 역할을 갖고 있다는 믿음이 있으신 것 같습니다. 구체적으로 말씀 부탁드립니다.

김 : 전문적인 이야긴데…, 칠레 출신의 파블로 네루다(Pablo Neruda)라는 리얼리스트 시인이 있어요. 〈일 포스티노(Il Postino)〉라는 영화의 실제 인물이죠. 영어로는 '더 포스트맨'인데 참 좋은 영화예요. 1학년 학생들 수업할 때 한 학기에 영화를 3편 보는데, 한 편은 〈일 포스티노〉이고. 한 편은 〈더 리더(The Reader)〉('책 읽어주는 남자')이고, 나머지 하나는 권정생 관련된 다큐멘터리예요. 이 세 개를 꼭 봐요. 다른 이야기를 좀 했는데 다시 네루다로 돌아가서, 이 시인이 한 유명한 말이 있어요. 리얼리스트가 아닌 시인은 시인이 아니다. 모더니즘 쓰고 어려운 거 쓰고 이런 게 아니

란 말이죠. 그리고 덧붙이기를, 단지 리얼리스트인 시인도 역시 시인이 아니다. 그렇게 말한 거죠. 내가 현실을 변혁시키겠다 말해서 참여시를 쓰잖아요. 근데 참여시가 참여시가 되면, 예술적인 감동이 너무 없으면 이 사람 말처럼 나는 대단한 거 쓴 거 같지만 독자들에게 리셉션, 안 받아들여지면 효과가 없는 거죠.

글 쓴다는 사람들 중에 모더니즘, 막 어렵게 쓰고 요즘도 그런 사람 있죠. 이거는 네루다의 말로는 시가 아니고 시인이 아닌 거죠. 근데 참여시 쓰고 이런 거, 기본적인 시인데 너무 그것만 해도 시인이 아닌 거예요. 결국 메시지를 갖고 있으면서도 예술적으로 뭔가 작동을 해야 한다는 그런 말이죠. 그래서 예술이 어려운 겁니다. 아까 전에 여러분에게 무슨 시를 좋아하냐 질문했을 때 맘에 들지 않는다고 이야길 했잖아요. 그건 그냥 겸손이 아네요. 엄격한 잣대를 들이댔을 때 시집을 5권 냈는데도 괜찮은 시가 없어요. 하나도 없어. 그게 이제 비극이지, 비극. (웃음) 나는 그렇게 생각해요. 그래서 앞으로 언제까지 시를 쓸진 모르지만 좀 더 좋은 시를 한 편 더 쓰기 위해서 고투하는 거지. 노력하는 거잖아요. 그게 시인의 책무인거지 뭐. 여러분들도 나중에 어른이 돼봐요. 전문번역가가 돼서 가령 『승정원일기』를 번역해놓고, 더 좋게 박지원의 『열하일기』를 번역해놨지만 좀 더 좋게 번역하려 노력할 거예요. 정치학자가 될지 정치인이 될지 모르지만 만약 그런 걸 한다면 좀 더 좋은 정치를 위해서 고투하고 그런 게 있는 거죠.

■ 문학은 사회에 도움이 돼야 하지만 또 문학의 순수한 아름다움도 조화롭게 추구해야 한다는 뜻인지요?

김 : 사회에 기여도 해야 하고 미적으로도 훌륭해야 그게 더 도움이 된다는 건데…. 오로지 참여만 하겠다, 어떤 목적의식을 가지고 사회를 개

조해야겠다, 이렇게만 하면 안 될 수도 있단 거죠. 실제로 효과가 안 날 수도 있다는 정도로 이해를 하면 될 거 같아요.

■ 창작 활동이 정치 참여에 영향을 미친 게 있으신지요?

김 : 매우 큰 영향을 미쳤죠. 책을 많이 읽으면 사회적인 통찰력이 생기고 또 많이 알게 돼요. 그러면 우리 사회를 이런 식으로 바꿔봤음 좋겠다는 자기 열망이 생기죠. 『매천야록』을 쓴 황현은 나라가 식민지로 전락하자 마지막으로 「절명시」를 남기고 자살했어요. 나라가 망했는데 왜 한 명도 안 죽느냐, 나는 임금 나라에서 덕본 건 없지만 내가 책 읽은 사람으로서 그 글을 저버리지 않고 죽겠다, 그런 내용이에요. 우리나라가 참 어려운 게 조선이 식민지가 되고 망했을 때 영의정이니 뭐니 장관들 얼마나 많았겠어요. 그중에 한 사람도 안 죽은 거죠, 나라를 빼앗겼는데. 그래서 촌에 있는 매천 황현 선생이 이걸 탄식하고 죽은 거죠. 제가 그만큼 비장해야 된다고 주장하는 게 아니라, 황현 선생 말처럼 글 읽는 사람은 지식인으로서 사회적 역할을 해야 한다는 생각인 거죠. 저에게 사회적 역할이란 결국 창작이었어요. 근데 창작은 이상적인 부분이 많더라고요, 현실을 제대로 과학적으로 정교하게 분석 못하는…. 그래서 정치를 생각하고 출마도 한 건데 결과는 어렵네요.

■ 좋아하는 시인이나 존경하는 분은 누구신지요?

김 : (웃음) 좋아하는 분들, 시인들 많아요. 고은, 신경림 이분들은 대표적인 시인이시고, 또 도종환 같은 시인도 좋아해요. 진짜 좋은 시 쓰죠. 이분들 말고도 꽤 많아요.

■ 마지막 질문인데요, 시란 무엇인가요?

김 : 이거는 굉장히 어려운 질문인데…, 문학 인터뷰 같네요.(웃음) 시가 뭘까… 나는 시를 막 대단하다, 시가 아니면 죽는다, 시가 나를 구원했다, 이렇게는 생각하지 않아요. 시에 절대적 가치를 두거나 그런 사람은 아니란 말이죠. 내가 시 쓰고 시를 생각하는 것은 동엽 씨가 학교에서 번역하는 거, 수진 씨가 나중에 직장 생활을 할 때 하는 일, 사진사가 사진 찍는 거, 이런 많은 일 중에 하나 정도로 생각해요. 그렇게 생각하면서도 나는 시를 가지고 젊은 시절을 잘 건너왔다, 이런 생각이 들어요. 무슨 말인고 하면 내가 고등학교 다닐 때부터 시를 읽고 썼는데, 한 스무 살도 채 안 될 때부터 시작해서 40년…, 문단에 시인으로 등단한 지가 벌써 33년, 34년이니까 올해 그만큼 됐죠. 그동안 시인이라고 어디 가서 시 낭송하면서 대접받기도 하고, 좋은 시를 못 써서 밤에 좌절하고 절망하기도 하고, 나보다 더 좋은 시를 쓴 사람 시집을 읽으면서 스스로에 대해 안타까워도 하고, 어떤 경우는 시인으로서 사회참여를 하면서 사회적 역할도 하고 이런 점에서…, 시인이라는 일종의 브랜드를 붙인 거에 대해서 고맙게 생각하는 거예요. 시인이 아니었다면 어땠을까, 뭔가 다른 일을 했겠지? 프로스트(Robert Frost)의 「가지 않는 길」처럼 내가 이 길로 가면서 저 길로 갔으면 어떻게 됐을까 생각하는…, 이런 건 누구에게나 다 남는데 나는 시인으로 살아온 거를 아주 고맙게 생각합니다.(웃음)

행동의
원동력은
일상

■ 선생님 소개 부탁드립니다.

최호선(이하 '최') : 제 이름은 최호선이
구요, 6월항쟁 당시에는 대학교 2학년이
었어요. 지금은 제주도에서 책 하나 쓴
다고 준비하고 있고 대학에서 심리학 가
르치고 있습니다.

■ 처음에 저희 인터뷰 제의를 받으시
고 어떤 생각이 드셨나요?

최 : 사실 올해가 6월항쟁 30주년인
건 생각도 안 하고 있었어요. '급' 늙은
느낌이 막 들면서,(웃음) 되게 가치 있고
의미 있는 작업이라고 생각했어요. 그
냥 저는 그때 어떤 역할을 했다 이런 거
보다 군중 속의 한 사람이었던 기억으
로 이번 인터뷰에 참여하게 됐어요. 각
개개인이 어떤 생각으로 뭘 했는지를 기
록에 남기는 일은 중요하다고 생각했
습니다.

■ 선생님께서도 1987년 6월민주항
쟁에 참여하셨죠?

최 : 네.

박종철과 이한열

■ 시위에 참여하시게 된 계기가 궁금합니다.

최 : 고등학교 때부터 대학생들이 보는 잡지나 유인물들을 볼 기회가 있었어요. 일반적으로 언론에 나오지 않는 반정부적이라고 하는 내용들이었죠. 그런 것들을 보면서 텔레비전이나 신문에 나오는 거랑 실제는 굉장히 다르다는 생각을 했었죠. 특히 제가 1986년에 대학에 입학해서 80년 광주민주화항쟁에 대해 알게 됐어요. 그때는 '광주사태'라고 불렀어요. 이것도 저것도 아닌 사태는 의미가 없는 말이니까 지금은 민주화항쟁이라고 부르는 건데, 근데 광주가 언론에 알려진 거 하고 실상이 많이 다르더라고요. 이런 것들을 좀 알게 되면서 사회문제에 계속 관심이 많았었어요.

■ 시위의 구체적인 상황을 저희가 떠올리기는 좀 힘든데 혹시 기억하고 계신가요?

최 : 그때 80년대는…, 혹시 촛불집회 참여하셨어요? 우리 작년 늦가을부터 올해까지 계속 촛불집회 했었잖아요. 촛불집회 참여하면서 경찰에 잡혀가서 강간이나 성고문을 당할 수도 있다고 두려워하는 여학생들은 아마 없었을 거예요. 근데 저희 때는 그랬었어요. 그런 위험에 노출되어 있었고 실제로 그런 피해를 당한 여성들도 있고, 더 심각하게 목숨을 잃을 수도 있고…. 학생들도 아는 열사들이 굉장히 많잖아요. 고문을 당하거나 아니면 최루탄에 맞거나 사인을 알 수 없는 시신으로 발견되기도 하고. 그래서 실제적인 위험이 굉장히 많았었죠. 지금은 아주 많은 사람, 뭐 100만 이렇게 나와도 굉장히 질서 정연하고 그런 위험을 아무도 느끼지 않잖아요. 애기를 등에 업고 손도 잡고 나오더라고요. 비슷한 점도 많

은데 촛불집회에 참여하면서 두 가지 느낌이 있었어요. 하나는 30년 전에 참 힘들게 민주주의를 위해 투쟁이라고 해야 하나…, 뭐 어떤 활동을 해서 지금은 굉장히 심각한 폭력에는 노출되지 않도록 최소한의 안전망은 갖추었다는 자긍심이 있었고 다른 하나는, 그보다 좀 더 크게 자리 잡은 건데, 왜 우리가 그때 쟁취했던 민주주의가 정착되지 못해서 다시 길로 나서게 된 건지, 젊은 친구들이나 어린아이들까지 이렇게 나와야 되는지에 대한 미안함이 있었어요. 사실은 자긍심보다 이게 더 크죠.

■ 박종철 열사 사건 났을 때를 기억하고 계신가요? 선생님들 얘기 들어보니깐 당시에 고등학생이셨던 분들도 계셔서 기억하고 계신 내용이 조금씩 차이가 있더라고요.

최 : 그때 저는 대학교 1학년이었어요. 제 기억으로 박종철 열사 죽음의 진실을 밝힌 것은 당시 부검의였던 황적준 박사였죠. 지금은 모르겠는데, 최근까지는 고려대학교에 계셨어요. 정권의 발표대로 탁 쳐서 억 한 게 아니라고 진실을 끝까지 고수하셨죠. 근데 개인적으로 그걸 보면서 박종철 열사가 사망했다는 것도 놀랍지만 거대한 세력들이 죽음의 진실을 은폐하고 있고 그 사실을 밝히기 위해서 굉장한 용기가 필요하다는 게 큰 충격이었어요.

■ 혹시 이한열 열사 사건이 있을 때는 어땠는지 기억하시나요?

최 : 이한열 열사 같은 경우에는 한 장의 사진이 역사를 바꿨다고 생각합니다. 요즘 엄청나게 많은 시리아 난민들이 지중해에 수장당하고 있잖아요. 그런데 뉴스를 봐도 무덤덤하게 별 감정이 없었죠. 우리나라도 아니고 너무 먼 외국에 그리고 내가 해결할 수 있는 문제도 아니니까. 그런데 세 살 난 꼬마가 바닷가로 밀려온 한 장의 사진으로 이게 얼마나 비극

적인 상황인지 알게 되고 문제의 심각성을 인식하게 된 것과 같죠. 이한열 열사 같은 경우에는 박종철 열사와 다르게 친구한테 안겨서 피 흘리는 사진이 찍혔죠. 그래서 당시에 뭐 보도를 봤던 사람들은 학생이 아니라도 누구나 다 이거는 아니다 생각할 수 있는 아주 강한 시각적인 장면이었죠. 그랬기 때문에 그 사진으로 인해 사회운동이나 저항의 방향도 굉장히 많이 바뀌게 된 거고요.

1980년대의 대학 학내 모습

■ 생명까지 위협받는 상황이었는데 지인이나 부모님 등 주위 반대는 없으셨나요?

최 : 저는 효성여대를 나왔어요. 지금은 대구가톨릭대학이죠. 남녀공학인데, 저는 여자 대학일 때 다녔거든요. 시위나 학교 점거 같은 걸 하고 있으면 아버지들이 와서 딸들 머리채를 잡고 끌고 갔어요. 옛날이니까 그런 일들이 많았죠. 근데 저는 좀 특이한 경우였어요. 졸업하고 20년 정도 지났을 때 모교 은사님을 만난 적이 있어요. 교수님께서 그러시더라고요. 제가 학교 점거 농성을 할 때였는데, 집에 전화를 거셨대요. 따님이 점거 농성 중이니까 학교에 와서 데리고 가라고…, 사실 교수가 집에 그렇게 전화하는 것도 참 이상한 상황이죠. 그때 지금은 돌아가신 어머니가 전화를 받으셨는데 하신 말씀이, 우리 딸은 스무 살 넘었고 걔는 자기가 알아서 다 결정하니까 교수님 밤이 늦었으니 퇴근하시라고 그랬대요. 항상 부모님이 그런 환경에서 키웠어요. 믿어주시고 제 판단에 대해서 신뢰해주시고….

■ 머리채 잡혀 끌려갈 것을 각오하고 시위에 참여했을 텐데, 당시 효성여대 학교 분위기는 어땠나요?

최 : 대학교도 교복을 입은 적이 있어요. 저는 사복을 입었지만 몇 년 선배들까지는 그랬죠. 시간마다 출석 불렀고요. 학교를 빠지거나 하는 지금 대학생다운 자유로움이 없는 상태였죠. 굉장히 폐쇄적이고 학생들의 자율성 같은 게 보장되지 않는 상태였어요. 다른 경북대학교, 영남대학교, 대구대학교 하고도 훨씬 좀 다른 분위기였죠. 저 대학교 입학했을 때 소원이 뭐였냐면, 지금 생각하면 되게 우스운데 학교에서 내가 사물놀이를 해보고 싶은 거였죠. 그게 불가능했거든요. 어찌해서 결국은 했는데, 지금도 그때 만든 놀이패가 있는 것 같아요.

■ 아무래도 여대다 보니 더 폐쇄적으로 차단한 게 아닐까요? 대학 당국 자체에서.

최 : 그게 정답인지는 잘 모르겠지만 하여튼 제가 대학에 입학할 때 대학은 이럴 것이라고 생각했던 것들이 효성여대에는 별로 없었어요. 사회문제에 대해서 접할 수 있었던 건 주로 영남대학교와 경북대학교 친구 만나러 가거나 아니면 모임 같은 교류를 통해서였죠. 저희 효성여대에는 그런 게 별로 없었어요.

■ 다른 대학과 분위기가 달랐다고 하셨는데 타 대학과 비교했을 때 효성여대의 학생운동은 어땠나요?

최 : 다른 대학과 굉장히 차이가 났죠. 학내민주화가 저희는 시발점이었어요. 앞에서 말씀드렸지만 학생 자율권 면에서 대학이라고 하기에는 너무나 열악했으니까요. 그것 때문에 계속 학내민주화 투

대구중앙로를 점거한 시위 학생들이 구호를 외치며 경찰과 대치 중
최루탄 진앞에 흩어지고 있다.__대구중앙로 중앙파출소 앞(1987.6.16.)

쟁을 했죠. 본관 점거도 했었어요. 반정부 시위를 한 건 학내민주화 투쟁
으로 역량이 조금 길러지고 난 다음이었죠. 다른 대학교하고 연합시위도
하고…, 연합으로 할 때는 반월당을 다 메웠었거든요. 그때는 전대협(전
국대학생대표자협의회)이라고 전국적인 조직이 있었고, 대구 지역에서는 대경
총련(대구경북지역대학총학생회연합)이 있었어요. 각 대학별보다는 연합체로
많이 움직였죠. 이번에 대통령 비서실장이 된 임종석 씨도 전대협 의장 했

던 분이에요. 서울까지 같이 집회를 하러 가기도 했었죠. 사실 효성여대 같은 경우에는 학내민주화 투쟁에 대한 경험이나 역량이 부족한 부분들이 있었거든요. 그래서 연합으로 많이 했던 거 같아요.

시대의 문제와 개인의 욕망

■ 과거 학생들과 현재 학생들의 정치 참여 모습이 다를 텐데요, 공통점과 차이점에 대해서 어떻게 생각하시는지요?

최 : 공통점은 나이에서 오겠죠. 저처럼 50대가 되면 굉장히 생각이 복잡해지거든요. 근데 젊은 사람들은 그때나 지금이나 굉장히 순수하고 어떻게 보면 단순하게 결정을 잘하고 실행한다는 거죠. 차이점은 저희 같은 경우에는 개인적인 목표보다는 이 사회를 어떻게 바꿀 것인가 하는, 좋게 말하면 굉장히 원대한 포부를 가졌었죠. 독재로부터의 해방, 이렇게 거창했는데 약간 비판적으로 보자면 너무나 원대하기 때문에 그 목적이 정확하지 않고 이루어야 하는 달성의 정도가 약간 불분명한 그런 면이 좀 있었어요. 근데 제가 대학 강단에 서다 보니 요즘 젊은 학생들을 많이 보는데요, 개인적인 성취나 개인의 목표에 대해서 굉장히 열중하는 거 같아요. 저는 그게 이기적이라고 보지 않고 굉장히 현실적이라고 생각합니다. 그런 거죠. 요즘 학생들한테 좀 부러운 점도 있어요. 우리는 너무나 큰 그 이상을 좇다 보니까 개인의 소소한 기쁨이나 삶에서 느끼는 성취 같은 경험들이 없었던 거 같아요. 혼자만 뭔가를 한다는 것에 대해 약간의 죄책감을 가지기도 하고 그랬었거든요. 요즘 사람들은 개인의 취향이라고 생각하는 것들에 대한 의식이 우리는 조금 달랐어요. 뭐가 더 좋다 나쁘다 할 순 없지만 다름도 있고 차이도 있다고 생각해요.

■ 개인보다는 집단이 우선이었군요.

최 : 그렇죠. 집단이 더 중요했었죠. 그게 장단점이 있는 것 같아요. 그 때는 우리 친구들만 그런 건지 몰라도 누구 집이 더 잘사는지 누가 더 가난한지 별로 신경 안 썼어요. 그냥 생활비 받으면 막 같이 쓰고 그런 공동체적인 생활을 했었거든요. 그렇다고 항상 신념에 차서 행동하고 그런 건 아니고요. 사람들이 어쩌다 보니까 결과적으로 굉장히 역사적으로 중요한 일을 하게 된 건데 소소한 인간적인 욕망이나 그런 것들을 따지고 챙길 상황이 아니었죠. 근데 나는 그런 개인의 욕망이 굉장히 중요하다고 생각해요. 그땐 분위기가 그것들을 무척 죄악시하고 그랬었거든요. 그러면 안 되는데 무슨 민족, 민주 이런 거대 담론에 너무 휘말려 있으니까 개인의 욕망이나 성취에 대해서 좀 비하해서 봤죠. 요즘 학생들은 이런 생활 상상도 못하겠죠.

지금은 그러지 않아서 참 좋은데 또 요즘 학생들 나름의 아픔이 있더라고요. 심리학 수업을 하니까 상담을 많이 하는데 참 가슴 아픈 게 경제적인 수준에 따라서 노는 수준도 달라지더라고요. 취미 생활의 종류나 어울리는 친구의 범위가 정해지는 거죠. 실제로 어떻게 느끼는지 모르겠지만 그 과정에서 굉장히 상처받거나 실제로 심리적으로 위험한 수준의 친구들도 봐서 그게 마음이 아파요. 예를 들어 얼마 전에 상담한 학생 같은 경우는 아버지가 사업이 갑자기 힘들어지니깐 더 이상 보드 타러 가기 힘들어지고 이게 핸드폰 기종도 약간 좀 달라지고 스타벅스 가기 힘들어지니까 친구들하고 어울리기가 힘든 것 같더라고요. 우리 때는 그런 거 없었으니까…. 누구 아버지가 얼마나 돈이 많은지 뭐 군수인지 몰랐어요. 알 필요도 없고 근데 지금은 그게 아니라서 어쨌든 이런 세상을 만든 게 내 책임도 있잖아요. 나는 어른이고 기성세대니깐 그래서 굉장히 마음 아프고 미안하게 생각해요.

■ 6월항쟁과 관련한 질문 몇 가지 드리겠습니다. 선생님께서도 앞서 조금 언급하셨는데, 시위에 참여했다가 경찰에 끌려가고 고문당하는 경우가 많았다고 이야기 들었습니다. 실제로 주위에 그런 고초를 겪으신 분이 있으신지요?

최 : 제 주변에서 경찰에 고문을 당한 직접적인 경우는 없습니다만, 친구가 건국대 사태 때, 지금은 뭐라고 부르는지 모르겠는데, 그때 시위하다가 머리를 많이 다쳐서 지금도 그 1년 정도 기억이 빈 상태예요. 오늘 아침에 제주도에서 출발할 때 근처에서 그 친구랑 같이 점심 먹었는데, 지금은 정상적인 생활을 하긴 해요. 하지만 자기 인생에서 일 년 정도가 없어진 거나 마찬가지인 상태죠. 또 제가 효성여대 총학생회에서 활동했을 때 총학생회장 했던 친구도 결국은 힘든 일이 있어서 학교도 한 해 늦게 졸업했고…, 그런 경우들이 있죠. 그런 일들이 아니어도 참 무서웠어요. 학교로 굉장히 뜬금없는 발신지에서 온 우편을 뜯었는데 이철규 열사였던가 변사체로 발견된 생생한 사진들이 있었죠. 우리가 대자보를 만들어서 붙여야 했는데, 전혀 모르는 사람이지만 같은 시대를 살았던 사람이고 어떤 부당한 권력에 피해를 입은 사람이니까 똑같은 두려움이나 불안을 느낄 수밖에 없었죠. 그리고 그런 사진을 게시하고 어떻게 될지 모르니까…, 센 척은 했지만 무서울 수밖에 없죠.

■ 어떤 분은 시위에 참여한 계기가 광주민주화운동 사진을 본 후라고 하시던데요. 공권력이 민간인을 탄압했다는 게 충격적이었고 그것이 계기가 되었다는 말씀이셨죠. 선생님의 경우는 어떠신지요?

최 : 저도 마찬가지예요. 대학교 1학년 때 광주에 대해서 다룬 책을 학교 가는 버스에서 읽다가 학교를 안 가고 그길로 광주로 갔어요. 금복주를 세 병 사서 시커먼 봉다리(봉지)에 넣어 시외버스를 타고 광주를 갔죠,

학교 빼먹고. 금복주…, 지금은 뭔지 모르겠는데 그때는 각 지역별로 소주 이름이 다 달랐거든요. 대구 소주 이름이 금복주였어요. 금복주 세 병들고 망월동을 찾아간 거죠. 지금의 망월동 묘지는 민주화의 성역 이런게 됐는데 그때는 정말 공동묘지였어요. 소주를 무덤에 좀 붓고 나도 마시고…. 너무 충격적이었어요. 정치, 경제, 사회 이런 거 학교에서 배운 내용으로 보면 절차적으로 절대 있어서는 안 되는 일이잖아요.

군인이 민간인한테 총을 쏘고 여성과 어린이한테 폭력을 행사하는 게, 내가 안전하다고 생각하고 생활하고 자랐던 이 나라에서 실제로 일어난 일이라니 굉장히 충격적이었죠. 거기에 개인적으로 한 가지 더한 게, 가해 세력의 아주 중요한 사람이 경상도 사람이라는 것에 대해서 굉장히 미안하고 죄책감이 들었죠. 지금도 마찬가지로 경상도 사람들 중에 여전히 잘못된 이야기를 하고 그걸 퍼뜨리고 한다는 것에 대한 죄책감도 있었고…. 그 뒤로 매년 가고 있습니다.

6월항쟁의 경험이 세월호 치유에 도움이 되다

■ 세월호 관련 활동을 하셨다고 들었는데요, 이야기를 듣고 싶습니다.

최 : 지금은 심리학을 가르치지만 석사를 상장례 쪽으로 했었어요. 그래서 돌아가신 분들의 몸을 보는 거나 장례 절차에 관한 일들이 제가 공부한 부분이죠. 2014년에 세월호 참사가 있었을 때 처음에는 학기 중이라 수업이 있어서 바로 시작은 못했습니다. 4월 말이 돼서야 시작했는데, 그때는 이미 에어포켓이니 뭐 희망 고문하던 것들이 현실성이 없어진 시기잖아요. 4월 16일부터 보름 정도 지나서니까…. 4월 말에, 그날 아침 1교시 수업만 있었어요. 수업 마치고 바로 팽목에 가서 그때부터 한 일주

일 정도 세월호 희생자들을 받아서 알콜 솜으로 상처를 닦아내고 다음 장례 절차에 모실 수 있게 하는 그런 일을 했었어요. 그때 한 50명 정도 직접 했는데요, 지금 세월호 올라왔을 때 보면 알겠지만 펄이나 배에서 나온 기름으로 돌아가신 분들이 굉장히 오염이 심한 상태였거든요. 최대한 제가 할 수 있는 범위 내에서 예쁘게 해서 가족들한테 보내는 일이었죠. 희생자들이 일반인도 계셨지만 대부분이 학생이었잖아요. 뉴발란스니 그런 운동화, 아디다스 추리닝, 요즘 여고생들 머리 모양…, 우리 애들이 입는 그 옷과 그 신발을 신고 있었어요. 굉장히 온전한 상태로 돌아온 분들도 계셨지만 이미 4월 말, 5월 초라서 가족들이 보기 힘든 그런 경우들도 있었죠.

■ 직접 희생자들을 보셨는데 참 힘드셨을 것 같아요. 여러 가지 생각을 하셨을 것 같습니다.

최 : 아이들을 닦고 최대한 예쁘게 해주면서 약속을 했었어요. 그때 당시는 내가 일을 어떤 식으로 진행할지 계획도 없었고 사회적으로 어떤 맥락 속에서 정리될지도 알 수 없어서 무슨 일을 해야 할지는 모르겠지만 돌아온 애들, 그 사람들, 이렇게 아프게 가는 사람들에 대해서 가만히 있지는 않겠다는 약속이었죠. 내일도 목포를 가는데, 지금은 가족들한테 어떤 심리적인 도움이나 약간의 경제적인 도움을 주는 정도 하면서 그때 했던 약속을 지키고 있죠. 비슷한 나인가요? 조금 많은가? 그 참…, 세월호 참사는 단순히 아이들만 아픈 게 아녜요. 막 사람들이 해경 욕하는데 해경 친구들이 아이들 운구하고 다 했었거든요. 다 20대 초반 정도 어린 나이던데…. 우리 애들 나인데, 직접 일을 처리하면서도 군인이라서 욕먹고 그러죠. 그런 애들이나 팽목에서 이런저런 일들을 하면서 직접 참사를 본 사람들뿐만 아니라 텔레비전에서 뉴스로 본 사람들까지, 세월호는 모

든 사람들한테 굉장히 아픈 일이죠. 어느 보도에 보니까 6·25 이후 우리 나라 사람들한테 가장 큰 아픔을 준 일이라고 하더라고요. 몸보다는 마음이 참 힘들더라고요. 그러면서도 내가 할 수 있는 한도 내에서 뭐든 계속할 수 있었던 것은 6월항쟁 같은 식으로, 민주주의를 완결시킨 거는 아니었지만 어쨌든 최소한의 성과를 보고 사회를 조금 바꿔봤던 경험들이 굉장히 중요한 원동력이 되었던 것 같다는 생각도 했습니다.

■ 세월호 외에 다른 활동도 하시는지요?

최 : 우리 사회의 부가 양극화되면서 가슴 아픈 일들이 많거든요. 전공이 심리학이라 그런 일들에서 제가 무엇을 할 수 있는지 찾고 도움이 되려고 노력하는 편이에요. 잘하거나 많이 하는 건 아니지만.

■ 주변에서 도움이 되거나 조언을 주시는 멘토가 있으신지요?

최 : 도움 받는 선생님들이야 물론 많죠. 저를 가르친 교수님들이나 존경하는 분들 많은데, 특히 세월호 관련한 일을 하면서는 실제적인 위협도 많았어요. 제가 뭐 그렇게 훌륭하거나 엄청난 일을 하는 게 아닌데도 불구하고 약간의 방해나 불안하게 하는 그런 일들이 좀 있었죠. 그럴 때마다 변호사나 그런 친구들이 조언도 많이 해주고 실제로 일어날 수 있는 위험에 대해서 대비할 수 있게 도와주기도 하죠. 밀양분들 같은 경우에 오늘 만나서 제 의견도 이야기하겠지만 그 전문가 집단이라고 할 수 있는 사람들끼리 서로 도움을 주고받고 하는 것들이 굉장히 힘이 되죠. 그 다음에 저를 믿고 지지해주는 친구들한테 도움을 많이 받고 있는데, 어떤 일을 할 때 불안감 없이 나갈 수 있는 그런 원동력인 것 같아요, 그 친구들이.

■ 그런 활동들을 통해 선생님께서 이루고 싶은 것, 꿈이라고 해야 될까요? 그런 게 있으신가요?

최 : 제가 사회참여적인 활동을 하는 가장 큰 이유는, 아이가 네 명이거든요. 스물여섯 하나, 스물셋 둘, 스물둘 하나, 이렇게 제 아이하고 조카하고 넷을 키웠어요. 아이들을 키우면서 경쟁하기보다는 서로 협력하고, 개인의 자유로움이나 개성도 굉장히 중요한 거니 내가 존중받고 싶은 만큼 남도 존중해야 되고…, 이런 아주 원론적인 이야기를 하며 키웠어요. 이런 건 더 훌륭하거나 덜 훌륭한 게 아니고 그냥 상식이잖아요. 이렇게 아이들을 키웠는데 최근까지 우리나라는 제가 키운 아이들이 살기 굉장히 힘든 구조였어요. 예를 들면 최순실 같은 허가받지 않은 권력이 우리나라의 모든 것을 좌지우지하거나 그렇게 되어버리면, 내가 아이들한테 이렇게 컸으면 좋겠다고 했던 것들이 다 엉망이 돼버리잖아요. 그래서 내가 믿는, 내가 좋다고 생각하고 옳다고 생각하는 세상에서 내 아이들이 더 특권을 누리지는 않지만 더 차별받거나 피해를 보지는 않는 그런 세상이 되었으면 좋겠다고 생각했죠. 그래서 촛불집회에 나가는 것을 굉장히 거창하게 말하는 사람들도 있던데 저는 그냥 내 애들이 차별받지 않고 배제당하지 않는 세상, 그러니까 최순실 같은 사람이 득세하지 않는 세상이 됐으면 좋겠다는 바람으로 나갔어요. 그것이 제가 사회참여 활동을 하는 이유이기도 하고요.

■ 원래 대구분이신데 현재 제주도에 계시다고 들었어요.

최 : 몸이 좀 안 좋았어요. 작년에 박근혜 전 대통령이 세월호 때 주사를 맞았다 뭐 이런 보도를 보면서 제가 50년 살면서 정신적으로나 육체적으로 느꼈던 고통 중 가장 극심한 통증을 느꼈었어요. 세월호에서 돌아온 아이들 중에 얼굴을 알아볼 만한 온전한 아이도 있었지만 굉장히,

여기서 묘사하기 힘들 정도도 있었거든요. 결국은 부모님이 못보고 제가 마지막을 봐야 될 정도로 참혹한 경우도 있었어요. 18살짜리 애들이 그런 일을 당하고 있는데 더 예뻐지기 위해서, 더 피부를 팽팽하게 하기 위해서 딴짓을 하고 있었다는 것에 대해서 제 이성으로 컨트롤할 수 없을 정도의 분노가 있었어요.

심리학자들은 자기 자신에 대해서 굉장히 스스로 잘 알고 있다고 생각을 하거든요. 저도 그랬었는데 제 마음속에 있는 그런 분노를 스스로 눈치 못 채고 있었더라고요. 제주도에 있으면서 혼자 산책하고 바닷가도 걸어 다니고 하면서 그걸 좀 해소하는데 도움이 됐던 것 같아요. 나를 좀 더 돌아볼 수 있게 된 거죠. 대구에 있으면 학교 수업도 해야 되고 집에서 아줌마의 역할도 해야 되니까 자기 내면을 살피기는 조금 힘들거든요. 근데 거기서 혼자 있는 동안에 나도 상처가 컸었구나, 그런 아이들의 참혹한 모습을 보면서 나도 굉장히 내상이 깊었구나, 그걸 감지할 수 있었고 스스로를 다독거렸죠. 사실 그 2014년 이후에 제가 샤워를 잘 못해요. 젖은 사람들을 본 게 저한테 큰 상처가 될 거라고 처음엔 생각 못 했는데 그랬더라고요.

■ 트라우마가 생긴 건가요?

최 : 그런 거죠. 특히 저는 메일이나 메시지로 이런 거 많이 봤거든요. 어떤 젊은 아빠는 혼자 차에 가서 운대요. 부인이나 애가 아빠가 우는 걸 보면 굉장히 무섭잖아요. 불안하고…. 근데 자기도 이게 너무 분하기도 하고 슬프기도 하고 그래서 혼자 차 안에서 운다고 하더라고요. 모두들 정도 차이는 있지만 세월호 일을 생방송으로 다 봤잖아요. 아마 전 국민이 다들 트라우마가 있을 거예요. 나는 나 혼자 괜찮을 줄 알았어요, 나는 심리학자니까 막 이러면서. 근데 안 괜찮더라고요. 제주도는 그걸 발

견하고 치유하는 시간을 주었습니다.

■ 현재 집필 중인 책이 있다고 하셨는데요. 어떤 책인지 궁금합니다.

최 : 죽음에 관한 책인데, 제가 상담했던 내용이나 읽었던 책들을 정리한 이야기입니다. 잘 죽는 법이 아니라 잘 사는 법에 관한 이야기예요. 죽음을 이야기하다 보면 결국은 어떻게 살 것인가라는 문제로 귀결되죠. 우리나라 사람들은 굉장히 현세적이거든요. 개똥밭에 굴러도 이승이 좋다는 속담도 있잖아요. 전 세계적으로 봐도 특이할 정도로 현세를 중요하게 생각하는데, 그게 중요하려면 어떻게 살 것인가에 대해서 고민해야 하는 거죠. 그런데 어떻게 살 건지에 대한 고민, 좀 더 거창하게 말하면 성찰 같은 게 좀 부족한 것 같아요. 그러니까 극단적인 예로 세월호 같은 경우에 보상금 이야기를 막 하죠.

실제로 우리 딸이 그 이야기를 한 적이 있었어요. 밖에 나가면, 여긴 특히 대구니까, 더 그런 말을 많이 듣잖아요. 우리 딸아이가, 엄마 그 사람들 보상금 때문에 그런다던데? 하길래, 만약에 니가 그 안에 있었으면 엄마가 보상금 더 받으려고 그랬을 것 같아? 하고 물으니까 그다음부턴 그런 말 안 하더라고요. 제가 노란 리본하고 팔찌 같은 거 되게 많이 나눠줬었는데 고등학교 2학년 남학생이 자기 세 개만 보내달라고 메시지를 보냈더라고요. 엄마 아빠한테 주면서 내가 거기에 있었어도 엄마 아빠가 그렇게 말할 거냐고 물어보고 싶다고…. 그 메시지 읽으면서 소름이 끼쳤어요. 애가 얼마나 상처받았을까 싶어서…. 사람들이 삶이나 죽음에 대해서 조금만 더 깊이 생각해보면 말이나 행동들이 달라지지 않을까 싶어요. 하지 않아야 할 말이나 행동들을 서슴없이 하는 이유는 사람에 따라서 다르겠지만 제 판단으로는 삶이나 죽음에 대해서 성찰하는 자세가 좀 부족해서 그런 것 같아요. 결국은 그런 이야기들을 할 거예요, 어떻게 살 것인가라는 문제에 관한….

■ 제주도 생활은 어떠세요?

최 : 너무 좋아요. 사실 저는 살러 간 게 아니고 2박 3일 여행 갔다가 눌러앉은 경우입니다. 혼자 있는 게 힘들다가도 정말 예쁜 하늘이나 바다를 잠깐만 봐도, 내가 이걸 봤으니까 한 달 동안은 아무 불평이나 불만을 하면 안 돼, 그러면서 살 정도로 자연이 너무 아름답죠. 난개발로 많이 훼손됐다고는 하지만 아직까지 정말 예쁜 숲속이 많거든요. 자연이 주는 치유의 힘이 굉장히 큰 것 같아요. 비공개로 세월호 미수습자 가족들이 두 번 여행 오셨었거든요. 세월호가 인양되기 전인데 여행을 갔다고 하면 또 말 많은 사람들이 애는 물속에 있는데 넌 여행 다니느냐 이러니까 비공식적으로 제가 초청을 해서 두 차례 다녀가셨죠. 그냥 같이 숲속 걷고 맛있는 거 먹고 하는 것만으로 계속 3년 정도 팽팽한 긴장 속에서 있다가 약간 이완되시는 거 같더라고요. 그게 제주도의 힘인 것 같아요. 나중에 살다가 힘들면 배낭 메고 그냥 가서 이렇게 좀 걸어 다니세요. 꼭 제주 아니라도 어떤 숲이라도 도움이 될 거예요.

6월항쟁의 동력

■ 6월항쟁 전에도 4·19혁명이나 5·18민주화운동 같은 여러 가지 역사적 사건들이 많았는데, 그런 사건들에서 비롯된 민주적 정신이나 결과들을 어떻게 하면 후세대에 잘 전할 수 있을까요?

최 : 지금 이런 작업이 굉장히 중요한 것 같아요, 기록을 남기는 거. 그리고 제가 이 인터뷰에 응하기로 한 가장 중요한 이유가 학생들이 한다

6·26 국민평화대행진을 진행하던 중 최루탄이 날아들자
시민들이 흩어져 피하고 있다. __명덕로터리(1987. 6. 26.)

는 것 때문이었거든요. 우리는 이미 한 세대가 차이나는 사람들이라서 완벽하게 정서적으로 일치할 수는 없지만 이렇게 이야기하는 것만으로도 서로 굉장히 교감이 되고 소통이 되는 면이 있잖아요. 그리고 내 이야기를 학생들이 적을 텐데, 그러면 여러분들의 언어로 다음 세대한테 전해지겠죠. 실패나 좌절이나 고통의 경험이라도 실패하거나 좌절했을 때는 다음에는 이렇게 하면 안 되겠다는 걸 배우면 되고, 성공하거나 성취했으면 그렇게 해서 잘되니까 이쪽은 더 개발해야 되겠다고 생각할 수 있는데, 그 모든 것들이 기록하지 않으면 겪지 않은 사람들은 알 수 없잖아요. 그래서 저는 이번 작업이 후대를 위해 굉장히 의미 있는 일이라고 생각합니다.

■ 작년 촛불시위와 30년 전 6월항쟁 사이에 어떤 연관성이 있다고 생각하세요?

최: 제가 살기는 제주지만 집은 대구고, 또 상담일은 서울에서 많이 하거든요. 그래서 촛불집회는 매주 한 번도 빠지지 않고 세 군데에서 참가했었어요. 근데 공통점이 뭐냐 하면 가족 단위의 30대 후반하고 40대들이 굉장히 많았어요. 특히 제주나 서울에 많았고 대구는 저랑 옛날에 데모했던 사람들이 주로 많더라고요. 그 세대들은 대학생 시절에 시위에 참가하거나 어떤 식으로든 저항을 해봤던 경험이 있죠. 더욱이 6월항쟁의 경우는 6·29선언을 이끌어 내서 약간의 성취감도 얻었고요. 그 경험들이 삶에 계속 남아 있다가 촛불집회를 통해 또다시 광장으로 나오게 하는 원동력이 되었던 것 같아요.

대구에서 촛불집회 참가하러 갔을 때는 약속 없이 혼자 갔는데 대학 동창들 되게 많이 만났거든요. 그리고 서울 같은 경우에는 각 대학의 민주동문회 같은 활동들이 굉장히 많았어요. 그리고 제주는 가족 단위가 유난히 많았는데, 거기는 좀 더 자유롭고 덜 경쟁적으로 살기 위해 이주한 약간 고학력에, 경제적인 여유도 있는 분들이 주로 나오시는 것 같더라고요. 그분들은 본인의 삶을 통한 경험에서 비롯한 민주적 가치관이 무시되는 걸 본 거죠. 어떤 거냐면 학교에서 배운 거랑 스스로가 옳다고 생각했던 민주적 절차 같은 것이 막 무너지는 걸 너무나 선명하게 보게 된 거죠. 그래서 이거 아니잖아 하고 집회에 나오게 됐던 것 같아요. 시위에 생전 처음 나온 분도 되게 많았거든요. 그렇기 때문에 촛불집회는 독립적인 사건으로 있는 게 아니라 그전의 경험들, 아까도 말씀드렸지만 예를 들어 6월항쟁 같은 경험들이 이어져왔기 때문에 가능했던 거죠.

■ 그러니까 6월항쟁 같은 부당한 정권에 항거했던 경험들이 이어져 이

번 촛불집회에서 국민들이 광장으로 나오게 됐다는 말씀이시죠?

최 : 네, 저는 그렇게 생각해요. 그리고 30년 전에 우리가 그나마 성취했던 더 이상 고문당하거나 잡혀가서 죽거나 하지 않는 세상을 만든 게, 촛불집회에서 더 많은 사람들이 어린아이 손을 잡고 유모차를 끌고 나올 수 있게 하는 원동력을 만들어놓은 것이죠. 그러니까 어떤 사람들은 세상이 퇴보했다거나 우리나라 민주주의가 굉장히 늦게 발전한다고 한탄하기도 하던데, 제 생각에는 우리처럼 이렇게 빠른 시간 안에 민주적인 제도나 절차를 정착시켜서 대통령까지 탄핵시키고 이렇게 하는 거 되게 위대한 것 같아요. 우린 되게 잘났어요. (웃음)

■ 이제 박근혜 전 대통령이 탄핵을 당하고 문재인 정부가 들어서게 되었는데요, 현 정부에 바라는 점이나 또는 최우선적 과제라고 생각하시는 것이 있으신지요?

최 : 저는 심리학을 하는 사람이니까 그쪽 이야기 먼저 할게요. 상담이 일이다 보니 다른 사람들의 내밀한 이야기들을 많이 들어요. 친구한테도 할 수 없는 이야기들을 하는데, 현대인들은 경제적인 결핍으로 인해서 힘든 점이 굉장히 많아요. 그래서 상대적 빈곤감 같은 걸 느낀다고 하는데, 그런 건 돈이 더 많다고 해결되는 게 아녜요. 그냥 내가 아파도, 내가 학력이 좀 부족해도 인간적인 삶을 포기하지 않을 수 있는 최소한의 사회적 안전장치가 있다고 생각하면 사람들이 그렇게 비참한 선택을 하거나 스스로에 대해서 부정적으로 생각하지 않을 수 있는 거죠.

우리나라 자살률이 10년 넘게 전 세계에서 제일 높은 건 아시죠? 그런 선택까지는 안 할 수 있는 사회적 안전망을 만드는 일이 제일 중요한 것 같아요. 다음은, 자주 가지는 않지만, 외국에 나가보면 북한하고 남한하고 같은 나라라고 생각하는 경우가 많아요. 원래는 같은 나라죠. 그런데 우리는 굉장히 적대적으로 생각하잖아요. 그런데 궁극적으로는 힘을 합쳐서 다른 나라하고 경쟁해야지 우리끼리 서로 미사일 쏘고 이럴 일이 아니라서 평화나 신뢰에 관한 것들을 다지는 것이 중요하다고 생각해요. 이명박, 박근혜 정부에서 굉장히 많이 훼손돼버렸는데 그것들을 복원하는 일, 그게 또 우리 안전하고 굉장히 연관된 일이잖아요. 전 세계 안에서, 남북이 좀 조화롭게 궁극적으로는 통일도 되면 좋겠지만, 통일의 기틀을 마련하는 게 저보다 학생들 세대를 위해서 정말 중요한 일인 것 같아요. 군비에 사용하는 돈을 복지에 사용할 수 있으면 얼마나 좋겠어요. 그거는 지방정부나 개인의 차원에서 할 수 있는 일이 아니고 그런 일이야말로 대통령이 해야 되는 일이죠.

■ 군사독재 정권하에서 운동권에 대한 정부의 통제가 심했음에도 불구하고 6월민주항쟁은 많은 시민이 참여했는데요. 그 원동력은 무엇이라고 생각하십니까?

최 : 세월호 참사에 대해 우리가 이렇게 마음 아픈 이유는, 물론 모든 생명은 다 소중하지만 거기에 너무 많은 학생이 희생되었다는 점이 크게 영향을 주었다고 생각합니다. 마찬가지로 6월항쟁 때 이한열이나 박종철, 그런 정말 장래가 유망한 학생들이 말도 안 되게 죽었잖아요. 정권이 은폐하려 했지만 용기 있는 몇몇 사람 덕분에 세상에 알려지면서, 이런 건 아니잖아, 하고 생각한 보통의 시민들이 나선 거지요. 그때 넥타이 부대라고 했었는데 회사원들이나 평소에 시위 안 하시던 분들까지 다 모이게 하는 원동력이었던 것 같아요. 왜 이 젊은 사람들이 이렇게 비참하게 죽어야 하는지에 대한 분노와 슬픔… 그런 것들이죠.

시위 학생들이 화재 신고를 받고 출동한 소방차를 둘러싸고
최루가스를 씻어달라고 요구하고 있다.__신명여고 앞 대로(1987. 6. 18.)

현, 동성로 한신인쇄사

비난과 배제보다 설득과 감동을

■ 대구가 아무래도 보수적이라는 얘기를 많이 듣는데요, 그 부분에 대해서 개인적으로는 어떻게 생각하고 계신지?

최 : 저는 참 마음이 아파요. 이번 대통령 선거에서 성주 결과 보고 SNS 같은 데서 욕을 무더기로 하잖아요. 근데 그 안에서 진보적인 사람들이 얼마나 더 고생하고 있는지에 대해서도 조금은 봐줬으면 좋겠어요. 그냥 고담 시티라고, 그냥 맨날 시뻘겋게 나오는 동네라고 치부하기보다는요. 그 안에서 뭔가를 변혁하기 위해 애쓰는 사람들은 몇 배나 더 힘들거든요. 그런 마음에 좀 안타깝죠.

제 남동생도 '빨간색'이에요. 근데 그것은 개인의 선택이니깐 내가 관여할 바는 아니잖아요. 설득하거나 아니면 감동시켜서 생각을 바꾸게 할 수는 있지만 강제할 수 있는 문제는 아니니까요. 그건 민주주의가 아니잖아요. 그래서 실제로 나하고 굉장히 가까운 사람, 나를 굉장히 위해 주는 사람이 정치적으로는 완전히 다른 경우가 많고 그 때문에 상처를 입는 경우 또한 많은 곳이죠. 하지만 그 사람들에 대해서 무식해서 그렇다든가, 정보가 부족해서 그렇다고 함부로 말할 건 아닌 것 같아요. 설득하고 감동시킬 문제지 비난하고 배제할 문제는 아니라는 이야기를 하고 싶어요.

■ 6월항쟁 당시에는 민주화운동이 어떤 식으로든 성과를 냈으니까 사회가 많이 바뀌겠지 하셨을 텐데, 불과 몇 개월 전에 촛불집회가 있었습니다. 달라진 점이 있다면 아까 말씀하신 것처럼 성폭행, 강간, 위협 등에서 자유로워진 점을 포함해 여러 가지가 있을 것 같은데요. 만약 이런 일이 30년 뒤에 다시 일어났을 때 지금의 경험이 좋은 어떤 토양이 될 거라

고 생각하거든요. 선생님은 어떻게 생각하시나요?

최: 실제적인 성폭행을 당하거나 끌려가서 고문을 당하지는 않지만 더 교묘하게 사람을 괴롭히는 장치들이 굉장히 많아졌어요. 이번 일에서도 그렇고 개인적인 경험으로도 그렇고 제가 특별히 반사회적인 활동을 한 사람도 아니고 세월호 유가족들에게 일반 사람보다 조금 더 관심을 가지고 도와주는 것뿐이었는데도 약간 불안감을 느끼게 하는 사건들이 있었거든요. 그리고 제 주변 사람들을 걱정하게 만드는 사건들도 있었고 뭐 그런 분위기를 조성하는 것들은 훨씬 더 교묘해지고 사람을 스스로 자기 검열하게 만드는 것들이 많아요. 저는 박근혜하고 김기춘이 구속되기 전에 공무, 공직에 있거나 고위직에 있는 지인들한테 일부러 전화를 안 하기도 했었어요. 혹시나 저하고 통화하면 그분들한테 누를 끼칠게 될까 봐서요. 사실 더 악랄해진 부분들도 있고 시민 의식이 성숙해지는 만큼 지배하려고 하는 사람들의 그런 기술적인 부분도 점점 더 진화할 거라고 생각해요.

■ 시민 의식이 성숙해질수록 시민을 억압하려는 세력의 기술은 진화할 것이라고 하셨는데 그런 부분을 고려해서 학생들이 할 수 있는 게 어떤 것이 있을까요?

최: 눈이 필요하죠. 사건이 어떤 맥락에서 일어났는지, 어떤 의미인지, 본질을 살필 수 있는 눈이요. 그러니깐 언론에 나오는 것 그대로 믿거나 하지 말고 자기만의 판단을 할 수 있는 그런 이성이 필요해요. 요즘은 대부분 스마트폰으로 뉴스를 접하잖아요. 굉장히 파편화된 정보들이 들어오기 때문에 전체 맥락에서 파악하는 게 좀 힘들어졌어요. 하지만 대학생들이라면 어쨌든 지성인이 되어가는 과정이기 때문에 스스로 더 많은 정보를 찾아보고 맥락을 파악하는 훈련이 필요하다고 생각해요.

■ 박근혜–최순실 게이트가 국민이 민주주의를 지켜내는 원인이 되었다고 생각하는데요, 만약에 10년이나 20년 뒤에 유사한 일이 나타났다면 어떤 의미를 가질 것 같으신지요?

최 : 저는 박근혜 탄핵시키고 그다음에 문재인 정부를 탄생시킨 이 최근 몇 달간의 일이 우리한테 굉장한 성취의 경험이 될 것 같아요. 그동안 이명박, 박근혜 정부에서 인간이 굉장히 도구화됐는데, 극단적으로 개돼지라고 표현하는 사람도 있을 정도였죠. 그러다가 내가 얼마나 중요한 사람인지, 주권자로서 내 위치가 얼마나 파워풀한 것인지 스스로 깨우치게 되는 아주 중요한 사건이라고 생각해요. 그래서 역사의 발전이나 민주주의의 발전에서 이보다 더 중요한 일이 있을까 싶을 정도로 우리가 참 대단한 일을 해내지 않았나 그렇게 생각해요.

현상보다 본질을

■ 저희 같은 청년들에게 하고 싶은 말씀이나 조언 같은 것이 있을까요?

최 : 아까 저는 애가 네 명이라고 했잖아요. 근데 아이들 키우면서 노란 리본 배지를 가방에 달라고 말하지 않았어요. 근데 우리 애들은 다 그러고 다니거든요. 리본을 달건 안 달건 그거는 그냥 상징일 뿐일 수 있죠. 중요한 것은 어떤 일이 있을 때, 이 일의 의미는 뭐지? 사회적 맥락은 뭐지? 살필 수 있어야 하죠. 그래서 그런 공부나 생각들을 평소에 계속했으면 좋겠어요. 그냥 나타나는 현상만 보지 말고요. 그렇게 하는 건 굉장히 많은 생각을 해야 되고 훈련도 되어 있어야 하죠. 그렇게 살았으면 좋겠어요. 그게 쉽지는 않지만 현상으로 나타나는 것들은 금방금방 변할

수 있거든요. 본질을 계속 볼 수 있게 스스로 계속 단련했으면 바랍니다.

■ 저희가 준비한 질문은 여기까지입니다. 마지막으로 하시고 싶은 말씀이 있으신지요?

최 : 제가 이 인터뷰에 응한 이유 중에 하나는 제 이야기를 조금 하고 싶어서였어요. 그러니깐 학교 다닐 때 사회에 좀 참여적이거나 부당한 것에 대해서 이거 아니야 하고 말할 수 있었던 원동력은 사람에 대한 사랑이었다고 봅니다. 저는 그렇게 생각해요. 다른 분들도 아마 근본적으로 들어가보면 비슷할 거예요. 그 마음이 정치인이 돼서 법을 만들고 어떤 정책을 만드는 걸로 구현될 수도 있고 사회 곳곳에서 다른 모습으로 발현될 수도 있죠.

저 같은 경우에는 졸업하고 결혼해서 저희 시아버님 대소변을 다 받았어요. 시아버님이 치매라서. 제가 스물여섯, 스물일곱 한창 어릴 때 기저귀 갈고 목욕시켜드리고 다 했어요. 근데 그때 한 번도 힘들다거나 혐오스럽다고 생각하지 않았어요. 시아버지와 며느리가 아니고, 한 인간과 아프고 병들고 늙은 한 인간 사이에서 서로의 존엄이 만나는 순간이었죠. 돌아가실 때까지 그냥 성심성의껏 모실 수 있었던 게 저는 사회를 변화시키는 것에도 굉장히 중요하지만 한 사람이 다른 한 사람에게 성의를 다하는 거, 그 사람의 상태하고 관계없이 기저귀를 갈아줘야 될지라도 끝까지 그 사람의 존엄을 지켜주는 것이 가장 중요한 일이라고 생각해요. 그게 촛불을 들거나 87년에 보도블록을 깨서 던지거나 하는 행동의 원동력인 거죠. 인간에 대한 사랑과 존중… 이것이 이번 인터뷰를 통해서 꼭 하고 싶었던 말이에요.

6월항쟁 당시에 여학생들이 얼마나 많이 참여했는지 모르겠지만 제 기억으로는 남자분들이 훨씬 더 많았고 이후에도 그분들이 주로 사회에 대한 발언을 했죠. 근데 우리 사회 한편에선 그 당시에 같이 활동했던 여학생들이, 겉으로 봐선 굵직굵직한 일이 아닐지라도 집 안에서 자녀를 키우고 가사를 돌보며 그때의 생각들을 삶에서 계속 실현하고 있을 거예요. 그거는 세상을 변화시키는 법을 만드는 것만큼이나 중요해요. 자기 자리에서 자기 일을 하는 거 정말 중요한 건데 너무 사소한 일처럼 여겨지는 게 안타까워요. 우리 엄마들 역시 가치 있는 삶을 사시는 분들인데 그때 그 여학생들이 다 그런 엄마가 되어 있다는 거죠.

비가 와도 시위는 계속 진행되었다.__봉산육거리

현, 봉산육거리

이
동
엽

그때,
민중들은 어디에 자취를
남겼을까

"모든 국민은 언론·출판의 자유와 집회·결사의 자유를 가진다." 이것은 대한민국 헌법 제2장 제21조 1항의 전문이다. 집회·결사의 자유란 어떤 공동의 목적을 가지고 회합을 하거나 계속적인 단체를 조직하는 데에 국가권력으로부터 제한이나 간섭을 받지 않을 자유를 말한다. 헌법으로 보장되는 국민의 기본권인 동시에, 집회와 시위는 어느 집단과 계층의 입장을 널리 표현할 수 있는 수단이라는 점에서 예나 지금이나 아주 중요하게 여겨졌다.

집회(集會)라는 이름에서 알 수 있듯이, 집회는 공동의 목적을 가진 사람들이 일정한 장소에 '모이는 것'이다. 그러므로 집회가 성립되려면 어떤 목적을 갖고 어느 장소에 모여야 하며, 그 장소는 필연적으로 유동 인구가 많고 여러 사람의 주목과 시선을 이끌어낼 수 있는 곳이어야 한다. 그렇게 되면 그들의 목소리를 효과적으로 분출할 수 있고, 더 많은 사람의 지지를 얻어 힘을 좀 더 모을 수 있다.

그렇기 때문에 집회에서 소기의 효과를 달성하려면, 여러 계층의 사람이 수시로 드나드는 도심지가 유리할 수밖에 없다. 최근에 열린 촛불집회를 비롯한 수많은 크고 작은 집회가 유독 광화문 광장에서 주로 열리는 이유도 바로 이 때문이다. 지리적으로도 서울의 중심에 있고, 공공기관과 각종 문화시설, 기업체 등이 밀집해 있기 때문에 유동 인구도 많다. 더군다나 전반적인 교통도 편리해서 접근성까지 좋으니 사람이 많이 모일 수밖에 없는 환경을 갖췄다.

그렇다면 대구는 어떠한가? 구한말부터 현대에 이르기까지 수많은 집회가 있어왔지만, 대개 그 장소는 현재 '대구 시내'라고 일컬어지는 지역과 그 근처였다. 이는 임진왜란 직후인 1601년에 경상감영이 대구로 옮겨온 이래로 지금까지 대구의 도심지가 현재의 중앙로 부근에 굳어져 있는 것과 무관하지 않다. 서울의 경우, 4대문 안을 비롯하여, 강남, 영등포, 여의도 일대의 3도심과 여러 부도심 등이 있는 반면에 대구는 한결같이 하나의 도심을 이루고 있으며, 그만큼 사람들이 몰리기 때문에 집회가 많이 열리는 것이다. 꼭 큰 집회가 아니더라도 사소한 약속에도 사람들이 주로 만나는 장소도 마찬가지로 '대구 시내'이다. 이 일대가 대중교통 전용지구인 데다가 인근에 지하철역도 4개에 달해 접근성이 상당히 좋다.

2016년 겨울의 촛불집회와 태극기집회가 열린 장소와 행진의 경로를 본다면, 보다 자세히 집회의 거점을 알 수 있다. 우선 촛불집회는 대구백화점 앞을 비롯해, 한일로, 2·28기념중앙공원 인근에서 열렸고 가두행진의 경로 또한 중앙네거리-공평네거리-봉산육거리-반월당네거리 구간으로, 동성로 일대를 아우르는 모양새를 보여주었다. 한편 태극기집회의 경우에도 중앙네거리와 반월당네거리, 서문시장, 국채보상운동기념공원 등지에서 열렸으니 마찬가지로 시내의 영향권에 있다.

사실 이러한 집회 장소들이 근래 들어서 떠오른 것은 아니다. 6월항쟁 당시의 집회 거점이나 가두행진 경로와 최근의 촛불집회나 태극기집회의 거점을 비교해보면 거의 비슷함을 알 수 있다. 최근 촛불집회의 주요 거점인 대구백화점 앞은 6월항쟁 기간 동안 하루도 빠짐없이 집결 거점과 가두행진 구간으로 이용되었고 서문시장의 경우, 인근에 계명대 캠퍼스가 위치해 있어 계명대생들의 주요 집결 거점으로 활용되었다. 또한 반월당 네거리는 6월항쟁뿐 아니라 2·28학생의거와 박정희 정권 당시 유신반대 투쟁의 거점이기도 했다. 그밖에 2·28기념중앙공원이나 국채보상기념공원도 당시에는 인근에 국세청과 대구직할시 경찰국이 위치해 있어 마찬가지로 시위가 많이 일어났던 곳이다.

다만, 특기할 만한 점은 6월항쟁 당시에 포정동 중앙공원(현 경상감영공원)이 주요 집회 장소로 활용되었다는 것이다. 이곳은 6·10국민대회, 6·18최루탄추방결의대회, 6·26국민평화대행진 등 큼직한 집회 거점 및 행진 출발점으로 계획되기도 했었던 곳인데, 현재는 집회 장소보다는 어르신들의 휴식 공간으로 더 많이 활용되고 있다. 당시에는 도심 인근에 큰 집회를 열 만한 공원이 이곳밖에 없었으나, 1997년과 2003년에 각각 국채보상운동기념공원과 2·28기념중앙공원이 동성로 근처에 조성되면서 집회 장소로서의 기능은 현재로썬 많이 약화되었다. 최근의 촛불집회 때도 공원 앞의 도로가 가두행진의 구간에 들어가 있었을 뿐, 집회가 따로 열리거나 하지 않았던 것도 이 때문이라 생각된다.

이처럼, 6월항쟁 당시에 집회와 시위가 열렸던 주요 거점들은 오랫동안 많은 집회가 열려왔고 현재도 그런 경우가 대다수라는 것을 알 수 있었다. 또한 그 거점들은 역사적으로 유서가 깊은 장소들이라는 것도 더불어 알 수 있었다. 그래서 나는 역사적으로 접근하여 그 장소들에 대해 좀 더 알아보고자 한다.

경찰의 폭력 진압에
시민들이 동인3가파출소에 진입했고
항의한 뒤 기물이 부서져
있는 모습이다.＿동인3가파출소

대구의 서울광장, 대구백화점 본점 앞 민주광장

행정구역상 동성로 중심에 위치한 대구백화점 앞은 흔히들 '대백 앞'이
라는 이름으로 많이 불린다. 내 경우를 생각해보아도 약속 장소를 잡을
때나 택시를 탈 때나, 대백 앞에서 보자, 동성로 대백 앞이요 할 뿐이지,
대구백화점이라는 풀네임으로 부른 적은 딱히 없었던 것 같다. 아마 나

뿐만 아니라 다들 공감할 수 있는 부분이 아닐까 싶다. 그 때문인지 대구백화점 자체도 대백이라는 브랜드로 많이 밀고 나가는 듯하다. 그만큼 장소로 보나 브랜드 면으로 보나 대구 시민에게 큰 영향력을 끼치고 있다는 것을 방증하는 것이 아닐까.

동성로는 대구백화점을 비롯하여 전국에서도 다섯 손가락에 손꼽힐 만한 규모의 큰 상권이 들어서 있는 곳인데, 사실 조선시대에도 현재만큼은 아니지만 동문시장으로 불린 장터가 있던 곳이었다. 대구읍성의 동문 밖에 있어서 동문시장이라고 했고, 일제강점기에 들어서는 동성정 구시장이라고도 했다. 그러다가 달성군청이 이전하게 되어 시장은 반월당 인근으로 옮겨졌고, 그 자리에는 달성군청 청사가 들어서게 되었다. 광장 자체는 이때부터 생겨났다고도 볼 수 있을 것이다.

대한민국 정부 수립 이후, 도심이 점점 팽창함에 따라 1969년 8월에 달성군청은 지금의 성당못역 부근으로 이전하게 된다. 그해 12월, 비로소 그 자리에 대구백화점 본점이 설립되었고, 앞선 1966년에 국립극장이 한일극장으로 재개관하면서 현재 동성로 상권의 시초가 된 것이다.

그러나 처음부터 대구백화점 앞 광장이 지금처럼 활성화되어 있었던 것은 아니었다. 1970년대 초까지만 해도 대구역 앞 광장이 현재의 '대백 앞' 만큼 집회 장소 역할을 해줬다. 해방 직후 일어난 대구 10월항쟁이며, 1960년 한국전쟁 당시 민간인학살 진상규명운동, 1961년 2대 악법(장면 정권 당시 데모규제법, 반공법) 반대 시위, 1967년 7대 총선 규탄 시위 등이 이곳에서 처음으로 일어났다.

그런데 대구역 인근에 건물들이 많이 들어서고 객차 수요가 점점 늘어나자 이에 대한 분산책으로 1969년에 동대구역이 신설되어 대구역의 역할이 전보다 축소되었고, 1971년에 대구역 지하차도, 1975년에 대구시민회관이 대구역 앞에 들어서면서 종래의 '대구역 앞 광장'의 개념도 거의 사라지게 되었다.

　그 후 1987년 6월항쟁 기간 동안, 대구백화점 앞 광장은 항쟁의 주요 거점으로 이용되었다. 항쟁이 본격화된 6월 10일부터 절정에 치달은 26일까지, 대구백화점 앞은 연일 최루가스와 화염병, 그리고 민중의 뜨거운 목소리로 가득 차 있었던 것이다. 이때부터 대구백화점 앞은 '민주광장'이라는 영예로운 칭호를 얻어 명실상부한 대구의 집회 거점이 되었다.

　한편, 2000년 이 광장에 분수대와 화단, 벤치를 놓는 등 소공원을 조성하기도 하여 여러 시민단체의 반발을 사기도 했다. 그러다가 2008년과 2009년에 걸쳐 '동성로 공공디자인 개선 사업'을 통해 기존의 분수대 및 인근의 노점상들을 철거하고 전봇대를 대폭 줄여 이 일대를 보행자 전용도로로 만들면서 현재의 여건이 갖춰지게 되었다.

　'대백 앞'을 대구의 서울광장이라고 부르는 것도 과언은 아닐 것이다. 서울광장이 우리나라 근현대사의 굴곡을 몸소 짊어져왔던 것처럼 '대백 앞' 광장도 6월민주항쟁을 비롯해 여러 집회와 최근의 촛불집회까지, 수많은 집회들이 거쳐갔고 앞으로도 민중의 함성이 울려 퍼질 그런 광장으로 되리라 생각한다.

백만 학도의 붉은 피가 들끓는 명덕네거리

　인근에 80년 전통의 명덕초등학교가 있어 그 이름이 붙은 명덕네거리는 한때 대구 교육의 중심지라고 해도 과언이 아닐 만큼 여러 학교가 밀집해 있었다. 지금은 대구고와 경북여고, 대구교대와 대구 외곽으로 뿔뿔이 흩어진 몇몇 대학교의 캠퍼스만이 그 자리를 지키고 있을 뿐인데, 80년대까지만 해도 이외에 경북고, 대구상고, 능인고, 대건고, 영남고 등의 고등학교와 계명대, 대구가톨릭대, 대구대 등의 본교가 위치해 있던 역사 때문에 '대구의 교육도시'라고 불리기도 했을 정도였다.

이런 과거 때문에 명덕네거리는 예로부터 주변 학생들의 집결 거점으로 많이 활용되기도 했는데, 이곳이 바로 1960년 대구 시내 고등학생들이 이승만 정권과 자유당 일당독재에 항거했던 2·28학생민주의거의 발원지다. 당시에 민주당 부통령 후보인 장면(張勉)의 선거 유세가 수성천변(지금의 신천)에서 계획되어 있었는데, 자유당 정권이 언론의 주목을 두려워하여 일요일인데도 불구, 학생들에게 등교를 강행한 것이다. 이에 경북고를 비롯한 대구 시내 8개교[1] 학생들이 가두시위를 벌이며 항거했던 것이 곧 2·28학생민주의거이다. 이때 시민들의 분노는 뒤에 일어난 3·15마산시위와 함께 4·19혁명으로 이어져 이승만 독재정권을 무너뜨렸을 뿐만 아니라, 대한민국 정부 수립 이후 최초의 학생운동으로도 의미 있는 일이었다.

그 후 1961년에 시민들의 성금으로 2·28학생기념탑이 세워졌는데, 1990년 도로 확장으로 두류공원으로 옮겨졌다. 현재는 거리 주변에 표지석과 기념회관을 세우고, 이 자리에 있는 지하철역에도 2·28민주운동기념회관이라고 새겨 60여 년 전 그날 학생들의 외침을 시민들에게 널리 알리고 있다.

1964년에는 박정희 정권의 한일회담 강행에 반대하는 6·3시위가 열렸고, 1979년에도 10·26사태가 일어나기 직전까지 유신체제 반대 투쟁이 연일 열렸다. 전두환 정권 때도 이에 반대하는 가두시위가 2·28학생운동

---

1) 경북고, 경북대학교 사범대학 부설고, 대구고, 대구상업고, 대구농업고, 대구공업고, 경북여자고, 대구여자고 등 당시 대구 시내에 있던 8개 공립 고등학교를 말함.

'국민의 힘으로 민주화를 쟁취하자'고 쓰인 플래카드를 들고 통일민주당 의원, 지역 원로,
시민들이 평화대행진에 돌입했다. __명덕네거리, 옛 2·28기념탑 앞(1987. 6. 26.)

현, 명덕역

기념탑을 중심으로 자주 열리곤 했다.

비록 80년대를 전후하여 여러 고등학교와 대학교들이 캠퍼스를 대구 외곽으로 옮기면서 떠나긴 했지만, 계명대학교만큼은 90년대 초반까지 이 지역에 본교를 남겨두어 이 부근의 학생운동을 주도하였다. 1987년 6월민주항쟁 당시에도 계명대 캠퍼스를 중심으로 총궐기대회가 열리기도 했고, 명덕네거리와 인근의 계명네거리, 남문시장네거리 등지에서 시위대를 집결하여 중앙로 쪽으로 나아가기도 했다.

또한 6·26평화대행진 때는 제일교회 신도 1500여 명이 합세하여 이 부근에서 가두시위를 벌여, 그 규모가 남문시장네거리에서 명덕네거리 사이의 도로를 꽉 메울 정도였다. 이 과정에서 당시 이 지역구 국회의원이었던 민주정의당 이치호 의원의 사무실이 습격당하기도 하는 등 엄청난 기세가 6월항쟁의 대미를 장식했다.

이후에도 노태우 정권 반대운동 등 여러 시위가 벌어지기도 했으나 계명대학교가 달서구로 이전하고, 동성로 주변의 접근성이 점점 좋아지면서 그 빈도가 옛날보다 많이 줄어들었다.

그럼에도 최근 촛불집회의 행진 경로에도 속해 있었고, 문재인 대통령이 대선 유세 당시 대구에 와서 처음으로 2·28민주의거기념탑을 찾았던 만큼 역사적인 중요성을 여실히 드러내고 있다.

국채보상운동에서 태극기집회까지, 서문시장

위 두 장소와 비교했을 때 상대적으로 근래에 평판이 극으로 갈릴 만한 곳이 바로 서문시장이 아닐까 싶다. 최근 박근혜 탄핵정국 때부터 19대 대통령 선거까지 서문시장은 유난히 보수 세력의 중심지로 각광을 받았다. 그도 그럴 것이, 박사모[2]와 탄기국[3] 등으로 대표되는 극우 세력들이 여기서 연일 태극기집회를 벌였으며 대선 직전 홍준표, 조원진 등의 보수 후보들이 '보수 결집'을 명분삼아 유세하는 등의 일이 있었으니 매스컴에서 붙인 '보수의 심장'이라는 별칭을 붙여주는 것도 과언은 아닌 듯싶다.

다만, 이런 오명(?)이 서문시장을 마치 특정 성향을 대변하는 장소라는 정치적인 의미만 나타내는 것 같아 아쉬움이 남는다. 시장은 말 그대로 시장이니 여러 사람이 많이 수밖에 없고, 조선 중기부터 존재해온 전통시장으로서 역사적인 의미도 있는 곳이다.

대구 이외에 수원, 청주, 제주 등지에도 같은 이름의 시장이 있지만 인지도와 규모 면에서 대구 서문시장에 비하면 미미한 편이다. 일단 다른 도시들이 현재 인구상으로도 대구에 비해 적고, 대구가 임진왜란 직후부터 줄곧 경상도의 행정적·경제적 중심지였던 만큼 그 규모가 다른 시장들을 상회할 수밖에 없다고 본다.

처음 대구읍성 북문[4] 앞에 있던 작은 장터는 점차 규모가 커져 조선 현종·숙종 연간[5]에 지금의 인교동 오토바이골목이 있는 곳으로 옮겨왔다[6]. 이때부터 서문시장[7]은 강경시장, 평양시장과 함께 조선 3대 시장으로 자리 잡았다. 고대 그리스의 아고라(Agora)처럼, 사람들이 자주 모여 광장이 되고 그것이 곧 상업 활동의 중심지인 시장으로 발전했던 것이다.

---

2) 박근혜를 사랑하는 사람들의 모임.
3) 대통령 탄핵 기각을 위한 국민총궐기운동본부.
4) 현재의 북성로 공구골목 '제일인슈로'라는 상점 옆에 그 터가 있다.
5) 현종(1659~1674), 숙종(1674~1720).
6) 현재 섬유회관 맞은편에서 달성공원네거리 사이에 걸쳐 시장이 있었다.
7) 조선시대에는 '대구읍내장'으로 불렸다.

구한말에 들어서 우리나라 곳곳에는 애국계몽운동이 활발했고, 만민 공동회 같은 대중 집회도 물꼬를 텄다. 1907년에는 일제가 차관을 지속적으로 도입하여 조선의 재정을 파탄내려 하자, 이에 '국민들의 힘으로 빚을 갚자'는 국채보상운동이 전국적으로 일어나는데, 이 운동의 발원지가 곧 서문시장이었다. 당시 김광제와 서상돈 등이 광문사(廣文社)를 설립하여 운동을 기획하고 '국채보상운동 대구군민대회'를 열어 시민들에게 국채보상운동의 취지를 널리 알렸다. 이 대회가 열린 곳이 지금의 서문시장에 있었던 북후정이라는 정자이다. 1907년 2월 21일, 이곳에서의 집회는 곧 조선 팔도를 거쳐 일본 유학생들에게까지 영향을 미쳤다.

한편, 1919년에는 전국적으로 일제의 식민 통치에 항거하는 3·1만세운동이 벌어졌다. 이때 대구에서는 3월 8일에 대구제일교회의 이만집 목사 등 기독교인과 인근의 계성학교, 신명여학교, 대구고보 학생들까지 총 800여 명이 서문시장에 집결, 시위를 벌였다. 대구에서의 시위는 4월 15일 대명동 공동묘지[8] 시위까지 수차례에 걸쳐, 대구경찰서(현 중부경찰서) 및 동문시장[9], 남문시장, 달성군청[10] 등지에서 벌어졌다. 3월 8일 서문시장에서의 만세 시위는 영남 지방으로 확산되는 큰 계기가 되었다.

1922년, 대구읍내장터는 대구 도심이 확장됨에 따라 천황당이라는 연못을 메우고 지금의 자리로 옮겨와, 비로소 서문시장이라는 이름으로 불리게 되었다. 이후 일제강점기와 6·25를 거쳐 전국 최대 규모의 전통시장으로 발전하게 되었다.

1959년 이승만 정권의 국가보안법 개정반대 투쟁, 1986년 농축산물

---

8) 현 대구대학교 대명동 캠퍼스 자리에 있었다.
9) 현 동성로 대구백화점 부근에 있었다.
10) 현 신남네거리 부근에 있었다.

수입 개방반대 투쟁 등이 서문시장을 중심으로 열렸고, 인근의 계명대 학생들은 명덕네거리와 함께 대개 서문시장에서 집회를 많이 열었다. 6월항쟁 때도 서문시장과 부근의 신남네거리에 인근 계성고와 계명대 학생들을 비롯한 시위대가 집결하여 계산오거리, 서성네거리를 거쳐 시내로 나아가곤 했다.

근래에 서문시장이 보수 세력의 집결지이고 대구·경북 민심의 척도라며 정치적인 목적으로만 바라보는 경향이 많다. 하지만 이처럼 국채보상운동과 영남 지역 3·1운동의 효시였고, 대구 지역 민주운동의 거점이었던 만큼 역사적인 중요성을 고려해 재조명할 가치가 있다고 생각된다.

역사를 통해 찾은 장소의 의미

아마 오늘도 우리는 거리를 거닐며 여러 장소를 지나쳐왔을 것이다. 그런데 여태 무심히 지나쳤던 그 장소가 어떤 세월을 거쳤는지 알게 된다면, 누구든 필시 "아!" 하는 경탄이 나오지 않을까? 위의 세 장소는 사실 하루에도 수천 명이 거쳐가는 곳이지만, 무슨 일이 일어났던 곳인지 아는 사람들은 거의 없다. 하다못해 2·28기념중앙공원도 왜 그런 이름이 붙여졌는지 생각해본 사람이 있을지 모르겠다.

지금까지 우리나라 근현대사를 통해 그 장소가 세월을 어떻게 거쳐왔고, 그곳이 가지는 의미와 그 변화상을 알아보았다. 무심히 지나쳤던 그 장소는 바로 어떤 역사의 현장이었던 것이다. 또 어떤 사건이 미칠 수 있는 영향도 대단히 크다는 것도 말이다. 이승만과 전두환 정권 반대 투쟁이 열렸던 서문시장이 30년 세월을 거쳐 '보수의 심장'이 된 것만 봐도 그렇다.

장소는 역사적 사실을 지니게 되면서 새롭게 재구성되고, 의미를 가지며 세월을 돌고 돌아 그 의미는 계속 변화한다. 그런 기억과 기록이 모아져 또 역사가 된다. 어쩌면 당신과 내가 지금 서 있는 이곳도 역사적인 장소가 될지도 모른다. 그 기억이 오래도록 간직된다면.

1987년 민주화운동의 물결에 뛰어든 고교생

최
미
나

한유미, 정은정을 인터뷰하고

2017년 6월 10일, 대구백화점 앞 민주광장에 6월항쟁 기념 표지석이 세워졌다. 6·10민주항쟁 30주년 대구경북위원회, 대구경북민주화운동 계승사업회, 대구광역시 등의 주최로 진행된 표지석 제막식에는 많은 인파가 몰렸고, 1987년 그날의 분위기를 다시금 느낄 수 있게 하였다. 보수 꼴통이라 불려오는 대구에서는 좀처럼 보기 힘든 광경이기도 했다.

30년 전의 대구는 독재정권에 격렬하게 맞서 싸웠다. 1987년 5월 21일에는 민주헌법쟁취국민운동 대구·경북본부가 만들어졌고, 시위는 거듭 진행되었다. 6월항쟁이 최고조에 달했던 6월 10일에는 시민들과 학생이 결집해 '민주헌법', '직선개헌' 등을 외쳤다. 나라면 어땠을까. 최루탄과 폭력, 죽음의 공포 속에 나는 그들과 함께 행동할 수 있었을까. 당시 고등학생 신분으로 6월항쟁에 참여했던 한유미, 정은정 선생님의 인터뷰를 앞두고 들었던 생각이다.

"한유미라고 하고 현재 전교조 대구지부에서 일을 하고 있었어요. 87년 6월항쟁 때는 대구 경화여고 3학년이었어요. 당시 고3이어서 시위에 참여를 많이 못했기 때문에 여기 정은정 씨가 잘 아실 것 같아요."(한유미)

"이름은 정은정이고 대구에서 나서 대구에서 살고 있어요. 대구 일반노동조합에서 노동운동 관련 일을 하고 있고, 여기 한유미 언니의 한 해 후배였습니다. 언니와는 같은 문학 동아리 출신이에요."(정은정)

시위 참여에 성별이나 신분 등이 필요하지는 않다. 우리는 모두 주권을 가진 국민이기 때문이다. 그럼에도 그들은 미성년자로 분류되는 고등학생이었기에 다른 참여자들보다 더 많은 고민과 다짐이 필요했을 것이다. 무엇이 최루탄 등의 공포도 이겨내게 하였을까? 무엇이 그들을 광장으로 나서게 하였을까?

6월항쟁이 일어나기 전, 서서히 광주민주항쟁과 관련된 정보들이 드러나기 시작했다고 한다. 전두환 독재정권의 추악한 진실을 마주한 국민들은 분노했고 독재 타도와, 대통령 직선제 개헌 등의 목소리가 높아졌다. 한유미, 정은정 선생님 역시 우연히 보게 된 광주항쟁 사진전에서 많은 충격을 받았다고 한다.

"광주항쟁 사진전을 한다고 해서, 저녁에 친구들하고 '가자' 이렇게 됐죠. 충격적이었죠. 당시 어리기도 했고, 사람들이 처참하게 죽어 있는 모습들을 사진으로 봤는데 국가에 의해서 국민이 죽임을 당했다는 사실이 되게 충격적이었어요. 부당하고 부조리하다, 이건 아니지 않나, 하는 생각을 했었죠. 그걸 보고 뭔가 해야겠다는 마음이 들었는데⋯."(정은정)

30년이 지난 지금도 사람들은 여전히 시위 참여에 두려움을 느낀다. 과거에 비해 폭력적인 상황은 많이 줄어들었다곤 하지만 여전히 물대포, 캡사이신 등의 폭력에 대한 공포가 도사리고 있다. 경제는 성장하였으나 청년 실업률은 높아진 현 시대에서는 '폭력'이라는 물리적 공포보다 혹시 있을지 모를 '사회적 불이익'을 두려워하는 사람들도 있을 것이다.

"반월당 집회도 가고 그랬는데 고등학생이 가방 들고 왔다고 사람들이 예뻐해주는 거예요. 지금도 키가 작은데 그때는 더 작았거든요. (웃음) 그게 신나가지고 열심히 데모대 꽁지를 따라다녔죠. (웃음)"(정은정)

처음엔 사람들의 칭찬에 신이 나서 거듭 참여하였으나, 마냥 신나고 재미있지만은 않았다고 한다. 그녀에게도 두려웠던 순간이 있었다. 시위 도중에 계엄령이 선포되었다는 얘기를 들었을 때라고 한다. 열여덟 살 소녀에게 계엄령이라는 단어는 가늠할 수 없는 무게였다. 계엄령 이야기가 퍼지자 주변에는 긴장감이 돌았고, 금방이라도 누군가 총을 쏠 것 같은 느낌이 굉장히 무서운 기억으로 남아 있다고 한다. 30년이 지났지만, 그날의 분위기는 너무나도 생생하다고 말했다. 두려움에도 불구하고 끝까지 시위에 참여했던 이유는 스스로 주권을 지키기 위해서였다.

30년 전의 대한민국은 '휴전국'이라는 특수한 안보 상황을 인질로 삼아 국민에게 목줄을 채웠고, 정권에 대항하는 이를 모두 빨갱이로 몰아갔다. 국민 모두가 불의한 공권력에 저항할 수 있다면 좋겠지만, 두려운 상황 속에서 참여하지 않는다고 돌을 던지기는 어려웠을 것이다.

나는 '관종'이다. '관종'은 '관심 종자'의 줄임말로, 관심 받는 것을 좋아하고 시선 끄는 것을 좋아하는 사람이란 뜻이다. 하지만 아무리 관종이라도, 그 무대가 수류탄 연기가 자욱하고 총구가 향하는 곳이라면 나는 함부로 까불지 못할 것이다. 나는 비겁하고 지질한 사람이기 때문이다. 개똥밭에 굴러도 이승이 낫다는 말이 있듯이, 나같이 간이 콩알만 한 소시민은 교과서에 나오는 사람처럼 최전선에서 목청이 터져라 민주주의를 외칠 용기는 없다. 그래서 민주열사들에 대한 존경심과 나 자신이 용감하지 못하다는 부끄럼을 같이 가지고 있다. 나는 그들의 희생이 있었기에 평범한 일상을 살아갈 수 있었다.

지금의 나는 나약하다. 30년 전에 비해 어느 정도 발전된 민주주의 질서와 내 권리를 주장할 수 있는 창구의 안락함 속에 숨어 있다. 그러나 용기를 내어 시국 선언에 참여하였고 민주주의를 지키는 촛불을 들었다는 뿌듯함도 있다. 1987년에 살았다면 나는 나약함을 이겨내고 시위에 참여했을지 모른다. 독재정권이 나의 소소한 일상마저 위협하고, 무고한 학살이 일어나는 데도 방송에는 태연스레 예능 프로그램을 방영하고 국민의 눈을 가리는 현실을 본 나는 더 이상 잃을 것이 없다는 생각을 했을지도 모른다. 그렇게 지질한 독재정권은 비겁한 나도 결국은 광장으로 걸어 나오게 만들었을지도 모른다.

학생이 하라는 공부는 안하고 무슨 데모를 나가노?

1987년은 내가 태어나기도 전의 이야기라서 조금 더 자세한 에피소드가 궁금했다. 최루탄 연기 때문에 눈 밑에 치약을 바르고 다녔고, 항상 최루탄 냄새를 맡으며 등하교를 했다는 말은 나를 숙연하게 했다. 특히 최루액은 냄새가 잘 빠지지 않아서 집에 들어갈 때 애를 먹었다고 한다. 고등학생 신분으로 데모에 참여하기에는 성인보다 더 많은 제약들이 있었다. 부모님, 선생님, 그리고 주변의 걱정 어린 시선들, "학생이 하라는 공부는 안 하고 무슨 데모를 나가노?" 같은 말은 빠지지 않고 나왔을 것이다. 학생의 본분은 '학업'이라는 사람들의 생각이 불러온 결과이다. 그녀들은 "사실 공부를 못했다"라며 웃었으나, 나는 책상에 앉아서 하는 공부보다는 직접 정치에 참여하고 민주주의를 외치는 것이 더 큰 깨달음이었음을 안다.

2017년을 살고 있는 나는 정치 문제로 아버지와 논쟁하는 것에 익숙하다. 같은 정치인과 정책을 두고도 아버지와 나는 극명하게 입장이 나뉜다. "독재니 뭐니 해도 박정희가 있었으니까 우리가 이래 사는 기다"라고 하면 "해외로 파견 나가서 외화 벌고, 낮은 임금으로 저렴한 노동력을 제공해준 노동자들 덕에 경제 발전이 된 거지 우예 박정희 덕분이고?"라고 받아친다. 아버지와 함께 뉴스를 보노라면 우리 집에서도 '썰전'이 벌어진다. 그런데 그런 아버지마저 시국 농단에 혀를 찼다. 아버지와 내가 타임머신을 타고 30년 전으로 돌아간다면? 그때도 아버지는 공부나 하라고 하셨을까 궁금해서 여쭤봤다. 대답은 간단했다. "니 맘대로 해라."

1987년의 어느 날

'나도 당연히 최루탄을 맞으며 전면에서 대항했을 거야'라며 허세를 부리고 싶지는 않다. 지금보다 여권신장의 정도가 낮았고 위계질서가 심했을 시기에, 어린 학생에 여자인 나는 더 두려웠을 것이다. 혹여 운이 나빠 고문과 성폭행 등을 당하지 않을까 무서웠을 것이다. 여성의 순결이 강요되었던 그 시기에 잘 살아갈 수 있었을까. 다행히 나는 21세기에 살고 있다. 2017년은 시위에 참여했다는 이유로 끌려가 고문을 당할 공포에서는 벗어나게 되었다. 완벽하지는 않지만, 30년 전 보다 상황이 좋아졌음은 확실하다. 무엇이 이러한 변화를 이끌었을까.

민주주의는 '어느 평화로운 아침…'으로 시작되는 동화 속 구절처럼 하루아침에 이루어지는 것은 아니다. 그 과정이 아름답지도 순탄하지도 않았다. 민주주의는 수많은 사람들의 투쟁으로 이루어진 피와 땀의 결정체다. 몇 달에 걸쳐 수많은 시위들이 일어났다. 날을 잡아서 광장에 모이기도 하고 경찰 병력을 피해 게릴라전으로 전개하기도 했다. 매일매일이 독재와의 전쟁인 그 속에서 그들이 한마음 한뜻을 가질 수 있었던 이유는 무소불위의 권력으로 국민을 탄압하는 것이 잘못되었음을 알았기 때문이다. 그러니 30년 전의 지질하고 소심한 나는, 최전방에서 민주주의를 위해 싸운 투사는 되지 못했을지라도 내가 할 수 있는 최대한의 것들을 했을 것이다.

2017년의 어느 날

우리는 수많은 희생으로 힘겹게 쟁취한 민주주의를 지키지 못했다. 독재자의 딸이 대통령이 되었고, 자신의 아버지가 했던 정치를 답습하며 똑같은 실수를 범했다. 더 이상의 후퇴를 막아야 했고, 민주주의의 가치를 지켜야 했다. 그래서 초를 밝혔다. 대한민국 전역이 촛불로 일렁거렸다. 우리는 '적폐' 청산과 더불어 각종 문제에 대해 진실을 밝힐 것을 촉구했다. 과거와 비교했을 때 부조리한 정권에 저항하는 것은 비슷하였으나, 2017년의 촛불시위는 비교적 평화로웠다. 최루탄도 없었고 그동안의 시위에 등장했던 물대포나 캡사이신도 없었다. 경찰 병력은 국민에게 몽둥이를 휘두르기보다는 국민의 안전을 우선시하였고 촛불은 평화롭지만 맹렬하게 전국으로 번져나갔다. 30년 전 그날의 희생이 없었다면 우리는 아직 최루탄 속에서 짱돌을 던지고 있었을지 모른다.

2017년 3월 10일, 박근혜 대통령의 탄핵이 결정되었다. 헌법재판소의 결정에 환영하면서도 또 한편으로는 국민이 뽑은 대통령을 다시 국민의 손으로 내려오게 한 헌정 초유의 사건이 조금은 나를 씁쓸하게 했다.

"혼란스러운 시기라고 이야기하지만 사실 국민들은 정말 신났어요. 영웅적으로 투쟁했다 이러지는 못하겠지만, 일상을 버리면서 헌신적으로 싸운 과정이었고, 또 축제였죠. 이런 모습이 더 본질이지 않을까라는 생각이 들어서 혼란스러운 시기라는 용어를 쓰는 것 자체에 대해서 다소 우려는 듭니다."(한유미)

"이건 진짜로 혼란은 아니라고 생각합니다. 민주주의는 원래 시끄러운 거다, 이런 얘기도 있잖아요."(정은정)

비록 한유미, 정은정 선생님은 현 상황이 혼란은 아니라고 말씀하셨지만, 매스컴이나 주변에서는 '혼란스러운 시국'이라는 표현을 자주 썼다. 지난겨울 우리는 너무나도 추웠고, 그 추위 속에서 촛불을 들었다. 애초에 민주주의를 잘 지키고, 과거와 같은 실수를 반복하지 않았더라면 많은 국민이 따뜻한 겨울을 보냈을지도 모른다. 안타깝고 씁쓸한 기분이 들었지만 이미 지나간 과거에만 매어 있을 것이 아니라, 혼란을 잘 이겨내고 발판 삼아 같은 실수를 되풀이하지 않아야 한다.

1987년의 청년과 2017년의 청년

2017년의 청년들은 눈앞에 닥친 현실 문제 때문에 정치에 무관심하다. 그러나 한편 힘든 현실을 타개하고자 정치에 관심을 가지기도 한다. 누구보다 열렬히 민주주의를 갈망하고 투쟁했던 기성세대는 지금의 청년을 한심하고 안일하다고 보며, 청년은 기성세대를 꼰대처럼 본다. 세월이 지남에 따라 세대 갈등은 존재할 수밖에 없다. 그러나 성별, 나이를 불문하고 촛불을 들었던 시간들이 30년 간격을 조금이나마 줄여주었다. 30년 전 민주주의를 지켰던 기성세대는 30년 후 민주주의를 지킨 청년들에게 어떤 말을 해주고 싶을까.

"단체를 꾸리기도 하고 개인이 나서기도 하는데, 결국은 그렇게 해야 사회가 바뀔 거예요. 그리고 그거를 기성세대들에게도 강하게 요구하고…, 당당하게요. '우리 이렇게 할 거다, 하면서 너거 좀 제발 좀 해라!' 이렇게 함께하는 과정을 거치는 것이 제일 핵심 아니겠나 싶어요."(한유미)

"일단 '미안하다' 이런 마음이 들어요. 청년들 마음 편하게 살 수 있는 그런 세상을 만들지 못한 미안함이죠. 기성세대로서 어떤 책임감 같은 것들이 있는 거죠. … 청년들이 예의 없이 조금 당돌하게 사회에 요구도 하고 그렇게 해야 된다고 생각해요. 자기와 관련된 일을 다른 사람들이 결정하도록 놔두면 안 되는 거 아니겠어요. 자신들의 문제는 청년 자신들이 요구했으면 좋겠다 싶어요."(정은정)

두 분 모두 청년들의 적극적인 정치 참여와 더불어, 단순한 참여에서만 그칠 것이 아니라 기성세대와 연대하여 함께 나아가야한다고 주장했다.

지당한 말씀이다. 어느 순간부터 우리 세대에게 영호남의 갈등은 케케묵은 것이 되었다. 교과서에서나 영남 지방과 호남 지방의 갈등을 이야기하지만 청년들은 체감상 기성세대와의 갈등이 더 와닿는 것이 현실이다. 기성세대의 탈꼰대화와 청년들의 연대로 한국 사회는 후퇴 대신 꽃길만 걸었으면 하는 바람이다. 그런 면에서 한유미·정은정 선생님은 청년이 아닐까? 항상 진보하고 사회에 적극적으로 요구하며 역동적인 사고를 지닌 그녀들 역시 청년이었고 청춘이었다. 나는 민주화운동을 교과서로 배웠기에 생생하게 그날의 분위기를 체감할 수 있었던 두 분의 이야기가 뜻깊었다. '즐겁게 싸우는 놈 못 당한다'는 한유미 선생님의 말처럼, 오늘날 우리는 유쾌함과 배짱으로 똘똘 뭉쳐 대한민국 민주주의 역사를 새로 썼는지도 모른다.

어느 6월항쟁 참여자의 개인적 메모

1985년은, 대학생으로서 내가 처음 맞은 4·19가 햇수로 25년을 맞는 해였다. 당시 선배들과 MT를 가서 4월혁명에 대한 학습을 했으나 그 내용은 지금 기억날 리 없고, 그보다는 4·19가 흑백사진처럼 오래전 사건, 나와는 너무나 거리가 먼 조상들의 의거로 다가왔었던 느낌만 남아 있다. 당시 불과 25년 전 사건이었음에도!

이 글을 쓰는 2017년은 1987년 일어난 6월항쟁이 30주년을 맞는 해이다. 고개를 들어 하늘을 보면 아직도 "호헌철폐", "독재타도" 군중의 함성이 귀에 쟁쟁하게 들려온다. 코에는 매캐한 최루탄 냄새가 그대로 느껴지는 듯하다. 연발로 터지는 지랄탄 사이로 사방팔방 뛰어다니는 학생들, 은색 하이바(헬멧)를 쓴 청재킷 백골단, 짱돌과 화염병 조각들이 굴러다니는 아스팔트….

6월항쟁은 내 몸과 머리에 생생하게 살아 있다. 이미 30년 전 사건임에도!

역사적 사건은 활자와 영상으로 기록되어 후대에 전달된다. 그리고 또하나 역사가 자기의 흔적을 남기는 방법은 사람이다. 역사는 경험하고 기억하는 동시대 사람들에 의해 말과 느낌을 통해 전달되기도 한다. 활자나 영상에 비해 불철저하고 주관적이지만, 역사를 살아 있는 실체로 만드는 것은 결국 사람이지 않을까. 활자나 영상의 정제된 표현이 객관성을 강화하겠지만 그 정제의 과정에서 배제되는 것들의 욕망과 느낌, 정서는 기실 역사를 가능하게 만드는 원초적 동력이 아니었는가 생각된다. 개인적으로 그동안 대구 지역의 민주화운동사 정리 작업에 여러 차례 관여한 바 있었다. 하지만 작업 후에 늘 아쉬움으로 남았던 것은 자료의 나열, 일지 정리, 사회과학적 분석만으로 역사적 사회운동의 생명력을 다 기술할 수 없다는 것이었다. 아마도 그 전달의 한계는 다른 방식을 통해 보완되어야 하지 않겠나 생각하던 차에 내가 겪은 6월항쟁의 기억을 남길 수 있는 기회를 얻게 되었다.

　아마도 이 글도 불철저하고 주관적일 것이다. 개인적 소회라는 지적을 피할 수 없을 것 같다. 더러 사실과 다르게 입력된 기억도 있을 것이다. 그러하더라도 6월항쟁의 경험과 기억을 지닌 한 사람으로서 그 사건의 현장에서 느끼고 겪은 정서나 감정, 활자나 영상으로 기록된 큰 역사에서 배제되었던 작은 인물들과의 만남, 그 사건이 나의 삶에 미친 파장들을 적어 남겨놓는 것은 6월항쟁의 생명력과 정신을 이해하는 데 다소나마 도움을 주고, 혹시 이 글을 읽는 다른 이들도 저마다 자신의 머리와 몸에 새겨진 6월항쟁의 기억들을 한 번쯤 돌아보고, 잊지 않도록 어딘가에 기록해두기를 바라는 마음에서이다.

전야(全夜) I

1985년경 독일에서 박사학위를 받고 귀국한 한 젊은 교수는 공항에 내려 택시를 타고 시가지를 달리면서 '혁명 전야'라는 말을 떠올렸다고 했다. 거리는 흥성거렸지만 사람들은 무언가 결핍되어 있었고 움츠린 탄성을 발휘할 어떤 기회를 엿보고 있는 것처럼 느껴졌다는 것이다.

1980년대 독재정권하에서 대학은 다른 사회 공간에 비해 조금 더 자유로운 곳이었고, 1985년 당시 전두환 정권의 소위 학원자율화 조치로 인해 대학 내 학생 활동도 활기를 띠고 있었다. 아직 그것이 혁명인지는 모르겠지만, 어떤 무엇이 임박했다는 '전야(全夜)'적 분위기는 어리숙한 나에게도 확실히 느껴졌다.

1985년 여름 첫 농촌 활동을 준비하면서 총학생회라는 곳을 들락거렸다. 낮에 형광등을 켜놓았는 데도 실내가 어두웠다는 것이 실제였는지 단지 분위기였는지는 분명치 않다. 코를 찌르는 페인트 시너 냄새, 판화 그림, 둘둘 말린 현수막 천 뭉치, 각목 다발, 테이블 위 스테인리스 재떨이, 담배를 입에 문 3학년 여자 선배, 4벌식 타자기, 8절 갱지에 '가리방'(출판) 뜬 시국성명서…, 대학생 여름 농촌 봉사 활동을 준비하는 회의가 자못 엄숙하고 진지하다 못해 살벌하다는 느낌도 들었다. 당시 정권은 대학생 농촌 활동을 대학생들이 농민들을 만나 반정부 의식화 교육을 한다고 불온시하고 있었다. 학교 당국도 전국적으로 진행되는 대학생 여름 농활에 대해 예민하게 반응했다. 실제 농활이 시작되자 경찰과 읍·면사무소 공무원들은 농활 온 대학생들에게 아무도 일거리를 주지 말도록 농민들을 협박했다. 또 밤낮으로 경찰관, 면사무소 공무원들이 농활 대원의 일거수일투족을 감시하고 있었다. 농활 대원들은 낮에는 어렵게 얻은 밭일을 하고 밤에는 연극마당, 부녀 활동을 한 후 총회 회의까지 매일 열었고

6·10대회를 진행하는 장면.__동성로 뱅뱅 앞

하루 2~3시간 밖에 잠을 잘 수 없었다. 결국 어렵게 떠난 그해 '농활'은 예정된 일주일 기간을 다 끝내지 못했다. 4일째, 더 이상 농활이 불가능한 상황에서 경북 북부 지역에 흩어져 활동했던 농활대 400여 명과 농민회 회원들이 김천역 광장에 집결해 큰 집회를 열었다. 김천시에서는 아마도 수십 년 만에 가장 큰 집회였을 것이다. 저곡가 정책으로 농민들을 쥐어짜서 도시 노동자들의 저임금을 유지해나가며 이룩한 피멍든 우리나라 경제성장의 실상을 나는 피부로 느꼈다. 한편 솔직히 말하건대, 당시 1학년이었던 나는 김천역 광장에서 농민춤을 추면서 더 이상 헛간에 비닐 깔고 자지 않아서 좋았고, 쓴 200원짜리 청자 담배가 아니라 330원짜리 은하수를 피게 되어 살 것만 같았다.

전야적 느낌은 1986년 더욱 확연해졌다. 야당인 신민당과 재야단체 민통련, 대학생들은 전국적으로 직선제 개헌을 요구하는 순회집회를 열었고, 4월 5일 식목일은 대구 중앙공원 앞 아세아극장에서 대구 집회가 열리기로 되어 있었다. 4월 4일 밤 시내 향촌동 대안식당에서 윤일성당 노동야학팀들과 집회 준비 회의를 했다. 유인물은 이미 다 준비가 되었고, 마지막으로 김 선배가 "내일은 다들 경찰서에서 만나자. 구류는 각오해야겠다"고 마무리 얘기했고 막걸리 한 사발을 돌려 마셨다.

당일 오전 날씨는 기분 좋게 쾌청했고 나는 청바지에 베이지색 사파리 점퍼를 입고 흰색 운동화를 신고 집을 나섰다. 배당받은 유인물 뭉치는 허리춤에 반 접어 넣고 아세아극장으로 갔다. 버스가 시내로 들어가지 못해서 멀찌감치에서 내려야 했다. 거리는 사람들로 가득 찼고 하늘과 아스팔트는 유인물 천지였다. 이런 게 해방구라는 건가. 동성로 거리는 학생들이 자리를 잡고 앉아 차량 통행이 아예 불가능했다. 나도 동료들과 자리를 잡고 앉았는데 주변에서 담배와 음료수가 날아들었다. 집회 무대도 없고 사회자도 없고 식순도 없었다. 학교에서 몇 번 봤던 선배 한 사람이 핸드 마이크를 쳐들고 "내 손으로 대통령을 뽑자"며 소리치고 있었다. 공중에서 유인물이 눈처럼 뿌려졌다.

신문이나 방송에서 그토록 '좌경, 극렬, 폭도, 극소수, 공산혁명 세력'이라고 떠들어대고 있었는데, 대구 사람들 모두 그 거짓 어용신문과 방송의 노예가 되었다고 생각했었는데, 어찌된 일이었을까. 숨 막히는 감시와 탄압, 부족한 정보 속에서도 어떤 진실을 목말라했을까. 어쨌든 생면부지의 시민들이 거리에서 서로가 살아 있었음을 확인하고 환호했다.

그날 밤 집회는 늦게까지 이어졌다. 수천의 군중이 한일극장, 반월당, 국세청, 시청으로 흘렀다. 그리고 전날 밤 예상했던 대로 나는 남부경찰서 유치장에 있었고 곧 구류가 아니라 구속자로 신분이 바뀌었다.

누군가 감옥은 투사들의 학교라고 했다. 그런데 학교에 책이 없었다. 사회과학, 인문학 책들은 감옥에 거의 차입이 되지 않았다. 일반 형사범들과 같이 있다 보니 그나마 책을 보기도 힘들었다. 첫 징역의 생경함이 조금 가실 무렵부터 같은 감방 수감자들에게 한글을 가르쳤다. 한 명은 본드 환각 상태에서 절도하다 들어왔고 또 한 명은 공사장 동 파이프를 훔쳐 3년 징역을 받았다는 젊은 사람이었는다. 그들의 한글 선생 노릇을 하면서 석 달 열흘을 보냈다.

그사이 가끔씩 들리는 학교 소식은 놀라운 것이었다. 1986년 4월 하순 학교는 2만 전교생이—휴학생까지 학교에 나왔다고 한다—본관 앞에서 졸업정원제 철폐 시위에 나섰다는 것이다. 졸업정원제는 대학 입학 문은 넓히고 졸업을 어렵게 하여 대학생들을 학점 경쟁에 빠지도록 만들었다. 시국에 대해 눈을 감도록 하려는 정권 보안 차원에서 기획된 제도였다. '기획된 경쟁'으로 인해 같은 대학 여학생이 자살하는 사건이 발생하자 전교생이 분노해 교정으로 쏟아져 나온 것이다. 이 시위는 약 열흘간 지속되었고 이 대학 역사상 가장 많은 학생이 참여한 시위로 기록되었다.

급변하는 대중의 분출은 학생뿐만 아니라 노동자, 농민 등 다양한 계층으로 확산되었다. 대구 제3공단 내 한국경전기노동자·학생 연대 시위, 아신금속, 동협제작소, 오대금속, 동산병원 등의 노조민주화운동, 경북지역 농민들의 농가 부채 탕감, 쌀값 보장 시위 등이 1986년 하반기 내내 이어졌다. 정치권 내에서도 대구 중서구 출신 야당 국회의원 유성환이 국회 연설에 통해 "국시는 반공이 아니라 통일이어야 한다"고 발언하여 큰 반향이 일기도 했다.

전야(前夜) II

1987년 새해 벽두 서울대 학생 박종철이 남영동 대공분실에서 물고문을 받다 살해된 사건이 발생했다. 우리 사회에서 고문은 일제하 독립운동가들과 박정희 유신정권하 민주화운동가들에 대한 박해를 연상하게 만든다. 그래서 고문에 대한 일반인들의 정서나 반응도 정권의 다른 여러 가지 탄압 수단에 비해 매우 예민한 편이다. 물론 대부분의 사람들은 평시에도 고문이 은밀하게 자행되고 있다는 사실을 모르진 않았고, 또한 그로 인한 공포에 감염되어 있는 것도 사실이었다. 하지만, 일단 고문이 일반에게 알려져 공론화가 될 경우 대중은 급격하게 결집하고 반대 의견을 과감하게 드러내기도 했다. 즉 일반적으로 평소 고문이라는 공포정치에 대해 침묵을 강요당하면서도 한편으로는 상식적·도덕적·역사적 차원에서 고문의 부당성과 잔혹함에 대해 심정적 거부감을 갖는 이중적 처지에 놓여 있는 것이다. 때로 일정한 계기를 통해 고문과 같은 국가폭력의 실상이 은폐의 장막을 뚫고 나올 때는 상식과 도덕적 차원에서 더 이상 허용할 수 없는 일정한 경계선이 허물어진 것으로 판단하고 국가에 저항하는 직접 행동으로까지 이어지기도 한다. 4·19의 도화선이 되었던 김주열 학생의 국가폭력에 의한 살해 사건도 바로 그러한 사례가 된다.

사실 박종철 학생의 고문치사 사건이 일어나기 직전에도 여러 고문 조작 사건이 있었다. 1985년 민청련 김근태 의장 고문 사건, 1986년 부천 경찰서 성고문 사건을 통해 전두환 정권의 잔인한 고문 폭력의 실상은 이미 백일하에 드러났었다. 그러나 당시에는 신문, 방송 등 모든 언론들이 정권의 나팔수 노릇 하는 '어용언론'으로, 이들이 다수 시민의 눈과 귀를 가로막고 있었기 때문에 공론으로 나아가지는 못했다.

그러나 대학생 신분의 20대 초반 젊은이가 또다시 고문으로 사망했음이 분명하고, 가해 경찰관들이 이를 은폐하려고 "탁 하고 책상을 치니 억 하고 죽었다"라고 뻔뻔한 거짓말을 하자 시민 대중들은 정권의 기만성이 용납할 수 있는 계선을 넘어선 것으로 판단했다.

1987년 2월 7일과 3월 3일 전국 동시다발로 '고문추방 평화대행진'이 개최되었을 때 시민들은 더 이상 신문, 방송이 아니라 집회 주최 측의 말에 귀를 기울이기 시작했다. 그리고 분노했다. 시민들은 고문 추방뿐만 아니라 정권의 퇴진을 공공연하게 외치기 시작했다.

1985년부터 고조되던 노동자들의 노조 건설, 노조민주화운동, 농민들의 농가 부채 해결, 쌀값 보장운동, 학생들의 학원민주화 시위, 야당과 재야의 대통령 직선제 요구 등이 고문 독재정권의 부도덕성에 대한 분노로 단숨에 응집되었다.

당시 내가 속한 대학에서도 법학과 교수의 승진 누락 문제, 고문 추방 집회에 참석한 경대병원 간호사에 대한 징계에 반발하여 학생회 간부들이 총장실을 점거하는 일이 4월경 발생했다. 그런데 총장실에서 농성 중 우연히 발견된 메모지에서 정권의 학원 사찰 증거가 발견되면서 사태는 걷잡을 수 없이 확산되었다. 학생들은 거의 모든 학과에서 총회를 열고 강의실을 박차고 나와 총장 퇴진을 요구하는 시위를 연일 진행했다. 본관 앞 그 넓은 잔디밭이 학생들로 꽉 들어찬 것은 1986년 졸업정원제 반대 시위 이후 두 번째였다.

1986년 졸업정원제 반대 시위를 직접 보지 못했던 나로서는 1만 명이 넘는 학생들이 스크럼을 짜고 교정에서 시위하는 모습에 충격을 받았다. 수업은 완벽히 거부되었고 아침부터 학생들은 자발적으로 총회를 열어 발언하고, 오후에는 집회에 참석했다. 이 과정에서 학생들은 학사행정의 부조리가 총장과 문교부(현 교육부)의 야합, 정권의 학원 탄압과 분리될 수 없는 사건이라는 것을 자연스럽게 확인하였다.

그해 봄 대구 지역 다른 대학도 사정은 마찬가지였다. 학군단 학생이 대학신문사를 난입하여 폭행한 사건, 시국 선언 교수에 대한 탄압, 어용 무능 교수 퇴진, 교직원의 학생 폭행 사건 등 각종 문제로 여러 대학의 총장실이 학생들에 의해 점거되었다.

　　한편 1985년 대구의 양심적인 교수들을 중심으로 '지방사회연구회'가 창립된 후 각 대학마다 '민주화를 위한 교수협의회' 분회가 조직되었다. 교수들은 1987년 4월 13일 전두환이 직선제 개헌이라는 야당과 시민들의 요구를 거부하며 내린 '호헌조치'에 대해 강력 반발하면서 시국 선언을 발표했다. 당시 시국 선언은 민주화를 요구하는 시국성명서에 자기 이름을 적어 넣는 서명 행위만을 의미하는 것이 아니었다. 시국 선언에 참여한다는 것은 정권에 의해 '반정부인사'로 낙인찍혀 감시의 대상이 되는 것이며, 각종 교육행정상 불이익을 감수한다는 것이며, 학교 재단으로부터 언제든 사표를 종용받을 수 있는 매우 위험한 행위였다. 그래서 대학 교수의 시국 선언은 지성인으로서의 양심적인 사회적 발언이기도 하지만, 우리의 사회 현실에서는 사실상 교수가 목을 내놓는 결단의 행동이었다. 1987년 봄 이제 그런 시국 선언이 공공연해지고, 오히려 그런 시국 선언에 참여하지 않는 것이 부끄러운 일인 상황이 발생했다. 이제 모든 것이 어제와 분명히 달랐다.

거리

　　우선, 나는 6월의 그 나날을 모두 기억하지 못한다고 고백한다. 몇 년 전 관여했던 대구 지역 민주화운동사 보고서 자료들을 꺼내 6월항쟁의 일지를 잠깐 일별했지만, 여기에 그 일지 내용을 도입하고 싶은 생각은 없다.

당시 나는 학과의 학술부장 겸 단과대학 교지 편집장이었다. 한편으로는 활동가 네트워크에서 일정한 역할을 담당했었다. 당시는 사회과학 학습이나 대중 집회, 시위가 모두 금지되어 있었으므로 당연히 공개적인 활동은 할 수 없었고 활동가들의 네트워크도 비공개일 수밖에 없었다. 흔히 6월항쟁 전후 대학가에서 일어난 사회과학 논쟁을 엔엘(NL)이니 피디(PD)니, 주사파니 뭐니 하며 아는 척하는 사람들이 많은데, 바로잡을 일도 있는 것 같다. 나는 분단과 친일, 독재로 점철된 한반도의 청년학생으로서 사회 전체의 시각에서 발전과 변혁을 위해 공부하고 논쟁한 것을 이상하게 왜곡하거나 과장할 필요는 없겠다는 생각이다. 그러한 과장이 당시 그 치열한 논쟁에 참여하지 못한 사람들의 지나친 부채감이나 자격지심에서 발로한 것이라 이해할 수도 있겠다. 그러나 당시 잔혹한 고문 독재정권에 기생하거나 부역한 자들이 자신들의 약점을 감추고 민주화운동 세력들에 대한 이데올로기적 공격 수단으로써 민주화운동의 전개를 마치 파벌 간 싸움으로 폄훼하려는 것은 용납할 수 없다는 생각이다.

단언컨대, 6월항쟁의 주인은 깨어나는 시민들이었다. 휴대폰도 한 번 사면 좀처럼 브랜드를 바꾸지 않는 완고한 대구에서도 1987년 6월의 거리는 고등학생, 상인, 회사원, 아저씨들이 함께 손잡고 걸었다. 대구에서 나고 자란 나도 그전에 대학 시위에는 자주 참여했지만 늘 시위는 앞장서는 학생 수백 명이 잠깐 집회하고 돌 던지고, 경찰에 쫓기고 숨어 다니는 모양을 반복했다. 그러던 대구의 거리가 어느 순간 항쟁의 거리가 되었다. 숨 막히는 탄압과 물샐 틈 없이 눈과 귀를 막는 정권의 폭압도 인간애와 보편 상식의 힘을 이길 수는 없다는 것이 증명되었다고밖에 설명할 길이 없다.

그해 6월 한 달을 내내 학교에서 숙식하며 지냈다. 아침은 굶고 회의

시위대에 의해 파손된 진압경찰 호송차.＿구, 동산파출소

하고, 점심은 학생식당에서 먹고, 오후에 학내 집회를 시작으로 대구 시
가지 가두시위에 참여했다가 저녁에 다시 학교로 돌아오는 날이 거의 반
복되었다. 저녁에는 시가지에서 무용담이 학생회실에 가득했다. '서울에
서는 시위대가 전경들을 무장해제시켰다고 하니 우리도 내일은 반드시
전경들과 맞서 무장해제를 시키자'라고 목소리를 높였다. 또 한 사람이
화염병을 들자고 나서니 한쪽에서는 그러면 시민들이 다칠 수도 있고 폭
력 시위라는 정부 선전에 넘어가는 꼴이 된다는 반론이 있었다. 서로의 주
장이 장단점이 있으니 소수의 결의대가 부도덕한 정권의 핵심 기관을 화

염병으로 타격하여 대중의 울분을 발산하고 상징성을 높이는 것으로 결론이 맺어지기도 했다. 전경들을 무장해제시키기 위해 내가 속한 단과대학에서는 '화살조'를 구성했다. '가서는 다시는 돌아오지 말자'라는 노래 가사처럼 독한 각오로 반드시 전경과 대치하여 이기자는 결의였지만 시가지에서 우리는 번번이 전경들에게 등을 보이기 일쑤였다. 대구의 시가지 시위는 숫자는 많았지만 이를 제대로 인도하고 지휘할 수 있는 지도부가 없었다. 한 달 가까이 대규모 시위가 이어지자 시위대도 지쳐가고 전경들도 지쳐갔다. 들리는 소문에는 전국적인 시위 때문에 최루탄 재고가 바닥났고 전경들도 더위와 최루탄으로 인한 수포, 피로 누적 등으로 더 이상 경찰로는 시위 진압이 불가능하다는 말이 나왔다.

6월 26일 전국 동시다발 평화대행진의 날 시가지 시위를 마치고 나자 실제로 상황이 심각하다는 인식이 학생 시위대 내에도 파다했다. 전두환이 계엄령이나 위수령 선포를 준비한다, 포항 쪽에서 해병대가 대구로 부대 이동을 한다는 소문이 들렸다. 그날 밤 단과대 학생회실에 십여 명이 모였다. 모인 학생들은 대체로 일단 계엄령 혹은 위수령으로 군대 개입이 불가피할 것으로 판단했지만 이후 상황에 어떻게 대처할 것인가를 생각해보자니 다들 말문이 막혔다. 이런 대규모 군중 시위도 처음인 데다, 계엄령의 실상을 제대로 경험한 적이 없는 80년대 중반 학번들이고, 무엇보다 광주의 참상이 먼저 떠올랐기 때문이었다. 하지만 1980년 광주에서 군대에 의해 도륙된 형제 부모의 모습이 다시 이 땅에서 반복되어서는 안 된다는 절박함과 이에 맞서 싸워야 한다는 결의가 마음속의 불안과 공포를 잊게 했다. 그날 밤, 격론의 끝은 이러했다. "자, 언제든 계엄령이 선포되면 그다음 날 정오 반월당네거리 한복판에서 오늘 여기 모인 우리 중 누구든지 호각을 불면서 모이자."

사람

6월항쟁을 기억하면 머리에 떠오르는 사람들이 있다. 그 가운데 내가 속한 단과대학 수위실에 근무하던 '황씨 아저씨'를 잊지 못한다. 이름 석 자도 몰라 늘 아저씨라 불렀고, 성씨가 황씨라고만 알고 있다. 160cm가 안되는 작은 키에 약간 마른 몸매, 늘 사람 좋은 웃음 가득하고 남학생들이 대부분인 단과대학 건물을 항상 깨끗하게 관리해주시는 분이었다. 대학 시절 내내 나는 집에서 자는 날보다 학생회실에서 커튼 뜯어 덮고 자는 일이 많았다. 가끔 몹시 추운 날 도저히 힘들면 야간 경비를 서는 황씨 아저씨가 계시던 1층 경비실을 찾아 아저씨의 전기장판 위에 눕곤 했다. 그럴 때면 아저씬 늘 웃으면서 괜찮다며 맞았고 우린 이런저런 얘기로 밤을 새우곤 했다. 사실 그 경비실은 나만 거친 것이 아니고 집 나와 학생회실을 전전하던 여러 동기들도 수시로 이용했던 것 같다. 아저씨 월급날에는 둘러앉아 술 한잔까지 얻어먹었다. 어쩌면 소위 운동권 학생들의 동향을 늘 파악해야만 하는 위로부터의 지시도 받았겠지만 그러거나 말거나 황씨 아저씨와 우리는 눈으로 얘기하는 사이여서 아무런 허물이 없었다. 어느 날 아저씨가 운전면허 시험에 합격해서 축하 잔치를 열었는데, 아저씨는 소주 한 잔에 어느 학과 교수님의 비밀을 우리에게 말하기도 했다. 그 교수님이 자신과 같은 운전학원에 다니고 있는데 이번에도 떨어졌다는 것이다. 자기는 단번에 시험에 합격했는데, 그 교수님은 벌써 여러 번째 재수하고 있다고 했다. 아저씨는 내가 이래봬도 교수보다 똑똑한 사람이라고 농담을 하시는데 우리는 그 교수 강의의 허접함을 잘 알기에 그 농담이 농담이 아니라 진짜 사실이라고 생각했고, 아저씨 말을 아무도 웃지 않고 듣고 있었다.

내가 속한 단과대학 옆으로 난 조그만 쪽문 앞에는 2차선 도로가 있고 그 위에 그려진 좁은 횡단보도 바로 너머에 '동문슈퍼'가 있었다. 이 동문슈퍼는 가깝기도 해서 작은 문구류를 사거나 음료수, 막걸리 등을 수시로 공수해서 먹던 곳이었다. 외상 장부까지 열어놓고 거래할 정도였다. 동문슈퍼는 말하자면 우리들의 곳감 창고였다. 필요한 것이 있을 때 가면 늘 필요한 게 있었다. 당시 학내 시국 관련 정치 시위는 학교 대문 앞에서 학생들이 농성하면서 결국 화염병과 투석전으로 이어졌는데 경찰서 정보과 학원 담당은 그 많은 화염병의 재료들인 소주병, 휘발유, 신나 따위가 도대체 어디서, 어떻게 구입되는가에 대해 궁금한 것이 많았다. 1987년 한 해 동안 사용된 화염병의 숫자가 어마어마했을 것인데 물론 그 소주병이 학생들이 다 사 먹고 나온 것은 아니었다. 우리들이 여기저기 기웃거리면서 주워 모으거나 조금씩 여러 번 사 모아 사용했던 것으로 기억한다. 같은 술이라면 소주를 먹고, 병은 반드시 챙기는 알뜰함은 학생들의 본분이기도 했다. 그런데 동문슈퍼에서 나오는 소주병은 좀 달랐다. 워낙 평소 주인 부부와 거래상 친분이 있기도 해서 급히 물량을 조달할 때는 아예 빈 병을 박스로 실어 나르다시피 했던 것이다. 그리고 그런 사정은 어느 날 슈퍼 아저씨가 경찰서에 불려가 조사를 받고 나오면서 끝나고 말았다. 경찰에서 동문슈퍼 소주병의 비밀을 눈치채고 주인아저씨에게 엄중 경고를 했던 것이다. 처음 며칠간 우리 때문인 것 같아 미안하기도 하고 얼마나 놀랐을까 주인 부부가 걱정되기도 해서 출입을 삼갔다. 거의 매주 화, 목요일 오후 2시 중앙도서관 혹은 일청담 연못 앞, 본관 앞에서 집회가 있었고 교문 앞 투석전과 화염병 공방은 하루가 멀다 하고 계속되었다. 소주병에 대한 수요는 늘어났지만 공급상 차질이 불가피했을 때, 동문슈퍼 앞에 빈 소주병 박스가 보란 듯이 쌓여 있었다. 혹시나 주인 부부에게 피해가 갈까 걱정해서 그냥 지나치려 했을 때 아저씨는 조용히 "내놓은 걸 그냥 훔쳐가는데 내가 어떻게 하겠어"라고 말했다.

그때부터 동문슈퍼 아저씨는 빈 병 박스를 가게 앞에 내놓는 족족 어떤 도둑놈들이 가져가는 데도 빈 병을 계속 가게 문 앞에 두는 이상한 행동을 계속했다.

기억

6·29선언이 발표되고 6월항쟁은 사실상 마무리된다. 선언이 텔레비전으로 발표되는 순간, 계엄령의 긴장이 사라지고 어떤 승리감 같은 것이 생겨나기도 했다. 언론은 더욱 극적으로 부각시켰고 자제와 평화, 화해를 설교했다. 정치권도 그해 12월 대선 준비로 급격히 제도권으로 회귀했다. 국민운동본부로 집결했던 재야, 학생, 정치권 내부의 균열 조짐도 일어났다. 또 그즈음 울산 현대정공 노동자들의 파업을 필두로 울산, 마산·창원, 포항의 동남권 공업 벨트가 파업의 바다로 변했다. 그해 여름 7·8·9월 노동자대파업투쟁이 전국을 불태웠다. 대구 지역 학생들도 울산 파업 현장에 지원을 나가 '만세대아파트'에서 노동자들과 연대해 싸웠다.

6·29선언의 기만성이 드러나고 있음에도 상황은 점점 악화되었고 우리는 정국의 주도권을 잃어버리고 있었다. 마지막까지 대통령 후보 단일화를 요구했지만 김대중, 김영삼은 고집을 꺾지 않았다. 1987년 대통령 선거에서 6월항쟁에 참여했던 대오는 비판적 지지, 후보 단일화, 독자 민중후보로 갈라졌다. 결과는 전두환의 친구, 노태우의 당선이라는 최악이었다.

대선 결과가 나온 다음 날 한겨레신문의 박재동 화백은 거리를 멍한 눈으로 걷는 시민들의 뻥 뚫린 가슴을 그렸다. 선거의 형식적 결과도 참담

했지만 내부의 갈등과 분열도 위험스러운 상황이었다.

나로서는 당시 비판적 지지의 입장에서 활동했지만 그 후 과연 그 입장이 올바른 것이었는가에 대해서는 회의감이 크다. 비판적 지지 외에 다른 특정 입장을 취하는 것이 전적으로 옳았다고 생각하는 것도 아니다. 다만 6월항쟁에 참여했던 시민 대중들의 요구를 우리가 정치적으로 대변하고 조직하기보다는 몇몇 상층부의 지지부진한 논의에 정치 일정을 맡겨버리고 쳐다보기만 한 것이 아닌가 하는 자괴감이 더 크다.

더욱이 정권 교체의 실패로 인해 초래되었던 1989년 공안 정국, 1990년 3당 합당으로 민자당 탄생, 1991년의 분신사태 등 이어지는 민중들의 고통을 생각하면 참으로 부끄럽고 죄스럽다.

해방과 연이은 분단 정부의 수립, 4·19와 잇따른 5·16쿠데타를 겪었음에도 또다시 6월항쟁의 성과를 청산되어야 할 세력들에게 넘겨주고 만 것이다. 나는 그 후 2년 동안 학생운동을 지속하다 노동 현장으로 활동 공간을 이전했다. 동료들은 6월항쟁 후 1~2년 내 모두 검찰청, 민정당사, 경찰서 등 부패한 권력기관들을 점거하고 온몸을 던져 고발하면서 감옥으로 줄지어 들어갔다. 나도 투신한 노동 현장에 채 뿌리내리기도 전에 남영동 대공분실로, 다시 감옥으로 끌려갔다. 1년여 수배 생활 중 부친이 돌아가시면서 상복을 입은 채 압송되었다. 어쩌면 이 모든 것이 6월항쟁을 끝까지 지켜내지 못한 우리의 어리석음에 대해 역사가 내리는 책임 추궁이 아니었을까 생각해본다.

나는 두 번째 감옥에서 소련 붕괴와 독일의 통일, 동유럽 사회주의권의 몰락을 지켜보아야 했다. 감옥 문을 나서면서 이제 무엇을 가지고, 어디서부터 시작해야 할까 고민했다. 곧 선배들의 권유로 전국연합이라는 재야 전국조직의 대구·경북지부에서 다시 활동을 시작했다. 대구 지역은 오랜 사회운동의 역사를 가지고 있고, 1970년대까지 전국적인 민족민주운동의 사상적, 조직적 구심 역할을 해왔다. 그러니만큼 유신정권의 탄압이 집중된 지역이기도 했다. 출중한 선생님들이 독재 권력의 칼날에 희생되기도 했다. 1980년대 학생운동과 6월항쟁을 통해 대구 지역이 다시 기운을 차리고 일어섰지만 여전히 대구 지역에서 민주화운동을 한다는 것은 모든 면에서 척박하기만 했다. 전국연합 대경지부에서 조직 사업을 담당하면서 여러 지역 단체를 돌아다니는 일이 많았다. 점심은 찾아간 단체 사무실에서 얻어먹기도 했는데 그나마 농민 단체는 항상 밥이 있어 부담 없이 편했다. 상근자 활동비는 처음 월 10만 원 정도 약속받았지만 한 번도 받은 적은 없었다.

1990년대 초·중반, 6월항쟁을 달렸던 동료들은 제각기 다른 길로 접어들었다. 몇몇은 계속 노동 현장에서 활동을 계속했고, 일부는 철수했다. 또 몇몇은 사업을 시작했고, 더러 취업했다는 소식도 들려왔다. 서울 쪽에서 활동했던 동료들은 상당수가 1988년 여소야대 국회 상황이 되면서 국회와 정치권으로 흡수되어 들어갔고 지방자치제 실시와 함께 지방의회로 진출한 이도 있었다. 어려운 시기에 현장 활동 속에서 인연을 맺고 결혼한 선배, 동료들 중 적지 않은 수가 이혼의 아픔을 겪기도 했다. 그리고 지금껏 전혀 소식을 알 수 없는 친구도 있다. 죽음을 알려온 친구도 있었다.

촛불

6월항쟁 이후 30년이 흐르는 동안 많은 변화가 있었다. 나 자신만 해도 1996년 대학원에 진학해서 연구자로서 시민사회운동과 지역민주화운동사에 대해 논문을 쓰고, 고문과 국가폭력에 대해 조사하고 글을 쓰는

대구 중앙로 차도를 점거, 최루탄 거부 현수막을 앞세운 채 연좌농성을 벌이던
대학생들을 향해 진압경찰들이 최루탄을 쏘고 있다.__구, 미도백화점 앞 사거리(1987. 6. 17.)

일을 계속해왔다. 그동안 우리 사회도 우여곡절을 겪으면서 김대중 정부,
노무현 정부의 탄생을 이뤄내기도 했다. 나는 두 민간 민주정부 10년간
가장 중요한 진전이 과거사 청산 영역이지 않았나 생각한다. 미군에 의한
노근리 주민 학살 사건, 2000년부터 시작된 의문사와 한국전쟁 시기 민
간인 학살 사건, 간첩조작 등 인권침해 사건에 대한 대대적인 진실 규명
작업은 해방 이후 쌓여온 역사적 적폐를 드러내고 정의를 바로 세우는 일
이었다.

아마도 올해 6월항쟁 30주년을 맞는 감회가 특별한 것은 지난해 12월
말부터 올해 5월까지 계속되어온 박근혜 탄핵 사태 때문일 것이다. 지난

30년 동안 우리 모두가 바뀌고, 사회가 변화했지만 여전히 조금도 변하지 않은 부도덕하고 부패한 친일반공 적폐 권력들의 본질이 저토록 적나라하게 드러났음에도 5월 대선이 다가오면서, 또다시 소중한 촛불의 열망이 사그라질까 얼마나 많은 사람이 노심초사했을까.

나도 서울 광화문 앞 촛불시위에 빠지지 않고 참여했다. 30년 만에 다시 광장과 거리에 선 나는 혼자가 아니었다. 중학생 두 자식과 어깨를 나란히 하고 걸었다. 이 아이들에게 밝고 희망찬 나라, 자유롭고 정의가 바로 선 나라, 민중이 주인 되는 나라를 만들어주겠다는 나의 젊은 시절 6월의 약속은 아직 이루어지지 않았지만 반드시 그 약속은 지켜질 것이라 믿는다.

30년 만에 열린 광장에 모인 수십만 군중들 틈에서 나는 여러 6월항쟁의 동료들을 만났다. 머리가 희끗한 옛 동료들과의 해우가 좀 어색했지만 그렇게 각자 자기의 자리에서 30년을 지키며 살아왔다는 것을 우리는 금방 알 수 있었다. 우연일까. 아닐 것이다.

작은 책방에서 출발한
'그날'의 염원

어느덧 30년의 시간이 흘렀다. 박종철과 이한열 열사를 비롯한 많은 시민들이 이 땅에 민주화를 꽃 피우기 위해 거리로 뛰쳐나갔던 아름다운 역사로부터 말이다. 그리고 그들이 일구어 놓은 이 땅에서 나를 비롯한 수많은 젊은이들은 국민으로서 당연히 누려야 할 자유를 만끽하며 살아가고 있다. 자신의 의견을 마음 놓고 표출할 수 있는 표현의 자유, 자신이 지지하는 후보자에게 한 표를 행사할 수 있는 정치적 의사결정의 자유 등 이러한 권리를 당연한 듯이 누리며 하루하루를 보내고 있다. 이러한 측면에서 현재 대한민국의 20대는 6월항쟁을 통해 얻은 민주주의의 진정한 혜택을 몸소 체감하고 있다. 그러나 우리가 알아야 할 점은 현재 누리고 있는 자유는 하루아침에 가져온 산물이 아니라는 것이다. 수많은 사람들이 수십 년 동안 흘린 피와 땀, 그리고 그 역사적 흐름 속에서 발생한 크고 작은 민주항쟁들 하나하나가 모여 지금의 대한민국이 탄생한 사실을 알아야 한다.

여기서 나는 한 가지 의문을 던지고 싶다. 과연 당시의 대학생들, 즉 우리 앞의 세대들은 무엇에 의해 민주주의의 소중함을 깨닫고 이를 얻어내고자 노력하였는가? 이 말인즉슨, 민주주의라는 이념 아래에 모두가 하나하나의 불꽃이 되어 거리로 뛰쳐나오게 해준 계기가 무엇인가이다. 필자는 그 계기를 당시 대학가와 시내에 형성되어 있었던 작은 책방들이라고 생각한다. 그런 의미에서 이 장에서는 6월민주항쟁에 직접적으로 참여한 학생과 시민들이 아닌 그들에게 양분이 되어주었던 당시의 서점에 대하여 알아보고자 한다.

지금과는 다른 과거의 서점

매학기가 시작될 때마다 대학교 근처, 혹은 시내에 있는 서점에는 전공과 수험서를 구하기 위한 학생들로 북적인다. 대부분의 학생들은 자신이 듣는 강의와 관련한 서적을 사거나, 어떠한 자격증, 시험을 준비하기 위해 수험서를 고르려고 줄을 선다. 그들은 구매를 마치면 서점을 바로 떠나간다. 더 이상 남아 있을 이유가 없기 때문이다.

한편 서점에서는 대학전공 서적, 각종 수험서, 잡지, 교양서적 등 연령대와 장르를 막론한 많은 책을 팔고 있다. 대형 서점 같은 경우에는 각종 음반, 전자기기, 학용품 등을 같이 팔기도 한다. 이러한 백화점식 서점이 현재의 대학생들이 느끼는 가장 익숙한 형태이다.

그렇다면 30년 전 대학로와 시내에 있는 서점의 분위기는 어땠을까? 한번 상상해보자. 당시에는 휴대폰도, 소위 말하는 삐삐도 없었다. 그렇기 때문에 어떤 대규모 행사나 개개인 간의 약속이 적힌 게시판이 서점마다 하나씩 있었다고 한다. 그 서점의 게시판 앞에서 대학생들은 일정을 짜고 약속을 잡는 등 만남의 공간으로 활용하였다. 그리고 서점 안에 있는 작은 방에서 어떠한 서적에 대하여 논쟁과 토론을 하며 학생과 시민들은 의견을 공유하였다고 한다.

30년 전에도 마찬가지로 서점은 대학교와 시내를 중심으로 상권을 이루고 있었다. 그러나 당시 서점은 지금의 대형 서점 몇 개가 전체의 장르를 다루며 시장을 잠식하고 있는 것이 아니라 여러 개의 작은 책방이 각자의 주제를 다루는 형태였다. 가령 문학, 음악, 미술, 사회과학 등등 한두 개만의 장르를 가지고 있는 지식의 공간이 존재하였다는 것이다.

그렇다. 지금과 달리 당시의 서점들은 학생과 시민에게 지식적인 양분을 제공하였다. 그중에서 필자는 대학생과 시민의 민주항쟁에 큰 영향을 주었던 사회과학 서점을 중심으로 알아보고자 한다. 사회과학 서점 같은 경우, 대구 시내의 '신우서점', 경북대의 '마가서점', 계명대의 '청산글방', 영남대의 '남도서점' 등이 있었다. 그리고 이 서점들은 군부정권에 비판적인 책들과 민주항쟁의 근간이 되는 이론을 공유하였다고 한다. 이와 관련하여 서점이 어떠한 역할을 하였는지 자세히 알아보기 위해 청산글방의 김석호 선생님, 신우서점의 신창일 선생님과 이야기를 나눠보았다.

■ 선생님들께서 사회과학 서점을 차리신 이유는 무엇입니까?

김석호 : 당시 우리가 학교를 졸업할 당시만 하더라도 대다수가 취업을 잘했습니다. 그렇지만 저 같은 경우는 단순히 대학 졸업하고 당시의 정권하에서 조용히 사회를 살아가는 게 스스로가 용납이 되지 않을 것 같더라고요. 그런 의미에서 나름대로 할 수 있는 일이 없을까 고민하다가 '청산글방'이라는 지식의 공간을 만들어서 사회변화에 기여하고자 했습니다.

신창일 : 김석호 선생님과 비슷한 계기입니다. 그리고 인문·사회과학

지식 소양은 운동권에 있는 사람이 갖추어야 할 기본 같은 것이었습니다. 거기에 초점을 맞추어서 특화된 전문 서점을 '신우'라는 이름으로 시내에 만들었습니다.

■ 선생님들이 차리셨던 서점은 책을 파는 것으로 그치지 않고 부가적인 다른 역할도 하였나요?

신창일 : 저 같은 경우는 '북카페'라고 해서 경제적인 어려움이 있는 학생들에게 무료로 책을 볼 수 있는 장소를 제공했습니다. 또한 인문·사회과학 스터디도 이곳에서 진행하였고 정세에 관련된 열띤 토론이나 논쟁의 공간을 제공하기도 했습니다. 어떻게 보면 만남과 소통의 장소라고 할 수 있죠.

김석호 : 그때 대다수 학생과 시민의 주머니 사정은 넉넉지 못했기 때문에 책 살 형편이 안 되는 사람들도 전문 서적을 접할 수 있게 신간이 나오면 한 권은 아예 따로 복사용으로 놔두고 누구든지 볼 수 있도록 했습니다. 청산글방, 신우서점 할 것 없이 학생들에게 만남의 광장과 사랑방 구실을 했었죠.

■ 당시 정부는 사회과학 서적에 대한 규제가 굉장히 심했었다고 알고 있습니다. 그런 면에서 서점도 많은 규제를 받았으리라 짐작이 가는데, 실제로는 어떠했나요?

김석호 : 그 당시에는 정권에 반대되는 정치적 견해가 있는 팸플릿이나 정부에서 규제하는 불온서적을 소지만 해도 처벌을 받았습니다. 그만큼 정부가 시민들의 알 권리에 대해 규제를 많이 했다는 거죠. 이 때문에 인문·사회과학 서점들은 많은 피해를 입었어요. 특히 압수수색을 하려면 기본적으로 영장을 가지고 오는 것이 합법적인 절차인데 영장이 없이도

와서 수색을 하는 경우가 비일비재했습니다.

신창일 : 지금하고는 비교도 할 수 없을 만큼 툭하면 압수수색이 들어와서 판매를 방해하거나 아예 하지 못하게 했죠. 그럼에도 불구하고 인문·사회과학 서적들이 쏟아져 나와 학생과 시민들의 민주주의의 이론적 기초를 잡는 데 많은 도움을 주었습니다. 구체적으로 향후 대한민국을 어떻게 바꾸어나갈 것인가에 대한 고민을 하게 만드는 시간과 장소를 서점에서 제공한 셈이죠. 책을 기초로 하여 서로 간에 토론을 하면서 집단 지성화가 되었고 그것이 결국에는 6월민주항쟁으로 이어졌다고 생각합니다.

정권에 대한 불만으로 인해 저항을 시작할 수는 있다. 그러나 제대로 방향을 잡지 못하고 시작한 저항운동은 체제를 좋은 방향으로 발전시킬 수 없다. 다시 말해 단순히 현재 사회에 대한 분노와 불만만을 가지고서 시작하는 저항은 체제에 대한 변화를 불러일으킬 수는 있지만, 그것이 이 사회가 진정으로 요구하는 변화를 가져오지는 못한다는 것이다. 5·16 쿠데타로 정권을 장악한 박정희 정권이 그 예이다. 5·16쿠데타가 일어나기 전 대한민국은 정치, 사회적으로 굉장히 혼란스러운 상태였다. 당시 제2공화국의 집권당인 민주당이 신파와 구파로 분열되었기 때문에 수많은 정책들은 실행되지 못한 채 방치되었고 이로 인해 정권은 방향성을 상실하였다. 이와 같은 상황에서 1961년 5월 16일, 육군 소장 박정희를 중심으로 한 군인들이 서울 주요기관을 점령하고 정권을 장악하였다. 그 결과, 박정희 정권 아래에서 국가 주도의 정책으로 큰 경제발전을 이룩하였으나, 사회, 정치적으로 대한민국의 근간인 민주주의는 더욱 후퇴하였다. 구체적으로, 박정희 정권은 군정 기간 중 특수범죄처벌법 등의 법적 조치를 통해 자신의 입장과 반대되는 세력을 제거하는 한편 핵심 권력기

진압 경찰의 최루탄이
육교 위로 날아와 터지자
어린이 등 시민들이 몰려
대피하고 있다.
＿향촌동 입구 육교
(1987. 6. 10.)

구인 중앙정보부를 설치한다. 이 기관을 통해 국민의 기본권을 제한하는 등 민주국가의 국민으로서 기본적으로 가지고 있어야 할 표현과 정치적 의사결정의 자유를 심각하게 침해하였다. 이러한 측면에서 올바른 앎과 지식의 선행적인 습득은 굉장히 중요하다.

이제 다시 1987년 6월민주항쟁으로 되돌아가보자. 당시의 국민은 대한민국의 근간이 민주주의라는 것을 알고 민주화가 무엇인지, 그것을 이루기 위해서는 어떠한 일을 해야 하는지를 인지하고 있었다. 이 나라는 정권의 우두머리의 것이 아니라 자신과 국민 모두의 것이며, 그렇기 때문에 '호헌철폐 직선제'를 목표로 한 6월민주항쟁을 통해 값진 보상을 얻을 수 있었다. 1970~1980년대의 인문·사회과학 서점은 이러한 지식적인 양분을 제공하였다는 점에서 그 의의를 지닌다. 현재의 초대형 서점들이 물품의 판매를 통한 수익 추구를 최우선적인 목표로 하고 있는 것과는 매우 다르다고 할 수 있다.

당시의 서점은 책을 사는 곳 이상의 장소였다. 작게는 대한민국의 정권, 크게는 각종 사회과학서적에 대한 열띤 토론을 할 수 있는 장소, 휴대전화가 없던 시절에 서로 간의 약속을 확인하는 장소로 작용하였다. 즉 정부에서 표현의 자유를 법과 제도를 통해서 막아버렸기 때문에 시민들은 책방에서 자신의 생각과 의견을 표출하면서 지성인이 될 수 있었다. 이 과정에서 그들은 시대 상황에 맞는 자신의 역사적 책무를 인지하게 되고 대한민국의 올바른 방향을 모색해나갔다. 그 덕분에 민주운동을 하는 주요한 목적과 목표를 분명하게 설정할 수 있었고 이는 6월항쟁의 불씨로 나타났다.

사회과학 서점은 대구에서만 시민에게 영향을 준 것이 아니다. 작은 책방은 어떻게 보면 당시의 사회적 트렌드였다. 서울, 부산, 광주, 대구 등등 어느 지역 할 것 없이 대학로와 유동 인구가 많은 시내에 인문·사회과학 서점이 급속하게 생겨났다. 대표적으로 더불어민주당 소속 김부겸 국회의원의 '백두서점', 자유한국당 소속 김문수 전 경기도지사의 '대학서점', 이해찬 전 총리의 '광장서적' 등 많은 사회과학 서점이 대학가를 중심으로 형성되었었다. 여기서 더 나아가 한번 생각해보자. 왜 사회과학 교양을 특화해서 창업을 하는 것이 시대적 트렌드로 여겨졌을까?

알고자 하는 시민들의 열망, 사회과학 서점의 모태

지금 우리 옆에 있는 휴대폰을 켜고 인터넷에 들어가 보면 수많은 정보들이 유혹한다. 웹사이트의 메인 화면에 있는 각종 기사들, 칼럼, 그리고 실시간 급상승 검색어들은 읽어달라는 유혹의 눈빛을 보내고 있다. 그중에 가장 개개인의 입맛에 맞는 관심사를 골라서 정보를 맛있게 습득한다. 이것은 정보화 시대에 살고 있는 대한민국 국민의 평범한 일상이다. 정보를 시간, 장소에 제약받지 않고 자기가 원할 때 바로바로 얻는 것은 현대 시민에게 있어서는 매우 당연한 일이다. 그리고 똑같은 사실을 전달하더라도 누가 전달하는가에 따라 그것이 부정적인지, 혹은 긍정적인지, 자신의 견해는 어떠한지 등 완전히 다른 정보로 가공되어 우리에게 도착한다.

이것이 우리가 말하는 표현의 자유이다. 간단하게 예를 들어 대구의 대표적 시장인 서문시장 옆에 대형마트가 들어선다는 기사가 떴다고 가정하자. 기사를 다 읽고 댓글을 보면 누군가는 시장 소상인들이 힘들어지므로 제재를 해야 한다고 하고, 또 다른 누군가는 소비자의 편의성이 좋아지기 때문에 찬성한다는 등 똑같은 주제임에도 불구하고 이것을 받아들이는 의견은 극명하게 갈린다. 그리고 정보 습득자들은 그 둘 간의 정보를 비교하여 무엇이 더 올바르고 합리적인가를 선택할 수 있다.

이제 1980년대로 돌아가서 생각해보자. 그때는 과연 사람들이 정보를 어떻게, 어떠한 경로로 받아들였을까? 당연히 그 당시에는 휴대폰이 없었고 TV는 비쌌으니 대다수가 신문이나 라디오를 통해 정보를 습득했을 것이다. 그렇다면 당시의 신문이나 라디오가 똑같은 주제에 대해서 다양한 의견을 표출할 수 있었을까? 그에 대한 대답은 '노(NO)'이다. 1980년 11월 12일, 정권은 전두환을 중심으로 신군부에 대한 부정적인 여론과 반발을 잠재우기 위해 강제적으로 언론통폐합을 실시하였다. 이 과정에서 신문사는 7개에서 6개로, 지방일간지는 14개에서 10개로 줄어들었다. 즉 당시 정권의 성격과 반대 성향인 신문사들을 폐합시켜버렸다. 그 결과 자연스레 시민들의 알 권리는 줄어들었다.

정책적으로 정부의 통제가 심해지면 지하시장이 형성되기 마련이다. 이것은 경제, 언론, 사회 할 것 없이 다양한 영역에서 확인되는 사실이다. 언론통폐합도 마찬가지이다. 대학생, 그리고 일반 시민들이 원하는 만큼의 정보를 얻지 못했기 때문에 비합법적인 잡지들이 정부의 눈을 피해 유통되었다. 이는 전두환 정권의 언론통폐합이 만들어낸 대표적인 부작용(?)이다. 대부분의 비합법적인 잡지, 칼럼들은 사회과학 서점으로 은밀히 스며들었으며 소식을 접한 시민들은 동네의 작은 책방으로 갔고 대학생들은 대학 근처의 서점으로 발길을 돌렸다. 이러한 이유로 인해 그에 대한 수요가 증가함에 따라 전국에는 사회과학 서점 열풍이 불었었다. 자세한 상황은 대구에서 서점을 운영하셨던 김석호, 신창일 선생님과의 인터뷰를 통해서 재차 확인할 수 있었다.

■ 정부의 규제를 피해 은밀히 유통되던 책이나 잡지들이 있었습니까?

신창일 : 《말》지라는 것이 있었습니다. 언론에서 보도되지 않는, 소위 말하는 주류 언론에 싣지 못하는 사회 비판적인 이론이나 칼럼들을 실은 잡지입니다. 당시 대학생이나 시민은 대다수가 서점에서 《말》지를 샀습니다.

김석호 : 편하게 이야기하면 월간지인데, 그 안에는 비합법적인 칼럼과 합법적인 칼럼들이 있었습니다. 당시에는 반합법적이라고 볼 수도 있죠.

이런 측면에서 사회과학 서점은 80년대 겨울과 같은 혹독한 환경에서 국민들의 알 권리를 채워준 정보 소통 공간의 역할을 하였다. 서점 주인들은 단순히 책을 파는 것이 아닌 그 책을 통해 어떠한 사건에 있어서 한쪽으로 치우지지 않고 합리적인 판단을 할 수 있도록 다양한 정보를 제공해주었다. 소문을 듣고 대학생과 시민이 하나둘씩 모여 서점을 사랑방처럼 이용했고, 대다수의 사회과학 서점 주인들은 그들에게 학생운동과 재야운동의 장소를 제공하였다. 각종 통제에도 불구하고, 시대를 똑바로 알고자 했던 당시의 대학생과 시민들, 그리고 그들에게 알 권리를 제공한 작은 책방의 주인들이 이 땅의 민주화를 꽃 피운 주인공이 아닐까.

나, 그리고 우리 청년들이 가야 할 길

"대학을 졸업하고 나서 가장 빨리 이루고 싶은 목표가 뭐니?" 누군가 나에게 이런 질문을 던진다면 나는 주저하지 않고 "취업이죠"라고 대답할 것이다. 나는 대학생이다. 'A+'를 받기 위해, 높은 어학 성적을 위해, 대외 활동의 경험을 통해 자기소개서에 한 줄이라도 더 적기 위해 발버둥치는 현재의 전형적인 대학생이다. 그리고 이 모든 노력의 목표는 '취업'으로 귀결된다. 나뿐만 아니라 지금의 대학생이라면 이와 같은 고민을 하고 행동하며 훗날 취업 시장에서 자신의 가치를 높이기 위해 많은 노력을 하고 있을 것이다. 그리고 그 노력이 언젠가 빛이 되겠지 하는 믿음을 가지며 하루하루를 살아간다. 시간이 지나 취업 시장에 나가면 소위 말하는 승자와 패자가 나누어진다. 모든 사람이 승자가 될 수는 없다. 누군가는 빛을 보는 반면에 누군가는 다음 공채의 승자가 되기 위해 다시 노력의 시간 속으로 향한다.

"그렇다면 네 삶의 목표는 무엇이니?" 누군가 나에게 추가적으로 이런 질문을 던진다면, 앞의 질문과는 달리 나는 주저하지 않을 수 없다. 내 삶의 목표를 취업으로 단정한다면 내 자신이 너무 초라하기 때문이다. 안타깝게도 나는 대답을 하지 못할 것이다. 아니, 굳이 대답을 하자면 "아직 모르겠습니다" 정도일 것이다. 분명히 현재의 목표를 위해 많은 노력을 하는 데도 불구하고, 왜 나는 내 삶의 목표를 규명할 수 없는 것일까? 이 글을 읽고 있는 나와 같은 청년이 있다면 삶의 목표를 분명히 말할 수 있는지 물어보고 싶다. 만일 이 질문에 대해 제대로 대답한다면 당신은 당신의 삶을 값지게 살고 있는 것이다. 그러나 나와 같이 대답하기가 힘들다면 지금의 시간을 통해 당신만의 정답을 찾는 데 도움이 되길 바란다.

조금 외람된 부분이지만, 내가 전공과목을 공부할 때 어떤 식으로 하는지 소개하고자 한다. 시험 기간이 다가오면 교수님께서 중요하다고 언급해주신 부분을 좀 더 중점적으로 보면서 공부를 시작한다. 물론 과목마다 공부를 하는 구체적인 방향은 제각각이다. 그러나 교수님의 의견을 중심으로 공부하는 것은 어떤 과목이든 똑같다. 하나의 학설을 배운다고 할지라도 교수님의 성향에 따라 그들이 학생들에게 원하는 답이 다르기 때문이다. 그렇기에 나는 교수님이 원하는 답안에 최대한 근접하기 위해 평소에 녹음을 해둔 강의 파일을 다시 들어보거나, 교수님의 언급을 필기해둔 후 이를 중점으로 예상 답안을 적어본다. 이 학설에 대한 내 생각이 어떠한가는 상관없다. 나의 목표는 'A⁺'를 받는 것이며 그것을 위해서는 잠시 내 생각을 접어두어야 한다. 그래야 취업을 할 때 학점으로 인한 불이익이 없기 때문이다. 이와 같은 방식 덕분에 암기를 하는 능력은 학년이 올라가면 올라갈수록 늘어나고 있다. 그러나 한 학기동안 힘차게 그 과목을 공부했음에도 불구하고 왜 배웠는지, 그것을 통해 무엇을 얻었는지는 제대로 말할 수가 없다. 내 생각이 아닌 다른 사람의 생각을 위주로 공부했기 때문이다.

사실 이러한 공부 방법은 나만의 공부법이 아니다. 누군가는 말할 것이다. "나도 이렇게 시험 준비 하는데 자기만 그런 것처럼 적어놨네." 안타깝게도 대다수의 대학생이 이런 식으로 시험을 준비한다. 달리 말하면 우리 청년들은 공부를 함에 있어서 스스로의 생각을 정리할 시간을 갖지 못한다. 그렇기 때문에 단기적인 목표를 정확히 말할 수는 있어도 장기적인 목적과 목표까지는 자신의 생각이 닿지 않는다. 나무를 왜 심었는지는 알고 있어도, 숲이 왜 만들어졌는지는 모른다는 것이다. 이것을 해결하기 위해서는 자기 스스로 생각할 시간을 가져야 한다. 가장 좋은 방법은 어떠한 주제에 대해서 상대방의 생각과 나의 의견을 비교해보는 것이다. 이를 가장 쉽게 할 수 있는 방법은 가벼운 교양 서적을 읽어보며 자신의 생각과 다른 점을 찾아보는 것이라 생각한다.

■ 옛날 책방의 주인으로서 대학생, 혹은 청년에게 해주실 조언이 있으신가요?

김석호 : 현재 대학생들의 취업이 어렵다는 점, 공감하고 이해합니다. 하지만 전공 서적 이외의 인문·사회과학적인 소양이 부족하다고 봅니다. 특히 철학, 역사 서적은 자신의 정신에 자양분이 됩니다. 그리고 대학생들에게 여러 가지 문제점이 있지만, 이 모든 문제점은 정치, 법, 제도와 연결되어 있습니다. 그러므로 인문·사회과학 서적을 읽으며 자신의 정신을 성장시킨다면 젊은이들이 올바른 의사결정을 할 것이고, 이는 사회를 좋은 방향으로 바꾸는 데 도움이 될 것입니다.

신창일 : 어떤 특정 서적을 말씀드리지는 않겠지만 생업, 취업 전선으로 가면 교양 도서보다는 대부분 관련 서적을 읽더라고요. 그러나 기본적인 한국사, 철학 서적, 남북 문제와 관련된 서적들을 읽어두면 사회생활을

할 때 균형 있고 융합된 사고를 하는 데 도움이 되리라 생각합니다. 예를 들어, 우리가 살고 있는 공동체의 기본 덕목은 타인을 배려하고 나와 공동체가 같이 살아가는 것인데 이것 또한 철학적이고 역사적인 문제이기 때문입니다.

미래 사회의 주인공은 '자신만의 개성이 있는 사람'이라고 생각한다. 여기서 말하는 '개성이 있는 사람'이란, 타인의 생각에 쉽게 휩쓸리지 않고 무엇이 옳고 틀린지에 대한 명확한 기준이 있는 사람이다. 만일 사회의 모든 사람이 개성 없이 동일한 생각과 가치관을 가지고 있다면 그 사회는 지속될 수 없다. 이는 역사적으로 규명된 당연한 사실이다. 대표적인 게 20세기 초반, 독일의 나치이다. 당시의 독일인들은 일관된 생각만을 가지고 있었고, 이는 매우 극단적인 민족주의적 선택으로 이어진다. 이로 인해 수많은 사람이 목숨을 잃었으며 전 세계는 전쟁터가 되어버렸다. 그러므로 사회가 꾸준히 발전하기 위해서는 다른 생각을 가진 사람들이 토론과 경쟁을 하면서 균형점을 추구하여야 한다. 민주주의에서 소수의 의견을 존중하는 이유도 바로 이것이다. 소수의 다양한 의견이 존중받지 못하고 다수의 일관된 의견만이 존중을 받는다면, 우리 사회는 한 발자국도 나아갈 수 없기 때문이다.

즉 우리는 생각의 다양성을 추구해야 하며, 이때 각자가 자신만의 잣대를 가지고 있어야 한다. 하루아침에 만들어진 잣대는 군중심리에 의해 쉽게 부러진다. 반면 오랜 시간 동안 다져진 잣대는 태풍이 불어와도 휠지언정 부러지지 않는다. 이러한 잣대를 가지기 위해서는 다양한 인문·사회과학 서적들을 읽으면서 역사적인 상황을 이해하고, 자신만의 생각을 정리해야 한다. 그리고 내 자신이 '개성이 있는 사람'이 되는 순간에 내 삶의 목표를 명확히 말할 수 있을 것이다.

신창일 : 제가 마무리를 하자면, 인터뷰 요청을 받고 생각을 해봤습니다. 제가 1979년에 대학에 입학했을 때 4·19세대 선배님들이 계셨습니다. 4·19혁명을 지방에서 이끌어주었던 선배들이 계셔서 만나 뵙고도 했지만 1979년도에서 1960년 4월 19일은 19년밖에 안 지난 시간이었거든요. 그 시간도 멀다고 역사적 의식으로만 받아들여지지 체감되지는 않았습니다. 돌이켜보니까 지금은 6월민주항쟁에서 30년이 흘렀더라고요. 그러니까 현재의 청년들이 6월항쟁을 어떻게 받아들일지 생각해보면 하나의 텍스트이겠구나 싶어요. 태어나지도 않은 시기에 발생했던 민주혁명, 박종철 열사 사건들이 역사책을 보면 나오지만, 과연 그 당시에 얼마나 치열하게 저항했는지를 체감할 수는 없죠. 그러나 당시에 투옥되고 희생당한 사람들이 있기 때문에 지금처럼 자연스럽게 의견을 내고 비판적인 발언들을 하고, 사회 여러 가지 방면에서 민주적으로 한 보 전진할 수 있었던 겁니다. 앞으로 여러분들의 이런 관심과 의식이 모태가 돼서 또 다음 세대에 더 전진하는 대한민국 사회의 원동력이 되지 않겠나 싶습니다. 이렇게 과거를 되새길 기회를 주셔서 감사합니다.

그렇다. 나와 같은 청년들에게 어떻게 보면 6월민주항쟁은 하나의 텍스트일 수도 있다. 우리가 직접 겪어보지 못한, 과거에 일어난 하나의 사건이기 때문이다. 또한 우리가 박근혜 전 대통령의 하야를 외치며 촛불을 들고 거리로 향한 저항도 미래에 태어날 아이들에게는 단지 하나의 텍스트에 불과할 수도 있다. 그러나 한번 생각해보자. 30년 전 6월의 시민들은 무엇을 위해 거리로 뛰쳐나갔는지, 현재의 시민들은 무엇을 위해 촛불을 들고 거리로 나갔는지 말이다. 한 가지 알 수 있는 점은 이 두 사건의 동기가 같다는 것이다. 사회를 좀 더 올바른 방향으로 발전시키기 위해, 즉 민주주의를 이 땅에 제대로 꽃피우기 위해 30년 전의 시민들과 현재의 시민들은 거리로 뛰쳐나갔다. 그런 의미에서 역사는 반복된다. 현재의 사건은 과거의 사건과 닮아 있으며, 미래의 사건은 현재의 사건에 영향을 받는다. 즉 과거와 미래는 서로 이어져 있다. 미래의 시민들이 훗날 발생할 또 다른 안 좋은 사건에 어떻게 대응할 것인가는 현재 우리 시민들의 행동에 달려 있다. 나를 비롯한 청년들은 이 사실을 잊지 말아야 할 것이다. 우리는 우리 사회의 주인이자 미래에 태어날 또 다른 청년들의 멘토이다.

잠깐, 글을 쓰면서 많은 생각을 하다 보니 삶의 목표를 자연스레 찾게 되었다. 내 삶의 목표는 내가 죽기 직전에 "지금의 사회가 내가 어릴 때 사회보다 더 민주적이고 합리적이야"라고 말하는 것이다. 마지막으로 질문 하나 던지고 싶다. 여러분의 삶의 목표는 무엇인가요?

최루가스 속에서
되찾은 자유

이동엽

30여 년 전, 우리나라 전역은 민주화의 열기로 들썩였다. 전두환 독재 정권은 각계각층에서 터져 나오던, 대통령을 직선제로 뽑아야 한다는 요구를 4·13호헌조치로 묵살한다. 결국 수많은 국민이 전두환 군사독재 정권에 항거하여 거리로 나왔다. 그 거센 열기는 대구에서도 타올랐다. 그 중심에 학생들이 있었고 그 선봉엔 박형룡이 있었다.

그에게 연락이 닿기 전, E-mail 주소가 나의 시선을 끌었다. 'min-joo87@**.**'. 그에게 1987년의 민주화운동은 그만큼 특별한 것이 아니었을까. 1987년 경북대학교 총학생회장에 당선된 박형룡은 학원민주화 투쟁을 시작으로, 대구의 6월항쟁을 진두지휘했다. 그리고 항쟁에서 승리한 직후에는 '대구지역 대학생대표자협의회'(대대협)를 결성하여 1기 회장을 맡았다.

그를 만나게 된 것은 봄기운이 슬슬 일던 지난 2월 28일 오후였다. 30년 전, '독재 타도', '호헌 철폐'를 주창하며 여러 학생들을 이끌었던 그는 현재 집에서는 평범한 가장, 밖에서는 평범한 직장인이었다. 스스로를 '평범한 소시민'이라고 소개한 그는 어린 시절에도 학교와 집밖에 모르는 평범한 학생이었다고 한다.

경북 영덕의 어느 농촌 마을에서 태어난 그는 일찍이 부모님을 따라 대구로 나와 초중고를 졸업하고 1984년 경북대학교 정치외교학과에 입학했다. 대학 입학 후 당시 교내 민속문화연구회라고 불리던 탈춤반 활동과, 학과 공부가 대학 생활의 전부였다. 2학년이 되어 정치외교학과 학년 대표에 출마, 당선되었지만 이때까지도 크게 학생운동에 대한 생각은 들지 않았다고 한다.

그러다 3학년 2학기가 되어서야 본격적으로 학생회 활동에 발을 들이게 된다. 대학에서 정치외교학을 배우고 있었지만, 수업과 언론을 통해 듣는 것만으로는 현 사회에 대한 진실을 알 수 없다 생각하고, 학생운동을 통해 무지한 대학생에서 벗어나자 다짐했다. 그러한 다짐을 지니고 박형룡은 학생운동의 길을 선택했다.

한편, 그가 대학에 입학한 1984년은 전두환 정권이 학원자율화조치를 본격적으로 시행하던 시기였다. 종래에 공안 통치가 국민들을 통제하는 데에 한계점이 있다는 것을 인지한 결과였다. 이 조치로 학내에 상주하던 경찰 병력의 철수, 학생운동으로 제적된 학생들의 복학, 해직교수 복직 등이 이루어졌다. 이때를 기하여 전국적으로 학생운동들이 조직화되기 시작하였고 1985년, 1986년을 거쳐 '민족통일민주쟁취민중해방투쟁위원회'(삼민투), '반제반파쇼민족민주투쟁위원회'(민민투), '반미자주화반파쇼민주화투쟁위원회'(자민투) 등의 비합법적인 조직이 생겨났다. 그러면서 전국적인 차원에서 학생운동 조직에 대한 연대 논의도 일어났다.

박형룡이 3학년이던 1986년 하반기, 당시 비합법적이었던 학생회 조직도 합법적으로 전환해가는 과도기였고 이때 그는 사회과학대 학생회장에 출마하게 된다. 그런데, 당시 조직에서 내정한 총학생회장 후보가 그만 가두시위를 했다는 혐의로 구속된다. 이에 조직에서는 그에게 총학생회장 출마를 권유했다.

"그 당시 총학생회장 출마는 곧 '감옥 가는 것'이었어요. 총학생회장뿐 아니라 단순 시위 가담이었다 해도 최소 구류는 살다 나오기도 했고, 학생운동 조직에 연루 또는 좀 더 적극적인 물리력을 행사했다는 것이 드러났다거나, 단과대 학생회장같이 리더 역할을 했다고 하면 거의 다 구속을 시키던 때였거든요. 하지만 당시에는 그런 환경에서도 민주주의에 대한 열망이 크게 있었어요. 설사 감옥에 가더라도 투쟁을 해서 민주주의를 쟁취해야겠다는 마음이 뜨겁게 자리했었죠."

■ 총학생회장 출마 당시 가족들은 어떤 반응을 보이셨는지요.

"(부모님께서) 사실 처음에는 걱정을 많이 하시긴 하셨죠. 감옥 간다는 사실을 뻔히 아시니까요. 그럼에도 말리거나 반대하시진 않으셔서 지금도 그 부분에 대해 감사하게 생각합니다. 도리어 감옥에 간다고 하더라도 정직하게 살고 소신껏 하라는, 그런 지지를 해주셨고. 저를 믿어주신 것만으로도 감사하다는 생각이 듭니다."

그렇게 박형룡은 운동권 후보로서 총학생회장 선거에 당당히 출마하게 된다. 당시 선거는 상당히 치열했다. 세 명의 후보 중에는 총학생회장 출마를 위해 휴학을 거듭하고, 무려 세 번째 출마하는 후보도 있었을 정도였다. 운동권과 비운동권, 중립적인 성향을 대변하는 3인 3색의 후보 중 그는 학원민주화를 주창했다. 전두환 군부독재 체제하에서 학생운동은 대단히 힘들었고, 학교 본관에서도 간섭을 많이 했다. 그렇기 때문에 학생들의 자율권 회복과 학생 자치 조직의 활성화는 중요했다. 치열했던 선거 끝에 그는 1987학년도 총학생회장에 당선되었다. 그만큼 당시 학생들도 학원민주화를 절실히 바라고 있었음을 말해준다.

"당시에는 학생 자치 조직에 대한 권한이 학생들에게 있었던 것이 아니라, 학교에서 사사건건 간섭을 하고 좌지우지하려고 했었죠. 그래서 학생들이 학생 자치 기구와 학생 복지에 관한 모든 부분들을 학생들의 손으로, 학생 자율적으로 판단할 수 있도록 해야 한다는 요구가 계속해서 있었어요."

학생 박종철, 항쟁의 도화선이 된 그의 꽃다운 죽음

박형룡이 총학생회장으로 당선되던 1986년 후반기는 전두환 정권의 폭압 정치가 극에 달하고 있을 때였다. 그해 10월 28일 건국대학교에서 열린 민주화 시위에서 약 1300명의 학생을 구속시킨 것을 비롯하여 국가보안법 위반을 명목으로 온갖 공안 조작을 자행하던 시기였다. 전두환 정권은 압제를 통해 얼음덩이 같은 정국을 조성, 국민들의 민주주의에 대한 열망을 자꾸만 식게 만들려 했다.

당시 대학교 3학년이었던 그는, 이런 정국 속에서도 사회를 변혁시켜야겠다는 의지가 확고했다.

"당시 운동권 학생들을 비롯한 많은 대학생은 '전두환 정권은 5·18광주학살을 통해 민주화를 짓밟고서 정권을 잡은 권력이기 때문에, 이 정권을 청산치 않고는 사회가 제대로 발전할 수 없고 병폐를 짊어지고 계속 살아가야 된다'는 마음을 많이 가지고 있었습니다. 저 또한 이런 문제를 해결하지 않고는 대학생으로서, 또 사회인으로서 스스로의 양심에 많이 거리낀다고 생각을 했어요."

그러던 중 1987년 1월 14일, 치안본부 대공분실에서 조사를 받던 서울대학교 언어학과 3학년 박종철(당시 21세)이 사망했다. 수배 중이던 그의 동아리 선배의 소재를 캐내려고 경찰이 잔혹한 폭행과 고문을 가했던 것이다. 당시 치안본부장 강민창은 "박종철 군 친구의 소재를 묻던 중 책상을 '탁' 치니 갑자기 '억' 소리를 내고 쓰러져, 병원으로 옮겼으나 죽었다"며 공식 발표랍시고 말도 안 되는 궤변을 늘어놓았고, 정부에서는 변명으로 일관할 뿐이었다. 그러나 곧 담당 검사와 부검의들에 의해 고문으로 인한 사망임이 밝혀졌고, 온 국민의 공분을 샀다.

19일 전국 각계 대표 1만여 명이 '박종철 군 국민추도회준비위원회'를 발족했고, 이어 24일에는 천주교 정의구현사제단에서 '고문 살인 종식을 위한 선언' 성명을 발표했다. 2월 7일에 명동성당 앞에서 박종철 군 추도회를 열려고 했으나, 전두환 정권은 전투경찰을 투입하여 추도회를 불법 집회로 규정하고 진압했다. 하지만 이는 곧 전국적인 항의 시위를 일으키는 역풍을 일으켰다.

대구에서도 지역 대학생들 및 당시 재야 사회운동 단체였던 민주통일민중운동연합(약칭 민통련), 신한민주당 등 정치권 등이 공동으로 2월 7일 박종철 군 추도회에 맞춰 반월당 등지에서 고문치사 규탄 시위를 열었고, 3월 3일 박종철 군의 49재 기간에 맞춰 전국적으로 '평화대행진'이 열리자 대구에서도 경북대와 대구대 등 각 대학 캠퍼스 및 한일극장과 만경관 일대에서 시위가 열렸다. 경찰들은 사전 영장을 발부받아 집회를 원천 봉쇄

터지는 최루탄에 도망가는 시민들.__구, 동성로 뱅뱅 앞

현, 동성로 뱅뱅 앞

하려 했고, 최루탄을 발사해 50여 명을 연행하는 등 갖은 방법으로 시위대를 진압했다. 공권력을 동원한 폭압에 의해 비록 산발적인 시위에 그쳤지만, 그것이 전 국민의 분노를 잠재우지는 못했다.

전교생 대동단결, 경북대 총장 퇴진 학원민주화 투쟁

1987년 4월, 경북대학교 병원에 재직 중이던 한 간호사가 박종철 열사 추모집회에 참가했다는 이유로 부당해고를 당하는 일이 발생했다. 뿐만 아니라 법과대학 박양춘 부교수가 교수 승진 심사에서 탈락하여 면직(免職)을 앞두게 되었다. 1986년 2월, 신한민주당 등 야권에서 개최한 '대통령 직선제 개헌 천만 서명운동'에 참여했던 것이 그 이유였다. 이에 법대 학생들을 비롯한 경북대 학생들이 학교에 문제 제기를 하였으나 총장은 소명을 밝히지 않았고 끝내 모르쇠로 일관했다.

결국 4월 15일, 총학생회를 필두로 전 단과대학 학생회에서 본관을 점거하고 농성을 벌였다. 때마침 전두환 대통령은 현행 헌법을 유지하겠다며 '4·13호헌조치'를 발표한다. 국민들의 여론을 완전히 묵살한 것이며, 계속 자기 마음대로 하겠다고 못 박은 것이다. 점거 농성의 구호가 추가되었다. '총장 퇴진', '독재 타도', '호헌 철폐'….

"대통령 선거를 직선제로 하자는 이야기는 이전부터 계속 여야 간에 이루어지고 있었어요. 그러다가 4월 13일에 전두환 대통령이 돌연 개헌을 하지 않겠다, 해오던 대로 대통령을 계속 간선제로 체육관에서 뽑는 것으로 유지하겠다는 4·13호헌조치를 발표하게 됩니다. 하지만 당시 일련의 사건들을 통해 의식이 상당히 성장했던 국민들은 '이게 무슨 소리냐,

말도 안 되는 소리 하지 마라', '대통령은 내 손으로 뽑아야 한다. 왜 체육관에서 너희 멋대로 뽑는가' 하는 등의 반응을 보였는데, 이것은 6월항쟁이 폭발하게 된 가장 큰 요인이기도 합니다."

그 와중에 경북대 총장실에서 몇 가지 메모가 발견되었는데, 거기에는 군대와 경찰, 정보기관 등 고위 관료층에 금품 전달, 학생 사찰 방안, 학생 조직 계보도 조사 등이 적혀 있었다. 한 대학의 총장 또한 독재정권의 하수인 노릇을 하고 있었던 것이 확인되었다. 그 분노는 전교생에게 전해졌고, 5천여 명의 학생이 연일 본관 건물을 점거하고 구호를 외쳤다.

본관 점거 농성 8일째가 되던 4월 23일, 결국 서원섭 당시 경북대학교 총장은 사의를 표명하고 물러나게 된다. 학원민주화에 대한 학생들의 적극적인 요구가 전두환 독재정권에 대한 분노와 합쳐져 이룩한 결과였다. 학내에서의 승리는 결코 작은 것이 아니었으리라. 뒤에 있을 더 큰 승리에 대한 발판이 아니었을까. 마찬가지로 대구대에서도 4월 30일 학원민주화 투쟁이 열렸고 계명대에서도 5월 4일과 6일에 각각 어용교수 퇴진 및 학원민주화 쟁취 공개토론회와 교수 시국 선언 등의 운동이 일어났다.

봄인데도 봄 같지가 않구나(春而不似春)

1987년, 그해 봄은 열기로 달궈지고 있었다. 서울에서는 4·19혁명 기념집회, 5·18민주화항쟁 추모집회 등을 엶과 동시에 시위를 벌였다. 5월 18일, 명동성당에서 천주교 정의구현사제단 소속의 김승훈 신부가 박종철 고문치사 사건의 진상이 조작되었다는 성명을 발표한다. 당초 두 명이라는 고문 경찰이 사실 다섯 명이었고, 이미 처벌된 두 명은 정작 주된

심판관도 아니었다는 내용이었다. 성명이 발표된 지 3일 만에 검찰은 뒤늦게 다른 세 명의 경찰을 구속한다. 전두환 정권의 비도덕성이 여실히 드러나는 순간이었다. 많은 사람의 분노가 갈수록 높아만 갔다.

5월 26일 전두환이 전면 개각을 발표하며 국무총리를 비롯한 관련 인사들이 대거 사퇴했다. 하지만 그것으로 국민들의 분노를 잠재우기는 불가능했다. 다음 날, 민통련(민주통일민중운동연합)과 야권의 연대를 주축으로 사회운동 세력과 종교계, 학생운동권을 망라한 '민주헌법쟁취국민운동본부'가 발족되었다. 그들은 6월 10일에 박종철 고문 은폐조작 규탄 및 호헌 철폐를 주창하는 범국민대회를 개최하겠노라 발표했다. 국민들의 분노가 점점 화마가 되어 다가오고 있었다.

대구에서도 5·18민주화항쟁 추모집회가 열렸고, 특히 영남대에서는 5월 21일에서 30일 사이에 5·18위령제와 구속 학우 석방을 위한 민주화 대행진 및 수업 거부 투쟁 등을 벌였다. 그리고 6월 1일, 민주헌법쟁취국민운동 대구·경북 지역 본부가 창립되었고, 이를 계기로 점차 대구의 학생운동 및 사회운동 단체와 통일민주당 등의 정치권 등이 연대해 곧 있을 범국민대회를 준비해나간다.

범국민대회를 불과 하루 남긴 6월 9일, 연세대학교 경영학과 86학번 이한열 학생이 다음 날 있을 대규모 시위에 대한 결의대회 도중 최루탄을 머리에 맞고 사경을 헤매게 된다. 국민들의 '독재 타도'와 '호헌 철폐'에 대한 의지는 더욱 뜨겁게 타올랐다.

6월 10일, 작은 불씨들이 거대한 화마가 되어 돌아오다

마침내 6월 10일, 서울을 비롯한 전국 주요 도시에서 본격적인 항쟁이 시작되었다. 대구에서는 1천여 명의 시위대가 한일극장 앞에서 출발하여 동성로, 대구역, 대구경찰청 등을 옮겨 다니며 산발적인 시위를 전개하였고 이날 약 3만 명이 시위에 참가하였다. 15일부터는 경북대 등 대학생들의 연합 시위가 연일 계속되었다.

■ 당시 집회 규모와 최근에 열렸던 촛불집회의 참여 규모를 비교하면 어느 정도인지요.

"다양한 계층의 참여는 지금에 비해서는 적었으리라 봅니다. 하지만 지금은 한 집회에 인원이 집중되기 때문에 인원 집계가 원활하지만, 당시에는 모두 분산되어 있었죠. 요새는 집회가 있으면 언론을 통해 그 사실을 알리지만, 그때는 공공연히 알리게 되면 경찰 병력이 상주하기 때문에 구두로 집회 계획을 전달해야 했으니 분명히 한계가 있었습니다. 몇 시에 어디서 만나기로 해서 어디 모였다가, 한일로, 동성로, 이런 식으로 옮겨가며 집회를 하고 곧이어 경찰 병력이 오면 맞서다가 흩어지고 그런 방식이었죠."

처음에는 학생들과 사회운동가 중심으로 시위가 진행되던 것이, 점차 청소년들, 가정주부 및 중년층 시민들까지 참여하여 그 수가 1만여 명에 달했다. 반월당, 서문시장을 비롯해 중앙로, 한일로 등 대구 시내의 도로들은 시위대의 행진으로 가득했다.

"6월항쟁 이전까지만 하더라도 학생들이 거리에 나와서 집회를 하면 지나가는 시민들이 '저 놈들 공부하기 싫어서 데모한다'는 식의 이야기를 하며 욕을 듣기도 했죠. 학생운동권은 공부를 못하는 애들이 할 짓이 없어 하는 것으로 사람들이 인식을 많이 했었어요. 그런데 6월항쟁이 터지면서 학생들이 거리로 쏟아져 나오고 그때부터는 동조를 해주는 시민들이 점차 늘어나니 그런 부분은 자연히 사라지더라고요. 물질적인 지원을 보면 알 수 있죠. 예전에는 욕을 먹었는데, 항쟁 당시에는 시민들이 덥다고 물이나 음료수, 박카스 등을 쥐어주고 모금함 돌려서 모금을 하고, 유인물 만들어서 돌리고, 시민들의 호응이 많았어요."

자유의 나무는 때때로
애국자와 독재자의 피를 먹으며 활력을 되찾는다(토머스 제퍼슨)

6월 20일을 전후하여 시위는 더 격화되었다. 경찰들은 시위대를 향해 최루탄을 쏘아댔고 시위대는 이에 화염병으로 맞섰다. 그러자 경찰들은 그들을 마구잡이로 연행하기에 이르고 강경 진압으로 인해 부상자가 속출했다.

■ 3년여 전에 권복경 당시 치안본부장이 증언한 것을 보았습니다. 전국적으로 대규모 시위가 격화되자 전두환 전 대통령이 6월 19일경 부산에 육군 모 사단 병력을 투입하려고 했다는 말이었는데, 그런 점에서 당시에 군대 투입 등 신변에 대한 두려움은 없으셨는지요.

"두려움이 조금은 있었죠. 항쟁이 계속 진행되면서 저희들도 내부적으로 논의가 많았어요. 전두환 정권이 계엄령을 선포하면 어떻게 하느냐는 얘기였죠. 계엄령을 선포하게 되면, 군대가 들어오고 최루탄이 곧 총칼로 바뀌게 되며 탱크가 학교와 도심에 진을 치게 되는 등의 상황이 되는 것이니까요. 사실 겁도 많이 났죠. 그러면서도 당시의 열기나 마음으로는 계엄령이 발표되더라도 어쨌든 끝까지 싸우겠다고 생각했어요. 혼자나 소수였다면 불안했겠지만, 어쨌거나 그때는 다수가 같이 항쟁을 했고, 데모에 대해 부정적이던 친구들조차도 함께 나아가는 분위기였기 때문에 계엄령 선포나 군대 투입에 대한 두려움은 있을지언정 의지가 위축되진 않았습니다. 그런 상황이 닥치더라도 돌파를 해나갈 수밖에 없었던 상황이기도 했고, 우리는 이길 수 있다는 믿음도 있었어요."

26일 국민운동본부에서는 전국적으로 국민평화대행진을 주도했고 전국 30여 개 지역에서 100만 명이 넘는 인원이 참여했다. 대구에서는 당초 정해진 장소가 원천 봉쇄된 가운데 4만여 명에 달하는 시민이 유신학원, 명덕로터리, 수도산 일대에서 경찰 병력에 맞서 시위를 벌였다. 이 과정에서 시민 40명, 경찰관 28명 등이 부상을 당했고 도심에 있던 5개의 파출소와 민주정의당 대구 당사 등이 부서지거나 소실되었다. 이날의 시위가 그만큼 격했다는 증거가 아닐까 한다. 이날의 전국적 시위는 6·29선언을 이끌어내는 데 결정적인 역할을 하게 되었다.

국민의 승리, 국민의 손으로 일구어 낸 이 땅의 민주주의

6월항쟁을 통해 표출된 국민들의 분노는 6월 29일, 마침내 8년 동안 계속된 전두환 독재정권에게서 사실상 항복을 받아냈다. 민정당 노태우 후보의 6·29선언 발표를 계기로, 대통령 직선제 개헌, 호헌 철폐, 독재 타도 등의 구호가 모두 받아들여지고 구속된 민주화운동 관련자들은 대거 석방되고 곧 사면 복권되었다. 이 땅에 민주주의가, 그것도 국민의 손으로 정착되게 된 것이다.

"대통령 직선제를 쟁취했기 때문에 승리한 것이지만, 한편으로는 아쉬움이 있었죠. 합법적인 절차라는 것이 있기 때문에 그 자체로 독재정권이 타도된 것도 아니었고요. 당시에는 전두환 대통령을 당장에라도 쫓아냈으면 싶었지만, 선거와 개헌이라는 정해진 과정을 거칠 수밖에 없었기 때문에 그 부분에서는 항쟁 지도부에서도 한계를 인정하고 절차를 따를 수밖에 없었던 상황이었죠. 또 당시에 저희는 6·29선언을 '속이구'라고 표현했어요. 전두환 정권이 힘에서 밀리니까 어쩔 수 없이 국민들의 요구를 수용하는 척하고서는 또 다른 꼼수를 갖고 장난을 치지 않을까 하는 불신이 남아 있었어요. 그걸 알면서도, 어쨌거나 대통령 직선제를 쟁취했고 이를 통해서 독재정치의 잔재를 종식시키자는 믿음을 갖고 그렇게 역사의 한 페이지를 넘겼던 것입니다."

6월항쟁의 핵심 구호는 '대통령을 내 손으로 뽑자'는 것이었다. 국민을 대표하는 권력자인 대통령을 국민 개개인의 손으로 직접 뽑음으로써 국가의 주된 권한이 국민에게 있다는 것을 새삼 느낄 수 있기 때문이다. 그러므로 그런 '주권재민' 의식은 6월항쟁을 전후하여 고취되었고, 그에 따라 국민 의식이 비약적으로 성장했다.

6월항쟁의 여파는 노동 현장에도 전해졌다. '7·8·9노동자대투쟁'이 바로 그것이다. 7월 초 현대그룹에서 시작된 노동자대투쟁은 9월까지 이어졌는데, 당시 노동자들은 민주노조 건설과 임금 인상, 근로조건 개선 등 경제적 민주화 요구를 기치로 내걸며 공권력의 훼방에도 불구하고 투쟁을 이어나갔다. 그 결과 전국적으로 노동조합이 대거 결성되었고 이를 계기로 노동쟁의 등을 통해 노동자들은 보다 적극적으로 자신들의 요구를 주장하게 된다. 또한 1989년 전국교직원노동조합(전교조)를 비롯해, 1990년 전국노동조합협의회(전노협, 민주노총 전신), 전국농민회총연맹(전농) 등 각 직군의 이익을 대변하는 전국 규모의 단체가 결성되었다.

이런 점에서 6월항쟁은 사회 전반에 걸쳐 민주적이고 합리적인 사회로 진입하게끔 하는 하나의 역사적인 사건으로 자리매김한 것이다.

학생운동가에서 사회운동가로

6월항쟁 이후에도 박형룡은 학생운동을 지속했다. 경북대 총학생회장으로서 6월항쟁을 성공으로 이끌었고, 이를 발판으로 1987년 7월에 경북대, 영남대, 계명대, 대구대, 대구교육대, 효성여대 등 대구 관내의 각 대학별 총학생회장의 연합체인 '대구지역 대학생대표자협의회'를 창설한다. 그는 여기서 1기 의장을 맡았다. 그리고 한 달 후인 8월 19일, 전국 95개 대학이 참여한 '전국대학생대표자협의회(전대협)'가 결성되기에 이른다.

그의 민주화에 대한 열망은 여기서 그치지 않았다. 지난날 신군부 세력의 민주정의당이 내세운 노태우 후보를 보며, 독재정권의 잔재가 모두 사라지지 않았다고 본 것이다. 그해 10월 23일 경북대생들의 집회를 시작으로 '노태우 후보 집권 저지 및 규탄 투쟁'이 일어났다. 하지만 이러한 노력에도 김영삼, 김대중, 김종필 등 야권 후보들의 분열로 인해 표심이 분산됨에 따라, 노태우는 36%라는 저조한 득표율을 얻고도 13대 대통령으로 당선된다.

총학생회장 임기가 끝남과 동시에 그는 대학을 졸업했다. 6월항쟁 이전부터 학생운동을 해온 그는 진로에 대한 확신이 서 있었다.

■ 6월항쟁이 본인의 삶에 어떤 영향을 끼쳤다고 보시는지요.

"6월항쟁을 겪으면서 느꼈어요. 우리가 그토록 염원하던 대통령 직선제를 이루었고, 비록 독재정권의 잔재가 여전히 남아 있었지만, 조금만 더 노력한다면 진정한 민주주의에 다가갈 수 있겠구나, 그러면서도 아직까지도 해야 할 일이 많이 남아 있구나 생각했습니다. 그래서 사회운동에 투신을 해서 민주주의 정착을 위해 지속적으로 활동해야겠다는 생각 외에는 딱히 없었죠. 제겐 그것이 당연한 의무이자 책임이라 생각했으니까요."

그렇게 그는 1988년 졸업 이후, 약 8년간을 사회운동에 투신하게 되었고, 당시 전국 청년운동단체였던 '한국민주청년단체협의회(한청협)' 산하 '대구새로운청년회'에서 다년간 회장으로 활동한다. 또 '민주주의민족통일 대구경북연합(대경연합)'에도 소속되어 재야운동을 줄곧 해왔다.

내 소신을 세상에 널리 알려보자, 정계 입문

1996년 초에 대경연합의 상급 단체인 '민주주의민족통일전국연합'에서, 그들이 내걸었던 '자주적 민주정부 수립', '민중 생존권 보장' 등의 기치를 알리기 위해 15대 총선에 무소속 후보를 4명 내놓겠노라 선언했다. 그때 박형룡도 청년단체 대표로서 추천을 받아, 대구 수성(갑) 국회의원에 출마하게 된다. 당시 나이 32세. 젊은 날, 그의 정계 입문의 계기는 이처럼 사회운동의 대의에서 비롯되었던 것이다. 당시 수성(갑) 지역구에는 '6공의 황태자'라 불리던 노태우의 인척이자 6공 시절 체육부장관을 지낸

박철언이라는 유력 후보가 있었다. 그는 당시의 마음가짐을 이렇게 회고했다.

"박철언 후보는 당시에 날아가는 새도 떨어뜨릴 정도로 권력이 있던 사람이었기 때문에, 그런 사람에 맞서서 노태우 정권의 실체와 본질을 공공연하게 밝혀야 하고 시민들은 그에 대해 알 권리가 있다고 생각을 했죠."

당시 수성(갑)에는 박형룡을 비롯해 무려 9명의 후보가 출마했다. 비록 그는 낙마했고 과반이 넘는 득표율로 박철언 후보가 당선되긴 했지만 9명 중 4번째라는 좋은 성적을 냈다. 그의 예상 외 선전은 당시 지역 운동사에 큰 반향을 일으켰다.

한편 2002년에는 제3회 전국 동시 지방선거에서 대구 남구청장 후보에 무소속으로 출마하게 된다. 15대 총선에서는 운동권의 대의를 위해 출마했다면, 2002년 선거에는 시민운동가로서, 또한 지역 주민으로서 가졌던 스스로의 포부를 실천하기 위해 출마했다. 하지만 또 한 번 보수정당의 벽을 넘지 못하고 고배를 마신다.

선거가 끝난 후 박찬석 17대 국회의원의 보좌관으로 있으면서 계속 경력을 쌓았고, 2008년에는 통합민주당 소속으로 대구 중·남구 국회의원, 2010년 또 한 번 무소속으로 대구 남구청장에 출마했지만 끝내 한나라당의 벽을 넘지 못하고 거듭 낙마하고 만다.

이렇게 그는 직접적인 정계 출마를 통해 자신의 사회변혁에 대한 포부를 실천하려 했고, 여러 차례 도전을 했다. 비록 선거에서 승리하진 못했지만 '보수의 심장'인 대구에서 시민들이 그에게 보낸 지지는 적지 않았고 그는 선거를 통해 대구 또한 변화하고자 한다는 것을 몸소 보여주었다.

■ 지난 20대 총선에서 수성(갑) 김부겸, 북구을 홍의락 등 야당 의원 2명이 당선되었습니다.

"그렇죠. 85년도에 신한민주당 유성환, 신도환 두 분이 국회의원으로 당선된 이후 약 30년 만에 야당 의원이 대구에서 당선된 것이죠."

■ 30년 전과 지금을 모두 체험하신 분으로서 대구의 그런 변화를 어떻게 보시는지요.

"저도 처음엔 놀랐어요. 처음에는 그다지 기대를 하지 않았었는데, 막상 결과를 보니 분위기가 많이 바뀌었더군요. 이러한 변화는 더욱 커질 거라고 생각합니다. 이 커진다는 것은 곧 편향된 사고만 가지고 있던 것이 좀 더 균형 잡힌 사고로 발전할 거라는 뜻인데요, 사실 이런 기대감과 동시에 한편으로는 불안한 마음도 어느 정도 있어요. 당시에 대구의 새누리당 지지층 말을 들어보면, 중앙에서 한 공천에 대한 불만이 많더라고요. 한마디로 '우리에겐 전혀 성에 차지 않는데 아무나 낙하산으로 갖다 박는 것이 아니냐' 하는 거죠. 그러므로 대구의 성향이 보수에서 진보로 변화하고 있다기보다는, 이런 다수의 소외감이 크게 작용해서 이번 총선의 결과를 만들지 않았나 생각이 듭니다. 그래서 기대감이 들면서도 앞으로 과연 얼마나 더 변할 것인가 하는 우려감도 있습니다. 이제는 대구 시민들이 이런 변화에 대해 낙관할 것이 아니라 대구 사회를 좀 더 정확히 고찰하고 분석해서 그들의 의식을 좀 더 발전시키고 균형 잡히도록 하기 위해 어떤 부분에 집중을 해야 할 것인가 고민해보는 노력이 필요하지 않을까 싶습니다."

청년들이여, 일어나라! 분노하고 요구하라!

지난해 10월 26일 서강대와 이화여대를 시작으로 전국의 여러 대학교에서 최순실 국정 농단 사태에 대한 시국 선언이 연일 이어졌다. 시국 선언도 결국 사회참여이다. 국민들이 그만큼 사태의 심각성을 인지하고 이에 분노했다는 의미를 보여주는 것이다.

■ 지금과 비교하면 예전엔 대학생들이 주로 사회운동을 주도했었죠. 최근에는 대학생들이 사회참여에 대해 주저하는 경향이 없지 않아 있습니다. 이에 대해 어떻게 생각하시는지.

"그 부분에선 예전과 지금을 단순 비교하기엔 어렵죠. 본질적으로 사람의 삶에 있어서 핵심은 먹고사는 것이니까요. 예전에는 일자리가 많았고 대학교를 졸업하면 대개 취업이 보장되어 있었어요. 또한 전두환 정권 당시에는 저금리·저유가·저달러 등의 3저 호황 현상이 잇달아 일어났던 시기였으니 먹고사는 문제는 크게 걱정하지 않아도 될 시기이기도 했고요. 그렇기 때문에 학생들이 좀 더 투철한 정의감을 가질 수가 있었던 사회·경제적 조건이 되었다고 봐요. 반면에 지금은 먹고사는 것에 여념이 없잖아요. 먹고살기 위해 무언가를 반드시 해야 하니까요. 그 와중에도 최근 시국에 대한 청년들의 인식을 보면 예나 지금이나 처한 상황은 달라도 본질적으로 정의롭고 새로운 시대를 열망하는 마음은 동일하다고 봅니다. 사회·경제적 조건이 다른 것에서 차이가 있을 뿐이지 지금 젊은이들이 가진 시대 의식이나 정의, 민주주의 의식에 대해 막막하다거나 퇴보했다고 결코 볼 수 없죠."

"다만 청년들의 사회참여가 더 많아졌으면 좋겠다는 마음은 있어요. 사회에 참여하지 않고, 노력하지 않고서 권리를 얻기란 사실 힘들어요. 기득권층에서 그렇지 않은 사람들에게 시혜를 주는 경우는 상당히 드뭅니다. 가만히 있으면 더더욱 어렵죠. 그렇기 때문에 국민으로서 젊은 사람들이 참여하지 않는 것은 큰 손해라고 생각합니다. 예를 들어 복지 정책도 사람들의 요구가 없다면 기득권층에 우선 편제될 수밖에 없습니다. 자원은 한정적이기 때문이죠. 그래서 우리 청년들이 더 적극적으로 참여를 해서, '국가 예산을 청년들을 위해 어떻게 써달라'고 지속적으로 주장해야 합니다. 이런 요구들이 있어야 내 삶이 좀 더 풍부해질 수 있다는 생각을 해야 할 것입니다. 정치와 권력이란 금기시할 대상이 아니거든요. 잘만 쓰면 얼마든지 선한 부분에 이용할 수 있는 수단입니다. 그러므로 청년들은 각자의 요구가 있으면 그것을 보다 적극적으로 표현해나가야 한다고 봅니다."

그가 덧붙이듯, 이젠 '꼭 거리로 나오지 않아도' 정치 참여를 할 수 있는 세상이 되었다. 전 세계적으로 우리나라만큼 인터넷 보급률이 높으면서 성능까지 탁월한 나라는 거의 없다. 그만큼 여건이 마련되어 있는 것이다. 포털 뉴스 기사에 댓글을 달아 서로 의견을 나누고, SNS를 통해 여론을 형성하며, 각 시·군·구청을 비롯해 청와대에 이르기까지 인터넷으로 정책 제안도 가능하다. 또 최근 몇몇 정당에서는 기존의 투표소 투표 외에 전화와 인터넷 등으로도 '완전국민경선'을 실시하면서, 사이버 정치 참여의 중요성을 더 각인시켰다.

민주화 세대의 일원으로 본 지난 30년, 그리고 비전

"역사가 흘러가면서 늘 굴곡은 존재하죠. 그런 점에서 지난 8년간은 굴곡이 좀 심했죠. 심했기 때문에 '그럴 수도 있다'라고 받아들이기엔 국민들의 고통이 너무 컸다고 봐요. 4대강 살리기 사업에 쏟아부은 22조 원의 예산을 만약에 학생들의 대학 등록금에 지원했으면 어땠을까, 박근혜 정부가 개인과 그 측근들의 사익을 위해 잔머리를 굴렸던 부분들을 정말이지 국민을 위해 제대로 일했다면 또 어땠을까 하는 아쉬움이 많이 남아요. 그렇지만 이것이 상승곡선에서의 퇴행이지, 완전히 나락으로 떨어진 것은 아니죠. 그렇기 때문에 지금 국민들이 들고 일어나 박근혜를 파면하라고 요구할 수 있는 그런 결집된 힘이 남아 있는 것이죠. 그래서 곧 있을 대선으로 정권 교체를 이루어야죠. 앞으로는 보수 정권이 들어서더라도 합리적인 보수일 것이지 기존의 막무가내 보수가 득세하는 세상은 이미 지나갔다고 봅니다. 퇴행은 할 수 있더라도 여전히 조금씩 상승곡선을 타면서 발전하고 있다고 느낍니다. 이번 사태를 계기로 두 번 다시 이런 정권이 들어설 여지는 없을 것이라고 믿습니다."

그는 앞으로의 정부가 '국민이 행복할 수 있는 나라', '자주민주통일', '복지를 통한 계층 간의 균형 조정' 등에 올바른 정치권력을 써줬으면 좋겠다고 덧붙였다.

자유를 원하는가? 너의 권리를 찾고 싶은가?

너의 자유와 권리는 딱 네가 투쟁한 만큼 너에게 주어진다(체 게바라)

■ 6월항쟁의 정신이란 무엇이라고 생각하시는지요.

"6월항쟁의 정신은 곧 주권 의식입니다. '이 정치와 사회에 있어서 내가 주인', '내가 모인 결합체가 곧 국민', '나는 나의 결합체의 행복을 위해 존재하고, 정부도 나와 국민들의 행복을 위해 노력할 때 비로소 그 의미가 있는 것', '그렇지 않은 정부는 항거해야 하고 몰아내야 한다'는 이런 생각을 합니다. 또한 내가 주인이기 위해서는 자유가 필요하겠죠. 우리 세대는 그 자유가 없었기 때문에 매케한 최루가스 속에서 투쟁을 했던 것이고, 반면 지금은 자유가 있기 때문에 사람들이 모일 수 있습니다. 그렇기 때문에 또 다른 정신은 자유입니다. 새로운 시대를 맞이하기 위해서 모든 부분에서 보다 더 자유로운 환경이 조성되어야 하고 한편으론 그런 자유를 누리기 위해서 우리 국민이 더 많은 노력을 기울여야 할 것이라 생각합니다."

최
미
나

민주광장, 부활하다

시민 세력의 산물, 광장

'광장 민주주의' 혹은 '민주광장'을 생각하면 아고라(Agora)가 떠오른다. 고대 그리스에서 광장은 시민들이 일상생활과 여러 활동을 영위하며 문명과 역사를 이끈 시민 세력이 형성된 주요 공간이었다. 아고라는 경제, 군사, 종교, 생산, 법률 행위 등은 물론 정치 집회와 공연, 토론과 같은 문화·예술 활동과 학술·스포츠 활동 등이 일어나는 도시 생활의 전부로서 '그리스 도시 국가를 형성하고 이끌어갔던 시민 생활 그 자체'[11]라고 할 수 있다. '열린 회의의 장소'였던 아고라에서 고대 그리스의 시민은 직접민주주의를 실현했던 것이다.

---

11) 임석재, 『현대 건축과 뉴 휴머니즘』, 이화여자대학교 출판부, 2003, 126쪽.

대한민국에서 공공의 공간인 광장이 '열린 회의의 장소'로 그 역할을 시작한 건 언제부터였을까? 그것은 어쩌면 한국에서 시민계급이 부상하던 시기가 아니었을까? 서울역과 시청 앞, 종로, 광화문 등 광장이라는 단어를 얘기할 때 바로 떠오르는 공간들이 언제부터 시민들의 권리를 이야기하는 공간이 되었을까?

대학 내의 민주광장

거의 모든 시위가 불법이었던 80년대에는 민주주의의 '민' 자도 꺼내기 전에 경찰로 끌려가 조사를 받았다. 그러나 대학 캠퍼스 안은 공권력의 탄압이 비교적 약했기 때문에 대학가는 민주화운동을 활발하게 전개할 수 있었다. 사실 벽보를 붙이다가 사복경찰에게 붙잡혀가고 학내에서도 요주의 인물로 찍히는 등의 불이익은 있었지만 80년대 민주화운동의 선봉은 대학생이었고 대학 내 민주광장은 학생운동의 중심지였다. '지성의 전당'이라 불렀던 대학의 민주광장은 대한민국 민주주의 역사에서 빼놓을 수 없는 역할을 한 것이다. 많은 대학교에는 민주광장이 있지만 정확히 언제부터 민주광장이라고 불렀는지 알려진 바는 없다. 계명대학교 한 선배의 증언으로는 70년대 유신 반대운동을 시작한 후부터라고 말한다. 대학생들이 다양한 활동을 하며 자유롭게 토론하던 너른 공간이 민주광장으로 불리며 대학교마다 그리스의 아고라 역할을 하는 장소가 되었다는 것이다.

현재도 각 대학교마다 각종 시위와 집회를 하는 민주광장이 있다. 고려대 민주광장, 연세대 민주광장, 경희대, 충남대, 울산대, 경북대, 계명대, 영남대… 민주광장은 21세기에도 대부분의 대학교에서 계승되고 있지만

80년대 민주화의 열기에 비해 그 열기가 '짜게(?)' 식었다고 할 수 있다.[12]

경북대는 얼마 전까지만 해도 본관과 교수 및 학생들 간의 대립이 심각했다. 글로벌플라자 건립 문제 때문인데, 원래 그곳은 민주광장이 위치한 곳이었다. 텔레토비에 나오는 동산(공원)과 닮았다고 해서 텔레토비 공원으로 불리기도 했다. 하지만 글로벌플라자 건설을 위해 부지를 닦으면서 현재는 그 모습을 찾아볼 수 없게 되었다.

계명대학교 민주광장은 대명 캠퍼스 정문과 노천강당이라고 할 수 있다. 70년대에 유신 반대운동과 80년대 민주화운동, 현재에는 미술대학 학생이 작년 11월 시국 선언을 낭독한 역사적인 의미가 있는 장소이다. 영남대학교에도 민주광장이 존재한다. 중앙도서관 서편 법정관 앞 광장이 민주광장으로 불린다. 작년 11월 9일에는 영남대 총학생회의 시국 선언이 열린 곳이다. 그곳은 다른 대학과 마찬가지로 80년대 영남대 학생들의 집회와 모임이 열린 장소다. 대구 지역 대학교의 민주광장에 대해 조사하기 위해 현재 대구 지역 대학을 다니고 있거나 졸업한 지인들에게 민주광장의 쓰임에 대해 물었다. 돌아오는 답은 무척이나 간단하고 허무했다. "여기? 지금 그냥 길인데….."

과거의 영광은 잊은 지 오래이다. 오히려 민주화운동을 했었냐며 되묻기도 했다. 2016년 겨울, 계명대학교의 미술대 학생과 '시국 해결을 위한 계명인의 모임' 그리고 영남대학교 총학생회 학생들의 시국 선언이 각 대학의 민주광장에서 이루어졌다. 어쩌면, 민주광장이 있는지도 몰랐다는 지인의 말이 지금 대구 민주화운동의 현주소일지도 모르지만 2017년 대

---

12) SS501의 '경고' 라는 노래 가사 중 "차게 식어가 나처럼"이 "짜게 식어가 나처럼"으로 세게 발음되어서 후에 '차갑게 식다' 는 의미의 유행어가 되었음.

학생들의 시국 선언을 통해 민주광장이 부활하는 경험을 했다.

대구의 민주광장

대구에서는 지난 2017년 6월 10일, 6·10항쟁 30주년을 기념하여 대구 중구 동성로2가 대구백화점 야외 광장 벤치 앞과 중구 동산동 서문시장역 4번 출구 앞 바닥에 민주광장 표지석을 세웠다. 육각형 형태의 동판으로 된 민주광장 표지석에는 "6월 민주항쟁이 일어난 곳"이라 쓰여 있으며 "이곳은 1987년 6월 대구의 시민, 학생들이 독재정권에 맞서 '대통령을 내 손으로', '독재타도 민주쟁취' 함성을 드높이 외친 6·10민주항쟁 진원지이다. 6·10민주항쟁 30돌을 맞아 대구 시민들의 자랑스러운 민주화운동을 기리기 위해 이 표지석을 새긴다"고 적혀 있다.

1987년 6월 10일, '박종철 군 고문 살인 은폐 규탄 및 호헌 철폐 국민대회'[13] (6·10국민대회)가 열리기로 예정된 포정동 중앙공원 일대는 도로가 통제되고 경찰 병력이 배치되어 긴장감이 감돌았다. 경북대, 계명대, 대구대, 영남대 등의 대학생들은 교내에서 6·10대회 참가를 결의하는 출정식을 치르고 시내로 결집했다. 이들이 '호헌철폐'와 '군부독재 타도' 등을 외치며 시위를 하기 시작하자, 경찰은 사과탄[14]을 던져 시위대를 해산시켰다. 오후 6시 경에 국민운동 대구·경북본부 집행부와 학생, 시민 5백여 명

---

13) 한국학중앙연구원, 「향토문화전자대전」, "6 · 10 박종철 군 고문 살인 은폐 규탄 및 호헌 철폐 국민 대회", 2008.
14) 손으로 던질 수 있는 작은 최루탄을 말한다. 사과 모양으로 생겼다고 해서 속칭 '사과탄'이라고 한다.

은 구 런던제과 앞에서 국기 하강식에 맞추어 애국가를 제창하며, 6·10 국민대회를 약식으로 진행했다. 시민들은 시위대를 향해 박수와 함성으로 지지를 표하였다. 하지만 경찰의 진압으로 시위대는 흩어져서 산발적으로 시위를 벌이게 되었다. 시위는 밤이 늦도록 이어졌고, 시내 중심가 상점들은 셔터를 내리고 도로는 뿌연 최루가스에 잠식당했다. 대구·경북 지역 학생들은 6월 15일부터 본격적인 가두 투쟁을 전개했다. 경북대, 계명대, 영남대, 효성여대 등 대구 지역 대학생들은 연합시위를 펼쳤다. 이들의 투쟁은 6월민주항쟁의 전 기간에 걸쳐 실행되었다.[15] 그 어느 달보다 뜨거웠던 6월은 마침내 노태우의 6·29민주화선언을 기점으로 열기가 가라앉게 되었다. 대통령 직선제 개헌과 민주주의를 이루어낸 순간이었다. 마침내 시민의 피땀 어린 노력이 결실을 맺게 되었다.

시민 세력을 형성하고, 시민의 권리를 주장하고, 자유로운 토론이 오가는 장, 이것은 '대한민국은 민주공화국이다, 대한민국의 주권은 국민에게 있고, 모든 권력은 국민으로부터 나온다'는 헌법 제1조의 내용에 부합한다. 그런데 대한민국 헌법에는 흑역사가 존재한다. 1948년 국민주권주의로 제정된 헌법 제1조가 1972년부터 1980년까지 대통령이 모든 권력을 행사할 수 있도록 교묘히 바뀌었다. 즉 '대한민국은 민주공화국이다. 대한민국 주권은 국민에게 있고, 국민은 그 대표자나 국민투표에 의하여 주권을 행사한다'라고 대통령이 모든 권력을 행사할 수 있도록 국민의 주권을 빼앗아 간 암흑의 시절이었다. 헌법에 명시되었던 주권을 되찾기 위한 노력, 그것이 바로 민주화 투쟁인 것이다.

2017년 박근혜 대통령은 탄핵되고 새로운 정부가 출범했다. 우리는

---

15) (사)6월민주항쟁계승자협회, 『6월 항쟁을 기록하다』, 민주화운동기념사업회, 2007, 127쪽.

탄핵을 요구하는 촛불집회를 거치며 '열린 토론의 장', '주권을 되찾는 장'으로서의 광장을 경험했다.

"이것이 바뀐 것이다. 하나로 단합하고 교감이 오가며 긍정적 생산이 일어나는 공간이 되었다. 희망을 확인하고 미래를 생각할 수 있는 공간이 된 것이다. 즐거운 일을 함께 나누고 눈물 나도록 기뻐하면서 어깨를 나누는 공간이 된 것이다. 새로운 희망의 가능성을 나누어 가지고 미래를 약속하며 헤어질 수 있는 공간이 된 것이다. 그동안 비굴하게 잃어버리고 살아왔던 것을 되찾으며 우리가 누구인가를 스스로에게 물어보는 성숙의 공간이 된 것이다. 우리 스스로를 확인하고 우리가 누구인가를 꽉 채우는 참 주인의 공간이 된 것이다. 광장, 그 열린 공간이 만들어지고 작동하기 시작한 것이다."[16]

---

16) 임석재, 위의 책, 133쪽.

3부   정치는 우리의 것

─────── 청년이 청년에게

6·18최루탄추방결의대회 중 진출이 불가능해진 시위대는 노상에서 간이 공청회를 열었다.
__동성로(1987. 6. 18.)

출산장려금이 왜 지역마다 다르지?

■ 현재 직업과 나이는?

"23세 여성이고, 5살 윤솔아의 엄마이자 주부입니다."

■ 이번 박근혜−최순실 게이트에 대해 어떻게 생각하십니까?

"비리 같은 건 언제나 있다고 생각했거든요. 아는 오빠가 서울서 기자를 하는데 연예계 기사가 터지면 무조건 정치에서 무슨 일이 일어나고 있다더라고요. 20대들은 전부다 연예 뉴스에 관심이 많잖아요. 그래서 그걸로 덮으려는 게 많다고, 어릴 때부터 되게 많이 들었던 얘기였거든요. 저 같은 경우는 정치에 관심이 있어서 연예 기사가 터지면 혹시나 비리 같은 게 있나? 찾아보거든요. 그러면 꼭 뭔가 있더라고요. 그런 거 보니까 이번에도 이미 터질 일이 터진 거 같아요. 이 나라 현실이 참 암울하다고 생각했었어요. 오빠(남편)한테도 맨날 이민 가서 살자고, 나 이 나라에서 못살겠다고 그런 말 많이 하거든요. 저는 당연히 있을 수 있는 일이라고 생각했어요."

■ 이번 사건은 이미 오래전부터 진행돼 왔고 충분히 예상할 수 있는 일이어서 터질

게 터진 거라고 생각하신 거네요.

"네, 저는 그렇게 생각해요. 이미 뭔가 많이 숨기고 있었던 거였죠."

■ 현재 한국에서 가장 큰 사회문제가 뭐라고 생각하세요?

"저는 일단 잘사는 사람들은 자식도 금수저 물고 태어나서 다 잘사는데 다른 사람은 다 힘들게 살아가야 한다는 거. 그게 좀 크죠. 모 아니면 도 같은 느낌이랄까, 중간이 없다는 생각을 해요 저는. 그래서 중요한 게 복지 정책인데 우리나라는 그 부분이 너무 문제가 많죠."

■ 그런 느낌을 언제 주로 받으세요?

"일할 때도 많이 느끼고요. 요즘에는 금수저, 다이아수저 이런 말 많이 하잖아요. 정치하는 사람들이나 대기업 사람들 자식들이 대부분 좋은 자리를 차지하고 있잖아요. 저희 같은 사람이 아무리 열심히 해봤자 삼성 같은 데에 들어 갈 수 있는 거 아니고. 요즘은 기사 읽어보면 대학교를 나와도 취업이 어렵다는 말도 많고…. 저는 특히나 더 크게 느끼는 것이, 애기가 있잖아요. 저출산 문제가 심각하다 하더라고요. 근데 거기에 대한 복지 정책도 문제가 많아요. 첫애를 낳곤 몰랐는데 둘째를 가지고 나서 검색해보니까 첫째 낳으면 대구에서는 출산장려금이 없어요. 둘째를 낳으면 뭐 20만 원? 20만 원으로 얼마나 준비하겠어요. (웃음) 그게 지역마다 또 다 다르더라고요. 의성 같은 경우도 출산장려금으로 몇 백만 원 책정돼 있더라고요. 복지 쪽에 문제가 많죠."

■ 혹시 해결 방안 같은 것을 생각해보셨나요?

"곧바로 바뀌기엔 힘들 거 같아요. 다만 기대하는 건 대통령이라도 좀 괜찮은 분이 되서서 복지 정책에 관심을 가져주셨으면 해요. 선거 때 이기기 위해 말만 하지 말고요."

■ 지역적인 특성이 있어서 차이가 있을 수 있는데 그런 거에 대해선 대구를 어떻게 생각하세요?

"저는 20만 원 준다는 거 보고 오빠(남편)한테 그랬어요. 그냥 이민을 가야 되는 것도 있지만 대구를 일단 떠야겠다고. (웃음) 누가 대통령이 됐던 이거는 다 시민이라면 똑같은 권리를 누려야 하잖아요? 동등했으면 좋겠어요. 어떤 구에 있건 시에 있건 시골에 있건 상관없이 평등해졌으면 좋겠어요. 광역시라고 더 많이 하는 것도 아니고 그냥 똑같이. 이게 왜 그렇게 됐는지 모르겠는데 지역마다 다르다 보니 대구에 사는 입장에서 저는 불공평하다 느낄 수 있잖아요."

■ 대구가 20만 원 주고 그게 지역마다 다르다는 내용을 몰랐네요. 대구가 타 지역에 비해 부족하다는 건 어쨌든 시장의 마인드라든가 특성이 있는 게 아닌가 하는 생각이 듭니다. 대구라는 이미지가 조금은 보수적이고 복지 그러면 포퓰리즘이니, 빨갱이니, 사회주의자들이니 이런 말을 많이 하잖아요. 정치적으로 보수의 성지란 말도 많이 하고. 그런 이미지에 대해선 동의를 하시나요?

"예. 좀 그런 면이 있는 것 같아요. 다른 지역 사람은 모르겠는데 대구 어르신하고 얘기하다 보면 보수적인 면을 크게 느끼는 거 같아요."

■ 기성세대에게 바라는 점은?

"지금 20대, 30대들이 사는 현실을 봐줬으면 좋겠어요. 너무 과거에만 박혀 있는 거 같다는 생각이 들어요."

■ 옛날 독재정권을 그리워하는 사람들도 있긴 있지요.

"근데 이제 독재정권이 아니잖아요. 박사모 이런 사람들 누워서 시위하고 그러는데 현실을 보고 행동해줬음 좋겠어요."

■ 사회에서 청년의 역할은 무엇이라고 생각하세요?

"언니가 시민 단체에서 일을 하고 있잖아요. 젊은 사람들이 그런 일을 많이 했으면 좋겠어요. 너무 소수다 보니까 알려지는 거나 들리는 소리가 좀 적잖아요. 젊은 사람들이 그런 쪽으로 일을 많이 해줬으면 해요."

■ 청년이라 부를 수 있는 기준은 무엇이라고 생각하시는지요?

"나이로만 보면 40대 이하요. 그 나이 넘으면 대부분 가족을 이루잖아요. 그러면 청년이라 할 수 없을 것 같아요."

■ 헌법재판소의 판결에 수긍하나요?

"재판소 판결할 땐 집에 없어서 나중에 페이스북으로 봤어요. 탄핵이 당연히 돼야 된다 생각했고, 소수의 사람들 빼고는 다 바랐던 일이라고 생각하거든요. 저는 촛불시위나 다른 시국 선언을 하러 갈 수 있는 상황은 아니었지만 모두들 바랐던 일이었죠."

■ 2017년 촛불집회에 참여했어요?

"저는 아직 한 번도 못 갔어요. 마음은 있었는데 회사 다닐 때였거든요. 애기도 있고. 또 주간·야간을 하잖아요. 그래서 폰으로 뉴스를 봤어요. 근데 나가지 않았던 사람들 대부분이 시간이 아깝다 생각하고, 서울까지, 대전까지 간다 그러면 좋지 않게 보는 사람도 있더라고요. 저는 그렇게 생각은 안 했어요. 촛불집회는 좀 더 바른길로 나아가기 위해 모인 거잖아요. 혼자였으면 제가 스물세 살이고 그러니까 한번쯤은 가봤을 거 같아요."

■ 자신의 꿈을 이루는 데나 현재 하는 일에서 가장 걸림돌은 무엇이라고 생각하세요?

"제일 걸림돌이라 하는 건 가정을 꾸리고 있는 거요. 돈을 우선적으로 벌어야 하니까 현실을 쫓아가는 거 같아요. 전 나이도 어리니까 하고 싶은 일을 찾고 싶거든요. 근데 아직은 이 나라가 제가 하고 싶은 걸 찾는다고 실현할 수 있는 나라는 아닌 거 같아요. 원하는 것, 하고 싶은 것 다 누리면서 살 수 있는 나라는 아니잖아요. 꿈을 찾아가기엔 힘들죠. 가정이 있고 거기 맞춰 살려면 꿈을 찾기만 해서는 힘들죠. 솔직히 요즘 다 맞벌이잖아요. 우리나라가 복지만 문제가 아니라 경제 같은 경우도 일자리가 많이 없더라고요. 이런 환경에서도 시급 제대로 안 쳐주는 곳도 많고 그러다 보니 꿈보다는 돈을 좇게 되는 거죠. 일자리가 늘어나면 덜할 거 같긴 해요."

■ 가정을 꾸리고 있어도 애기 낳을 때 육아휴직 등 복지가 잘 되어 있으면 하고 싶은 거 못할 이유가 없을 것 같은데 현실이 그런 구조가 안 되니까 결혼을 안 하려는가 봐요. 희생하는 거 같으니까.

"맞아요. 저도 느끼는 게 결혼을 해도 애를 안 낳으려 하듯이 결혼 안 하려는 사람도 많아졌거든요. 주변만 봐도, 결혼 안 하고 혼자 편하게 살겠다는 애들이 대부분이에요. 전 좀 아니라고 생각했거든요. 살아가는 데 동반자나 자식이 없으면 무슨 재미일까, 삶의 의미가 있을까, 그런 생각을 했었어요. 혼자 자기를 위해서 사는 거잖아요. 하고 싶은 거 하면서 자기가 벌어서 자기한테 쓰는 거잖아요. 가정을 꾸리고 애기가 생기면 그렇게 할 순 없으니까 하나를 포기하는 거겠죠. 정말 복지가 좋고 잘 살 수 있는 나라라면 그런 생각이 안 들지 않을까요?"

■ 정치는 무엇이라고 생각해요?

"정치 하는 인간들은 자기들끼리 하잖아요. 국민의 소리를 들어준다 말로는 하는데 그런 거 말고, 진짜 정치라 하면 높은 직위 있는 사람만 하는 게 아니라 시민의 이야기를 들어주고 같이할 수 있는 거, 그런 게 정치가 아닐까요?"

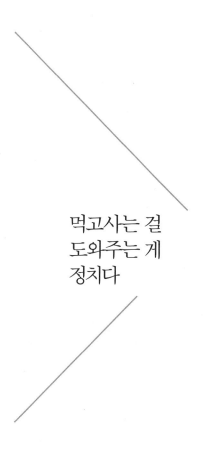

먹고사는 걸
도와주는 게
정치다

■ 현재 직업과 나이는?

"27세 남자고, 장사를 합니다."

■ 이번 박근혜-최순실 게이트에 대해 어떻게 생각하는지?

"한 나라의 대통령이 일반인과 한통속이 돼서 국정을 농단하고 그랬다는 게 참 안타깝고, 그런 걸 숨기려고 했던 거도 문제지만 같이 휘둘린 정치인도 문제고. 사실 내가 정치를 잘 몰라서 뭐라 이야기해야 할지 모르겠다. 젤 안타까운 게 뭐냐면 우리나라 사람들이 이제 여자 대통령을 과연 뽑아줄까 하는 생각이지. 박근혜 하나 때문에 여자 대통령이 어쩌면 못 나올 수도 있다고 생각을 했어. 거기에 대해 되게 안타깝게 생각을 하거든 나는."

■ 헌법재판소의 판결에 수긍하는지?

"당연히 수긍하지. 완벽하게 수긍하지. 근데 아직까지도 박사모 같이 박근혜를 옹호하고 최순실 이런 애들을 옹호하는 사람들이 있어서 참 할 말이 없지. 정말 할 말이 없다."

■ 기성세대에게 바라는 점은?

"솔직하게 바꾸려 해서 바뀔 거라곤 생각도 안 하거든. 기성세대들이 바뀌어야, 없어져야만 우리 세대에서 뭔가 이룰 수 있다 생각을 해. 근데 우리 젊은 세대조차도 기성세대에게 세뇌 아닌 세뇌를 당해서 그렇게(안 좋은 쪽으로) 바뀌는 사람들이 있겠지. 그런 사람이 줄어들도록 기성세대 중에서도 생각을 바르게 가진 사람들이 젊은이들을, 우리가 당신들 세대만큼 될 때까지 많이 도와주고 생각을 많이 바꾸게 도와주면 좋겠지."

■ 사회에서 청년의 역할은 무엇이라고 생각하는지?

"나는 (촛불이) 이만큼 커질 수 있었던 게 SNS의 힘이 크다고 생각해. 그런 걸 통해서 시시비비를 가릴 줄 알고 판단력을 길러서 이리저리 흔들리지 말고 자기소신을 가지고 깨끗하게 참여를 해줬으면 좋겠어."

■ 2017년 촛불집회에 참여했는지?

"나는 물론 생각은 박근혜가 잘못했다고 하지만, 정치적 성향을 바깥에 드러내는 걸 싫어한단 말이야. 일도 하고 있지만 우리 사장님도 완전 진보적이시거든. 근데 난 중도에 가까워. 예를 들면 이런 거지. 남들이 이명박, 박근혜 뽑을 때 난 차라리 허경영을 뽑겠다, 이런 주의란 말이야. 나는 정치적으로 어른들이랑 부딪히기 싫어가지고 정치에 있어서 소극적이거든. 그래서 참여를 안 한 거지. 박근혜를 사모하거나 그런 건 아니다. (웃음) 사실 정치에 관심이 거의 없다. 솔직히 아직까지 정치 때문에 나한테 불이익이 직접적으로 온 것이 없다 생각하거든. 그런 면에선 내가 이기적이라고 생각해. 나한테 직접적인 피해가 오지 않으면 신경을 안 쓴다는 이런 주의거든. 남들도 나한테 피해 안 주고 그럼 남들한테도 신경 안 쓰는 스타일이거든. 근데 나한테 피해가 오면 얘기가 달라지지. 물론 나도 모르는 사이에 나한테도 피해온 게 있기야 있겠지. 근데 아직 눈에 띄게 가시적으로 내 몸에 직접적으로 다가온 게 없어서 내가 아직 정치에 관심이 없는 게 아닐지 그렇게 생각해."

■ 현재 한국 정치나 사회에서 가장 큰 문제는 무엇이라고 생각하는지?
"아직까지도 남녀 불평등 그런 게 안 없어지는 거 같아. 솔직히 말하면 나는 내가 보수적이진 않다 생각하거든. 말은 본인이 보수적이라 하지만 안 좋게 행동하는 남자들이 많잖아. 사실 이런 데는 보수란 단어를 쓰면 안 되는 거긴 하지만, 일베라든지 메갈이라든지 괜히 생기겠나. 그래서 남녀 불평등, 성차별 그런 게 없어졌으면 좋겠지. 정치, 법 이런 거부터 남녀를 차별 안 하게 만들어야 돼. 그렇다고 여자도 군대를 가야 한다, 이런 주의는 아니야. 그런 극단주의는 아니고 법적인 측면에서도 좀 더 남녀가 평등해져야 한다고 생각해. 또 유리 천장 문제라든지 그런 것도 없어져야지. 왜 이런 거 있잖아. 어느 직종에 가면 여자를 안 뽑거나 하는…. 근데 세상에 남녀 성별이 다르다고 못 하는 일은 없잖아. 그런 거부터가 바뀌어야 한다고 생각한다."

■ 자신의 꿈이나 현재 하는 일에 가장 걸림돌은?
"어렸을 때부터 장사하는 것이 꿈이라 나는 어떻게 보면 꿈을 이뤘다. 현재 일하면서 가장 큰 걸림돌은 운전 못 하는 거?(웃음) 그거랑 아직까지 영업에 대해서 잘 모르는 거. 어떻게 거래처를 만들 수 있을지 이런 고민하지. 생각보다 하는 일에 비해서 빨리 피드백도 안 오고 사장님들이 연락이 잘 안 오니까 힘은 빠지지. 그러다가 한 번씩 연락 오면 기분 좋은 거고. 나는 정말 행복하거든. 솔직히 얘기하면 대기업 다니면서 3천, 4천 버는 애들보다 더 행복해. 나는 자발적으로 일을 더 열심히 하고 한 번도 일하기 싫다 생각한 적이 없거든. 수입은 얼마 안 되는데 처음치고 150,

160, 뭐 180 정도면 괜찮지 않나? 난 그렇게 생각하거든."

■ 대구의 이미지하면 떠오르는 것이 보수라는 것에 동의하는지?

"완벽하게 동의한다. 남녀 차별하는 거부터 그렇고, 서로 술자리나 그런 자리에서도 그렇고. 무엇보다 어른들이 그렇지. 여자는 이래서 안 돼, 남자는 이러면 안 돼, 이런 게 많은 거 같고. 세상에 그런 게 어디 있어? 그리고 대학 나오면 꼭 대기업 취업해야 하는 건 아니잖아? 세상에 대기업 다니는 사람보다 돈 많이 버는 장사꾼들이 얼마나 많은데. 그런 게 나는 좀 싫지. 나는 어디가도 이런 이야기하면 안 부끄럽거든. 우리 엄마 아빠도 다행히 지금은 만족해하고 자랑스러워해. 그런데 몰라…, 내 친구들은. 니는 영대 나와서 그런 일을 왜 하냐? 그러는데 나는 그럼, 대학 나와서 할 수 있는 일이 뭔데 이렇게 말하거든. 자기가 하고 싶은 거를 해야지. 난 내가 하고 싶은 일을 하고 살았고 그렇게 살고 있기 때문에 난 정말 행복하지."

■ 사실 대학을 졸업했을 때 기대되는 직업이라는 게 있지 않나요? 예를 들면 대기업이라든지 돈을 많이 버는 직종이라든지. 그래서 취업 준비를 하고 스펙을 쌓고 그런 건데 이런 기대에 대해선 어떻게 생각하세요?

"나는 1학년 때부터 장사를 해야겠단 생각을 했기 때문에 이 길로 사람을 많이 만나고 말 많이 하는 연습을 했거든. 뭐든지 자기가 하고 싶은 게 생기면 열심히 할 거라고 난 생각한다. 그렇게 고(高) 스펙 따지는 사람도 지금 뭘 하고 싶은지 몰라서, 갈피를 못 잡고 이리저리 손대니까 이도저도 안 된다고 생각한다. 솔직히 엄마 아빠가 대학은 나와야 한다 해서 나오긴 했는데 지금처럼 확실히 꿈을 꾼 건 아니었거든. 그래서 혹시 모르니까 대학이라도 졸업하자, 이런 식으로 갔지 뭐. 대학을 통해서 어디 회사에 취직하겠다는 뜻으로 간 건 아니었고, 물론 엄마 아빠는 그런 지 몰랐을 테니까 죄송하긴 하지만 난 그런 생각은 없었어. 그리고 어릴 때 주변의 눈치, 사람이 대학은 나와야지 하는 식의 생각에 되게 많이 휘둘리는 편이었거든. 지금이야 안 그렇지만. 그래서 대학 졸업할 때 큰 기대는 없었던 것 같아."

■ 만약 다시 스무 살로 돌아간다면 어떤 선택을 할 것 같으세요?

"나는 바로 장사할 거야, 대학 안 가고. 후회된다. 조금이라도 빨리 시작할 걸. 그럼 내가 그만큼 자리를 잡을 수 있으니까. 근데 그렇게 못 했던 건 주변의 눈치가 너무 컸던 거고 지금처럼 이걸 경험 못 해봤기 때문에 막연한 두려움도 있었던 거고. 나는 대학교 다닐 때도 우리 과에 흥미가 없었거든. 과야 뭐 적성보다는 성적에 맞춰서 간 거니까."

■ 정치는 무엇이라고 생각하는지요?

"국민들이 힘들 때 힘 줄줄 알고, 도와줄 줄 아는 게 정치지. 우리 아빠만 봐도 4대강 때문에 많이 힘들었었거든. 건설회사 하시니까. 나라에서 도와준 거 하나도 없어. 국민들의 가장 큰 문제는 먹고사는 문제잖아. 먹고사는 건 불안하게 만들면 안 되지. 먹고사는 거는 지장이 없게 해줘야지. 이런 게 해결이 되려면 시급 문제나 일자리 문제 같은 게 좀 해결이 돼야 한다고 봐."

■ 청년이라 부를 수 있는 기준은 무엇이라고 생각하시는지?

"나는 결혼하기 전. 부양가족이 생기면 청년이 아니라고 생각해. 청년의 가장 큰 메리트가 자유인데 결혼을 하면 자유가 없어지잖아. 나이가 어려도 부양가족이 있으면 청년이 아니지. 책임질 사람이 생기니까 자기가 살고 싶은 대로 못 살잖아. 유흥을 못 즐긴다거나 이런 자유보단 개인이 혼자 있을 때랑 같이 있을 때랑 할 수 있는 게 다르잖아. 그런 뜻으로 이야기하는 거야."

헬조선에서
'함께'
살아가기

■ 현재 직업과 나이는 어떻게 되십니까?

"26세 여자고, 광고기획자입니다."

■ 이번 박근혜−최순실 게이트에 대해 어떻게 생각하십니까?

"한마디로 X 같다, 이건 안 되겠다 들고 일어나야겠다, 이런 생각을 했죠. 종교적 영물이 이렇게 나라를 망치는구나 싶어서 종교에 대해 더 반감이 들기도 했어요. 그래서 광화문으로 갔죠."

■ 이번 사태에 부모님 반응은 어떠신지?

"저희 부모님은 엄마는 전라도 사람이고 아빠는 충청도 사람입니다. 경상도 토박이는 아니에요. 저거 때문에 나라가 망했네, 이제 끝이구나 불쌍하다, 쯧쯧⋯ 이런 반응이었어요."

■ 2017년 촛불집회에 참여하셨나요?

"네, 저는 서울에서 참여했었어요. 이런 쪽으로는 처음으로 참여했는데 저는 난장판이었다고 생각해요. 가는 곳마다 다르긴 했는데 어떤 곳은 진지하게 시위하고 어떤 곳은 노래 틀고 춤추고⋯, 근데 저는 진지한 쪽이 더 마음에 들었어요. 놀러 간 거 아니잖아요? 촛불을 사는데 촛불 파는 아재가, 재밌게 노세요, 그러는 거예요. 순간 뭐야 싶어서, 저 놀러온 거 아니거든요 하고 갔죠. 갔는데, 오 필승 코리아 노래를 부르고 춤추고 있는데 빨간 티셔츠를 입고 월드컵 축제 때 했던 그대로 하고 있더라고요. 집회에 대한 본질을 잃은 듯한 느낌을 받았죠. 그래서 촛불 들고 일부러 그런 곳 말고 진지하게 시위하는 곳에 가서 했죠. 놀러 왔나, 스트레스 풀러 왔나, 하는 생각이 들어서 좀 한심했어요."

■ 사실 젊은 층은 대체적으로 정치에 무관심한 세월을 살아왔잖아요. 근데 이번에는 조금 달랐단 생각이 드는데 개인적으로는 어떤 생각을 하셨는지요?

"솔직히 6월민주항쟁 이후 젊은 층들이 사회에 부당한 것들에 대해 직접적인 시위도 많이 없었고 들고 일어나는 분위기가 아니었는데 저번 이화여대 최경희 사퇴 사건부터 시작해서 우리가 진정한 민주주의를 찾아가는 건지 헬조선에 끝은 있는 건지 생각이 들었죠."

■ 기성세대에게 바라는 점이 있으시다면?

"꼰대들아 힘들다…는 장난이고요. 기성세대에게 바라는 점이 있다면 힘들어도 젊으니까, 뭐 내 때는 지금보다 더 힘들었지, 이런 아프니까 청춘이다 하는 카피 식의 주술적 위로보다 다 같이 헬조선에 사는 이상 어떤 세대와 위치든 힘든 건 다 똑같다는 걸 좀 알아줬으면 해요. 그런 식의 위로와 사고방식들이 벌써 세대 차이라는 관념을 먼저 갖고 선을 긋는 거라고 보는데 그것보다 중요한 건 우리가 현재 헬조선에서 같이 살고 있다는 거 자체를 인지했으면 하는 거죠. 이번 박근혜 탄핵도 어떻게 보면 우리가 헬조선에서 같이 살고 있다는 집합적 소속감을 가져서 이런 역사적인 힘을 이룬 건데 그런 꼰대질로 선 안 그었으면 합니다."

■ 정치는 무엇이라고 생각하는지요?
"플라톤이 정치를 외면한 가장 큰 대가는 저질스러운 인간들한테 지배 당하는 것이라는 말을 남겼는데 그만큼 우리가 정치에 관심 갖고 적극적으로 참여하면서 만들어가는 게 진정한 민주주의적 정치를 이루어나가는 방법이 아닐까 생각합니다."

정치 문제는
시민의 책임

■ 현재 직업과 나이는 어떻게 됩니까?
"28세 시민단체 활동가입니다."

■ 이번 박근혜−최순실 게이트에 대해 어떻게 생각하십니까?

"있을 수 없는 일이 일어났다고 생각해요. 지금까지 나쁜 대통령은 많았지만 멍청한 대통령은 처음이라서. (웃음) 최태민의 끄나풀들이 아직도 활개를 치는 모습을 보니 돈과 권력이 참 맛있나 보다 뭐 그런 생각을 합니다."

■ 2017년 촛불집회에 참여했는지요?
"네."

■ 헌법재판소의 판결에 수긍하는지요?

"네. 하지만 아쉬운 점도 많아요. 공무원 임명권 남용과 언론 자유 침해는 증거 부족으로 잘렸고, 세월호 사건은 성실의 개념이 추상적이기 때문에 잘렸죠. 특히 세월호 사건에 대해서 헌재는 대통령의 정치적 무능력을 소추 사유로 보지 않았어요. 우리가 왜 투표를 잘해야 하는지 다시 생각하게 되었습니다."

■ 정치는 무엇이라고 생각하는지?

"정치는 한자로 바르게 다스린다는 의미라고 하더라고요. 그런데 다스린다는 표현은 좀 전근대적인 것 같아서 저는 다양성을 기반으로 한 갈등 해결이라고 생각합니다."

■ 현재 한국 정치나 사회에 가장 큰 문제는 무엇이라고 생각하시는지요?

"이게 한두 가지면 말을 하겠는데 워낙 개판이라서 뭐라 할 말이 없습니다. 우리나라는 대의민주주의를 택하고 있잖아요. 그러나 한 번도 제대로 굴러간 적이 없었고…. 많은 사람이 그 원인을 대의민주주의의 본질적 한계라고 말하는데 저는 생각이 좀 다릅니다. 이 개판의 모든 원인은 국민(시민)에게 있습니다. 모든 국민이 그렇다는 건 아닙니다, 절대로. 정치하는 사람들 누구 손으로 뽑았습니까. 박근혜 누가 뽑아줬습니까. 정치인이 잘못을 했을 때 어휴 저것들 또…,라든지 정치하는 새끼들이 다 그렇지 뭐라고만 말하는 건 책임 회피죠. 그런 정치인을 뽑은 자기 손을 잘라야죠."

■ 대구의 이미지하면 떠오르는 것이 보수라는 것에 동의하는지요?

"보수라는 말도 아깝죠. 여긴 엄청 큰 정신병원이에요."

■ 기성세대에게 바라는 점이 있으신지요?

"별로 없습니다. 우리를 돌아봐주세요, 올챙이 적 시절을 떠올려주세요, 하고 말하는 것도 이젠 지겨워요. 그냥 법의 테두리 안에서만 자신의 이해관계를 따지시길 당부합니다, 정도? 기성세대가 법 안에서만 놀았어도 나라가 이 꼴이었을까요?"

■ 청년이라 부를 수 있는 기준은 무엇이라고 생각하시는지요?

"저도 스물여덟 살이지만 청년이 뭔지 모르는데 이런 질문 들을 때마다 뭐랄까 나이가 청년이니까 청년처럼 행동해야 하나?, 청년처럼 행동한다는 건 뭐지?, 그런 생각을 계속합니다. 배 나오면 중년인가? 힘없으면 노년인가? 난 배도 나오고 힘도 없는데…. (웃음)"

'지역감정'은
없다

■ 직업과 나이를 말씀해주세요

"24세 대학생입니다."

■ 정치라는 것이 본질적으로 무엇을 지향해야 한다고 보시나요?

"일단 정치라는 것은 사람들을 다스리기 위해 있는 것인데, 일단은 모두가 잘 먹고 잘 살면 좋지 않겠습니까만, 그게 힘들더라도 어느 정도의 분배는 이루어져야 한다고 봅니다. 흔히 잘 사는 사람들의 소득 증대가 곧 상대적으로 형편이 안되는 사람들에게도 좋은 영향을 미친다는 낙수 효과라는 것을 말하곤 하는데요, 현재 우리나라 사회에도 적용되는 말인가는 저도 잘 모르겠습니다. 그리고 조금 벗어난 말이지만 대개 정치하시는 분들은 기성세대가 많은데, 그분들은 '노력'과 '열정'만을 강조할 뿐 현실적으로 청년들이 직면한 문제에 대해선 전혀 모르고 계신 분이 많죠. 어쨌든 국민은 정치인들이 만들어내는 정책들에 큰 영향을 받기 때문에, 자기 밥그릇 싸움보다는 최대한 국민들을 생각하고 걱정하는 마음이 담겨야 한다고 봅니다."

■ 그렇군요. 정치인이기에 앞서 국민들

의 대표라는 의식을 가져야 한다는 말씀이시네요. 그렇다면, 우리나라 정치 또는 사회에 있어서 가장 큰 문제는 뭐라고 생각하시나요? 아까 소득 분배도 말씀하셨는데.

"실업 문제가 있을 것이고요. 저출산 문제도 심각하겠죠. 저출산은 단순히 가임 여성들이 아이를 낳지 않는다는 데에 그치는 것이 아니거든요. 아이를 낳아서 계속해서 부양을 하려면 어느 정도의 경제적 여건이 뒷받침되어야 하는데, 결정적으로 그 경제적 여건이 충족되지 못하니까 아이를 안 낳으려고 하는 거죠. 양질의 일자리가 창출되어 여러 사람들의 경제적 여건이 얼마간 뒷받침된다면 저출산 문제도 어느 정도까지 해결되리라 생각합니다."

■ 맞습니다. 다음은 대구 이미지에 관한 질문인데요, 대구의 대외적인 이미지에 대해선 어느 정도 잘 아시리라 생각합니다. 저도 평소엔 잘 모르다가, 서울에 가서 우연히 최근 시국에 관해 이야기가 나온 적이 있었는데 조금 충격을 받았었어요. 어느 정도 공감은 되긴 했지만 기분이 썩 좋진 않더라고요.

"사실이죠. 실제로 그렇긴 하죠. 하지만 최소한 젊은 세대들은 그렇게 생각하지 않는다고 봐요. 일단 대구의 이미지라고 하면 보수로 시작되어서 지역감정이 있겠죠? 근데 저 같은 경우에도 그렇지만 젊은 세대에서 특정 지역에 대해 악감정을 가지거나 하는 사람들이 과연 있을까 싶습니다. 기성세대가 만들어서 고착화시켜온 것이 아닐까 싶고요. 젊은 세대에서만큼은 정치를 잘 하는 사람, 공약 좋고 국민들 생각하는 게 눈에 보이는 사람들을 뽑으려 하지, 보수라고 뽑고 진보라고 안 뽑고 그런 사람들 없으리라 생각합니다. 어떻게 보면 대구의 이미지가 보수로 대변되는 듯하지만 실상은 사람들 저마다 다르다, 편견이다, 그렇게 생각합니다. 지역

감정이라는 괴상한 프레임에 사로잡혀 있는 것 자체가 난센스라고 말하고 싶습니다."

■ 계속해서 좋은 답변 감사드리고요. 인터뷰를 진행하다 보니 느껴지는 것이, 기성세대에 대해 어느 정도 문제의식이 있으신 것 같습니다. 그렇다면 기성세대에 바라는 점으론 어떤 것이 있으신가요?

"사실 딱히 없습니다. 현재 우리나라를 주름잡는 수뇌부나 고위직들을 기성세대가 꽉 잡고 있기도 하고, 딱히 그들에게만 문제가 있다고 책임을 전가할 수도 없는 노릇입니다. 그들은 그렇게 살아왔기 때문에 문제를 못 느끼는 것이라고도 생각이 들고요. 그래서 문제가 개선되기 위해서는 어느 한쪽에 책임을 전가하고 문제를 제기하기보다는 서로에 대한 관심과 이해가 일단은 뒷받침되어야 할 것이라 생각합니다."

■ 그렇다면, 장성한 청년들이 사회에 나가서 해야 하는 역할도 대단히 중요하다는 점도 간과할 수 없을 듯한데요, 사회에서 청년의 역할에 대해선 어떻게 생각하시는지요?

"우선 청년들이 사회문제에 대해 의식이 없는 것은 아니지만, 당장에는 취업 등을 통해 제반 여건을 어느 정도 갖추는 것이 중요하다고 생각합니다. 기성세대가 만들어놓은 틀에서 청년들은 우선은 부품으로서 역할, 사회를 돌아가게 하는 작은 톱니바퀴 하나 정도의 역할을 하면서 점차 여건이 갖춰지고 전환점이 주어지고 나서 뭔가 해야 한다, 그렇게 생각합니다."

■ 네. 좋은 말씀 감사드립니다. 취업이나 진로에 대해 포부가 있을 거라고 생각하는데요, 가장 큰 걸림돌이 되는 것은 무엇인지요?

"돈이 가장 문제가 됩니다. 뭔가를 하고 싶어도 사실 집안에 여유가 그렇게 많지 않기 때문에 다른 생각하기가 어렵습니다. 경제적으로 여건이 갖춰지면 마음에도 여유가 생길 것 같네요. 꿈과 열정, 노력, 희망으로만 살아가기엔 좀 벅찬 게 있다고 생각합니다. 일단은 금전적인 부분이 가장 어려운 점이라고 생각해요."

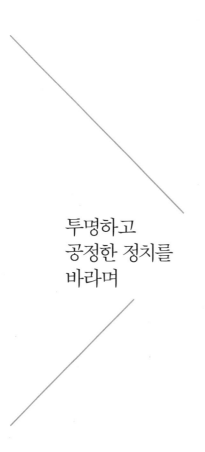

투명하고
공정한 정치를
바라며

■ 직업과 나이가 어떻게 되시나요?

"24세 대학생입니다."

■ 최근, 헌법재판소에서 재판관 7인 전원 만장일치로 박근혜 전 대통령에 대해 파면을 선고한 바 있었습니다. 그 판결을 보시고 어떤 생각이 드셨나요?

"사실 이전에는 정치에 크게 관심을 갖고 있던 것이 아니었는데, 그런 저로서도 헌법재판소 판결 전의 사태에 분노가 치밀었거든요. 솔직히 온 국민의 지탄을 받아 마땅한 것이었다고 생각합니다. 대한민국 역사상 어떤 의미로는 가장 화려하게 기록될 만한 사건이 아닌가 싶고, 그렇기 때문에 이번 헌법재판소 판결은 아주 마땅하다고 봅니다."

■ 그렇다면, 그런 사태를 보시면서 올바른 정치란 어떤 것을 지향해야 한다고 생각하셨는지요?

"교과서적인 이야기지만, 일단 저는 정치는 투명성이 확보되어야 한다고 봐요. 정부에서 무엇을 하는지, 국민의 소리를 제대로 반영하고 있는지, 국민의 소리를 듣고서 어떤 정책을 수립하는지, 또 예산은 어떻게 책

정해서 구체적으로 어느 곳에 쓰이는 건지 등등이 제대로 공개가 되고 있는지 의문입니다. 예산 같은 경우는 어느 정도 투명하게 사용되고 있는 거는 같습니다만, 다른 영역에서는 잘 모르겠습니다. 물론 국민들의 관심이 그만큼 없다고도 볼 수 있겠지만, 투명성 확보는 중요한 일이라고 생각합니다. 다음으로는 공정성이 중요하다고 봅니다. 정부는 '최대 다수의 최대 행복'을 지향하기 위해 존재한다고 생각하는데요. 정부라는 것이 있는 이유가 한 사람 혼자서 할 수 없는 일들을 여러 사람의 약속을 통해 생겨난 협의체라고 생각하거든요. 그러므로 국가적이고 큰 규모의 일을 할 수 밖에 없으므로 더더욱 공정성과 공평함을 기해서 일처리를 해야 한다고 보는데, 그런 의미에서 이번 정국은 전 정권이 이러한 두 가지를 모두 잃었기 때문에 일어난 것이 아닌가 생각합니다."

■ 정치의 지향점에 대해 말씀해주시면서 현재 우리나라가 지닌 정치 문제도 짚어주셨는데요, 그렇다면 우리나라 사회문제는 어떤 것들이 있을까요?

"사회문제라면 아무래도 도덕성 결여가 가장 큰 문제가 아닐까 생각합니다. 또 황금만능주의가 만연해 있는 것도 문제라고 보고요. 예전에도 공통된 문제가 있었을 거라고 짐작은 하지만 이제 그런 것들이 계속해서 쌓이고 쌓여 지금에까지 온 것이라 생각해요. 사실 사람으로서 기본적인 도덕성이 결여된 것이 현재 정국이 일어나게 된 근본적 원인이라고도 생각이 듭니다."

■ 최근 대구를 보자면 지난해 총선 때는 30여 년 만에 야당 국회의원이 당선되기도 했고, 이번 정국과 관련해서 촛불집회도 대거 열린 바 있죠. 이런 점에서 대외적 이미지에 변화가 있었다고도 생각이 드시나요?

"사실 이미지를 논하는 것이 터무니없다고 생각이 드는 게, 결국 남들이 보는 시선을 말하는 것이잖습니까? 타 지역 사람들이 대구를 바라보는 시선이 폐쇄적이라는 등 보수적이라는 등 하면서 대구의 특징적인 분지 지형과 연관을 시키곤 하는데요, 그렇다고 해서 그런 대외적인 이미지가 모두를 대변한다고 생각하지 않습니다. 오히려 저희 스스로가 옳다고 생각하는 바를 소신껏 행한다면 그런 이미지는 문제될 것이 거의 없으리라 생각합니다. 다른 지역 사람들이 대구 사람들은 보수적이다, 폐쇄적이다 한다 해도, 저희 스스로가 그렇게 살지 않으면 되는 것이니까요."

■ 그렇다면, 저희 부모님 세대를 비롯한 기성세대의 문제점도 어느 정도 깨닫고 인식하셨을 거라고 생각하는데, 혹시 기성세대에 바라는 점이 있다면요?

"기성세대와 이를 바라보는 신세대의 갈등은 예로부터 있어온 것이라고 생각하는데, 이와 관련하여 제가 생각하는 기성세대의 문제점이라면 새로운 것, 그러니까 변화를 받아들이려 하지 않는 것이 가장 크다고 보거든요. 보수라는 말도 변화를 꾀하거나 받아들이려 하지 않고 자꾸만 전통적으로 내려온 것들을 공고하게 하려는 경향에서 나온 말이잖아요? 그렇기 때문에 새로운 변화를 거부하기보다 수긍하는 자세가 필요하다고 생각합니다. 이런 자세에서부터 구세대와 신세대의 갈등을 해결하는 실마리가 나오지 않을까 싶습니다. 동시에 옛것이 모두 잘못되었다고는 더욱이 볼 수 없는 것이므로, 온고지신의 자세도 저희 세대에 요구된다고 봅니다."

■ 기성세대와 신세대의 갈등을 언급하시면서 그 양자가 가져야 할 자세를 말씀해주셨는데, 그렇다면 신세대 입장에 있는 청년은 어떤 역할을

해야 한다고 보시나요?

"일단은 기성세대가 만들어놓은 현실에 순응해야겠죠. 그렇다고 해서 현실에 안주해야 한다는 그런 말은 아니고, 현실에 순응을 하되 어느 정도의 문제 인식은 하고 살아야겠죠. 뒤에 신구(新舊)의 위치가 바뀌는 과도기가 있을 텐데 그 이전에 인식하고 있던 문제를 그때부터 점차 바꾸어 나가려고 생각하면 되지 않을까 싶습니다."

■ 그렇군요. 마지막으로 진로나 미래에 대한 계획이 있으실 것 같은데, 그 계획에 가장 큰 걸림돌이 되는 것은 무엇인가요?

"역시 돈이 아닐까 싶어요. 저뿐만 아니라 현재 청년들의 공통된 문제가 경제적인 문제가 아닐까 싶습니다."

청년은 가능성의 다른 이름

■ 현재 직업과 나이는 어떻게 됩니까?

"대학생이고 26세입니다."

■ 이번 박근혜-최순실 게이트에 대해 어떻게 생각하십니까?

"국가의 대표로 있으면서 절대 있어서는 안 되는 일이 현실로 드러난 것이라고 생각합니다."

■ 지난 3월 10일, 박근혜 전 대통령 탄핵심판 청구에 대한 헌법재판소의 판결에 수긍하시나요?

"네. 박 전 대통령에 대해선 탄핵이 인용될 만한 범법 행위들이 충분히 드러나기도 했고, 무엇보다 국민의 신뢰를 저버렸기 때문에 당연하다고 생각합니다."

■ 정치란 무엇이라고 생각하시나요?

"정치란 훌륭한 나라를 경영하기 위해서 여러 사람이 모여 뜻을 펼치고, 의견을 종합하여 보다 좋은 결과물을 내기 위한 수단이라고 생각합니다."

■ 현재 우리나라 정치의 문제점은 무엇이라고 생각하십니까?

"무엇보다도 당파 싸움과 지역감정이 심하다고 생각하는데요, 마치 조선 후기의 붕당정치처럼 자신이 속한 세력의 반대편에 대해서는 무조건적인 반대를 일삼고 국민들에게 혼란을 일으키는 것이 문제라고 봅니다."

■ 대개 대구의 이미지라고 하면 보수를 떠올리곤 하는데, 이에 대해서 어떻게 생각하시나요?

"대구가 박정희, 전두환, 노태우 등 역대 대통령들이 다수 배출된 지역이라 그런지 연세 지긋하신 분들은 이들에 대해 무조건적으로 좋게 보시는 경향이 있어요. 그래서 대구의 보수적 성향이 타 지역에 비해서 짙어 보이는 것이 아닐까 싶습니다."

■ 기성세대에게 바라는 점이 있다면요?

"기성세대를 보면, 지역적으로 타 지역 출신의 후보나 자신이 지지하는 성향과 다른 색채를 띠는 후보를 이유 없이 싫어하는 경향이 있는 것 같습니다. 투표를 할 때에는 객관적 시선을 가지고 자신이 바라는 사람의 면모를 보고서 뽑았으면 합니다."

■ 청년이라 부를 수 있는 기준은 무엇이라고 생각하시는지요?

"제 생각에 청년의 기준은 만 19세 이상의 선거권을 갖고, 마음만 먹으면 법적인 제약 없이 스스로 독립할 수 있는, 사회생활을 하는 사람들이 아닐까 싶어요."

■ 사회에서의 청년의 역할은 무엇이라고 생각하시나요?

"청년의 역할은 중장년층들이 가족 부양 등의 압박감으로 인해 해보지 못한 일을 다양하게 시도해볼 수 있는 것이 아닐까 생각합니다. 중장년

충이 되면 뭔가 사회의 틀에 굳어지기 때문에, 사회의 다양성과 독창성의 균형을 이룰 수 있는 주체가 청년 아닐까요."

■ 자신의 꿈을 이루는 데에 가장 큰 걸림돌이 되는 것은 무엇인가요?
"꿈을 이루기 위해 가장 큰 걸림돌이 되는 것은 갈팡질팡하며 계획한 일들에 집중하지 못하는 마음이라고 생각합니다."

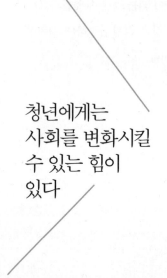

청년에게는 사회를 변화시킬 수 있는 힘이 있다

■ 현재 나이와 직업에 대해 말씀해주세요.

"28세 대학생입니다."

■ 이번 박근혜−최순실 게이트에 대해 어떻게 생각하시나요?

"상당히 충격적이었죠. 박근혜를 뽑았건 뽑지 않았건 간에 과반수 이상의 국민이 선택하였던 사람이었고 대통령이라는 직위를 위임해줬는데 유권자들이 모르는, 일개 사적인 관계의 사람에게 그 권한을 위임하고 정치 및 재계, 교육 등 어느 한곳 빠지지 않고 그 직권을 남용하고 자신의 사리사욕을 채운 것에 대해 저 스스로 상당한 수치심을 느꼈습니다."

■ 그렇다면 혹시 박 전 대통령에 대한 탄핵심판 이전에 촛불집회에도 참여하셨나요?

"집회는 한 번 참여했었죠. 광화문에서 열렸던 집회였습니다."

■ 지난 3월 10일에 있었던 헌법재판소의 판결에 대해 수긍하시나요?

"네. 헌법재판소 판결에 수긍합니다."

■ 정치란 무엇이라고 생각하시나요?

"정치란 정치인들이 국가의 중심인 국민의 권력을 위임받아 나라가 상식적이고 정상적으로 운영되도록 하는 것이라고 생각해요."

■ 현재 우리나라의 정치나 사회에서 가장 큰 문제는 무엇이라고 생각하시나요?

"우리나라의 정치적, 사회적 문제점은 대개 자본주의의 폐해와 그 부정적인 면만을 고스란히 안고 있는 거죠. 우선 돈이면 뭐든지 다 된다는 배금주의가 판치고 있으며 대기업과 중소기업의 임금격차 및 복지 혜택과 비정규직 문제 그리고 과도한 경쟁과 학벌주의, 인맥과 혈연 등의 관계에서 비롯된 기회의 박탈 등 수많은 문제가 복합적으로 존재한다고 봅니다. 제 생각에 문제 해결법이라고 하면, 일단 공과 사는 구분 지을 수 있는 인맥 관계와 더불어 어릴 때부터 서열을 나누어 등수를 매기는, 그런 과도한 경쟁 사회를 내면화하지 않도록 교육 개혁이 필요하고 고졸, 대졸, 명문대졸에 따른 편협하고 시대착오적인 시선이나 관점들을 변화시키는 게 우선이 아닐까 생각합니다. 또한 소득 비례에 따른 처벌과 대기업하고 중소기업의 격차가 줄어들도록 해야 하며 외모와 나이가 아닌 순전히 내면의 능력이 평가되는 그런 사회를 만들어야 할 것입니다."

■ 수원에서 오셨죠? 대구의 이미지라고 하면 대개 보수를 떠올리는데, 두 지역을 비교하자면 어떤 생각이 드시나요?

"확실히 제가 살아온 지역에 비해서 보수 성향의 사람이 많은 것 같습니다."

■ 기성세대에게 바라는 점이 있으시다면?

"기성세대는 세대가 바뀐 것을 인지하면서 청년에게 자신들 세대의 인생을 주입시키지 말고 보다 더 개방적인 청년의 모습들을 수용해주고 함께 나눴으면 좋겠습니다."

■ 청년이라 부를 수 있는 기준은 무엇이라고 생각하시는지요?
"도전적이고 좀 더 현실에 안주하지 않고 훗날을 바라보는 마음이 있다면 모두가 청년이라고 생각해요."

■ 사회에서 청년의 역할은 무엇일까요?
"청년의 역할은 고립되고 정착된 사회를 꿈틀거리게 하고 변화시킬 수 있는 힘을 표출해내며 기성세대와는 다른 시선과 고정된 사회에서 탈피된 모습을 보여주는 것이라고 생각합니다."

■ 본인의 꿈을 이루는 데 가장 큰 걸림돌은 무엇인가요?
"우선 경제적 여유가 없는 것이 큰 문제가 됩니다. 또 우리나라는 여전히 학벌주의에 젖어 있는 사회이기 때문에, 학력에 대한 편협한 사고와 그것을 현실로 받아들이기 힘든 두려움도 적지 않은데 이 또한 문제가 되네요."

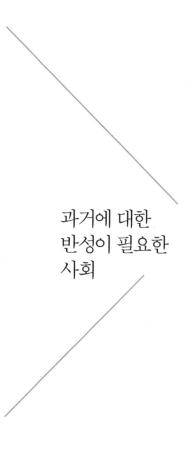

과거에 대한 반성이 필요한 사회

■ 직업과 나이를 말씀해주세요.

"27세 대학원생입니다."

■ 최근 3월 10일 헌법재판소에서 박근혜 전 대통령에 대해 재판관 7인 만장일치로 파면을 선고하기도 했고, 특검이 끝나긴 했지만 현재도 계속 최순실 게이트와 관련한 사후 처리를 하고 있는데, 어떻게 생각하시나요?

"박근혜를 비롯해 이재용, 최순실 등 국정 농단 관련자들이 구속되고 현재 계속 재판에 회부되는 것 자체는 아주 당연한 일이라고 생각합니다. 다만, 그래도 조금 미심쩍은 부분이 있다면 박근혜 수감 전후의 일이라든지 두 번에 걸친 우병우의 구속영장 기각 등 사람들이 보기에 뭐지, 싶은 일들이 꽤 있었다고 봐요. 이런 점에서 검찰 등 관련 기관의 행보도 그렇고 이전에 비해서 국민의 신뢰를 많이 잃었다는 점에서 아쉬운 점이 있어요. 헌법재판소 판결에 대해서는 탄핵심판을 판결한 근거에 대해 대체로 타당했다고 생각이 들었고 이전부터 탄핵이 되어야 한다는 생각을 많이 해온 터라 헌재 판결에 이의가 없습니다."

■ 전 정권도 문제가 되었고 이제 그런 일련의 사태를 수습해야 할 관련 기관들조차 그간의 행보로 보면 국민들의 신뢰를 많이 잃은 것 같다는 말씀이신데, 박근혜 탄핵판결 이전에 촛불집회가 많이 열렸었는데, 혹시 참여하신 적이 있으신가요?

"네. 동성로에서 열렸던 집회에 한 차례 참여했었습니다."

■ 어떻게 보면 우리나라 정치의 고질적인 악·폐습들이 계속해서 쌓이고 쌓여 이번 사태로까지 발전해 국민들 앞에 적나라하게 드러난 것이 아닌가 싶기도 한데요, 정치란 본질적으로 무엇을 지향해야 한다고 보시나요?

"우리나라에서 정치라고 하면 대개 정당정치를 가리킨다고 생각이 드는데, 정당정치란 것은 단순히 여러 시민의 의견을 대변하는 것 이상의 역할은 사실 기대하기가 어렵다고 생각하거든요. 정치란 우리 국민들의 일상생활이 어떠해야 하는가를 드러내야 한다고 봐요. 이런 것이 민주주의라고 생각하기도 하고요."

■ 말씀 잘 들었습니다. 정치 문제뿐만 아니라 사회문제도 여러 가지가 있을 텐데, 어떤 것이 있을까요?

"일단 세월호 사건으로 사회문제가 많이 대두되었고 지금도 계속되고 있죠. 선원들의 근본적인 도덕성 결여라든가 초동 대처 미숙, 미흡한 구조 작업 등의 문제가 드러났잖아요. 현재까지 계속되고 있는 사후 처리에서도 조사 방향과 관련해서 충돌도 잦은 거 같습니다. 우리 할아버지나 아버지 세대에서 가장 충격적인 재난을 꼽으라면 한국전쟁과 IMF 사태가 있듯이, 지금 우리 청년 세대에서는 세월호 참사가 가장 큰 재난이라고 보거든요. 그만큼 충격을 주었고, 시사하는 바가 크다고 보는데 아직도 사후 처리에서 조차 세월호 참사의 근본 원인에 대한 문제와 진상 규명보다는 정치적인 것에 치우쳐 문제에 대한 인식조차 제대로 안 되고 있지 않나 싶기도 하고요. 그 밖에는 노동조합 문제라든가, 여권 신장 문제, 메갈리아로 대표되는 지나친 여성주의 현상들 등이 있겠죠. 저 같은 경우엔, 여전히 여성에 대한 차별 의식이 어느 정도는 잔존해 있다고 생각하는 입장이라서요. 초등 교사 임용이라든가 병역의무 등에서 역차별이 있다고 말할 수도 있겠지만, 이걸 차치하더라도, 여성에 대한 부당한 대우가 있다고 생각해요. 이게 근본적으로 남녀평등이 이루어지면, 남성에게는 오히려 손해가 된다는 의식이 있어서 그런 것 같기도 하고요. 예컨대 대한민국 정부 수립 이후 여성 대법관은 네 명밖에 없었다고 하는데, 저는 여성들의 능력이 상대적으로 경시되고 있기 때문에 이런 '유리 천장'이 남아 있다고 보거든요. 이런 점에서 아직까지는 변화가 필요하지 않은가 그렇게 생각합니다. 물론 이런 문제는 충분한 대화로써 차츰차츰 풀어나갈 수 있는 문제라고 생각해요. 극단으로 치우치면 오히려 갈등만을 더 심화시킬 뿐이니까요."

■ 다음은 대구의 대외적인 이미지에 관한 것인데요. 굳이 특정한 단어를 지칭하지 않더라도 충분히 예상하실 거라고 생각이 듭니다. 대구 내에서는 크게 인식을 못하더라도 타 지역 사람들이 보는 이미지는 저희가 생각하는 그 이상을 넘었으면 넘었지 덜하진 않을 거고 또 같지도 않거든요. 뭔가 절대다수의 의견이나 평생 굳어온 이미지를 현재까지 일반화시키는 경향이랄까 그런 것들이 있더라고요. 이에 대해선 어떻게 생각하세요?

"상당히 안타깝게 생각하죠. 어떻게 보면 이전 세대를 살던 어른들이 잘못하신 게 아닌가 싶기도 한데요, 타 지역 사람들이 대구를 찾으면서 가장 많이 보는 사람은 대개 상인이겠죠? 물론 안 그런 분들도 있겠지만 보수의 심장이라는 별명이 붙은 서문시장으로 대표되는 성향을 가진 분들이죠. 그분들 보면 거의 종교라는 말이 어울릴 정도로 맹목적으로 박정희 시대를 그리워하시더라고요. 그런 성향을 가진 분들은 살아온 환경이 그랬으니까 그렇게 생각할 수도 있겠지만, 정작 학생들이 다른 성향을 가지고 있으면 되게 못마땅하게 생각하시죠. 반대로 생각하면 저희도 똑같을 거구요. 그래서 단지 제 생각은, 세월이 흘러서 지금 우리 세대가 나이를 먹으면 조금은 달라지지 않을까 기대하고 있습니다. 기성세대의 생각을 변화시키는 것은 살아온 환경이 다른 이상 사실상 불가능할 거니까요. 좀 안타깝고 기분은 나쁠 수 있겠지만, 타 지역 사람들이 '대구는 그렇지 않느냐'라고 하는 것은 어떻게 보면 사실을 말한 것 같네요."

■ 기성세대가 이전에 만들어 온 이미지가 결국 굳어져서 대구의 대외적인 이미지가 되어버렸죠. 혹시 기성세대에게 이런 점은 변화되었으면 좋겠다고 생각하시는 것이 있으신지요?

"우선 대선 정국이니까 한마디 하자면, 앞뒤 보지도 않고 특정 정당만 찍겠다는 행동은 좀 없어졌으면 좋겠어요. 미래에 대한 생각이랄까 아니, 무엇보다 자신이 잘 살 수 있도록 해줄 수 있는 후보를 찍었으면 좋겠어요. 스스로 서민층이라고 생각을 하면서도 보수 성향의 후보를 찍는 거 자체가 웃기죠. 나름의 이유가 있는 것도 아니라, 무조건적으로 상대 정당에 대해 해괴한 프레임을 뒤집어씌우고서 앞뒤 분간하지 않는 행태는 좀 바뀌어야 하지 않을까 싶습니다. 또 이건 기성세대에 국한되는 것은 아니지만, 과거에 대한 반성이 필요하다고 생각해요. 세월호 사태의 경우에도 박근혜를 뽑았건 안 뽑았건 간에 무능한 정부 때문에 꽃들이 졌다고 생각하면 미안한 마음을 가져야 하는 거죠. 단순한 교통사고라고도 볼 수 있겠지만, 그 무능한 정부를 구성하게 된 것은 결국 기성세대든 누구든 한 표 한 표 투표권을 행사해서 생겨난 것이기 때문이죠."

■ 기성세대가 일으킨 폐단이 정치적, 사회적 문제의 원인이 되었지 않은가 싶기도 한데요, 그렇다면 사회에 나가서 청년들은 어떤 역할을 해야 할까요?

"우선 경제적인 측면에서 보면, 청년들은 일단 살아남는 것이 가장 중요할 것 같아요. 우리나라 구조상 아직까지 연공서열이 주가 된다고 보거든요. 거기다가 학벌이나 경제적 형편에 따라 계급 구조도 만들어져 있는 것 같고요. 그런 구조에서 20대가 처음 회사에 들어가게 되면 할 수 있는 것이 과연 어떤 게 있을까요? 그냥 단지 윗세대 사람들보다 젊고 활력이 넘치는 정도, 그 이상은 거의 없다고 생각이 들거든요. 오히려 업무에 대한 이해도나 경력, 효율은 나이가 많고 연차가 어느 정도 찬 30대나 40대에서 훨씬 뛰어날 테니까요. 그렇기 때문에 그런 구조 속에서도 버텨주는 것만으로도 큰 역할을 하고 있지 않는가 싶고요.

정치적인 측면에서 본다면, 지역 색깔 이런 영향을 받지 않고 자기만의 소신이 있었으면 해요. 대구니까 어디, 대구라도 어디, 이런 '니까', '라도' 같은 조사가 붙는 것 자체가 마음에 안 들어요. 정말 뭔가 이상을 품고서 그것이 실현 가능한지를 따져보는 그런 소신을 가져야 한다고 생각합니다."

■ 일단은 살아남아서 나쁜 폐단을 다음 세대에는 물려주지 말자는 말씀이신 것 같습니다. 이제 마지막 질문 드리겠습니다. 대학원에 재학 중이시라고 하니 진로에 대해 이미 정하셨을 것 같은데요, 본인의 꿈을 이루는 데 가장 큰 걸림돌이 무엇이라고 생각하시나요?

"아무래도 돈이겠죠. 하고 싶은 일이 정작 돈이 안 되는 일이라서, 자본주의 사회에서 어쩔 수가 없는 일이겠죠. 일단 돈이 되어야 뒤에 다른 계획도 차근차근 실행해나갈 수 있을 테니까요. 살림을 꾸린다거나 이런 것들. 집안 사정과 연관 지어서도 그게 제일 큰 문제죠. 그 외에 여타 단순히 놀고먹고 싶은 그런 욕구는 혼자 스스로 통제할 수 있는 거잖아요. 어떻게 보면 경제적 형편은 내가 내 맘대로 할 수 없는 게 좀 안타까워요. 굳이 덧붙이자면, 내가 이 진로로 나아가서 먹고살 수 있을지에 대한 확신이 없는 것도 하나의 걸림돌이라고 할 수 있겠네요."

4부

미래의 목소리

──── 참여 후기

최루탄 추방과 민주헌법 쟁취를 위한 십자가대행진(제일교회 구국기도회 이후 가두행진).
__원광한의원 앞 서성네거리 근처(1987. 6. 26.)

1987년 6월이 만든 2017년 대한민국

사진팀 김혜연

추웠지만 뜨거웠던 겨울이 지나고 3월부터 활동을 시작했다. '6월의 함성 서포터즈' 활동은 6월항쟁 30주년을 기념해 대구 6월항쟁의 기록들을 모아 책으로 발간하는 것을 목표로 했다.

나는 사진팀에서 인터뷰나 현장 사진을 촬영했고, 30년 전 당시 자료와 기록을 찾는 일 등을 했다. 아무래도 30년 전의 일이다 보니 남아 있는 기록과 사진 자료들이 많이 없었다. 직접 민주항쟁이 일어났던 장소들을 찾아가보고 그곳을 과거와 지금이라는 콘셉트를 가지고 사진으로 담아냈다. 대구역, 명덕역, 대백(대구백화점) 앞, 계명대 대명캠퍼스 민주광장을 찾아가 이곳저곳을 찍었다. 단순히 역, 번화가, 학교가 아닌 당시 현장이 그려져 떠오르기도 했다. 인터뷰 사진 촬영을 하며 6월민주항쟁에 참여했던 분들의 이야기를 듣는 일도 좋았는데 역사로 배운 내용을 실물로 접할 수 있어서 신기한 느낌까지 들었다. 수업 때문에 평일에 잡힌 인터뷰를 못 갔던 건 지금 생각해도 아쉽다.

중간 활동 발표회에서 당시 대학생의 신분으로 민주항쟁에 참여했던 분들의 이야기를 들을 수 있었다. 이야기를 듣다가 놀랐던 점은, 지금은 보수의 중심지라 하는 대구가 80년대 당시에는 아니었다는 것이다.

대학생들의 연설과 시위가 이어지는 거리는 민주주의의 함성으로 가득 찼었고, 회사원들도 점심시간이나 업무를 마친 뒤 넥타이를 맨 채 시위에 참여해 '넥타이 부대'라는 말도 생겼다고 한다. 내가 언제 이런 분들의 이야기를 현장에서 들어보겠나 하는 생각도 들어 이번 기회가 더없이 감사했다.

6월 10일 동성로 대구백화점 앞 민주광장에서 6월항쟁 30주년 행사가 있었고, 동성로 민주광장과 서문시장 앞에 6월항쟁이 일어난 곳을 표시하는 기념 표지석이 세워졌다. 예전 같으면 그냥 지나칠 일이었는데 이번 서포터즈 활동을 하면서 자연스레 관심이 갔다. 친구들과 동성로 광장을 지날 때면 기념 표지석과 6월항쟁에 대해 막 설명해주기도 했다.

6월항쟁은 1987년 6월 전국 곳곳에서 일어났던 민주화운동이다. 절차적 민주주의를 획득하는 투쟁이었고 결국 전두환 정부는 국민들의 민주화 요구에 굴복해 대통령 직선제와 국민의 기본권 보장, 구속되거나 연금된 정치 인사들의 석방 등을 내용으로 하는 '6·29민주화선언'을 발표했다. 이에 따라 헌법이 개정되었고, 국민들은 16년 만에 대통령을 자신의 손으로 뽑을 수 있게 되었다. 전두환 정부의 강압적인 통치를 무너뜨리고, 정치뿐 아니라 사회 전반에 걸쳐 민주화를 앞당기는 계기가 되었다.

사실 6월항쟁에 대해 자세히는 모르고 그냥 그 당시 있었던 민주운동 정도로만 알고 있었다. 나에게 '6월의 함성 서포터즈' 활동은 그 과정과 결과, 의미를 알게 된 계기가 되었고, 촛불집회만큼이나 뜨거웠던 민주운동이었다는 걸 느낄 수 있었다. 그때의 역사적인 일로 지금의 대한민국이 있고, 또 그 정신이 촛불집회로 이어졌다고 생각한다. 이번 활동을 통해 많은 걸 알고 배웠고, 대구 6월항쟁에 대한 책을 내는 일에 참여할 수 있었다는 것에 감사하다.

몰랐던, 그러나 알아야 할 기억을 찾아서

사진팀 박상민

사실 잘 몰랐습니다. 강산이 바뀌어도 세 번은 바뀌었을 30년 전 6월 민주항쟁은 저에겐 너무나 먼 옛날 일이었습니다. 태어날 때부터 이미 민주주의가 당연한 가치였던 저는 이 논의할 가치도 없이 당연한 민주주의가 선배님들의 피땀 흘린 노력임을 알지 못했습니다. 그러나 작년에 일어난 최순실-박근혜 게이트 이후로 제 가치관은 달라졌습니다.

박근혜 퇴진 시국대회에 꾸준히 참여하던 저에게 대구참여연대 최나래 활동가님이 연락을 주셨습니다. 우리가 이렇게 촛불시위를 하고 민주주의를 위해 나서는 모습이 마치 30년 전 6월민주항쟁과 닮은 것 같지 않느냐, 독재 정권에 시달리던 우리 부모님 세대는 어떤 노력을 하였는지 알고 싶지 않느냐는 물음에 저는 고개를 끄덕였습니다. 그렇게 저는 '6월의 함성 서포터즈'를 하게 되었습니다.

평소 사진을 즐겨 찍던 저는 정용태 뉴스민 기자님이 이끄는 사진팀에 들어가 6월민주항쟁 당시의 사진 자료를 찾아내어 조사하고, 역사적인 시위 장소의 현재 모습을 기록했습니다. 경북대학교, 계명대학교, 영남대학교 등 각 대학의 과거 신문을 조사하고 언론사에 연락을 하며 저는 감격했습니다. 무려 30년 전 서슬 퍼런 독재정권하에서도 진실을 밝히고자 노력했던 기자들이 있었다는 것을, 그리고 그들 덕분에 오늘날 우리가 과거를 되돌아보고 뜻깊은 교훈을 얻을 수 있다는 것을 새삼 느꼈기 때문입니다. 그 후, 감격스런 깨달음을 사진으로 남기기 위해 각 대학교들의 민주광장과 명덕네거리, 대구역 등지를 돌아다니며 오늘날의 모습을 담았습니다. 그곳들은 더 이상 과거 자료에서 보았던 낡고 좁은 장소가 아니었습니다. 오히려 현대적이고 세련된 건물들을 보며 한편으로는 섭섭했습니다. 선배들의 열정과 패기를 고스란히 간직하던 장소들은 재개발되며 그들의 기억마저 묻어버린 듯했습니다. 저는 아쉬운 마음을 달래고자 오늘날의 모습을 멋지게 찍어 이 책을 읽으실 분들께 전하고자 노력하였습니다.

또한 그 당시 시위에 참가하셨던 분들을 인터뷰할 때 책에 들어갈 스틸 컷을 찍었습니다. 박형룡 씨를 인터뷰할 때는 30년 전 대구 시내 한복판에 모여 행진하며 겪은 생생한 이야기에 괜스레 가슴이 뭉클해지고 눈시울이 뜨거워졌습니다. 최루탄이 터지는 중앙로를, 명덕네거리를, 서문시장을, 대구역을 맨몸으로 달리며 민주주의를 외친 선배님들의 울분과 자유를 향한 갈망을 우리가 어찌 다 이해할 수 있을까요. 그들을 감히 이해할 수 없는 저는 그저 감사와 존경의 마음을 담아 정성스레 한 컷, 한 컷 찍었습니다.

끝으로, 저희 사진팀 정용태 팀장님, 김민정, 김혜연 누나 모두들 너무 고생 많으셨습니다. 그리고 지금까지 몰랐던, 그러나 알아야 했던 기억을 함께 찾아주신 대구참여연대 '6월의 함성 서포터즈'에 감사합니다.

무임승차를 거부한 나의 '도전'

영상팀 금지원

대구의 6월민주항쟁의 발자취를 찾고 기록하는 '6월의 함성' 장기 프로젝트는 나에게 있어서 '도전'의 과정이었다. 이번 활동을 처음 알게 되었을 때, 역사에 무임승차하지 말자고 말씀하신 최태성 선생님(역사 과목 강사님)의 말씀이 떠올랐다. 그리고 나는 우리가 살고 있는 대구의 기록물을 찾으면서 중요한 역사적 사실을 다른 사람들에게도 알리는 활동이 매력적으로 느껴져 한 치의 고민 없이 참가하게 되었다.

정의와 제도적 민주주의의 실현을 위해 투쟁해오신 분들을 인터뷰하면서 너무나 당연하게 생활하고 받아들였던 모든 것이 그분들의 피, 땀, 눈물이 되어 더욱 깊이 와닿았다. 더 나아가 1987년 당시의 청년들과 현재 2017년의 청년들이 같은 곳을 바라보며 소통하고 있는 지금처럼, 30년 후인 2047년의 청년들과도 같은 곳을 지향하면서 하나가 되는 장면을 그려보기도 했다. 그러면서 나도 후대에게 부끄럽지 않은 어른이 되리라 다짐했다.

대외 활동에 참여하면 공통적으로 얻을 수 있는 것이 있는데, 그것은 바로 좋은 사람들이다. 활동하면서 만난 꽃나래(성이 '꽃'씨는 아니다) 담당

자님과 내가 속해 있던 영상팀을 리드해주신 장은우 팀장님, 영상팀을 구성하고 있던 다섯 명의 언니와 친구들을 만날 수 있었다. 물론 영상팀을 구성하고 있던 친구 중에서는 이미 알고 지내는 같은 과 동기들도 있었지만, 하나의 목표를 바라보면서 반년이라는 시간을 함께 지내다 보니 서로가 더욱 깊이 알아갈 수 있는 계기가 되었다.

우리는 매주 학교 수업을 마치는 대로 시내에 모여 기획 회의를 했다. 기획하는 것만 몇 달을 거쳐 진행했고 대구와 관련된 기록들이 많지 않아서 자료를 발굴해내는 것 또한 쉽지는 않았다. 그럼에도 역사적 사건 현장에 계셨던 분들의 이야기를 듣는 시간과 점점 우리가 만들고자 하는 영상의 방향성이 뚜렷해지는 과정들이 즐거웠다. 나는 언론영상학과에 재학 중이기에 기획과 편집에 익숙했다. 그렇지만 이번에는 내가 이제껏 만들어왔던 영상들과 다른 다큐멘터리 장르였기에 편집하면서 같은 스타일의 자막을 빠르게 넣는 법이라든지, 가편하는 법, 녹취 푸는 법 등 새로운 기술들을 많이 배울 수 있었다.

사실 편집 과정에서는 내가 실력이 많이 부족하다는 것을 느끼기도 했고, 내가 도움이 안 되는 것 같아 미안함과 속상함에 혼자 울기도 많이 울었던 것 같다. 영상 제작이 재밌고 이번 활동에 대한 애정이 많이 컸기에 그 당시 나에 대한 속상함 또한 컸던 것 같다. 우여곡절은 많았지만 그만큼 기억에 오래 남을 시간이 될 것 같고, 현재의 나를 되돌아보게 한 활동이기도 하다.

이번 프로젝트를 마무리하며 글을 쓰려고 하니 팀원들과 팀장님 작업실에서 저녁이나 간식거리를 챙겨 먹고, 함께 편집을 하다가 창문 너머로 폭죽을 구경하기도 하고, 막차를 타러 가면서 재잘재잘 수다를 떨던 일들이 빠르게 스쳐 지나간다. 집에 가는 길에 비가 너무 많이 쏟아져서 걱정 반, '와, 내가 저 비를 뚫고 뛰면 충분히 덜 젖고 갈 수 있다'는 흥분 반에 시끌시끌했던 분위기를 생각해보면 웃음이 나는 일들로 가득하다. 지금은 뭔가 시원섭섭하니 마치 졸업식을 마치고 집에 와서 친구들과 놀았던 사진들을 구경하며 추억하고 있는 느낌이다.

짧다면 짧았지만 길었다면 긴 시간 동안 서로 배려해주고 한 명의 낙오자도 없이 프로젝트를 마무리해준 팀원들에게 너무 감사한 마음이 크다. 이제는 얼굴 볼 일이 적어지긴 하겠지만 2017년의 봄, 여름을 함께한 사람들과 가끔 연락하면서 활동하며 보냈던 시간들을 기억하고 싶다.

교과서에서 걸어 나온 '6월항쟁'

영상팀 김현선

처음에는 그저 6월민주항쟁에 대해 더 알아보고 싶었고 새로운 경험이 될 것 같다는 호기심에 활동을 신청하였습니다. 그래서 별다른 기대를 하고 있지 않았는데 지금 되돌아보면 최근 했던 그 어느 활동보다도 의미 있었다고 생각합니다. 6월민주항쟁은 국어 시간에 작품의 시대적 배경으로 들여다보거나 주로 역사 시간에 배우곤 했습니다. 당시에는 좋은 성적을 받기 위해 아무 감정 없이 무작정 외우기만 했습니다. 그랬기 때문에 6월항쟁의 실제 규모가 얼마나 됐고 또 당시 상황과 분위기가 어땠는지 몰랐을 뿐더러 이번 활동의 취지인 대구의 6월항쟁 기록이 부족하다는 사실도 알지 못했습니다. 개인적으로 '6월의 함성 서포터즈'를 하면서 부끄럽지만 새롭게 알게 된 점이 많아 제가 얼마나 6월민주항쟁에 대해 무지했고 무관심했는지 되돌아볼 수 있는 기회였습니다.

활동 중 6월민주항쟁에 대해 상세하게 알 수 있었던 건 인터넷도 책도 아닌 실제 경험하신 분들의 이야기였습니다. 특히 시위 현장에 대해 말씀해주셨을 땐 마치 제가 그 자리에 있는 것 같은 벅찬 마음까지 들었습니다. 현장에서 가장 고통스러웠던 것은 최루탄이었다고 하시던데 6월민주항쟁을 배경으로 한 드라마나 다큐멘터리에서 자주 보았던 장면입니다. 화면을 통해서 그냥 사람들이 기침을 심하게 하거나 눈물을 흘리는 정도라고 생각했었는데 한 번 경험하면 며칠을 고생할 정도로 위험하고 고통스럽다는 사실도 인터뷰를 통해 들을 수 있었습니다. 이야기를 들을 때마다 민주항쟁에 참여한 분들이 얼마나 대단한 분들인지 새삼 다시 생각했었습니다. 만약 제가 그 시대에 살았다면 처음에는 의욕이 앞서 당장 시위에 참여했겠지만, 최루탄이나 폭력적인 상황을 한 번 경험하면 바로 그만두었을 것 같습니다. 인터뷰를 하면서 6월민주항쟁을 우리가 꼭 기억해야 함을 다시 한 번 깨달았고 다른 사람들에게도 알리고 싶은 마음이 회를 거듭할수록 커졌습니다. 마치 제가 6월항쟁을 경험했던 사람이었던 것처럼 더 많은 분에게 6월항쟁이 오래도록 기억되었으면 하는 바람이 생겨 활동에 더 열심히 참여하였던 것 같습니다.

사실 6월항쟁을 경험하지 않았고 크게 관심을 두지 않았던 사람들은 그 당시 이야기를 별로 감흥 없이 바라봅니다. 태어날 때부터 민주주의가 형성되어 있었고 그 상황은 너무나도 당연했기 때문입니다. 그런 당연한 민주주의가 6월민주항쟁의 결과였고 그 과정이 얼마나 힘들고 고통스럽게 이루어졌는지 저를 포함한 많은 사람이 몰랐던 것입니다. 6월민주항쟁에 대한 기록을 남기고 되새기는 이번 활동이 많은 분에게 새로운 전환점이 되었으면 하는 마음으로 활동에 임했고, 그래서인지 작업을 할 때마다 큰 이유 없이 가슴이 뛰고 감동을 느낄 수 있었습니다. 무언가 바라는 마음이 아닌 진심으로 6월민주항쟁에 대한 기록을 남기는 활동에 제가 참여할 수 있었다는 것 자체만으로 힘이 나고 열심히 하고 싶었습니다.

시간이 지나고 시대가 변할수록 당시에는 아무리 심각했던 일이라도 사람들의 기억 속에선 잊히게 됩니다. 저희의 활동이 사람들이 6월민주항

쟁에 관심을 가지는 데 조금이나마 도움이 되었으면 좋겠고 최소한 잊히
지는 않길 바랍니다.

5개월 동안 함께한 영상팀의 '6월항쟁'

영상팀 김혜영

5개월 동안 6월항쟁이라는 역사적인 사건을 열심히 공부하고 매주 모여 기획, 촬영, 편집을 했다. 그 결과물을 6월 29일 '오오극장'에서 관객들에게 선보였고 이로써 활동을 마무리 지었다. 수기를 쓰는 지금 돌이켜보면 생각보다 훨씬 많은 시간을 투자해서 이루어낸 결과물인 것 같다. 그만큼 영상팀원들과 정도 많이 들었다. 활동을 하면서 좋은 친구와 동생들을 만났다는 점과 6월항쟁에 대해서 남들보다 더 깊게 생각하고 현대와 과거를 융합하여 영상을 만들 수 있는 머리를 가지게 되었다는 점, 그리고 영상 제작의 전반적인 것에 대해 그 어떤 활동이나 수업보다 많이 배웠다는 점 등 고맙게도 얻은 게 많다는 걸 느꼈다.

활동을 시작하는 첫 모임 날, 대구참여연대 사무실에 어색하게 들어가서 처음 본 팀원들과 함께 영상 이론에 대해 팀장님께 배운 기억이 새록새록 떠오른다. 그다음 주 기획 회의를 할 때 이번 대외 활동은 그 어느 때보다 더 열심히 해야겠다는 결심을 했다. 이번 활동에는 내가 다른 곳에서 못한 영상 공부를 실전에서 할 수 있겠다는 생각이 들었던 것이다. 그때 결심이 내가 매주 활동에 참여한 계기가 되었던 것 같다. 영상 제작에 흥미를 느껴 활동을 시작했지만 시간이 지날수록 팀원들과 일주일에 한 번 모이는 것이 재밌었다. 나를 제외한 다섯 명은 전부 영상을 전공하고 있었기 때문에 이 친구들에게 의지도 많이 했다.

영상의 방향을 잡기 위해서 많은 기획 회의가 있었다. 제일 기대하고 있었던 부분이 기획 단계였는데 내 생각보다 훨씬 어려운 과정이었다. 일곱 명이 다 같이 머리를 맞대고 쥐어짜도 이거다 하는 방향을 잡기 어려웠고 매주 더디게 우리가 만들고자 하는 영상에 다가갔다. 두 번 정도 회의하면 대략적인 기획은 끝날 거라고 생각했는데 4주에서 5주 정도의 시간을 투자했다. 기획을 하면서 어떻게 영상을 만들어가야 하는지 머릿속에 확 박힌 느낌이 없었는데 팀장님이 많이 고민해주신 덕분에 기획 회의 끝 무렵에 비로소 정리가 되었다. 그리고 의외로 촬영 단계에서 많은 재미를 느꼈다. 카메라로 사진만 찍어오다가 촬영을 하려고 하니 설레었다. 촬영할 때 안 움직이려고 노력했지만 처음이다 보니 화면이 많이 흔들려서 아쉬웠다. 그래도 시작을 해보았다는 것이 굉장히 만족스러웠고 동성로에서 열린 박근혜 전 대통령 탄핵을 위한 집회, 인터뷰 촬영, 우리 팀원들이 열심히 활동하는 모습까지 다 카메라에 담았다.

마지막 편집 단계에서는 사실 가장 기억에 남는 건 인터뷰 녹취 풀이였다. 워낙 자료가 많은 양이어서 녹취 풀이는 필수적으로 필요한 단계였다. 많은 선생님께서 인터뷰를 하셨는데 시간이 안 맞아서 같이 하지 못한 인터뷰가 많았다. 녹취 자료에는 이분들이 어떤 분위기에서 인터뷰를 진행했는지, 어떤 말을 하셨는지가 다 담겨 있었다. 반복해서 내용을 듣다보니 새삼 6월항쟁을 경험하셨던 그분들이 대단했다. 팀장님께서 가편집하신 걸 봤을 때는 우리가 그동안 모아왔던 게 이렇게 쓰이는구나 싶었고 최종 영상이 나왔을 때는 기획회의에서 우리가 생각했던 게 영상으로 결국 만들어졌다는 생각이 들었다.

주변에서 어딜 그렇게 매주 가는 것이냐, 안 귀찮냐고 많이 물어왔다. 물론 귀찮은 날이 꽤 있었다. 하지만 단언할 수 있는 건 귀찮았음에도 안 가고 싶었던 적은 없었다는 것이다. 매주 다 같이 모일 때마다 성과가 보였고 점점 결과물이 만들어지는 게 느껴졌기 때문이다. 팀원들하고 같이 있는 시간이 너무 재밌었던 것도 큰 이유였다. 여러 대외 활동을 해봤지만 이번 '6월의 함성 서포터즈' 활동은 특히 많은 것을 얻은 시간이었다. 이번 활동을 선택한 내가 대견하게 느껴진다.

그날의 그분들은 오늘의 나다

영상팀 박경원

고등학교를 졸업하고 스무 살이 넘어가면서 가장 큰 변화는 시간이 너무 빨리 간다는 것이다. 가끔 하루하루가 느리게 갈 때도 있지만 눈 깜짝할 새에 또 한 번의 일요일이 오고, 달력이 넘어가 있고, 새해가 밝아오는 것이 신기하게 느껴진다. 개인적으로 특히나 바빴던 지난 학기 중 활동한 '6월의 함성 서포터즈'는 정말 놀랍도록 빠르게 지나간 것 같다. 매주 수요일마다 회의가 끝나면 금세 다음 주 수요일이 오고 가끔 인터뷰를 나가고 카메라를 손에 쥐었다가 굼벵이 같은 재생 바를 따라 풀어내던 녹취 풀이를 끝내고 나니 어느덧 상영회 전날이었고 또 스크린 앞에서 소감을 발표하고 있었다.

1987년 함성이 휘몰아치던 그날들에, 꼭 나와 비슷한 나이로 비슷한 생활을 하고 계셨을 그분들이 오늘에서 되돌아보는 감회는 어떨까? 정말 대단하고 한없이 자랑스러우며 진심으로 존경스러운 분들이지만 그날의 그분들은 결국 오늘의 나다. 어느 겨울날 손에 촛불을 들고 광장을 가득 채웠던 지금의 청년들이다. 아무것도 모른 채 성인이 된 지금의 나와 비슷한 모습이었을 30년 전의 그분들이 그 당시에 어떤 모습으로 어떤 행동

386

으로 어떤 마음으로 그 자리에 있었을지 진지하게 생각해볼 수 있는 시간들이었다.

처음 서포터즈를 지원하게 된 동기는 호기심이었던 것 같다. 작년 박근혜 게이트를 계기로 정치와 사회에 관심이 생겼지만 따로 공부하지도 더 알아보지도 못하고 있던 때였다. 그런데 매주 진행된 회의가 재밌기도 했고, 인터뷰를 나가고 카메라를 들어보는 경험은 흔치않은 일이었기 때문에 신기하기도 즐겁기도 했다. 짧게 관객과의 대화(GV)가 있을 거라는 팀장님의 말씀에 장난으로 "아, 무슨 말을 해야 하지… 할 말 없는데, 그냥 울까?" 했던 걱정과는 달리 신기하게도 할 말이 쏟아져 나왔던 것을 보면 내 생각보다 더 많은 애정을 가지고 열심히 참여했었던 것 같다. 지금에야 말이지만 사실 6월항쟁이 몇 년도였는지도 가물가물해서 처음 회의를 가던 날 버스에서 급하게 인터넷을 뒤져 중요한 사건만 외웠던 기억이 있다. 인터뷰를 했었던 지금의 청년들이 6월항쟁에 대해 얼마나 알고 있느냐는 질문에 대다수가 교과서에서 배운 정도만 알고 있다는 대답을 했었다. 그 말이 나를, 그리고 그 시대 이후 대한민국에서 자란 모든 사람들을 그대로 보여주는 것 같아서 기분이 굉장히 씁쓸했다. 그런데 또 그런 상황이 어쩔 수 없는 것이란 게 안타까웠다.

이번 대구참여연대에서 진행한 '6월의 함성 서포터즈'는 기록물이 많지 않은 대구 6월항쟁의 순간들을 청년들이 직접 찾아내 엮는다는 데 의의를 두고 있다. 실제로 우리가 만들어낸 결과물로 인해 6월항쟁을 모른 채 살아가던 누군가가 30년 전 그날에 한번쯤 관심을 가지고, 잘 알지 못하던 누군가는 그날의 의미를 짚어본다면 더할 나위 없이 뿌듯할 것이다.

끝으로 이런 의미 있는 활동을 할 수 있게 지원 문자를 보낸 내 손과 약 4개월 동안 오만 가지 얘기를 하면서 즐거웠던 영상팀 팀장님과 친구들, 그리고 각 팀의 모든 팀원들, 많은 도움주시며 진짜 고생 많이 하신 최나

래 활동가님, 마지막으로 이런 기회를 만들어주신 대구참여연대에 감사
드린다.

새롭게 와닿은 '6월항쟁'

영상팀 임현화

대학생이 된 후 대외 활동을 꼭 해보고 싶다는 생각이 있었다. 그동안은 아르바이트와 병행하기 힘들어 못 했는데 이번에 기회가 생겨 학교 홈페이지에서 모집 공고를 찾던 중 '6월의 함성 서포터즈' 글을 보게 되었다. 올해는 6월 민주항쟁이 30주년을 맞는 해이다. 대구시와 대구경북민주화운동계승사업회에서도 서문시장과 동성로 대구백화점 앞 인도에 기념 표석을 설치했다. 이번 서포터즈 활동은, 현재 대구의 6월민주항쟁에 관한 기록이 다른 지역에 비해 적기 때문에 그것을 찾아내 기록물로 제작하고자 대구참여연대에서 기획한 것이었다. 저는 대구 사람이 아니어서 6월항쟁 당시 대구의 기록이 궁금하기도 했고 서포터즈 활동을 통해 새로운 사람도 만나고 영상 제작도 해보고자 참여하게 되었다.

이번 활동에 참여하기 전에 6월민주항쟁에 대해서 내가 아는 것은 역사적인 사실인 6월 10일에 민주항쟁이 일어났고, 6·29선언을 끌어낼 수 있었으며, 학생들의 주도로 이루어졌다는 것 정도였다. 영상을 제작하기 위해서 교과서 속의 내용보다 자세히 6월민주항쟁에 대해서 공부하였고 당시에 활동하셨던 분들을 만나 인터뷰를 진행하였다. 인터뷰를 진행하면서 들은 이야기들은 아무래도 직접적인 경험에서 나오는 이야기였기 때문에 교과서 속에서 보던 내용보다 정말 생생했고 새롭게 와닿았다. 최루탄의 위험이라든지 시위를 하다가 붙잡히면 고문을 당할 수 있다든지 하는 내용이 현재 상황에서는 있을 수 없는 일이기 때문에 더 놀랍고 인상 깊었던 것 같다. 이야기를 들으면서 선생님들이 정말 대단해 보였고 존경스러웠다. 그리고 당시에 열심히 싸워주셔서 지금 우리나라 민주주의의 토대가 만들어진 것 같아서 정말 감사했다. 이번 활동을 통해 6월 민주항쟁에 대해서 더 많이 알게 되었고 역사에 더욱 관심을 가지게 되었다. 영상을 제작할 때 시국과 연관 짓기 위해 대학생들을 인터뷰했다. 그분들을 보면서 정말 깨어 있다는 생각이 들었다. 용기 있는 모습이 너무 멋져 보였다. 촬영하면서 모든 분이 정성껏 인터뷰에 응해주셔서 너무나 감사했다.

6월민주항쟁을 생생하게 알게 되었던 것과 더불어 개인적으로는 좋은 사람들을 많이 만난 시간이었다. 서포터즈 활동은 팀별로 진행되었는데 저는 영상팀에서 활동했다. 오리엔테이션이 있던 날 새로운 사람을 만난다는 설렘으로 갔는데 반갑게도 같은 학과 친구들을 만났다. 모두 영상에 관심이 있었기에 영상팀으로 들어갔고 새로운 만남은 아니었지만 아는 친구들과 함께여서 편안한 분위기에서 할 수 있었다. 그리고 얼마 뒤 다른 분들이 더 들어오셨고 처음엔 다들 어색했으나 매주 만나서 회의를 하면서 다들 친해졌다. 팀으로 활동을 하다 보면 서로 의견이 안 맞아서 다투는 경우도 있는데 오랜 기간 활동을 하면서 한 번도 다투지 않을 정도로 정말 사이가 좋았다. 서로 도움이 필요하면 자주 도와주고 모르는 것이 있으면 가르쳐주면서 영상을 제작하기 위해 노력했다.

2월부터 시작하여 7월인 지금에 오기까지 긴 시간 동안 활동하면서 너무 즐거웠다. 활동을 마치면서 마지막에 이렇게 참여 수기를 쓰는 것이 무척 기쁘기도 하지만 한편 매주 만나던 팀원들과 모임이 끝났다는 것이 아쉽기도 하고 허전하기도 하다. 이번 서포터즈 활동을 통해서 역사에 대해 더 관심을 가지게 되었고 다시 공부하게 되었다. 그리고 처음으로 관객과의 대화(GV)를 해보았는데 정말 떨리면서도 두근거리고 신났던 경험이었다. 덕분에 영상을 제작하는 것에 더 즐거움을 느끼게 되었다. 내 첫 대외 활동이었던 '6월의 함성 서포터즈'는 좋은 사람들과 좋은 경험을 할 수 있었던 기억으로 남을 것 같다. 이번 활동을 계기로 다음 활동에서도 자신감 넘치게 임할 수 있을 것 같다. 이렇게 좋은 자리에 참여할 수 있어서 매우 영광이고 기회를 만들어 주신 모든 분께 감사를 드린다.

올바른 역사 기록의 꿈을 향한 첫발

영상팀 황예지

2016년 말, 대한민국은 아픈 시간을 보냈다. 그 이후 내 속에 분노와 열정이 생겨났고 나라를 위해서 행동하고 싶어졌다. 2017년이 되어도 국민들의 염원은 그칠 줄 몰랐다. 나 역시 그들과 함께 소망하고 꿈꿔왔기 때문에, 현재를 살아가는 국민의 마음과 비슷한 1987년의 역사를 알아보고 싶었다.

대구는 보수의 성지라고도 불릴 만큼 진보와는 거리가 멀었다. 그래서 학교 역사 수업에서 6월항쟁에 대해 배울 때, 대구에는 별다른 이야기가 없을 것이라고 생각했다. 하지만 2016년 말에서 2017년에 걸친 대규모 촛불집회에서 보았듯이 보수의 이미지인 대구에서도 국민의 목소리가 흘러나왔다. 시민이 하나의 목표와 희망을 위해 단결하는 모습을 보면서, 30년 전에도 지금과 비슷했을 것이라는 생각이 들었다.

박근혜 전 대통령이 탄핵된 다음 날, 2017년 3월 11일의 시국대회는 축제 그 자체였다. 시민에게 탄핵 기념 떡을 돌리거나 축하 공연을 하는 등 매우 신나는 분위기가 연출되었다. 그 모습을 촬영하다가 세월호 추모 부스 위에 떠 있는 고래 풍선을 보자 눈물이 날 것 같았다. 세월호 희생자분들을 위해서라도 올바른 역사의 기록을 위해 노력해야겠다고 다짐했다.

매주 수요일마다 모여 회의를 하는 과정에서 팀원들과 친목을 다질 수 있어 좋았다. 새로운 사람을 만나고 알아가는 과정이 뜻깊었다. 영상 기획 회의는 안건들이 엎어지고 다시 나오는 등의 복잡한 과정을 거쳤다. 우리는 30년 전과 현재 청년들의 모습을 비교하며 이야기를 풀어가기로 했다. 6월항쟁에 직접 참여했던 많은 분을 인터뷰했다. 주로 수업 시간과 겹치는 경우가 많아서 모든 인터뷰 촬영에 참여하지 못한 것이 가장 아쉬웠는데 녹취를 푸는 과정에서 그들이 어떤 움직임을 보였는지, 어떤 심정이었는지 알 수 있어 다행이었다. 현재 청년들의 목소리도 영상에 담아냈다. 나와 같은 또래임에도 불구하고 나보다 훨씬 더 성숙한 모습을 보여주는 그들을 보면서 배울 점이 참 많다고 생각했다.

그때의 청년과 지금의 청년들이 한 구체적인 행동은 명확히 달랐지만, 하나의 목표를 위해서 목소리를 내는 마음은 같다고 느꼈다. 나는 현재를 살아가는 청년으로서 30년 전, 지금보다 더 열악하고 더 두려웠던 시절에 목소리를 냈던 그들을 생각하며 그들의 행동과 염원을 꼭 기록으로 남겨야겠다는 포부도 생겨났다. 살면서 주의를 기울이지 않았던 역사를 다시 공부하면서 이전의 나의 태도에 대해 반성했고 정의를 위해 끊임없이 행동해야겠다고 다짐했다.

단절되지 않은 민주주의의 경험

영상팀 장은우(팀장)

 의뢰를 받고 걱정이 앞섰다. 인터뷰 일정이 진행되면서 영상 상영시간은 계속 바뀌었고, 촬영과 편집의 방향이 수시로 변했다. 주제가 어렵고 광범위했다. 무엇보다 지난 30년 동안 대부분 정리된 이야기 속에서 당사자가 아닌 나와 학생들이 무엇을 발견할 수 있을지 걱정했다.

 초반 기획 단계에서는 30년 전의 청년들과 이번 촛불집회를 경험한 청년들의 마음이 크게 다르지 않으리라 생각했다. 내부적으로 당시 20대 초반의 대학생들을 6월항쟁의 주체라고 판단했다. 무엇보다 희생이 있었고 오랜 기간 집회를 진행했기 때문이다. 그런데 시대의 변화만큼이나 각 시대의 주체라고 할 세대의 변화도 컸다. 30년 전 6월의 대학생과 지금의 대학생들은 같은 범주가 아니었다. 역사적인 정리가 필요하겠지만, 영상을 함께 제작한 20대 초반의 팀원들도 동의한 부분이었다. 현재 대학생들은 촛불집회의 일부일 뿐 6월항쟁과 같은 선에서 평가할 수 없었다. 촛불집회의 주체는, 호헌 철폐와 독재 타도 그리고 대통령 직선제를 외친, 오늘날 자녀와 손을 잡고 광장으로 나온 당시의 대학생들이었다.

 방향은 처음부터 틀어졌다. 기획 회의는 3월 한 달 동안 진행됐다. 인터뷰 이전에 87년 6월항쟁의 역사적인 흐름에서 당시 대구의 집회 분위기까지 조사했다. 팀원들은 수능을 위한 87년 6월항쟁이 아니라 전체적인 맥락을 이해하기 위해 그 역사적 시간을 공부했다. 86년 10월 28일 건국대학교 사태부터 87년 7월 이한열 열사 사망까지 신문 자료나 영상 자료들을 수집하고, 멀리는 80년대부터 시작되는 민주주의를 위한 열망을 살폈다.

3월부터 시작된 인터뷰는 상영 직전까지 진행되었고, 당시 학생이었던 선생님들과 인터뷰를 하면서 편집의 방향을 다잡았다. 힌트는 멀리 있지 않았고, 우리는 초점을 지금으로부터 30년 뒤로 잡았다. 과연 87년 6월항쟁이 없었다면 오늘의 촛불집회는 가능했을까. 그렇다면 오늘날 우리의 촛불집회는 미래에 어떤 의미가 있을까.

많은 선생님께서 지금 학생들에게 미안하다고 하셨다. 그래서 촛불집회에 나왔고 광장에서 함께하면서 미안함을 조금 덜어냈다고 하셨다. 비록 6월항쟁이 반쪽의 성취라고 스스로 평가하더라도, 그 경험이 아니었다면 광장으로 나오지 못했을 것이라고 하셨다. 또 광장에서 촛불을 든 많은 학생에게 촛불의 경험이 민주주의를 지키는 데 좋은 자산이 될 것이라고도 하셨다.

선생님들 인터뷰와 동시에, 탄핵과 관련해 다양하게 활동한 학생들을 만났다. 6월항쟁을 어떻게 평가하느냐는 물음에 대부분 교과서 이상의 지식은 없었다. 다만 촛불집회를 경험하면서 스스로 변했고, 자신들이 그렇게 광장으로 나오게 된 데에는 87년 6월항쟁을 포함하여 30년 세월 동안 이어진 수많은 사회운동이 없었다면 불가능했을 것이라고 말했다.

인터뷰를 하면서 30년이라는 세월 사이에 연결점을 발견한 것 같았다. 민주주의 경험이 기억처럼 단절되어 있지 않고, 서로가 서로에게 전달되어 간다는 것. 그래서 또다시 민주주의적 가치를 훼손하는 일이 발생했을 때 그 경험이 바로잡으리라는 것. 그것이 이번 6월항쟁 기념사업 영상을 제작하면서 팀원들과 내가 가장 크게 얻은 경험이었다.

이 자리를 빌려 인터뷰에 협조해주신 많은 분, 그리고 영상 제작에 신경 써준 많은 분에게 감사 인사를 드린다.

항쟁은 아직 끝나지 않았다

작문팀 김예빈

11월부터 시작된 촛불집회는 추운 겨울을 지나 마침내 승리로 끝을 맺었다. 그 시간을 함께했기에 기쁨이 더욱 남다르다. 처음으로 도전하는 대외 활동이라 스스로 '할 수 있을까' 하는 의구심이 들었음에도 '6월의 함성 서포터즈'에 도전할 수 있었던 것은 내가 겪었던 그 시간들이 있었기 때문이다.

단순히 교과서적으로 접했던 항쟁을 몸소 경험하면서, 민주주의의 참뜻과 이제는 기성세대가 된 과거 청년들의 투쟁이 오늘날 어떻게 빛을 발하는가에 대해 깊이 생각하게 되었다. 우리에게 주어진 것이 당연하게 주어진 것이 아니라는 어느 선생님의 말씀이 무슨 뜻인지도 깨달을 수 있었다. 민주주의가 철저히 짓밟히고 인권유린이 자행되었던 그 시대에 공포와 억압에 굴복하기보다 맞서 싸우는 것을 택했던 청년들, 그리고 그것을 목격한 시민들을 만날 수 있는 기회는 쉽게 오는 것이 아니었기에 포기할 수 없었다.

서포터즈를 진행하면서 인터뷰이를 통해 마주한 6월항쟁은 글을 통해 상상해왔던 모습과는 사뭇 달랐다. 최루가스가 자욱하고 삭막한 분위기가 감도는 거리에서 뜨겁게 투쟁하는 청년들만이 조명되는 것이 아니었다. 살아 숨쉬며 생계를 이어나가는 시민들의 모습이 그들과 함께하고 있었다. 매우 멀게 느껴졌던 '역사적 사건'은 아직 열기가 채 식지 않은 또 하나의 뜨거운 승리였다.

활발하게 활동하진 못했지만, 이번 서포터즈를 통해 배우고 느낀 점이 많았다. 그중에서도 가장 가슴 깊게 와닿은 점은 민주주의 국가의 한 일원으로서 당당히 정의를 쟁취해낸 기쁨은 과거나 현재나 다름없다는 것이다. 그 피와 땀이 다시 수포로 돌아가지 않도록, 크고 작은 정치에 지속적인 관심을 가지며 투쟁을 이어나가고자 한다. 항쟁은 아직 끝나지 않았다.

하루하루가 의미 있었던 5개월

작문팀 이동엽

아직 추위가 채 가시지 않던 2월의 어느 날이었다. 나는 여느 때와 다름없이 학교 홈페이지를 들락거리고 있었다. 단지 시간을 축내지 않으려는 큰 의미 없는 행동에 불과했지만, 지금 생각해보면 아주 잘한 일이었다는 생각이 든다. 그때 우연히 읽었던 게시 글, 누구에게는 사소한 대외활동의 공고였을 테지만 내게는 꼭 지원하고 싶게 만든 글이었다. 현대사의 한 장면, 한 장면을 내 손으로 수집하고 그것도 책으로 만들어낸다니! 역사를 전공하는 나로서는 구미가 당길 수밖에 없었던 것이다. 더군다나 당시 시국을 생각해보면 6월항쟁의 의미는 더 클 수밖에 없다는 생각이 들었고, 또한 다른 곳도 아니고 그 대상이 '대구'라는 점에서 나는 다른 지역을 대상으로 하는 것보다도 더 의미 있는 활동이 될 것이라 믿어 의심치 않았다. 무엇보다 하루하루를 좀 더 의미 있게 보낼 수 있을 것 같았다. 이러한 믿음은 활동 끝까지 나를 배신하지 않았다.

그렇게 내 '6월의 함성 서포터즈' 활동은 여섯 명으로 이뤄진 작문팀에서 시작되었고, 어쩌다 부팀장이라는 직책도 얻게 되었다. 6월항쟁 당시 경북대학교 총학생회장이셨던 박형룡 선생님부터 시인 김용락 선생님,

5·18민주유공자 신창일·김석호 선생님, 영남대학교 총학생회장이셨던 이용석 선생님과 총학생회 간부셨던 남태우 선생님까지 4차례에 걸쳐 인터뷰를 했고, 마침 글 쓸 기회까지 얻어 별 볼 일 없는 글재주에도 두 편이나 써낼 수 있었다. 중간중간 팀원들과 의사소통하며 모임을 가졌던 것도 내겐 소소한 기쁨이 되었고 말이다. 물론 어려움도 있었지만, 그때마다 팀원들과 최엄윤 선생님, 최나래 활동가님이 도움을 주신 덕분에 잘 이겨낼 수 있었다.

지금 생각해보면 이번 활동은 내가 새로운 경험을 할 수 있도록 기회를 준 시간이었다. 6월민주항쟁의 주역이라 할 수 있는 분들을 인터뷰하면서 글감을 찾아내고, 그 인터뷰를 토대로 하나하나 재구성하는 과정을 내가 또 어디에서 해보겠는가 하는 생각이 여전히 많이 든다. 또한 '6월의 함성' 활동이 아니었다면 단지 '1987년 4·13호헌조치를 계기로 발전한 6월민주항쟁으로 정부는 6·29민주화선언을 발표하였고 새 헌법이 마련되었다'는 역사책의 몇 구절만 평생 내 기억 속에 자리했을 것이다. 이 땅에 민주주의를 정착시키기 위해 선배 세대에서 어떤 노력을 했는지, 6월항쟁이 어떤 의미를 지니고 우리는 어떻게 그 정신을 이어나가야 할지 고민해볼 기회도 딱히 없었을 것이다.

본격적인 인터뷰를 하기 앞서 인터뷰 질문을 짜보며 대상이 되는 사람에 대해 차근차근 알아보던 과정도 그 시간만큼이나 소중하고 값진 경험이었다. 거기에 인터뷰한 내용을 토대로 내 소신껏 글도 쓸 수 있었을 뿐더러, 책에도 실릴 거라 생각하니 그 기쁨은 이루 말할 수가 없다. 처음 신문사에 입사하여 자신의 기사가 조간신문 한 귀퉁이에 오르는 것을 마주한 신입기자의 마음도 이렇지 않을까?

지금 우리는 5개월이라는, 짧고도 긴 시간에 걸쳐 이루어진 '6월의 함성 서포터즈' 활동의 결과물을 출판하고 영상물을 곧 내보일 단계에까지 이르렀다. 그간에 우리 작문팀을 비롯해 사진팀과 영상팀, 그리고 최나래 활동가가 쏟아부은 각고의 노력들을 생각해보면 감격스럽지 않을 수가 없다. 부디 잘 마무리되어 좋은 결과물이 나와서, 이 활동에 참여하신 모든 분이 그동안 애쓴 것을 생각하며 만족감과 보람을 느낄 수 있었으면 좋겠다.

대구 청년들의 대구 역사 기록

작문팀 최미나

내가 말할 수 있는 6월항쟁은 2017년 촛불시위와 연관 지을 수 있겠고, 개인의 투쟁과 연관 지으며 기억할 수도 있겠다. 국민의 힘으로 부당한 정권을 바꾸었다는 점에서 공통점이 있다. 하지만 이 모든 것은 교과서에서 나오는 이야기고 나에게는 30년 전의 민주화운동을 떠올릴 기억은 없다. 교과서든 뭐든 기록으로만 접할 수 있었다. 이것은 나만의 이야기가 아닐 것이다. 그래서 기록이 중요하다. 87년 6월항쟁의 기록은 서울과 광주를 중심으로 많다. 대구 지역의 기록은 생각보다 적었다. 그래서 우리들이 모인 것이다.

작문팀을 만난 것은 지난 3월이었다. 사실 거창한 사명감 같은 것은 존재하지 않았다. 모든 일이 그렇듯이 단순한 호기심에서 비롯됐다. '시키는 대로만 하자'와 같은 가벼운 마음이었다. 예상은 항상 빗나간다. 가서 얼굴만 내미는 활동이 아닌 우리가 발로 뛰어서 인터뷰를 하고 주체적으로 뭔가를 한다는 느낌이 피부로 느껴졌다. 작문팀은 인터뷰를 진행하고 글을 쓰고, 사진팀은 당시 사진 자료를 찾고 촬영을 하고, 영상팀은 영상 촬영과 제작을 맡았다. 대구 지역의 역사를 대구 지역 청년들이 직접 찾는다는 것이 인상적이었다.

인터뷰를 진행하면서 가장 흥미로웠던 것은 디테일이었다. 예를 들면 시위대를 향해 경찰이 최루탄을 발사했다는 사실은 교과서에도 있는 이야기지만, 최루가스 때문에 눈이 매워 눈 밑에 치약을 발랐다는 등 고통을 짐작할 수 있는 내용은 알 수 없다. 교과서에는 없는 당시 6월항쟁에 참여했던 분들의 개인적인 이야기를 들을 수 있어서 좋았다. 그랬기 때문에 처음에는 가벼운 마음으로 참여했던 일이 시간이 지나면서 어떠한 책임감마저 들었던 것 같다. 그들의 이야기를 어떻게 엮을 것이며 이 활동이 훗날 어떻게 기억될 것인지 궁금해지기도 했다.

사실 인터뷰는 태어나서 처음 해본 일이었다. 인터뷰이와 약속을 잡는 일부터 시작해서 팀원들과 인터뷰 질문지를 만들고 인터뷰를 진행하는 활동 모든 것이 서툴렀다. 두 번째 인터뷰는 좀 수월하려나 싶었는데, 그때도 역대급 긴장의 연속이었다. 인터뷰는 항상 초면인 분과 진행했기에 첫 번째 인터뷰만 존재한다는 깨달음을 얻기도 했다. 그래서 나에게는 모든 인터뷰가 항상 처음이자 마지막이었다. 인터뷰할 때마다 매번 긴장되었는데 그런 마음 때문에 적어도 인터뷰에 있어서는 초심을 잃지 않을 수 있었던 것 같다.

2017 청년 예찬

작문팀 최엄윤(팀장)

2017년의 청년이 1987년의 청년을 만났다. 90년대 대학 시절을 보낸 나는 혁명, 민주화로 명명되는 세대와 절망으로 이름 지워지는 세대 사이에 있다. 얼마 전 한 언론사는 70년대생이 가장 진보적이라는 보도를 한 바 있다. IMF 직전, 80년대 민주화운동 이후 자유로운 문화적 풍요를 누렸던 나의 대학 시절이 끝날 무렵 언론에서는 "샴페인을 일찍 터트렸다"며 연일 절망의 대한민국을 보도하고 있었다. 그리고 2000년에 들어서면서 청년들은 88만원 세대, 삼포 세대, N포 세대 등으로 불리기 시작했다.

왕년에 나라를 위해 거리에 나가 돌을 던졌던 80년대 대학생 세대들과 2002년 이후 광장의 촛불 세대들. 그 연장선상의 2017년 오늘의 청년들. 1987의 청년과 2017의 청년, 그리고 철들기 힘들어 하는 X세대인 나의 세대는 공통점을 함께 나눌 수는 없지만 모두 청년 시절을 경험했거나 경험하는 중이다.

대구의 청년들, 그들은 고담 시티나 보수 성지라는 프레임 안에서 일괄적으로 '딴 나라 경상국민'으로 매도당하면서 기성세대들의 잘못까지 연좌제로 뒤집어쓰고 있다. 개인적 경험에 비추어 나의 미시사를 들여다보지 않고 혹은 알면서도 출신 지역만 가지고 싸잡아 욕먹는 것만큼 억울한 일도 없었다. 지역주의를 타파하자면서도 '보수 경상국 답 없다'는 지역주의 프레임을 씌우는 자칭 좌파들을 만날 때마다 발끈했다. 80년대 열심히 짱돌을 들었던 선배도 2016년 겨울, 광장에서 열심히 촛불을 들었던 후배도 대구라는 섬에서 서로를 궁금해 하고 찾고 있었을지 모른다. 그래서 대구참여연대가 기획한 대구의 87항쟁 기록을 수집하고 찾아다니는 작업에서 글 팀의 바람, 또는 방향은 가능한 개인의 미시사를 만나는 거였다. 87항쟁의 이야기 속에 녹아 있는 개인의 삶에 대해 궁금해하고 당시 주변의 분위기와 개인으로 느낀 점들에 대해 질문하고 87항쟁이 자신의 삶에 무엇을 남겼는가에 대해 질문했다. 사실 그 질문은 질문지를 만들고 인터뷰를 진행하고 그것을 다시 자신의 언어로 기록해나간 학생들 스스로에게 던지는 질문이기도 했다.

뭉뚱그려 말하기에는 각자가 처한 환경과 사고들이 다 다르겠지만 내게 청년이란 햄릿이기도 하고 돈키호테이기도 하다. 시대의 불의와 부조리 앞에서 사느냐 죽느냐를 고민하는 것도 깨어 있는 자만이 가능하고, 허황되고 무모해 보일지라도 돌진할 수 있는 것 또한 젊은 정신이기에 가능하다. 이 상반된 두 반응의 기저에는 질문이 바탕을 이루고 있다. 이 시대는 무엇인가? 이 시대의 나는 무엇인가? 나는 누구인가? 나는 어떻게 살 것인가? 무엇을 원하는가? 등등. 청년은 그래서 아름답다. 나는 그런 질문을 청년 시대가 가진 불안이 아니라 불복종이라 부르고 싶다. 그리고 좌충우돌 돌진해보는 것, 그것 또한 방황이라 부르기보다는 자발적 부적응이라 부르고 싶다. 오늘이라는 시대를 살고 있는 자신의 존재에 대해 질문을 던지는 것, 자신이 관계 맺고 있는 사회에 질문을 던지고 새롭게 관계를 만들어가는 것, 그것은 바로 청년이라는 이름에 가장 어울리는 모습이라고 생각한다.

사실 이렇게 말하고 나서 나는 혹시 기성세대의 잔소리를 더 보태고 있는 건 아닐까 조바심이 난다. 함께한 시간은 너무 짧았고 우리가 자주 만나기엔 아르바이트와 시험과 과제, 그리고 연애로 바빴다. 짧게 그리고 빠르게 지나가버린 시간 동안 우리들의 만남은 각자에게 무엇을 남겼을까? 삼십 년이 지난 후 2016년 말 탄핵 정국과 촛불과 그리고 조기 대선이라는 역사의 한 페이지에 우리 개개인들의 삶 또한 소환되어 회고할 만큼 우리들의 만남이 강렬했기를 바란다. 적어도 나에게는 몹시 설레는 청년들과의 만남이었다.

'6월항쟁' 일지

현, 명덕로터리

- **1월 14일** : 서울대학교 언어학과 3학년 박종철 군 고문치사 사건
  - 1987년 1월 경찰에 불법 연행된 서울대학교 언어학과 3학년 박종철 군이 수사 과정에서 고문에 의해 사망했다. 이에 대해 국민적 저항운동이 벌어졌고 이 사건은 1987년 6월항쟁의 출발점이 되었다.
- **2월 7일** : 2·7 박종철 군 국민 추도대회
- **3월 3일** : 박종철 49제 및 고문추방 국민대행진
- **4월 13일** : 4·13호헌조치
  - 군부 권위주의 정권 체제를 청산하고자 끊임없이 제기되었던 개헌 논의에 대해 87년 4월 13일 대통령이었던 전두환이 논의 중지와 제5공화국 헌법에 의한 정부 이양을 골자로 하는 이른바 '4·13호헌조치'를 발표하자, 종교계 및 재야 각 단체에서 철회를 요구하는 성명이 잇달아 발표되는 등 비난 여론이 빗발쳤다. 새로 창당된 통일민주당은 재야와 공동 투쟁을 위한 연대를 모색, 5월 27일 범민주 연합조직인 '민주헌법쟁취국민운동본부'(약칭 국본)를 발족했다.
- **5월 27일** : 민주헌법쟁취국민운동본부 발대식
  - 4·13호헌조치 철회 및 직선제 개헌 공동 쟁취를 선언했다.
- **6월 9일** : 민주화를 요구하는 교내시위 도중 경찰이 쏜 직격탄을 맞고 쓰러진 이한열(20세, 연세대 경영학과 2학년)이 혼수상태에 빠짐. (7월 5일 사망)
  - 12일 연세대생들의 '살인적 최루탄 난사에 대한 범연세인 규탄대회'를 시발로 전국 각 도시로 최루탄 발사 규탄대회가 확산되었다. 국본은 6월 18일에 '최루탄 추방의 날'을 선포하고 최루탄 추방운동을 대대적으로 전개하였다.
- **6월 10일** : 전국 20여 개 도시에서 동시다발적으로 '박종철 군 고문 살인 조작·은폐 규탄 및 호헌철폐 국민대회' 개최
  - 1987년 6월 10일부터 6·29민주화선언이 있기까지 약 20일 동안 전국에서 동시다발적으로 민주화 시위가 계속되었다. 87년 1월 박종철 군 고문 살인에 분

노한 민중들은 기만적인 4·13호헌조치, 이한열 열사 최루탄 사건 등을 계기로 거세게 민주화를 요구하였다. 이로써, '박종철 군 고문 살인 조작·은폐 규탄 및 호헌철폐 국민대회'를 기조로 내세운 6월항쟁이 시작되었다.

- 6월 18일 : 최루탄 추방대회
- 6월 26일 : 국민평화대행진
  —전두환과 김영삼 당시 민주당 총재의 여야 영수회담이 결렬되자 26일 국민운동본부에서 '국민평화대행진'을 진행했다.
- 6월 29일 : 6·29민주화선언
  —6월 29일 아침 10시 당시 민주정의당(민정당) 대표 노태우가 '국민 대화합과 위대한 국가로의 전진을 위한 특별선언'(6·29선언)을 발표했다.

대구

[6월 이전]

- 2·7추모대회
  —야당을 비롯한 종교, 인권, 여성 단체 등 각계 인사 9천여 명으로 구성된 '고 박종철 군 국민추도회 준비위원회'가 발족될 무렵, 대구·경북 지역에서도 '박종철 고문치사 사건'의 진상 규명과 고문 규탄 및 근절을 촉구하는 시위가 열렸다. 1월 20일 오전 10시경 대구시 중구 남산동 신민당 대구·경북지부에서 '대구지역민족민주학생연합' 의장 이상수 군이 "박종철 군의 죽음에 현 정권은 사과하라"는 구호를 외치며 농성 투쟁에 돌입하였고, 2월 2일 낮 12시경 경북대생들이 중앙도서관 현관에 박종철 군의 분향소를 마련, 추모제를 지내고 침묵 시위를 진행하며 이후 계명대, 대구대, 영남대 등 각 대학으로 확산되었다. 2월 7일 '대구경북고문저지공동대책위원회'에서 대구·경북 지역에서도 박종철

군이 사망한 동일 시간대에 "영남대생 5명이 경북도경 대공분실에서 구타와 물고문을 당했다"고 공개하고 진상 규명을 요구하였다.

■ 3·3국민평화대행진

— 3월 3일 오후 2시 '대구경북고문저지공동대책위원회'가 대구시 중구 동성로 대구백화점에서 출발해 반월당네거리를 거쳐 명덕로타리 2·28기념탑까지 이르는, '고문추방 민주화 국민평화대행진'를 개최하겠다고 발표했으나 경찰의 봉쇄로 열리지 못하였다. 경찰은 집결지인 대구백화점에 경찰 인력을 고정 배치하여 시민들의 집결을 저지하고 재야인사와 국회의원 등 80여 명을 가택 연금하였다. 이에 경북대, 계명대, 대구대, 영남대, 효성여대 등 대구 지역 5개 대학학생들은 교내에서 학교별로 박종철 군 추모행사를 가진 후 3·3평화대행진참가 결의를 다지고 시내 중심가로 모였다. 시위는 아카데미 극장 앞과 신민당 대구·경북지부 앞 두 곳에서 거의 동시에 시작되었다. 같은 시각 신민당 대구·경북지부 앞에 모인 당원들은 2·28기념탑 쪽으로 평화대행진을 시작하였는데, 이 과정에서 경찰은 신민당 대구·경북지부 인권위원장 서명교 등 6명을 연행하였다. 한편, 경북민통련을 비롯한 시민·학생 등 300여 명이 동성로 한일극장 맞은편 금관약국 앞에서 '고문폭력정권 타도하자'는 유인물을 뿌리며 투쟁하자 전투경찰은 최루탄을 쏘아대며 시위 대열을 무너뜨렸다. 이날 경찰은 대학생 2명을 비롯해 모두 48명을 연행하였다. (경북대 전자과 4학년 김훈섭 군 구속, 나머지는 훈방)

■ 4·13호헌조치와 각계의 반발

— 전두환의 '4·13호헌조치'에 반대해 대구·경북 지역에서 성직자들이 단식기도에 돌입하였고 경북대, 계명대, 영남대 등 교수들의 시국 선언 발표가 이어졌으며 문화예술인, 변호사 또한 성명을 통해 이를 규탄하였다.

[6월 이후]

- 6월 9일 : 20:00부터 경찰은 22개 중대 3400여 명의 경찰력을 동원하여 수색, 점검하였다.

- 6월 10일 : 박종철 군 고문 살인 은폐 규탄 및 호헌철폐 국민대회(6·10국민대회)

  - 13:00 아세아극장, 중부경찰서 앞, 향촌동 입구 등 중앙공원(현 경상감영공원)으로 통하는 세 군데 진입로를 경찰이 원천 봉쇄하였으나 경북대, 계명대, 영남대 등의 대학생들은 대학별로 교내에서 6·10국민대회 참가를 결의 후 행사장 주변으로 모였다.

  - 17:30 중구 공평동 국세청 앞에서 통일민주당 당원, 민주산악회 회원 등 백여 명이 행진을 시작했고 여기에 시민, 학생들이 가세하여 순식간에 1천여 명으로 불어났다.

  - 18:00 국민운동 대경본부 집행부와 학생, 시민 등 5백여 명은 구 런던제과 앞에서 국기하강식에 맞추어 애국가를 부르면서 '6·10국민대회'를 약식으로 진행하였다.

  - 18:10 경찰이 사과탄을 투척하며 시위대를 분산하려 했으나 한일극장, 대구역, 한일로, 중앙로 등지에서 공방이 거듭되자 SY-44 최루탄을 발사하였다. 시위대는 이에 굴하지 않고 대구백화점에서 섬유회관을 거쳐 서문시장까지 행진하였다.

  - 20:10 동산호텔 근처에서 시위대가 학생과 시민을 연행하던 경찰버스에 집중투석하여 연행자 21명 구출, 또 다른 시위대는 서문시장 앞 도로에 집결하여 20여 분간 대중 집회를 열고 즉석 연설을 감행했다. 대구시경 앞에서 시위를 벌이던 6백여 명의 시위대는 청구고교에서 KBS동인로터리 방면으로 이동하면서 동인3가파출소를 기습, 전화기 4대와 유리창 5장, 경찰표시등을 깨뜨리고, 송라시장 입구에 주차된 남부경찰서 소속 대구5가 5534 버스에 돌을 던져 차창 6장을 깨뜨렸다.

  - 이후 시내중심가 시위는 잠시 소강상태에 들었고 신암, 신천, 내당, 대명동 등지로 옮겨가 게릴라식 이동 시위를 전개했다.

—20:50 1시간가량 중심가 시위가 격렬하게 재개되었다. 동아백화점, 시청, 반월당, 아카데미 극장 앞에 집결한 시위대가 칠성시장파출소를 타격하고 MBC 방송국 진출, 동서신초등학교와 청구고 방향으로 분산하여 흩어졌다가 KBS 방송국 앞에서 합류하여 칠성시장, 아카데미극장, 반월당 쪽으로 나아갔다. 퇴근한 일부 시민과 노동자들도 시위대에 합류하였다.

—22:00 중구 남산4동 대구 중부소방소 부근에서 시위를 벌이던 시위대는 계명대에서 출발한 시위대의 동정을 보고하던 남신파출소 장봉덕 경위로부터 무전기를 빼앗았다.

■ 6월 15일 : 대구·경북 지역 학생들의 본격적인 가두 투쟁 전개

—18:40 학기말시험을 거부하기로 결의한 대구 지역 대학생들이 대구백화점 앞에 집결하여 야간 시위를 진행했다. 삼덕파출소를 거쳐 유신학원네거리까지 진출, 차도를 점거하고 연좌농성을 벌였는데 반월당 쪽으로 전진하자 경찰이 20여 발의 최루탄을 발사하여 시위대는 경대의대 쪽으로 흩어졌다. 2백~3백 명 규모로 나뉜 시위대는 동아백화점 앞, 시민회관, 대신동, 명덕로터리 등으로 갈래를 이루며 시내 중심가를 누볐다.

—19:30 동아백화점 앞에 모인 5백여 명의 시위대는 20여 분간 구호를 외치다 한일극장 쪽으로 진출하였고 경찰의 최루탄 발사로 또다시 해산하였다.

—20:20 칠성시장 앞 도로에 5백여 명의 시위대가 모여 연좌농성을 벌이자 상인과 시민들이 모여들어 시위 군중은 1천여 명으로 불어났다.

—21:30 경북대에 집결한 1천여 명의 시위대는 후문에서 격렬한 투석전을 벌였다.

—22:45 늦은 밤까지 가두시위를 벌이다 자진해산하였다.

■ 6월 16일 : 계속된 대학생들의 연합 시위

—18:20 대구백화점 부근에 집결한 대구 지역 4개 대학생들은 애국가를 합창하며 시위를 벌였고 동인호텔 입구와 중앙국교 등지에서 대자보를 붙이며 시민들의 호응을 유도했다. 시위대는 서문시장에서 비산로터리, 팔당시장, 연조제조창 등 외곽 지역을 누비며 동참을 호소했다.

—21:00 동아양봉원 근처에서 시위대가 가두행진에 들어서자 시민들도 합세하

여 대열이 불어났다.

— 22:00 시위는 소강상태로 들어섰다.

■ 6월 17일 : 직선제 쟁취 총궐기대회 진행

— 17:00 계명대 대운동장에서 만여 명의 학생들이 참가했다.

— 18:20 대구 시내 계산오거리, 동원예식장 앞, 신남네거리 등 3곳에 집결한 3백
~5백 명의 시위대가 시내 쪽으로 행진했다.

— 19:10 중앙로까지 진출한 시위대는 30여 분간 연좌시위를 벌였고 같은 시각
서문시장 일대에서도 3천여 명이 연좌시위를 진행했다. 로얄호텔 앞 가두행진
에서는 어린아이, 아주머니 등 30여 명이 앞장서서 시위를 벌였다.

— 20:50 동아백화점 앞에 모인 천여 명의 시위대는 시민토론회를 개최하였다.

— 21:50 경찰의 최루탄 난사로 시위대는 대구시청, 대구역, 국세청, 중앙파출소
등으로 흩어졌다.

— 23:00 시위대는 늦은 시간까지 경찰과 곳곳에서 충돌하며 투석전을 벌이다
해산하였다.

■ 6월 18일 : 6·18최루탄 추방 결의대회(6. 18~6. 23)

— 포정동 중앙공원(현 경상감영공원)에서 개최될 예정이었으나 경찰의 원천 봉쇄
로 중앙로 및 한일로 등지에서 시위를 시작하였다.

— 16:50 민가협 경북지부와 경북민통련 회원 30여 명이 동아백화점과 대구백
화점 사이에서 '최루탄 추방을 위한 공청회' 안내 전단을 나눠주며 홍보를 시
작했다.

— 17:00 경북대 의대생 5백여 명이 '최루탄 추방, 한열이를 살려내라' 등의 구호
를 외치며 동인로터리를 출발점으로 본격적인 가두시위를 전개하였다.

— 17:30 "눈물 없이 살고 싶다. 최루탄 정권 물러가라"고 적힌 플래카드를 들고
행사장으로 진입을 시도하는 시위대를 전경이 막아서자 민가협 어머니들이 장
미꽃을 전경들의 총구에 꽂아주며 "쏘지마"를 외쳤다. 전경들은 투구를 벗고
방패를 내리고 고개를 숙였다. 시위대는 노상에서 간이공청회를 열고 30여 분
동안 '최루탄 피해 보고대회'를 진행했다.

— 18:40 경찰이 시위대를 해산시키고자 최루탄을 난사했고 부상자가 속출했

다. 이에 분노한 시위대는 여태까지와 달리 돌과 화염병을 던지며 치열한 공방전을 펼쳤다. 반월당에서 대한극장, 명덕로터리, 계명대 방면으로 이동하면서 가두시위를 벌이며 삼덕파출소, 남산4동파출소를 습격해 내부를 전소하고 남산1동, 남산3동, 봉산, 대봉2동, 달성 등 5개 파출소는 유리창과 집기를 부수었다. 이날 시위는 총인원 2만여 명이 참가하여 대구 10월항쟁 이래 가장 많은 시민이 모였다.

— 20:00 중앙로 상업은행 대구지점 앞에 집결한 6백여 명은 차로에 연좌해서 시민들과 토론회를 진행했다.

— 21:30 2백~5백 명씩의 시위대가 도심 여러 곳에서 경찰과 격돌, 간선도로를 따라 격렬한 투쟁을 전개하였다.

— 23:30 미도극장과 계명대 로터리에 분산해 있던 시위대도 경찰과 충돌하다가 해산하였다.

■ 6월 19일 : 각 대학별 군사독재 종식을 위한 총궐기대회 교내 출정식

— 17:00 계명대 시위대는 계명네거리에서 대신로, 계산오거리를 거쳐 적십자병원에 이르러 경찰과 대치하였고 합의하에 인도 쪽으로 길을 터주고 평화 시위를 벌였다.

— 19:30 중구 덕산동 동아쇼핑 앞 차도에서 8백여 명의 시위대가 가두 토론회를 열어 시민들에게 호소하였다.

— 20:50 제일극장과 아카데미극장 앞에 집결한 시위대가 반월당 방향으로 행진하려 하자 경찰이 합의를 깨고 최루탄을 쏘며 진압을 시작하였다. 중앙파출소 부근에 운집해 있던 1천여 명의 시위대는 도로를 점거하고 연좌시위를 벌였다.

— 21:20 남산동 대한극장 앞 도로와 동원예식장 부근에 있던 시위대는 도심지 시위 소식을 듣고 달려온 시민, 학생들이 합류하여 더욱 힘차게 시위를 벌였다.

— 24:00 자정까지 산발적인 시위를 벌이다 대구백화점 앞에서 정리집회를 갖고 해산했다.

■ 6월 20일 : '최루탄 정권 종식'을 위한 출정식 개최

— 14:00 계명대와 영남대생 2천여 명이 계명대 노천강당에서 '최루탄 정권 종식

을 위한 출정식'을 개최하여 전날 투쟁 보고와 전국 투쟁 상황, 향후 투쟁 방향 등을 토론했다.

— 15:30 사전에 경찰과 무탄무석 협상을 한 시위대는 서문시장 방면으로 가두시위를 벌였다. 대신동네거리에 이른 시위대는 아스팔트에 앉아 1시간 가까이 연좌시위를 벌였다.

— 16:30 민가협 경북지부 어머니 30여 명이 동아백화점 앞 집결, 최루탄 추방을 위한 가두캠페인을 벌이자 주변에 있던 학생, 시민들이 몰려나와 대열을 만들었다. 같은 시각 경북대생과 대구한의대생들도 각각 교내에서 집회를 마치고 중앙로로 진출하여 가두시위를 시작했다. 중앙파출소에 이른 민가협 어머니들은 YMCA로 진입이 불가능함을 판단하고 그 부근에 운집한 시민, 학생들과 연좌하여 약식으로 공청회를 개최했다.

— 18:30 시위대가 중앙로 일대를 꽉 메우자 경찰은 최루탄을 발사했다.

— 19:40 대구백화점 앞에 집결한 또 다른 시위대가 집회를 마치고 구 시립도서관 쪽으로 행진해가자 경찰은 시위대를 향해 최루탄을 발사했다.

— 21:00 여기저기 흩어졌던 시위대는 대구백화점 앞에 다시 모여 대중 집회를 열었다.

— 22:00 집회를 마친 2천여 명은 경찰과 투석전을 벌이며 대구역지하도에서 통일로, 도청을 지나 경북대 북문에 집결하였다.

— 1:00 시위대는 경북대 북문에서 경찰과 공방전을 벌이다 해산했다.

■ 6월 21일 : 2보 전진을 위한 애국학생 시민연합 대동제

— 15:30 대구 지역 5개 대학교 학생 1500여 명은 경북대 운동장에서 2보 전진을 위한 애국학생 시민연합 대동제를 진행했다. 당시 정국과 시위 상황 분석, 대동제 놀이와 5개 대학교 연합 연계놀이, 군부독재 및 미제 화형식을 끝으로 집회를 마무리했다.

■ 6월 22일 : 학교별로 민주화실천주간 선포식 및 출정식, 가두행진, 연좌농성, 시국토론회 진행

— 17:00 경북대생 7백여 명은 비산동 오스카극장 앞에서, 계명대생은 봉덕시장 앞길에서, 3공단 앞에서는 경북대 의대생 3백여 명이 집결하여 가두시위를 벌

이며 행진하였다. 경북대생은 경찰과 투석전 끝에 북비산로터리 쪽으로 밀려나고, 계명대생은 시내 중심지까지 진출했다. 무탄무석, 평화시위를 외치며 중앙로 상업은행 대구지점 앞에 모인 시위대는 시민들과 즉석 시국 토론회를 가졌다.

— 20:40 대구백화점 앞에 운집한 2천여 명의 시위대는 대중 집회를 1시간 이상 열었는데 나중에는 7천여 명으로 불어났다. 집회를 마치고 한일극장을 거쳐 국세청 앞에 이른 시위 군중은 만 명에 육박했다. 최루탄으로 인해 시위대는 대구역, 한일극장, 중앙로, 한일로, 동아백화점, 대구백화점 등으로 흩어졌고, 대구역광장의 대형광고탑에 화염병을 던져 불태우기도 했다.

— 23:50 대구백화점 앞에 다시 모인 시위대는 애국가 제창 후 해산하였다.

■ 6월 23일 : 시내 중심가에서 가두시위 8일째 격렬하게 전개

— 17:00 신암육교 부근 경북대생 2백여 명이 구호를 외치며 시위 대열을 꾸리고 시가지 행진에 돌입했다.

— 17:10 경찰은 시위대를 향해 최루탄을 발사하고 구타, 연행했다. 며칠 전과는 확연히 다른 경찰의 태도에 시민들은 야유를 퍼부었고 경찰은 시민에게도 최루탄을 마구 터뜨렸다.

— 18:50 경북여상 부근에 몰려있던 계명대생 3백여 명은 "통장에서 대통령까지 내 손으로"라는 구호를 외치며 도로로 뛰쳐나와 연좌농성을 벌였다.

— 19:10 경찰은 시위대와 두 차례 협상을 통해, 최루탄을 발사하지 않는 조건으로 화염병을 넘겨줄 것을 요구하였고 시위대는 협상 타결 후 무탄무석과 병력 철수를 이뤄냈다.

— 20:00 대구백화점 부근에 운집해 있던 시위대는 노래를 부르며 연좌농성을 이어갔다.

— 20:10 전경과 사복 체포조는 시위대를 향해 수십 발의 최루탄을 난사하며 대열 속으로 뛰어들었다.

— 20:40 반월당네거리와 대구학원 사이를 가득 메운 시위대는 경찰을 향해 돌과 화염병을 던지며 대치했다.

— 21:30 대구백화점 앞에 다시 모인 시위대는 한일극장 앞 도로로 이동하여 연

좌시위를 이어갔다.

— 21:55 경찰이 중앙네거리와 국세청 쪽에서 최루탄을 발사하며 접근, 돌과 화염병으로 공방전을 벌였다.

— 22:00 동성로 제일은행 대구지점 앞에 모인 시위대 4백여 명은 대중 집회를 갖고 투쟁 방법을 바꾸자고 결의했다. (한 시민은 폭력 경찰에 정의의 폭력으로 대항하는 것이 살길이라고 주장하기도 함)

— 22:30 유신학원 쪽에서 시위를 벌이던 시위대는 전경들과 일진일퇴의 공방전을 벌였는데 수십 명의 시민과 학생이 부상을 당했다. 대구대 생물학과 1학년 김윤세 군은 눈에 직격탄을 맞아 수술을 받았으나 실명 위기에 빠졌다.

— 23:00 동아백화점 앞에서 연좌시위를 벌이던 7백여 명은 김윤세 군의 부상 소식을 듣고 폭력 경찰을 규탄, 5백여 명이 경북대 의대까지 침묵시위를 전개했다. 학생들은 농성을 하기도 하고 병원 주위에 모여 상황 수습을 위한 회의를 진행했다.

— 24:30 병원 건물에 들어와 있던 사복형사 한 명을 학생이 붙잡았고 경찰과 승강이를 벌이는 사이 사복형사와 전경이 사과탄을 던지며 병원 안으로 진입, 학생들을 구타하고 연행했다.

■ 6월 24~25일 : '6·26국민평화대행진' 참가를 위한 전열 정비와 결의를 다지며 각 대학별 집회가 진행됐다.

■ 6월 26일 : 민주항쟁의 절정 '6·26국민평화대행진'

— 국민운동 대경본부 주최로 중앙공원에서 열릴 예정이었으나 경찰의 원천 봉쇄로 가두시위를 전개했다. 대구 지역 5개 대학교 학생들은 각 대학별로 평화대행진 출정식을 갖고 도심으로 몰려들었다.

— 18:00 아카데미 극장 부근에 모여 있던 국민운동 대경본부의 신부, 목사, 민주인사, 통일민주당 목요상·이재옥·윤영탁·반형식 의원, 이대우·이승호 씨 등 지역 원로들이 평화대행진에 돌입하자 시민들이 합세해 수천 명으로 늘어났다. 경찰의 무차별 최루탄 발포로 시위대는 도심 곳곳으로 흩어졌다.

— 19:50 대구백화점 앞에 재집결한 일부 시위대가 돌과 화염병을 던지며 30여 분간 격렬하게 저항하자 경찰이 물러났다.

— 21:00 시내 중심가에서 산발적으로 시위를 벌이던 시위대는 남문시장네거리
    에 집결해 시국 토론회를 개최했다.
— 22:10 제일교회에서 기도회를 마친 1500여 명의 신도들이 나무 십자가와 장
    로회기를 앞세우고 명덕로터리 2·28기념탑까지 촛불행진을 벌였다. 시위대가
    삽시간에 늘어나 남문시장네거리에서 명덕로터리 사이의 도로를 꽉 메웠다. 경
    찰은 최루탄을 난사하였고 시위대는 해산하였다. 늦은 시간까지 격렬한 가두
    시위를 전개했다.
■ 6월 29일 : 6·29민주화선언
— 6월 29일 아침 9시 당시 민주정의당(민정당) 대표 노태우가 '국민 대화합과 위
    대한 국가로의 전진을 위한 특별선언'(6·29선언)을 발표했다.

대구, 6월의 함성과 미래의 목소리

초판 1쇄 발행 · 2017년 11월 13일

엮은이 · 대구참여연대
펴낸이 · 황규관

펴낸곳 · 도서출판 삶창
출판등록 · 2010년 11월 30일 제2010-000168호
주소 · 04149 서울시 마포구 대흥로 84-6, 302호
전화 · 02-848-3097
팩스 · 02-848-3094
홈페이지 · www.samchang.or.kr

종이 · 대현지류
인쇄제책 · 스크린그래픽

ⓒ 대구참여연대, 2017
ISBN 978-89-6655-089-0 03330